文化和旅游部非遗保护研究专项课题

厦门学导论

《厦门学导论》课题组 著

海峡出版发行集团 | 鹭江出版社
2022年·厦门

图书在版编目（CIP）数据

厦门学导论 /《厦门学导论》课题组著. -- 厦门：鹭江出版社，2022.9
ISBN 978-7-5459-2003-1

Ⅰ. ①厦… Ⅱ. ①厦… Ⅲ. ①文化史－厦门 Ⅳ. ①K295.73

中国版本图书馆 CIP 数据核字（2022）第 143304 号

XIAMENXUE DAOLUN
厦门学导论
《厦门学导论》课题组　著

出版发行：	鹭江出版社		
地　　址：	厦门市湖明路 22 号	邮政编码：	361004
印　　刷：	厦门集大印刷有限公司		
地　　址：	厦门市集美区环珠路 256-260 号 3 号厂房一至二楼	联系电话：	0592-6183035
开　　本：	787mm×1092mm　1/16		
印　　张：	20.75		
字　　数：	418 千字		
版　　次：	2022 年 9 月第 1 版　2022 年 9 月第 1 次印刷		
书　　号：	ISBN 978-7-5459-2003-1		
定　　价：	76.00 元		

如发现印装质量问题，请寄承印厂调换。

序

"盛世修史，明时修志"。近年来在全国各地兴起并逐渐成为一门显学的地方学研究，正是当下中国的强盛发展所推动的，也是这个大好时代的一份见证。

陈耕先生领衔撰著的《厦门学导论》的出版，是地方学研究的又一突出收获。相对于全国其他各地的地方学，作为港口城市的厦门，其发展历史并不太长。虽然从考古发现的"有段石锛"中，我们可以将厦门的文明起点推到新石器时期，但清代之前的厦门，并没有自己独立的历史。据陈耕及其同人的研究，厦门的独立建构始于"郑成功抗清复明政权在厦门设立思明州"，并且以"郑芝龙父子为代表的闽南海商军事集团在大航海时代与西方列强争夺东亚海权"为特征。这个论断在史学界是否有争议姑且不论，但它改变了我们通常对"厦门开埠源于鸦片战争后五口通商时期"的认识，在时间上提前了近200年。从17世纪中叶迄今，近400年间，厦门的发展主要是城市的发展，而城市的发展与海洋关系的发展密切关联着。由此，厦门学的研究，主要是地方学中的城市学——滨海城市学的研究。在人类学、地理学、历史学、文献学、文化学、经济学、政治学、社会学等多学科的综合视野下，它将广泛涉及这一城市发展的地理环境、历史机遇、文化形态、都市特征、内在脉络和外向海洋等诸多问题。作为一门方兴未艾的地方学研究，厦门学应该不同于历代撰修的地方志或20世纪40年代后期吴雅纯牵头编撰的《厦门大观》。厦门学既称"学"，就应该有更宽阔的学术视野和理论思考，不能只是事实记述，还应有在事实记述基础上的理论分析和思考；不仅只是循一般地方学的撰写套路，而应突出厦门这一城市及其海洋环境的特殊性，从地理到历史，从政经到人文，都应展现出厦门独特的城市特征和文化风韵。

这是一个实践起来并不轻松的课题。由于厦门历史、文化研究的基础相对薄弱，前人可资借鉴的论著相对稀缺，对于课题承担者而言，这是一个严峻的挑战和考验。

陈耕先生长年从事文化工作。他写过小说，拍过电影，编过舞台剧，当过地方戏和歌舞团的领导。广泛的艺术实践，赋予了他宽厚的文化底蕴和触类旁通的学术悟性。退休后的他主持厦门市闽南文化研究会的工作并参与福建省闽南文化研究会的创建，逐步转向闽南文化及其相关问题的研究。他从闽南地方戏剧的研究起步，全方位地研究从民间信仰、习俗、人物、事典到闽南方言、戏剧、歌舞、工艺等闽南文化，特别是厦门文化的各种表现形式。生于厦门长于厦门的耳濡目染和亲身实践，使他很接地气地游走在闽南——特别是厦门各种文化事项的活动之中，他因此积累了丰富的知识和经验，每每谈起，都如数家珍。尤其难得的是，他在这些具体的文化事项中，专注于综合性的学术整合和理论思考。对于植根民间、传承久远的各种民间文化事项，他常有立足当下、富有新意的发现和诠释，赋予闽南文化——特别是厦门文化独有的价值和意义。他对于理论的兴趣，还体现在对这部著作的创作中，不惜以数十万字的篇幅对地方学中的厦门学，从学科的形成、发展、概念、方法到学科体系和撰写框架，都进行理论的辨析和建构，这也成为全书的撰写指南。深入的学术思考和丰富的知识储备，对于《厦门学导论》的撰写，不仅是适逢其时，更可谓是恰得其人。

这是一部开创性的著作。作者有一个庞大的写作计划，目前我们读到的仅是计划中的一半，甚而不及一半。然而，就这部数十万字的书稿，无论就整体的框架结构，还是细致的分章分节叙述，都能感受到作者对厦门学较深的认知。作者在整体建构上抱有的志向和在细致论析中不时闪烁的新见，使这部创新性的著作在厦门学乃至整个地方学研究中独树一帜。

然而，事物都有两面性。或许正因本书的开创性，难免会有某些观念、论断或资料不尽完善，从而引来某些争议、论辩，甚至否定。"开创性"的价值同样具有辩证的两面：对于厦门学建构和创见的认同和赞誉，是一种价值；对于厦门学研究的异见及其可能引起的论争和辨析，也是一种价值。人文科学的研究，是一种累积型或展开型的研究，不一定都是后来者否定前行者的批判和更替，更多的情况是后者对前者研究的丰富、补充和订正，从而获得完善和更新。这是学术发展必然的过程。

对于这部尚未全部完成却以其主要部分先行面世的著作，我充满了祝福和期待。

刘登翰
2021年11月17日

前言

我在学术上相当孤陋寡闻，一直到2016年参加北京学研究所召开的"中日韩地方学研究理论与实践学术研讨会"，才知道地方学在日本和韩国居然是热门的显学。这点燃了我对地方学和区域文化学新的思考。

恰好第二年，也就是2017年，金砖五国领导人在厦门会晤，凸显了厦门作为中国第一批对外开放的经济特区和21世纪海上丝绸之路战略支点城市的风范，也展现了厦门闽南文化传承性、当代性、世界性的风采。

金砖会晤开启了厦门的新时代，厦门人称之为"后金砖时代"。当年9月，我写了《关于厦门学的研究与思考》，并推动厦门市闽南文化研究会组织召开了关于厦门学的座谈会和研讨会，引起了厦门文化界的关注。刘登翰教授和曾玲教授都为此给我写了信，发表了他们的观点。当年年底出版的《闽南文化研究》，也刊登了我的这篇文章和刘登翰老师的《关于厦门学的一封信》。《厦门学导论》这个课题也是在这时向国家文化部提出了申请。

2019年该课题批准下达，可是这时我已年届70岁，按规定辞去了研究会会长的职务，直到2020年4月才知悉课题下达的消息，便立即着手组织课题组。2020年5月，《厦门学导论》课题组在厦门市台湾艺术研究院成立，由我任组长，成员有蔡亚约、梁宏彦、李晖、黄锡源、陈花现、蔡少谦、许子贤、蔡秀草、扈美丽、王玲玲等。蔡亚约负责相关华侨的部分，梁宏彦负责相关台湾的部分，李晖负责艺术部分，黄锡源负责商贸部分，陈花现负责港口航运部分，蔡少谦负责明代卫所变迁历史部分，许子贤负责卫生健康部分，蔡秀草负责教育部分，扈美丽负责建筑部分，王玲玲负责资料的查询并参与学术史的研究，本人陈耕负责其他部分及全书的统稿。

作为导论，原本的计划是将全书分为五编：开编、过程研究编、结构研究编、环境研究编、传播研究编等。没想到初稿出来后，仅过程研究就长达34万字，加上开编竟有40多万字。而我们申请的课题仅25万字，和出版方的合约也是不超过25万字。虽然和出版方商量补充了协议，增加了10万字，但还是需要做相应的压缩和删节，只好忍痛放弃了结构、传播、环境等部分，只在结语做简单的介绍，留待今后有机会再继续吧。这样全书就成为上下两编：上编是关于厦门学缘起、背景和学术框架的探讨；下编是过程研究，共十章，前五章讲闽南文化，后五章讲厦门文化。

由于至今尚未有闽南学导论或完整的闽南文化史，而厦门文化只是闽南文化的一个组成部分。虽然它代表了自郑成功以后闽南文化的发展历程，但这发展历程是依托于所有闽南人共同的力量。讲厦门离不开闽南，而讲闽南自郑成功以后则离不开厦门。依照长时段、全局性、动态性的历史思维，我们的过程研究必须从闽南这块土地最早的文化开始。不了解厦门文化的前世，就无法了解和理解厦门文化。这也是过程研究篇幅大增的主要原因。当然我们认为这是值得的，也是必须的。

众所周知，1949年以后厦门港被封锁，吞吐量一落千丈，厦门失去了作为闽南文化现代化引领者的作用。20世纪下半叶，引领闽南文化现代化的中心舞台转移到台湾地区。高雄港曾经是世界第三大港口，仅次于我国的香港和荷兰的鹿特丹。在这样的背景下，台湾地区的闽南文化有许多创新和创造。最典型的就是闽南语流行歌曲，如《天黑黑》《车站》《爱拼才会赢》等，这些歌曲传遍台湾地区、港澳地区，乃至整个大陆地区，甚至南洋，成为闽南文化在20世纪下半叶最成功的创造。

当然，风水轮流转。2017年厦门港的集装箱装载量超过了高雄港，成为世界第十四大港口。但这只是厦门文化走进新时代的开始，我们现在还身处其中。在这个后工业时代，厦门能否引领闽南文化的创新发展，闽南文化又如何变迁，一切还在演进之中。文化的变迁总是滞后于经济社会的发展，文化的研究需要距离。因此我们克制了笔端的冲动，对厦门文化的过程研究就止于现代化的第一个阶段，把之后的70年留给当代研究。

折腾了一年多，中间又因身体原因耽搁了几个月，课题总算告一段落。感谢课题组的伙伴们，他们几乎都被我"折腾"了多个来回；感谢厦门市闽南文化研究会诸位同人的支持和帮助；感谢厦门市文化和旅游局帮我们争取到这个课题；感谢厦门市台湾艺术研究院在多个方面的支持，特别是在资料查阅时予以协助。此外，还要感谢我的爱人，没有她的照顾，我难以承担这些研究和写作。

陈耕

2021年9月28日

目 录

上编　总论

第一章　地方学视域下的厦门学　003

　　第一节　关于地方学　003

　　第二节　厦门学的机遇、概念与范畴　007

　　第三节　开展厦门学研究的时代背景与意义　011

第二章　厦门学学科体系框架　024

　　第一节　概念研究　024

　　第二节　学术史研究　033

　　第三节　方法研究　043

　　第四节　多视角研究、比较研究、文化生态研究、应用研究、传播研究　047

下编　过程研究

第一章　地理中的厦门与人　056

　　第一节　地理中的厦门　056

　　第二节　厦门文化的起点　060

　　第三节　闽南的青铜时代及闽越国　066

第二章　闽南文化的孕育与诞生　071

　　第一节　文化的迁徙与碰撞　071

　　第二节　文化的冲突与抗争　074

　　第三节　闽南文化的诞生　078

第三章　闽南文化的形成（五代—北宋）　　081
第一节　闽南文化形成的历史背景　　081
第二节　闽南文化与海洋文明的兴起　　085
第三节　闽南文化的形成　　092

第四章　闽南文化的大发展与中国海洋文明的高潮　　099
第一节　宋代闽南文化大发展的历史背景　　099
第二节　引领世界的闽南海洋文化　　103
第三节　闽南文化的大发展　　110

第五章　闽南文化的灾难与成熟　　117
第一节　元代刺桐港的辉煌和闽南人的灾难　　117
第二节　刺桐港的衰亡　　122
第三节　月港的兴起和闽南私商　　126
第四节　闽南文化的成熟　　133

第六章　厦门文化的孕育　　144
第一节　厦门文化的摇篮——永宁卫中左所　　144
第二节　月港开关——短暂海贸辉煌　　148
第三节　从月港到安平港——东亚海权的争夺　　155

第七章　郑成功与厦门港的诞生　　164
第一节　重新认识郑成功　　164
第二节　郑成功与根据地　　166
第三节　郑成功在思明创建的伟业　　170
第四节　永远的郑成功　　180

第八章　厦门文化的形成　　183
第一节　施琅与水师提督　　183
第二节　清代前期厦门港构建的海洋经济链条　　197
第三节　农耕社会闽南海洋文化最后的挽歌　　209
第四节　厦门文化的形成　　215

第九章　历史的转折——屈辱与奋斗　　232

  第一节　不能忘记的苦难和英雄　　232

  第二节　破产与造反　　236

  第三节　过番　　240

  第四节　从甲午之变到辛亥革命　　246

第十章　走向现代文明——厦门文化的转型　　259

  第一节　实业救国——以经济建设为中心　　259

  第二节　走进现代化——城市更新建设　　264

  第三节　建筑——历史的记载与永远的乡愁　　272

  第四节　人的健康——走向文明的根本基础　　282

  第五节　教育救国——以人才培养为根本　　293

  第六节　红色——厦门文化亮丽的底色　　309

  第七节　人的理念、学习、文化，是城市进步的根本动力　　315

结　语　　319

上编　总论

第一章　地方学视域下的厦门学

第一节　关于地方学

改革开放以后，人们的思想获得了极大的解放，从20世纪80年代开始，地方学、城市学、区域文化学等领域的研究兴起了一波又一波的热潮。开始是区域文化热，这可能是因为中国自古以来齐鲁文化、巴蜀文化、岭南文化、吴越文化等论述多多、耳熟能详。这其中，客家文化更独树一帜，开创了民系文化研究的先河。在中华民族漫长的发展史上，由于自然环境、民族迁徙以及其他社会历史条件的变动，这一民族共同体内部又衍生出众多的支脉，即民系。这些民系在总体上统一于中华民族共同体之中，但在语言、习俗、民情以及其他文化事项方面，又具有各自的特点，构成一个又一个相对独立的单元，从而使中华民族及其文化呈现出多姿多彩、枝繁叶茂的动态格局。

"民系这一概念是罗香林先生在20世纪30年代为研究客家而自创的一个新术语。它的内涵就是同一民族内部的各个独立的支系或单元。长期以来，罗香林先生所创造的这一新术语已经约定俗成，为中外学术界所共同接受。"[①]

罗香林先生同时还提出了"客家学"的研究。在20世纪80年代的文化热潮中，客家学和民系文化受到了海内外文化学者的关注，不但推动了客家学研究的兴盛，也使得闽南文化的研究学者注意到，闽南文化也是民系文化，而不仅仅是闽南这一地域的文化。因为"人即文化，文化即人"，闽南人、闽南文化不仅仅存在于厦漳泉闽南地区，而且过台湾、下南洋、走四方。世界上可以说有六个闽南：一是本土闽南（厦漳泉加龙岩漳平），有2000万人；二是台湾闽南，1800万人；三是港澳闽南，150万人；四是其他地区闽南（潮汕、海南、雷州、浙南、赣东等），有1000多万人；五是南洋闽南，有2000万人；六是欧美闽南，500万人。总计，有7000多万人。[②]

---

① 王东：《客家学导论》，台北：南天书局有限公司，1998年。
② 关于闽南民系的人数，一般是根据语言学家语言普查的数据、东南亚华侨研究的相关数据和新中国成立后历次人口普查的数据来估算的。
著名的闽南方言权威、厦门大学周长楫教授认为约7000万人（见周长楫：《闽南方言与文化》，北京：中国国际广播出版社，2014年）；泉州学院林华东教授则认为约6000万人（见林华东：《全球视域下闽南文化的先进性》，《光明日报》2012年10月22日，第16版）。（转下注）

闽南文化起源于闽南地区，是六个闽南中所有的闽南人共同创造、共同拥有的。例如，闽南的歌仔戏、闽南语流行歌曲诞生于台湾地区，嘉庚建筑实际上起源于南洋。它不是某一个地域的地域文化，而是和客家文化一样的民系文化。这一观点随着研究的深入，特别是随着两岸的交流，以及华侨文化的深入研究和"一带一路"的提出，已经被人们广泛认同和关注。实际上，这也是推动厦门学研究的重要动因。

在中国人民追求"富起来"的背景下，对区域经济发展的关注肯定远远超过区域文化。在中国快速城市化和大规模城乡建设的浪潮中，西方的城市科学、区域科学传入中国，并得到了高度的重视和发展。

西方对于城市的研究，主要是从20世纪五六十年代开始的，形成了一个范围广，分支系、派别多的学术领域。1965年国际城市与区域规划师协会成立，总部设在荷兰海牙，每年在不同的国家举办年度大会，汇集来自全球80多个国家的规划专家和专业机构成员，代表了当今国际城市规划设计领域的最高学术水平。

（接上注）经讨教林教授，得其专文转致如下：

"闽南方言在福建境内主要分布于闽南地区泉州、漳州、厦门所属23个县、市、区（含金门县），人口达978万。另外，闽西的龙岩市区、漳平市和三明的大田等地约有82万人也用闽南方言交流。以上合共人数为1060万人。

"台湾地区通行闽南方言的有18个县、市，通常称为'台湾话'，其使用人口达1400万。

"广东省东部潮汕地区中，有12个县市945万人用闽南方言（潮州话）交际。

"海南省18个县市400万人和广东雷州半岛275万人使用的语言，通常也归入闽南方言系统。不过，这两地的语言跟闽南方言已有较大差异。在广西中南部的合浦、陆川、北流、平乐、平南、桂平以及柳江等县、市约有16万人口，也操闽南方言。

"在浙江、江苏和江西三省有141万人说闽南方言，他们分别分布在浙江南部的平阳、玉环和舟山群岛，江苏的宜兴和江西的铅山、上饶、玉山等地区。另外，闽东沿海各县有许多村镇岛屿也通行闽南方言。其中福鼎的东北部正好与浙江的洞头、苍南连成一片。其他使用闽南方言人数比较多的有宁德的碗窑，霞浦的三沙、延亭、后山，连江的北岳，莆田的湄洲等。以上人口尚缺统计。在闽中、闽北还有许多村镇通行闽南方言，例如顺昌的埔上、富文、大干一带就有三万多人说闽南方言的安溪腔。"

【上述人口数字参阅张振兴：《闽语的分布和人口》，《方言》，1989年第1期】。

张振兴老师是中国社会科学院语言研究所的研究员，闽南漳平人，1961年毕业于厦门大学，是周长楫教授的同班同学。他的文章发表于1989年，文章所提供的数据只可能是20世纪80年代或之前的数据。其中至少有两个数据，现在看肯定有误。一是台湾，一是闽南。

台湾著名人类学家陈奇禄先生在1980年发表的《中华民族在台湾的拓展》一文中指出：根据1968年的调查，台湾的人口组成本省籍闽南语群占74.51%，本省籍客家语群占13.19%，本省籍其他语群占0.08%，山胞即台湾土著占2.37%，外省籍占9.8%。（陈奇禄等：《中国的台湾》，台湾：台北文物供应社印行，1980年）台湾人口2300万，按74.5%计算约为1713万。这与张振兴老师说的1400万，有300万左右的差距。这不应是一个可以忽略不计的数据。

其次根据2021年5月公布的全国第七次人口普查的数字，泉州常住人口约878.23万，厦门的约516.40万，漳州的约505.43万，合计约1900万。这还没有把龙岩、漳平、三明、大田等人口计算在内，就已经远远超过了840万。

这两项相加，闽南民系的人数至少应增加一千万。因此本课题认同周教授提出的约七千万。

我国在1984年成立了挂靠在中央建设部的中国城市科学研究会，在全国各省、市有100多个地方城市科学研究会，下设17个专业委员会，包括中小城市委员会投融资研究、城市管理监察、城乡经济城建档案信息、历史文化名城、城市更新、城市公用事业改革与监管、住宅产业化、绿色建筑与节能生态城市研究、信息技术、数字城市、城市大数据、景观学与美丽中国建设、新型城镇化与城乡规划研究、健康城市研究等专业委员会。这些体现了目前我国城市科学的主要研究领域。

然而，在这些领域除了历史文化名城之外，中国的文化界基本上没有话语权，这呈现出中国城市的建设发展和中国文化的传承发展研究两张皮的严重问题。做规划的不了解文化，做文化的不了解规划。这种现象至今依然存在。

西方的区域科学和我们传统的区域文化学也有很大的不同。它产生于第二次世界大战以后欧洲重建中出现的规划建设等区域性问题。当时美国经济学家、区域科学开创者沃尔特·艾萨德（Walter Isard），在美国经济学协会年会里组织了对区域问题感兴趣的经济学家小组会议，参加的人有规划工作者、社会学家、地理学家、少数工程师以及个别其他学科的学者。1954年，艾萨德领导创立区域科学协会，同年又创立了世界上第一个区域科学系——宾夕法尼亚大学区域科学系和第一个区域科学研究机构——费城区域科学研究所，并在1958年领导创立了《区域科学学报》。从此这门科学便迅速向世界各地广泛传播，1984年，国际区域科学协会成立。

我国在1991年，由北京大学区域经济学家杨开忠领导成立了中国区域科学协会，协会的宗旨是团结组织我国地理学、经济学、社会学、管理科学、政策科学、信息科学、系统科学、行为科学、环境科学等多学科的有关学者专家和实际工作者，开展多学科多层次的区域综合研究，协会下设23个专业委员会，如长江流域经济带、城市管理、城市经济、东北发展研究、海洋经济研究、精准脱贫、民族经济、区域旅游、区域文化发展、西部发展等专业委员会。区域科学是在区域发展过程中面临很多现实问题，需要多学科参与研究解决而兴起的综合性学科，是一门应用科学。我们看到，区域科学没有文化学科的参与。

从以上简要的介绍，我们可以看出西方的城市科学和区域科学是建立在西方城市和区域的规划、建设、管理的实践基础上的。他们建构了一整套学科体系，当然也融入了他们的思想理念和价值取向，与我们传统上的区域文化学，以及我们近些年来在传承传统的区域文化学基础上所兴起的地方学是有很大不同的。

北京联合大学北京学研究所所长张宝秀教授对此有精要的论述。她在《地方学学科新认识与北京学研究新进展》一文中提出："地方（place）不同于空间（space），空间被赋予文化意义的过程就是空间变为地方的过程。地方学就是……研究某一空间变为某一地方的历史进程，揭示其地域综合体的发展规律，科学分析地方的形成机制，对地方的未来做出判断。地方学的使命可以界定为：研究地方，挖掘文化，传承文脉，服务发展。"

"地方学的研究框架，无论是城市地方学还是区域地方学，都应该是时间纵向与空间横向相结合。城市地方学侧重挖掘城市的文化传统，传承城市的历史文脉，强化城市的文化认同，推动城市可持续发展。城市、区域、社会发展的终极动力是文化，人是文化的载体。地方学研究一定要有文化的视角，地域的视角。"

由是，她总结："城市科学（城市学）、区域科学和地方学三个学科，彼此之间关系密切，但是因兴起的背景不同，社会需求方向有别，因此学科宗旨和研究内容各有侧重，各有特色。城市科学和区域科学主要关心城市和区域的当下状况，并应用现代技术规划城市与区域的未来发展。而目前国内外各地的地方学研究领域，大多数是重点研究地方的历史和文化，这是地方学与城市科学、区域科学的最大区别，或者说是地方学的主要特色所在。"[①]

笔者赞成张宝秀教授上述论断，同时我们认为中国的地方学方兴未艾，还处于起步的阶段，中国地方学的概念与范畴、标准与方法、学科体系框架等等都还在探索当中。我们企求努力以厦门学作为切入点，在建构中国特色的地方学上有所探索。

张宝秀教授还认为城市科学、区域科学和地方学三个学科关于城市与区域的知识和认识、研究方法、研究成果等富有补充启发和借鉴作用。三个学科关于某个地方的研究成果，可以形成对这个地方过去、现在、未来较为完整的认识，所以理想的状态是三个学科之间能够加强联系和信息沟通。

而她所领导的北京学研究所推动的北京学，正是城市学与地方学相复合的综合学科，属于城市地方学。北京联合大学的北京学学科是在北京市政府直接支持下发展起来的，以"立足北京，研究北京，服务北京"为学科建设宗旨，坚持"研究北京，挖掘文化，传承文脉，服务发展"，是体现当今世界人文社会科学与自然科学跨学科融合发展的优势特色学科。[②]

这种极具中国特色、中国风格的学科方向，正是我们厦门学应当深思和学习的。我们也希望通过本课题的研究，能够推动厦门的政府、高校和民间，更加重视厦门学的研究和学科建设。

实际上主要是理工学科出身的城市科学、区域科学的学者和实际工作者，在进入21世纪以后，在面对如何解决"千城一面"、差异发展的难题时，也逐渐地认识到文化的重要意义。

"一个国家、一个民族的强盛，总是以文化兴盛为支撑的，中华民族伟大复兴需要以中华文化发展繁荣为条件。"[③]

"历史文化是城市的灵魂，要像爱惜自己的生命一样，保护好城市历史文化遗产……要本着对历史负责、对人民负责的精神，传承历史文脉，处理好城市改造开发和历史文化遗产保护利用的关系，切实做到在保护中发展、在发展中保护。"[④]

十八大以后习近平总书记一系列关于文化的讲话，使大多数人深刻地认识到包括地

[①②] 张宝秀：《地方学学科新认识与北京学研究新进展》，引自张宝秀主编，虞思旦副主编：《地方学研究》第2辑，北京：知识产权出版社，2018年。

[③] 选自2013年11月26日，习近平在孔府和孔子研究院参观考察讲话。

[④] 选自2014年2月25日，习近平察看玉河历史文化风貌保护工作展览和河堤遗址时的讲话。

方文化在内的中华文化对经济社会发展的重要意义。

中国素有盛世修志，关注地方、记述地方、研究地方的悠久传统。改革开放以后，各地政府机构都专门设立了方志办、社科联及其领导下的众多地方文化研究的民间团体，积累了大批的资料和许多专门的人才。进入21世纪，中国在各个地方谋求经济社会文化差异发展和彰显地方特色的强烈诉求下，民间的学者在政府的支持下，推动了中国各地地方学的兴起。特别是那些经济发展比较好、文化底蕴比较深厚的地方，在世纪之交就纷纷成立了地方学的相关机构和团体。

现在，中国各地的地方学研究机构和社会团体已经将近100个。2005年，由内蒙古自治区鄂尔多斯学研究会牵头，十几个地区的地方学研究机构共同发起，成立了民间学术联盟组织中国地方学研究联席会。鄂尔多斯学研究会担任联席会首届轮值主席，2008年起由北京学研究所担任第二届轮值主席。如今联席会成员单位已经发展到30多个，每年编印4期会刊《地方学研究信息》，并经常组织会员单位召开学术研讨会，又在"草根网"建立了"地方学研究"团体博客，在微信平台上建立"地方学研究之友"微信群和"地方学研究"公众号。中国地方学研究影响广泛，方兴未艾，并积极地融入亚洲和世界地方学研究的潮流中。

这些地方学研究的方向大致可分为四类。一类是城市地方学，如北京学、上海学、杭州学等，聚焦于城市的历史、当代和未来，并放眼世界，借鉴世界城市发展的经验和教训。一类是辖区地方学，如内蒙古自治区的鄂尔多斯学、泉州学、台湾地区的彰化学等。他们研究的空间范畴是相应的行政辖区，既有城市也有农村。我国现有的城市化率大约为60%，扣除直辖市、计划单列市和省会城市，实际上大多数地市一级的城市，城市化率恐怕都在50%以下。他们的研究必将会更多地兼顾农村的文化，更多关注农民及其文化在当代工业化、城市化、市场化、国际化过程中的变更、创新与发展。一类是区域地方学，如广府学、闽南学、内蒙古学。他们研究的空间范畴并不完全局限于某一当下的行政区域，而是聚焦于具有共同文化事项、文化特征的人及其文化。还有一类是以敦煌学为代表的专题地方学，它以丰富宝贵的历史资料和石窟为研究对象，聚焦于某一段历史时代。

本课题的厦门学，属于地方学框架下的城市地方学，是在中国传统的地方文史学术基础上，在改革开放后中国经济迅猛发展和传承发展中华优秀传统文化的大背景下，在厦门全市实现城市化的具体背景下，对象为经济特区、港口城市、对台与21世纪海上丝绸之路战略支点城市，是厦门的现代城市地方学。

第二节　厦门学的机遇、概念与范畴

2017年，作为东道国的中国将金砖会晤放在了厦门。金砖会晤开启厦门的新时代，被厦门人称为"后金砖时代"。厦门人没有把金砖会晤仅仅看成是中央对厦门过去成就的表扬和肯定，更看成是对厦门提出更高的要求、对厦门未来的期许。

习近平主席在金砖会议上对厦门文化做了高度的概括，他说："厦门还是著名的侨乡和闽南文化的发源地，中外文化在这里交融并蓄，造就了它开放包容的性格和海纳百川的气度。"①

习主席指出了厦门特殊的区位优势，指出了厦门文化对海上丝绸之路沿线国家、地区历史久远的影响以及至今依然紧密的联系。习主席更指出，厦门在近现代以开放包容、海纳百川的理念所创造创新的中外文化美美与共的闽南文化，引领了闽南文化在近现代的创新与发展，是近现代闽南文化的发源地。

习主席的讲话启迪了我们，讲闽南文化离不开厦门，讲厦门离不开闽南文化。这也指明了厦门学研究的方向。

习主席的讲话更坚定了厦门的文化自信，激发了厦门学者的文化担当和学术自觉。金砖会晤刚刚落幕，当年的9月25日，厦门市闽南文化研究会在厦门市人大、市政协、市文广新局的支持下召开了厦门学研究座谈会。会议围绕构建厦门学的必要性和方向性展开了深入的讨论。出席研讨座谈的专家、领导一致认为，金砖会议在厦门召开和习近平同志在金砖会议对厦门的肯定与宣扬，寄寓了中央对厦门在"一带一路"倡议和国家发展大局中发挥更大作用的期望。金砖会议在厦门的成功召开和后金砖时代厦门的发展催生了厦门学研究的紧迫性。厦门学的提出正当其时，很有必要。

基于城市和海洋这两个向度的厦门文化、对台与21世纪"海丝"战略支点城市的区位，决定了厦门学独特的研究内涵和开展厦门学研究的必要性。

还有同志就厦门五方杂居的现状，提出必须强化厦门文化的建设，将其上升为理论，才能使来自四面八方的新厦门人对厦门有一个共同的文化认同，尤其让新厦门人的后代有文化归属感，才能使未来厦门城市的发展健康、有序、可持续。

对于厦门学研究的重点，大多数同志认为必须强调当代性。厦门是一个近代新兴的海港城市，这是它与漳泉一个很大的区别。所以厦门学的研究重点应该厚今薄古，把研究的重点放在近代和改革开放以后，研究厦门如何从小渔村成为近代闽南文化的引领者，探索其中的经验教训和对当代发展、未来走向的启示。

会议还讨论了厦门学和厦门史、厦门志的区别，关键在多学科综合研究。厦门学是一门以厦门行政区域的历史文化、人文活动、生态环境等为研究对象的多学科综合学问。

在第一次关于厦门学的讨论会上，与会者无不充满激情。他们从不同的学科角度、不同的学术观点、不同的利害权衡，提出不同的看法，有些甚至是针锋相对的。

仅仅过了一个多月，厦门市闽南文化研究会已经征集到了十几篇关于厦门学的文章和通信。2017年11月5日，为梳理和总结厦门文化创新与发展的历程，探寻新时代创造性转化和创新性发展厦门文化，推动厦门学研究和中国特色地方学学科建设，厦门市闽南文化研究会在福建省闽南文化研究会、中共厦门市委宣传部、厦门市社会科学界联合会、厦门市文化和旅游局的支持和参与下，召开了首届厦门学学术研讨会。

---

① 选自2017年9月3日金砖会晤期间，习近平主席在欢迎宴会上的致辞。

研讨会的主旨演讲是陈耕的论文《关于厦门学研究的思考》。他从厦门学研究的时代背景和厦门机遇讲起，论述厦门学研究的必要性、重要性和可行性。他认为，我们的先人不仅建造了一座城市，更以集体的价值取向塑造了城市的灵魂——厦门文化。时代在前进，城市会转型，而灵魂永在。这个灵魂所体现的正是中华民族向上向善的价值取向，是厦门走向未来最宝贵的文化资源、精神财富、不竭动力。如何以当代的视角来阐释它、传承它、发展它，正是厦门学研究的主要课题与方向。

与会论文的主要观点有几个方面。首先，2017年厦门金砖会晤为厦门学的创立提供了绝佳的机遇，开展厦门学研究的时机已成熟，应以习近平主席在金砖会晤的讲话精神为引领，并通过厦门学的构建寻找厦门作为21世纪海上丝绸之路战略支点城市的发展支点、文化支撑。其次，厦门学的研究应该厘清与闽南学的关系，两者既有共性也有不同之处，必须梳理清楚两个学科不同的研究范畴。再次，要把握好与城市建设发展的关系，要关注当代城市建设发展的实践，努力为现实提供服务。最后，要努力团结不同学科的学者参与，努力探索具有中国特色的研究方法，探索构建具有中国特色的新学科。

福建社会科学院研究员刘登翰、厦门大学教授曾玲两位老师在外地，专门给此次"厦门学"研讨会来信。刘登翰老师主要讲三个方面：一是若要讨论厦门学，首先要弄清楚——什么时候有"厦门"；二是厦门作为一个移民城市，人口多元带来的文化多元乃至文化的混搭，这是今日的厦门，也是研究厦门学必须面对的现实；三是应该重视厦门学的当代性研究，做一些普及和广泛性的系列调查。这是一个迫切且重要的课题。

曾玲教授认为，厦门研究与厦门学的建构，不能仅就厦门谈厦门，而是要在明中晚期以来直至当代我国的华南、台湾地区以及东南亚、西方等国家乃至整个世界时空变迁的脉络下，从一个区域的巨大变迁，以比较研究的视角来进行厦门研究，进而建构厦门学。

这两次会议吹响了厦门学研究的号角，为厦门学的研究奠定第一块铺路砖。没有这两次会议的思想火花和后续两年的持续关注，恐怕也没有本次作为文化和旅游部国家非物质文化遗产保护专项课题的厦门学研究课题。2020年5月，《厦门学导论》的开题，标志着厦门学作为一门独立的学科正式产生。这也开创了历史，结束了此前厦门研究"有志有史有论无学"的局面，也合理地建构了地方问题、城市发展的研究体系。

一门研究厦门城市历史、现状和未来并揭示其发生、发展规律的新的人文学科——厦门学已经初生。作为一门独立的学科，厦门学具有自己独特的研究对象、概念与范畴、内涵与外延。

社会科学的历史，就是概念与范畴发展的历史。如果概念没有搞清楚，决定概念的范畴没有搞清楚，也没有取得共识，就漫无边际地去研讨，我们的讨论就会失去方向指引。没有规范的学科范畴，我们就会偏离学科研究的轨道，就可能出现"鸡同鸭讲"的现象。这种情况在过去的研究中也是很常见的。所以，讨论文化、讨论文化学科，首先要关注概念，关注范畴。

文化学科的概念由三个范畴所确定：空间范畴、时间范畴、内涵范畴。厘清这三个范畴，才能明晰概念。三个范畴从不同方位明确了研究对象的边界。人们就可以在彼此认同的范畴之内讨论问题，学术的研究才可能一步步深入。区域文化学和地方学的区别，例如闽南学和厦门学的区别，必须由此而梳理区分开来。

由闽南文化研究而形成的闽南学，是区域文化学。其空间以闽南人的活动空间范畴为边界。闽南文化诞生于闽南，但由于几百年来闽南人持续不断地过台湾、下南洋、走四方，闽南文化随之播迁，并吸收融合当地的文化，有了新的发展，也使闽南文化区域由厦漳泉扩展为闽南、台湾地区和东南亚闽南华侨华裔聚居地这一更广阔的区域，甚至涵盖我们前面所提到的六个闽南。

人即文化，文化即人。随着时代的进步和人的活动范围的延伸与发展，文化的边界也在延伸和拓展，文化的概念也会随着社会和经济的发展不断丰富。六个闽南，体现出闽南文化是超越闽南地域的所有闽南人共同创造、共同拥有的文化，即闽南民系文化，也因此使闽南文化成为维系台湾同胞、华侨华人的重要精神纽带，使推动两岸和平统一、构建21世纪海上丝绸之路成为闽南人义不容辞的历史担当。

总之，闽南学的空间范畴，即闽南文化区域和闽南文化研究的边界是以闽南人聚居活动的空间来界定的。

而厦门学与闽南学的一个重要区别，就在于空间的范畴。

李亦园先生当年定义"泉州学"说："所谓泉州学是一种以泉州地区的历史文化、人文活动、生态环境为研究对象的科际综合学问。"他强调泉州地区作为泉州学的空间范畴。

厦门学同样是以厦门行政区域为空间边界，研究的是这一空间所发生的文象与文脉。无论是否是祖居厦门三代的老厦门人，只要你定居于此，参与厦门的生产生活实践，就在厦门学的视野之内。现今厦门五百多万户籍人口，有2/3是在最近40年里从各地迁徙而来的。此外还有一百多万外来打工人员。厦门的当代史、当代文明由他们创造。尤其是他们所带来的各种地域文化，正和厦门文化、闽南文化杂交衍生，相互融合，美美与共，创造着新的文化气象。所以厦门学的空间范畴是以厦门行政区域的地理空间为边界。

在时间范畴上，闽南学原本以晋永嘉之乱后中原汉族三次大规模入闽，与当地古百越山畲水疍的融合形成闽南族群为起始。近年则更多延伸至闽南地域早期居民活动的文化遗存，探讨该地域早期古百越文化对今日闽南文化的影响。

时间的下限，原本多止于20世纪50年代，视为旧的传统文化。自改革开放后，学术界放宽了研究下限，明确其不但是传统的文化，更是活跃于当今社会生活，并深刻影响未来发展的当代文化。尤其是进入21世纪，闽南文化的当代性和世界性成为闽南文化研究的中心课题。人们正在把学术的焦点从过去转移到当下，乃至闽南文化的未来学研究。

厦门文化研究的时间范畴原本将上限设于洪武二十七年（1394）厦门建永宁卫中左所。这是以厦门作为一座城市的起点来设定其历史的上限，毕竟现今所说的厦门学，属于城市地方学。

不过历史更为久远的同安县衍变为厦门市三个区（同安、翔安、集美），漳州的海澄县三都也衍变为厦门的海沧区，于是人们便把厦门文明的历史上限从600年延伸至近2000年前即晋太康三年（282）设置的同安县。

但这种观点还是有大汉族主义的嫌疑。厦门大学林惠祥先生曾在厦门港蜂巢山拾到新石器时代的有段石锛，联系到金门（金门1914年才从同安县析出）富国墩3000年至5000年的贝壳文化遗址，厦门文明的起点，显然不应局限于以中原汉族设立行政机构的时间为上限。

然而，这些其实只是影响厦门文化的因素。厦门作为海防要塞、港口、城市，起点还应该是中左所的建立。

特别应该指出，鉴于厦门文化的海洋性，而厦门港又是在明末清初以后才成为闽南，乃至台湾海峡两岸最大的港口，而且是在鸦片战争以后才成为引领闽南现代化的港口城市。因此，在时间上，厦门学的研究应该更多地集中于近当代的研究。也就是说厦门学研究的时间范畴应当集中于郑成功设立思明州，奠定厦门军港、商港、渔港三港合一的闽南最大港口地位之后。

厦门学的内涵，即厦门的历史文化、人文活动、生态环境。这些厦门文化研究与闽南文化研究是有重叠的，但也是有区别的。毕竟，延绳钓的技艺是厦门港的渔民创造的，马约翰、林巧稚、周淑安等生长于鼓浪屿，风格独特的嘉庚建筑诞生于厦门。特别是厦门的码头，从五通、篔筜港、玉沙坡、太古、东渡到海沧，它的得天独厚、八面来风，孕育和招引四海英雄荟萃，五洲文昌汇聚，踏海而来，乘风飞扬。

因此，厦门学具有自己独特的研究对象和范畴。

党的十九大提出"文化是一个国家、一个民族的灵魂"，文化当然也是一个城市的灵魂。厦门学研究的内涵，就是把厦门市作为自然、人文要素共同构成的有机生命体进行跨学科综合性研究，研究的重心是引领厦门前进生长的灵魂——厦门城市文化，研究其在城市化、工业化、市场化、国际化的现代化进程中的孕育、诞生、成长、成熟的生命过程，研究其内在结构及个性特色和生态环境，探索其发生发展的经验、教训、规律，并预测在其引领下的城市未来发展趋势。

其外延则是从考古学、历史学、社会学、民俗学、语言学、人类学、艺术学、建筑学、规划学、城市学、文化生态学等众多学科的视角出发，全面地、多方位地研究自古迄今的厦门人、厦门城市建设与发展，研究厦门文化与闽南文化、台湾文化、华侨文化、海洋文化、中华文化的关系及其所作的贡献和价值。

总之，厦门学研究就是基于历史，探究灵魂，服务当下，预测未来。

第三节　开展厦门学研究的时代背景与意义

识时务者为俊杰。认识时代的潮流，我们才能知道自己应当做些什么。只有顺潮流而动，走历史要走的路，搭上时代的列车，我们才能飞速向前。正是当今世界和中国的潮流，推动我们展开厦门学的研究。

一、文化多样化的世界潮流

当今世界正呈现出——世界多极化、经济全球化、社会信息化、文化多样化等态势，成为势不可挡的时代潮流。

过去500年，经济全球化是以西方为中心的。进入21世纪，以金砖国家为代表的发展中国家迅猛崛起。2008年美国的金融危机和2010年中国的制造业超过美国，世界经济呈现出东西平衡的趋势，标志着西方中心的经济全球化正在终结，构建人类命运共同体的经济全球化新时代已经开启。

在西方中心的经济全球化时期，西方文化裹挟着经济、军事的强势渗透第三世界国家。尤其是冷战结束以后，弗朗西斯·福山的"历史终结论"盛行一时，经济全球化似乎必然也要文化西方化。

文化的力量不仅自本身衍生出来，同时也要借助历史、政治和经济等其他因素的力量。西方国家在长期的发展过程中，在经济上取得了优势，其基本的经济体制和规范在世界上得到了传播。他们积累了经济、技术、科学、资本、规范等方面的先发优势。西方国家的文化价值依靠这种优势向全世界渗透和传播，成为西方国家对外战略中一个可以利用的因素。而发展中国家由于在政治、经济和科学技术等方面处于劣势，并由此产生了一定的依赖性，它们的文化价值就不具有这样的地位，而是处在面临巨大挑战的境地。

这种趋势使文化更直接地与主权联结起来，发展中国家捍卫自己的文化也就是捍卫主权。许多国家提出"文化安全"问题，同时努力加强自己的"文化主权"。发达国家之间也渐渐出现这样的苗头，比如法国就采取一些措施来保护自己国家的电影等文化产业。

可以说，世界文化是定于一尊还是相互尊重、百花齐放，这将成为今后相当长一段时间里世界各种力量角力的主要焦点。

在此背景下，亚洲的地方学研究蓬勃兴起。北京学研究基地于2016年举办"中日韩地方学研究理论与实践学术研讨会"，接着又办了两届"海峡两岸地方学与地方文化学术研讨会"。2019年"首届亚洲地方学与地方文化国际学术研讨会"在北京召开，东北亚、东南亚的学者聚集一堂，围绕地方学研究的理论与方法、亚洲地方历史文化研究等议题分享交流。地方学已经成为亚洲社科研究的显学。中国地方学研究方兴未艾，并积极地融入亚洲和世界地方学研究的潮流中。

另一方面，中国的发展令人瞩目，而中国的高速发展，离不开中国特色社会主义的道路、理论、制度和文化的支撑。世界各国都想了解中国发展的秘密，都在开展对中国发展实践与经验的研究。世界对中国的研究，已经从过去着重于历史文化的汉学研究发展成对当代中国全方位的研究。中国学已经成为世界研究的重要焦点。国外研究中国文化的专家，很早就注意到中国文化的博大精深，所以他们在文化学、人类学的领域中，提出了一个大传统和小传统的理论。

"大小传统（great and little tradition）这一名词由美国芝加哥大学人类学家雷德菲尔

德（Robert Redfield）首先提出。雷德菲尔德以研究乡民社会而著名，他于1956年发表了《乡民社会与文化》（*Peasant Society and Culture*）一书，在该书中他提出'小传统'与'大传统'这一对观念，用以说明在较复杂的文明（civilization）之中所存在的两个不同层次的文化传统。所谓大传统是指一个社会里上层的士绅、知识分子所代表的文化，这多半是经由学者、思想家、宗教家反省深思（reflective）所产生的精英文化（refined culture）。而相对的小传统则是指一般社会大众，特别是乡民（peasant）或俗民（folk）所代表的生活文化。这两个不同层次的传统虽各有不同，却是共同存在且相互影响、相为互动的。根据雷德菲尔德自己的意见，认为大小传统这一对观念也可称为'低文化'与'高文化'（high and low culture），以及'通俗'与'学者'文化（popular and learned culture）等，但他仍然认为大小传统两词较为中立合宜，也较能表达他所指的一个文明中两个传统的意义。"①

这一观念适于研究如同中国这样古老文明的社会，因为他们的上层士绅文化或经典文化较为突出，所以容易引起学者的注意。史学家、思想家及古典学者的研究兴趣，大都长久集中在这些大传统文化方面，而其成就向来也很高。只有在后来，人类学家与民俗学家才开始注意到代表大多数民众一般生活的小传统文化，认为这也是不可忽略的一部分而加以探讨。但是这种常被认为是从后门进来的研究，其对象与资料向来都被看作是不登大雅之堂的东西，也是"缙绅先生难言之"的部分，所以不易得到真正的共鸣。但是雷德菲尔德认为不论是大传统或小传统都对了解该文化有同等重要的意义，因为这两个传统是互动互补的，大传统引导文化的方向，小传统却提供真实文化的素材，两者都是构成整个文明的重要部分。

雷德菲尔德的大小传统观念在人类学领域中虽广泛被接受，但是在古典文明的研究中，小传统的研究仍然是较受忽略的。在中国文化的研究领域中，小传统民间文化的研究同样经常被忽视，这实在是一件遗憾的事。它不仅在传统时代扮演着提供大传统文化基本生活素材的角色，而且在当代的社会中也逐渐被认定是影响经济发展及产业现代化的重要因素，因此这一领域的研究不但不能忽视，而且更应该加强。特别是在地方学、区域文化学的研究中，小传统文化的研究更显重要，因为地方文化所展示的民间文化或民俗文化所占的比重，实际上要比士绅文化或经典文化多得多。

小传统里面地方文化、区域文化，正是中华文化博大精深的"博"所呈现出来的丰富多彩。中华文化大传统、小传统各成体系，各有不同，但互为影响、相互吸纳、相辅相成。

在这种形势下，厦门作为最早的经济特区，作为对台战略支点城市和21世纪海上丝绸之路战略支点城市，作为国际性港口风景旅游城市，应当奋起直追，跟上潮流，积极开展城市地方学研究，深入探究城市的文化个性、文化灵魂，以推动城市在21世纪的发展，彰显厦门独特的文化色彩，也鼓舞城市的文化自信。

---

① 李亦园：《泉州学的新视野》，引自泉州泉台民间交流协会、泉州学研究所编：《李亦园与泉州学》，北京：九州出版社，2012年，第7页。

二、文化自信、文化自觉的中国潮流

21世纪，中国进入中国特色社会主义的新时代。我们经历了毛泽东领导我们站起来争取政治独立的时代，经历了邓小平领导我们富起来、争取经济富裕的时代，现在已经进入习近平总书记领导我们强起来、争取文化强盛的新时代。

党的十九大提出，"文化是一个国家、一个民族的灵魂。文化兴国运兴，文化强民族强。"[1]这样对文化的认识和重视前所未有。

文化是灵魂。如果不能切实增强我们中华民族文化的自信，中华民族的文化就无法成为全体国民的灵魂。

十八大以来，习近平反复强调文化自信，提出在道路自信、理论自信、制度自信、文化自信中，"文化自信是更基础、更广泛、更深厚的自信，是更基本、更深沉、更持久的力量"[2]。

中国人民掀起了一场学习历史文化、增强文化自信的热潮。

中华民族素有文化自信的气度，在漫长的历史长河中保持自己、吸纳外来，形成了独具特色、辉煌灿烂的中华文明。

但，文化自信绝不是自傲自大。当今世界日益成为一个"地球村"，不同文化的交流、交融、交锋比以往任何时候都更加频繁。在这样的背景下，更加需要我们以理性、科学的态度进行文化的反思、比较、展望。文化自信必须建立在充分了解自己文化的基础上，真正了解自己的文化从哪里来、有什么、是什么。不但要了解自己文化的长处、优势，还要了解自己文化的短处、弱势，取其精华，去其糟粕；不但要了解自己文化的昨天、今天，还要对自己文化的明天有清晰的展望，充满信心。

文化自信不但要了解自己，还必须了解别人。了解他者文化的长处、优点，包容吸收；也了解他者文化的短处、弱点，吸取教训。

文化的核心是价值观。任何一种文化体系的性质，都由其内含的价值观决定、表征；任何一种文化体系的魅力，都由其内含的价值观培育、彰显；任何一种文化体系的发展，也都由其内含的价值观规约、引导。价值观在文化体系中的这种独特地位与功用，决定了它在文化体系中的核心意义，也使得价值观的自信成为文化自信的内核。

文化自信的思想理念正如习近平同志在联合国教科文组织所说：

文明是多彩的……"一花独放不是春，百花齐放春满园"。……文明是平等的，……各种人类文明在价值上是平等的。……文明没有高低、优劣之分……文明是包容的，人类文明因包容才有交流互鉴的动力。海纳百川，有容乃大……一切文明成果都值得尊重，一切文明成果都要珍惜。[3]

---

[1] 选自2017年10月28日，习近平主席在中国共产党第十九次全国代表大会上的报告。
[2] 选自2018年8月22日，习近平主席在全国宣传思想工作会议上的讲话。
[3] 整理自2014年3月27日，习近平主席在联合国教科文组织总部的演讲。

多彩的、平等的、包容的，这正是各美其美、美人之美、美美与共、和而不同的文化自觉。

文化自信是国家、民族层面所必需的。一个城市，甚至每一个人，都有文化自信与文化迷茫，以及文化自卑、自傲的问题。

在区域层面，同样需要充分的文化自信。博大精深、多元一体的中华文化是由众多各具特色的地域文化构成的。在中华文化百花园里，同样需要"万紫千红春满园"。有区域文化的勃勃生机，才能支撑区域经济的可持续发展。

城市是一个更小的区域，它同样需要对历史积淀下来的城市文化的礼敬、感恩、敬畏和充分自信。一个没有文化根基和文化自信的城市必然走向沦亡。

文化自信最根本的标志，就是每个中国人在走向世界中充满自信，自觉地将对民族文化的传承发展上升到文化担当的高度。

文化自信的前提是文化认同，没有文化认同就没有文化自信。当我们说"西方月亮比中国圆"是一种文化自卑，实际上是指他们在文化认同上发生了错位。他们不是没有文化自信，只是他们的文化自信是"西方月亮"的自信。

国家治理、城市治理的基础是认同的建构，最大困境也是认同。认同是现代国家建设的核心资源，是现代国家治理的关键，是国家繁荣的基础。在全球化、网络化的大背景下，发展中国家的认同建构尤其面临巨大挑战。

2005年10月27日，在法国首都巴黎北郊克利希苏布瓦镇的两名男孩在躲避警察时不幸触电身亡，该市数百名青少年因此走上街头抗议，焚烧汽车和垃圾桶，打砸店铺和政府机关，并与警方发生冲突。骚乱事件由此蔓延开来。骚乱进入第7天，冲突愈演愈烈。参与骚乱人员向警察和消防人员开枪。11月6日，骚乱蔓延到巴黎之外5个较大城市和33个城镇，1260辆汽车被焚，250多人被捕。11月8日，法国总统宣布全国性宵禁。骚乱一直延续到11月17日。

这场骚乱给法国带来沉重的损失。从表面上看，骚乱起于巴黎移民集中区的生活环境和年轻人的高失业率，而真正深层次的原因，则是移民的第二代对巴黎乃至法国的文化认同缺失。

厦门在历史上也有过类似惨痛的教训。厦门开埠后同安各乡农民纷纷结伴进入厦门，没有共同的文化认同，只剩下利益的追逐。利益巨大的码头，被"丙洲陈""石浔吴""后麝纪"三大姓分割霸占，形成帮派，屡生械斗，危及民众，直到新中国成立后镇反清霸才消解。

城市的扩大，总是有定居的先后，有来自不同地方、不同文化背景的人群朝夕相处、共同生活。如果没有共同的文化认同，就没有城市的安宁和未来，更谈不上文化自信，这样城市的发展是难以想象的。

提升文化自信，首先要解决公民的文化认同问题。而解决这个问题，首先要讲清楚这个城市的文化从哪里来？有什么？是什么？

只有把这些讲清楚了，才可能使每一个个体融入社会主流的文化认同中，使文化真正成为城市的灵魂，形成推动城市发展的根本动力。

梳理清楚厦门城市的灵魂，这正是我们的初心。厦门学的研究正是基于这样一种认识推动的。

三、传承发展中华优秀传统文化的中国潮流

十八大以来，习近平总书记关于"培育和弘扬社会主义核心价值观，必须立足中华优秀传统文化"的论断和一系列关于传承和弘扬中华优秀传统文化的讲话，以及中华优秀传统文化传承发展工程的推行，表现出我们党对中华优秀传统文化的认识和重视前所未有。在党的领导下，创造性转化，创新性传承和发展中华优秀传统文化正成为人民群众日益自觉的行动，形成当今中国的潮流。

当人们用当代的眼光重新梳理和研究中华传统文化，人们就有了新的发现。

中华文明拥有最为成熟的农耕文明，游牧文明被认为在与农耕文明的相互冲突中融入了中华文明史，而对于海洋文明在中华文明中的重要地位和作用，人们却往往认识和重视不够。

造成这个状况的原因是复杂的，究其根本是由于重义轻利的传统文化价值观念，抑制了对中国历史上丰富的海洋活动的记述和传播。中华浩如烟海、极为厚重的典籍文本遮掩了中华海洋文明的光芒，而今人学者囿于内陆农耕文化的视野和思维，对中国历史仍作陈陈相因的解读，使得充满逐利冒险传奇的海洋活动和以商业文明为内核的海洋文明的记述和传播很少走进各类权威文本和国人思维。这对于在全世界范围内扩大中华文明多样性的认知和影响力是一个重大的遗憾。

还有一个重要的原因，是近代以来受黑格尔的影响，人们把海洋文明和西方文化画等号，以为海洋文明就是西方专属。以至于到了今日，还有不少人仍然认为中华文化就是农耕文化，将黑格尔的以大陆文化（黄色文明）和海洋文化(蓝色文明)来区分东方和西方文化奉为标准，并依此来审视和定义中华文明。

但是，中国是一个地域广袤、陆海兼备的国度，必须从大陆与海洋两个向度来把握中华文化的生成，才符合历史的真实。

事实上，中华民族走向海洋的历史至少不比欧洲晚，而大规模利用海洋，形成独具特色的中华海洋文明比欧洲要早得多。

海洋文化是人类在特定的时空范畴内，源于海洋而生成的文化。海洋文化的本质就是人与海洋的互动关系。按照马克思关于经济基础决定上层建筑的理论，人们利用海洋的经济方式及与海洋建立的经济链条、生产方式，产生了人类的海洋文化。不同时期、不同地域的人们利用海洋的不同方式构筑的不同经济链条，必然诞生出不一样的海洋文化。中国的海洋文化、日本的海洋文化、英国的海洋文化，彼此都是不相同的。可以说人类有共同的海洋知识，但人类创造的海洋文化则是丰富多彩、千差万别的。

在过去的历史中，我们至少可以看到人类三种不同的海洋文化。

其一为在地中海诞生而后横行世界的"空手套白狼式"的掠夺型海洋文化。以西方为代表，通过强权和强大先进的武装掠夺或殖民他者以获取物资，再进行以货易货的活动，从而实现自身的财富积累，并将这种血腥、残忍和不公正的海洋经济活动自诩为进

取、先进的海洋文化。这种文化的拥有者崇尚丛林原则，不相信，也不理解世界上可以有双赢和多赢。

其二为资源型的海洋文化。以古代日本和当今马尔代夫(自然风光)、中东等资源输出国为代表，通过海洋输出得天独厚的自然资源和原始产品获得经济社会发展，并因此形成独具特色的资源型海洋文化。

其三为以勤劳智慧的制成品开展海上公平货易的海洋文化。以中国为代表，通过百姓智慧和勤劳的双手创造出农业社会最优秀和最大量的商品，诸如丝绸、瓷器、茶叶等等，并以繁华的港口、先进的船舶制造技术和远洋航海技术开展公平贸易。在这样的经济活动上产生了富于中国特色的海洋文化。这种文化崇尚的是诚信、公平、双赢、多赢，童叟无欺、薄利多销，有饭大家吃、有钱大家赚。其中尤以闽南的海洋历史文化为代表。

在人类的农业社会，尤其是从10世纪的唐末到18世纪，中国以农产品和手工制品为支撑的海洋文化彪炳于世，是世界海洋经济最主要的商品。其港口、造船、航海技术和贸易额都占据世界最前列。

中国的海洋文明在进入工业时代以后，经历了被侵略、被蹂躏和学习、追赶、超越的奋斗过程，在2010年终于超过了美国，成为当今世界最大的工业制造国。2015年，中国的工业制成品的产值相当于美国加上日本的；2018年，相当于美国加上日本与德国的；2014年，中国的商品贸易额超过4万亿美元，成为世界最大的商品贸易国。在当今世界十大港口中，有七个属于中国。中国依然秉持了以勤劳智慧的制成品开展公平货易的海洋文化。这种文化已经融入了中华文明，成为中华文化不可分割的重要组成部分。

海洋文明赋予了中华文明更加务本的品格、更加开阔的视野和更加恢宏的气度，不仅与当今以改革开放为核心的时代精神高度契合，而且对治国理政和应对国际竞争挑战提供了重要启示。重新梳理认识中华海洋文明，有利于还原世界多元文明共同发展的本来面目，有利于破除"欧洲文明中心论"。发展中国海洋文明无疑是我们坚定不移坚持改革开放的基本国策，必将成为推动构建以合作共赢为核心的新型国际关系和人类命运共同体，更好地服务中华民族伟大复兴中国梦的宝贵文化资源。

从唐末五代起，闽南文化就成为中华海洋文明的杰出典范。闽南文化的历史，就是四个港口的历史。第一个是宋元时期的泉州刺桐港。它曾经是世界最大的港口，是宋元时期世界海洋贸易的中心，创造了许许多多彪炳于世的文化。第二个是明代漳州的月港。自民间海上贸易开始，此港口打破了明王朝的海禁，迎接大航海时期经济全球化第一波浪潮。明隆庆开海后，成为当时中国最大对外港口，成为太平洋丝绸白银之路的终点，创造了克拉克瓷等传播世界的文化。第三个是清代以后的厦门港。它曾经是闽台对渡的唯一口岸，又是闽南人过台湾、下南洋的出发地和归来港口。鸦片战争以后厦门引领了闽南文化现代化的第一步，培育了许多中国近当代的杰出人物，创造了嘉庚建筑等许多中西合璧的新闽南文化。第四个是1949年以后台湾地区的高雄港。由于西方的封锁，香港地区和台湾地区在30年里成为中国大陆仅有的对外开放区域，台湾地区的高雄港一度成为世界第三大的港口，台湾地区的闽南语流行歌曲、电视歌仔戏、电视布袋戏成为20世纪下半叶闽南文化创新发展的典型。

2017年,厦门和漳州十二个港区组成的厦门港超过高雄港,成为世界第十四大港口。厦门,又一次成为海峡两岸最大的航运中心。

厦门文化的海洋气魄、海洋性格是城市重要的文化资源,是厦门走向未来宝贵的精神财富和不竭动力。在世界走向海洋、走向湾区的大趋势中,在港口引领闽南经济社会文化发展的历史经验里,厦门港、厦门市将如何回顾历史、总结经验、汲取先人的智慧走向未来?将如何梳理闽南海洋历史文化,探究它为中华海洋文明所作出的伟大贡献,以及留存给后人的智慧、价值与梦想?这是厦门学研究的重要课题与方向。

四、构建中国特色、中国风格、中国气派的学科体系、学术体系、话语体系的中国学术潮流

2016年5月17日,习近平总书记在哲学社会科学工作座谈会上的讲话提出:按照立足中国、借鉴国外,挖掘历史、把握当代,关怀人类、面向未来的思路,着力构建中国特色哲学社会科学,在指导思想、学科体系、学术体系、话语体系等方面充分体现中国特色、中国风格、中国气派。

现在我们在世界舆论上,正如习近平总书记说的"还处于有理说不出、说了传不开的境地"。解决话语权问题,让中华文化真正独立于世界文化之林,就必须有习近平总书记提出的:"中国特色、中国风格、中国气派"的学科体系、学术体系、话语体系。

没有中国的学科体系,就没有中国的学术体系;没有中国的学术体系,就没有中国的话语体系。

但是,一百年来,我们学的只有西方的学科体系。向西方学习,引进西方文化,这是中国人民伟大的学习运动,大概可以分成三个阶段,三个"三十年"。

第一阶段为1919—1949年。1919年,五四运动打倒孔家店,新文化运动,上上下下都认为我们自己的中华文化不行了。甲午战争,日本打败了中国,八国联军在中国的土地上任意烧杀抢掠,大清王朝还向其割地赔款。学习西方水师舰队,输了;学习西方变法走"共和",还是不行。在当时民众眼里,中华文化是不行了,就是要西方文化。所以,这三十年就是引进西方文化,各种各样的西方文化都进来了。西方文化不是铁板一块,主要有两支,一个是马克思主义,一个是资本主义。实际上当时进来的还有无政府主义、法西斯主义等。总之,这三十年资本主义也好,社会主义也好,都进来了。当然,话语权在当权者,主流的学术体系是资本主义,在大学的学科体系主要表现在人文学科对康德、黑格尔的推崇,以及经济学、社会学、人类学等学科的设立。

第二阶段为1949—1979年。新中国成立,社会主义战胜了资本主义,新中国大量地引进苏联的社会主义文化,计划经济及与之相关的话语体系、学术体系。首先是马克思主义成为学术的主流。另一方面,经济学变成政治经济学,社会学、人类学等被边缘化,到"文革"时期甚至被取缔。

第三阶段为1979—2009年。1978年"三中全会"后,中国进入了一个新的学习时

代,大量引进西方资本主义学科体系。经济学、社会学、人类学等各种各样的学科设立,各种各样的学派进入。2008年美国金融危机引起全世界震荡,也使人们更加清楚地认识到完全按美国资本主义那套也是不行的。

仔细观察这三个阶段大学学科的变化,我们会发现,每一种文化进来都要掌握自己的话语权,建立自己的话语体系。而这种话语体系的建立,依托于与其相应的学术体系,学术体系的建立则建基于学科体系和教学体系。

一百年来的学习,无论哪个阶段,对于中国走向现代化都是必不可少的,都给我们开了眼界,给了我们宝贵的知识、智慧,培育出一代代越来越出色的中国人。我们永远都要"美人之美",永远都要向他者文化学习。但是,这一百年,我们发现中国的事,照搬照套别人,不管是苏联社会主义还是美国资本主义都不行。我们还需要"各美其美",向我们自己的传统学习,向五千年积淀的优秀中华文化学习,推动中华文化在当代的创新性发展和创造性转型。

今天,当我们重新审视中国的学科体系,有四个找不到:找不到学科、找不到标准、找不到概念、找不到方法。

(一)找不到学科

找不到学科,这是当前从中国问题出发的新的学术研究都会碰到的大问题。

国学找不到学科,只有中文系、历史系、哲学系。大学中文系读《诗经》《论语》《史记》,中国哲学系又是《诗经》《论语》《史记》,历史系还是《诗经》《论语》《史记》。我们的国学,被西方三个学科肢解切割开,此为"三家分晋"。

国学本来是文史哲不分,现在则是"三家分晋"。有的同志说,岂止"三家分晋"!历史学分成各种断代史,"今不知古,古不知今"。这种情况必然造成"有专家无大师"。在学科设置方面,我们完全抛弃了自己的传统。用西方的学科标准来设计我们的大学,怎么能学到中华优秀传统文化呢?

不仅仅是国学,中国戏曲也是如此。

过去讲中西戏曲的比较,一个是综合,一个是纯粹。西方的话剧,不能唱歌,是写实主义的,跟生活一样。西方的歌剧、轻歌剧则都要用唱的,例如"你吃饭了吗?"这句台词,必须用唱的,不能用讲的。舞剧《吉赛尔》里面有大量的哑剧,不能开口讲话,也不能唱歌,必须用哑剧的舞蹈动作来表达。这就叫艺术的纯粹。而中国戏曲则是"唱念做打",是综合的。

20世纪50年代初,我们学习西方设立中央音乐学院、中央戏剧学院、北京舞蹈学院等。中国戏曲则让各省市自己去办中等职业学校,中国戏曲学院的成立则是比较晚的事。

改革开放以后才发现,西方流行的是音乐剧。原来从20世纪30年代开始,西方戏剧开始学习东方戏剧,包括印度的歌舞、日本的能剧、中国的戏曲等。他们创造了又说又唱又跳的音乐剧,是"唱念做打"综合的,大受观众欢迎。一只《猫》演了几十年,演遍全世界。于是我们又要学习西方音乐剧。

更典型的是中医。中医视人体为一个系统，强调系统的调和平衡。现在到中医院，按西医分五官科、呼吸科、消化科等。中西医是这样结合的吗？

还有中国美术，本是诗书画一体，但现在呢？

当然，西方学科分类方法有科学的宝贵的东西，对我们一百多年来的科学研究、文化教育有很大的影响，我们还要继续学习，不断学习，这是毋庸置疑的。但是世界上就只有这一种方法？我们自己就没有别的方法吗？

现在越来越多的人认识到中华传统文化也有好东西，完全用西方的学科分类方法来设计我们的大学，怎么能学到中华的优秀传统文化呢？我们原来的大师，都是文史哲贯通，如若"三家分晋"，则基本消灭了文史哲贯通的人才。

中国的思维方式不是简单的非此即彼，而是强调此离不开彼，彼离不开此；强调此中有彼，彼中有此；强调此会转变为彼，彼会转变为此。总之，彼此是一个整体。

这样的思维方式形成了中国文化的综合性、系统性。"唱念做打"不是孤立的，"望闻问切"不是孤立的。任何事物都不是孤立的，而是相互关联的。任何一个部分，都不能孤立到整体之外去，更不能用它来说明整体的问题。只有把部分放到整体里面去，才能正确认识它。部分在整体里面的任何变化，都会直接影响到整体。同样，整体的变化也会影响部分的变化。中国文化的综合性、系统性正是这种思维方式的体现。

西方的学科分类当然也是源于他们的思维方式，大学设置的西方学科系统很纯粹、很单一。但是，这种学科系统培养出来的学生还能传承中国的思维方式、学术理念吗？这值得我们深思。

西方哲学关注的是物质世界，物质世界相对来讲是静止的，因此可以对它进行细致、精确、静态的分析；中国哲学关注人，人世间的事情是变动不居、瞬息万变的，不可能用静止的方法，而只能用动态的方法整体把握。中国文化强调中庸之道，"中"就是事物的平衡。事物的平衡不可能是固定不变的，而是变动不居的。所谓不平衡是绝对的，平衡是相对的。只要有常识的人，都了解事物的平衡只有相对平衡、动态平衡。

一百年来，我们学习西方，按照西方用实证科学的方法来研究人文。但现在西方的学术界，特别是自然科学方面也开始关注整体、系统、关联、动态、平衡，注重个体差异。"分久必合，合久必分。"人类思想文化的发展是变动的，这个变动需要我们仔细地思考和研究。

中国的戏曲、中医、国学、方志等都是综合系统的。我们丢掉的不仅仅是中国学科，更有几千年积淀的综合性、系统性的中国文化、中国思维方式。即使没有西方学术界的这一变动，丢掉中国自己独特的思维方式、思想文化，也是需要我们很好反思的。

现在很难找到综合性、系统性的中国学科。综合性的地方学在以西方学科体系建立的大学里是很难找到位置的，也进不了大学殿堂。当然，难以找到学科的原因，不能赖别人，首先是我们自己缺乏"中学"学科体系建设意识，缺乏学科理论的探索和研究。我们的文化自信还停留在宣示的阶段，还没有进入学术体系的自信和学科体系的自信。没有构建"中国特色、中国风格、中国气派"的学科体系就谈不上真正的中华文化的自信。

"在解读中国实践、构建中国理论上，我们应该最有发言权，但实际上我国哲学社会科学在国际上的声音还比较小，还处于有理说不出、说了传不开的境地。要善于提炼标识性概念，打造易于为国际社会所理解和接受的新概念、新范畴、新表述，引导国际学术界展开研究和讨论。这项工作要从学科建设做起，每个学科都要构建成体系的学科理论和概念。"[①]

地方学由于属于小传统的学术范畴，因此基本上还未受到西方分科治学的学科体系的染指。这正可能是我们建构中国特色学科体系的突破口。我们完全可以通过地方学学科的建设，来探索以中国系统性、综合性思维理念建构中国特色的系统性综合性学科体系。

今天我们开展多元视野下的地方学研讨、厦门学研究，我们必须要有中国学科的意识。

在当今时代和学术背景下，这个学科应当有"中国特色、中国风格、中国气派"，应当深刻思考，如何回应当今的时代和学术。什么样的时代，就有什么样的学术，这是我们前面三个"三十年"已经印证了的历史经验。

地方学学者的责任首先是把对自己文化的热爱和自信建立在自知的基础上，认真地向传统学习，重新研究、认识中华文化的思维方式、思想方法和学术体系。同时，继续学习、借鉴西方学科建设的方法，努力从尚未被肢解分割的地方学系统入手，从个别探索整体。

（二）找不到标准

中国的地方学离不开宗族文化研究，而宗族文化研究总要碰到族谱研究。在闽南文化研究中，很多历史学家批判闽南的族谱里面有许多假冒的祖先，不是名门，就是望族。

从历史学的角度来说确实有一些是假的。但是，还有另一种历史事实是不容忽视的：一千年来，闽南（甚至全中国）秦姓人没有一个会说自己的祖宗是秦桧，而姓岳的无不称自己的祖宗是岳飞。

从历史学的角度讲这里有假，从中国文化的角度说是抑恶扬善，通过抑恶扬善来推动文化、人性的正向发展，来引导人们向上向善。

历史学的研究方法注重运用多重史料尽可能做到真实准确地还原历史，而中国文化在价值理念上，则更注重宣扬人性善的一面，人为地避开或者否定丑恶的一面。对中国人来说，文化不是小零碎，文化是"以文化人"，是列祖列宗教子孙后代如何做人。

历史学的结论并没有错，文化学者和民间百姓的理念也没有错。不是要相互指责，而是要有多学科视角的思考意识。一个强调真、一个强调善，如何得以相互包容呢？这才是我们要深入思考的问题：如何构建当代综合性学科的标准？

我们的中医，包括药、术、人三个部分，但还是统一为一体的。药有药的标准，术

[①] 选自2016年5月17日，习近平主席在哲学社会科学工作座谈会上的讲话。

有术的标准，人有人的标准。统一在一起，医者仁心是标准。

中国武术，流派五花八门，但有基本一致的武德标准。

中国戏曲，现今就有360多个剧种，古往今来各种流派更不计其数，但有基本一致的戏德标准。

厦门学研究是多学科参与的综合性系统性的人文学科，标准是什么？人文学科的标准就是价值取向、价值体系。价值体系的建设是学科体系建设的核心。地方学不是地方知识的罗列，同样要从地方文化所展现的价值取向着手，构建自己的标准体系。

早期西方大学都从神学院开始，后来学校和教堂成了两个门类。但是在西方这两个门类是统一的，学生不仅要上学校，也必须上教堂。我们学西方只学了一个方面。我们自己文化的传承体系，从孔夫子开始就是"礼、乐、射、御、书、数"六艺的学习传承。这一百年来，我们抛弃了自己的体系学习西方，却只学了一个门类。两个方面的统一非常重要，做人和掌握知识，缺一不可。

"中国特色、中国风格、中国气派"的话语体系、学术体系、学科体系的构建，取决于中国学科价值体系、标准体系的确立。

当然，多学科综合的标准，不是短时间可以轻而易举解决的问题。完全正确一致的标准不可能立等可取，甚至由于文化本身的创新发展，可能永远都难于达成一致。它就像真理，我们各自从不同角度认识它、追求它、逼近它，但永远没有终极。在追求目标的过程中，不同学术观点的碰撞交流，才能碰撞出思想的火花，不断推动学术的发展。"理论永远是灰色的，生命之树常青。"

（三）找不到概念

学科理论的建设，首先是学科独特的概念体系的构建。从某种意义上说，一门学问能否发展成为一门独立的学科，它所涉及的一些基本概念是否稳定明确，是一个至关重要的因素。

从西方引进的任何一门学科都有其特定的概念和术语，这些概念和术语有的是被系统地阐释过，有的则是长期以来相沿成习、约定俗成的，它们都具有稳定的内涵和明确的指代。这一点必须向西方学习。

中国话语有两个层面的内涵：一是一套中国独有的概念体系，二是体现中国文化核心价值内在精神的标准体系。讲好中国故事，一要有吸引人的故事，二要有生动的表达。概念体系是表达形式，内在精神是思想实质、价值取向，二者共同形成中国话语，缺一不可。

中国地方学尚未被分解，有自己独特的思维方式、结构体系。但是还缺乏科学的、公认的论述，还处在各说各话的阶段。如何以当代的、中国的方式，科学表述中国地方文化独特内在精神和地方学研究的对象、内涵、外延的概念，建构中国地方学的概念体系，这是中国地方学学科建设的关键，也是厦门学学科建设的关键。

（四）找不到方法

方法是学科建设的关键。构建"中国特色、中国风格、中国气派"的中国学科体系需要从探索新的、建基于中国思维的方法开始。

西方成熟的学科总有自己独特的方法，构筑通向学科目标的独特路径。构建具有"中国特色、中国风格、中国气派"的综合性学科，没有现成的方法，所以必须要寻找到独特的研究方法。

对研究对象的正确认识，是探索研究方法的前提。如何认识厦门文化，这是探索新方法的第一步。全面、完整、正确地认识厦门文化又需要在研究的实践中才可能不断接近，不是可以一蹴而就的。这一问题留待《方法研究》一节专门论述。

当然，已经有许多先例显示，各个不同学科的朋友一起来探讨共同的一个问题（从不同的角度探讨、研究），这或许是一个可行的方法。达沃斯论坛、博鳌亚洲论坛的成功举办，提示我们定时定点的主题论坛有可能成为综合性、系统性学科研究的一种方法。

以地方学、厦门学的相关课题组织多学科参与的课题组，一起开展田野调查，一起梳理相关的资料，一起探讨共同的命题或许是一个可行的方法。这也是本课题组的尝试。本课题组共11人，过去研究的方向主要是闽南文化及其非物质文化遗产，包括音乐、戏曲、方言、吟诵、青草药、教育、民俗等。

多视角、多学科的厦门学研究，如何寻找系统、综合、一加一大于一的方法、路径来实现中国风格学科的建立，正是我们努力的方向。

"历史表明，社会大变革的时代，一定是哲学社会科学大发展的时代。当代中国正经历着我国历史上最为广泛而深刻的社会变革，也正在进行着人类历史上最为宏大而独特的实践创新。这种前无古人的伟大实践，必将给理论创造、学术繁荣提供强大动力和广阔空间。这是一个需要理论而且一定能够产生理论的时代，这是一个需要思想而且一定能够产生思想的时代。我们不能辜负了这个时代。"[1]

让我们一起努力，在地方学、厦门学研究中探索开创中国特色学科，走向伟大的新时代。

---

[1] 选自2016年5月17日，习近平主席在哲学社会科学工作座谈会上的讲话。

第二章 厦门学学科体系框架

任何一门学科的发展，都是该学科沿着共同的逻辑程序，在两个方面的深化和展开：一方面是该学科研究对象的深入和扩展，另一方面是该学科自身理论的建设和发展。前者是后者的基础，后者又反过来指导前者。学科的理论建设离不开具体研究对象的扩大和拓展，但是离开学科的理论建设，具体问题的研究也就难以深入揭示事物的实质及其内在的发展规律。两者相辅相成，不可偏废。

因此，要使厦门学真正发展成为一门独立的学科，必须要建立一套完整的学科理论体系。它不仅有待于对厦门人、厦门城市、厦门文化全面、深入、细致的研究，也有待于城市学、海洋学、考古学、历史学、民俗学、语言学、文化人类学等诸多学科对厦门学的积极参与和支持。这是需要假以时日的。但这绝不是说，今天的厦门学就可以不需要一套理论体系，用于规范本学科的研究。恰恰相反，为了推动这一新学科的发展，需要尽快地根据已有的一切关于厦门的研究成果，继承中国地方学研究的成果和方法，借鉴西方地理文化学、文化人类学、文化生态学等的有关理论，创造性地探索建立厦门学的学科体系。

在厦门学研究刚刚起步的今天，厦门学学科体系的理论框架至少应当包括以下13个方面的内容，即：概念研究、学术史研究、方法研究、过程研究、结构研究、多视角研究、比较研究、文化生态研究、应用研究、传播研究、厦门与台湾研究、厦门与华侨研究、厦门与海洋研究。在本课题中，我们将闽南文化和厦门文化视为至今仍生机勃勃的生命体，并探索以系统性、综合性的方法展开对文化的研究。同时，遵照习近平总书记关于"历史研究是一切社会科学的基础"的论断，首先聚焦于厦门文化生命过程的研究。

第一节 概念研究

概念研究：厘清并统一厦门学所涉及的一些基本概念，使这些概念具有稳定的内涵和明确的指代。

任何一门学科都有其特定的概念和术语，这些概念和术语有的是被系统地阐释过，有的则是长期以来相沿成习、约定俗成的，它们都具有稳定的内涵和明确的指代。在对厦门城市、厦门文化的研究中也涉及一些基本概念，如厦门、厦门人、厦门话、厦门文化等，这四个概念是构成厦门学研究对象最重要的基本概念。但在以往的研究中，这些基本概念尚缺乏系统的论述和界定，使其缺乏稳定的明确指代。尤其是厦门从同安的嘉禾里到永宁卫的中左所，从郑成功的大本营思明州到施琅水师提督府治所、两岸对渡正口和福建通洋正口，鸦片战争以后又成五口通商口岸之一，成为闽南民众下南洋的出发港和回唐山的归来地，民国后又从同安析为思明县，然后成立局限于厦门岛西南几十平方公里的厦门市，新中国成立后一步步从海岛小城扩展为管辖六个区面积一千七百多平方公里的海湾型城市。每一次变动都造成厦门地理空间的变更，都有大量的外来人口成为新厦门人。如今厦门五百多万人口，其中三分之二是在改革开放以后这几十年定居厦门的新厦门人。这就造成一些基本概念的含混不清。例如厦门的公交车上，常有海沧人、同安人，问他上哪去，他会说去厦门。外地人听了会莫名其妙，这里不就是厦门吗？

谁是厦门人？是专指祖居厦门三代以上的人吗？什么是厦门话？思明区中山路老市区讲的话才是厦门话吗？同安话、集美话、海沧话不是厦门话吗？这些基本概念的模糊性和随意性必然使厦门学的研究缺乏最基本的科学性。所以厘清和统一相关的基本概念，即所谓"正名"，是当务之急。对厦门学的构建来说，只有做好概念研究，才能够明确研究的对象，框定研究的边界，确立学术讨论的基本前提。

一、关于厦门

首先，"厦门"一词从何而来，学术界尚未有定论。

清乾隆《鹭江志》称：在宋元时期，厦门"其为泉之门户，故曰'门'也"[1]。

厦门大学陈国强老师认为"民间也传说：厦门是泉州府对外门户，'厦门'为'下门'的雅称"[2]。

中国传统上皇帝都是坐北面南，北为上，南为下。厦门因其在泉州之南，称为"下门"，后雅化为"厦门"。

在厦门话里"下"和"厦"同音。有人说是大厦之门，但大厦的"厦"，在厦门话里和厦门的"厦"是两个不同的读音。

我们赞同陈国强老师的说法，从清代的古籍、民间的传说和方言的推断三方面论证，虽然论据并非十分充足，但已为学术界多数认同。当然也为厦门学的概念研究，留下一个可以继续探索的问题。

其次，厦门指代的地理空间是哪里？

从历史上看有多种不同的指代，厦门岛，厦门岛上的某个地方，明初中左所开始的厦门城，明末郑成功设立的思明州，清代的厦门城，民国开始的思明县、厦门特别市，

---

[1] 薛起凤：《鹭江志·总论》，引自薛起凤主纂：《鹭江志》，厦门：鹭江出版社，1998年。
[2] 陈国强：《厦门和厦门城》，引自方友义、方文图等主编：《厦门城六百年》，厦门：鹭江出版社，1996年。

新中国成立以后屡有变迁的厦门市，等等。

到今天，对厦门空间的解读依然有三种：厦门岛、厦门市、厦门岛西南老市区。这就是为什么直到今天，集美、同安、海沧甚至湖里等地方都有人说：我要去厦门。

厦门岛在唐代称为新城，有出土的碑文证明，在宋代称为"嘉禾屿"，有许多古籍为证。这些学术界似无异议。

清道光《厦门志》云："明江夏侯周德兴城厦门为中左所，厦门二字始见，则前已称厦门矣。"①

可见早在600多年前厦门建城之时，甚至是之前宋元时期，民间已有"厦门"之称。但此处文字可有二解：一是在厦门建中左所，此厦门即厦门岛；二是在厦门建城设立中左所，此厦门为厦门岛上建城之处。

成书于明弘治年间的《八闽通志·地理志》载："中左千户所在同安县南嘉禾屿厦门海滨。"

按照这个说法，厦门在当时只是指嘉禾屿的某处地方。

明万历《泉州府志》卷十一记载："同安县寨十有四……西南曰厦门，二十二都；曰东渡，……二十三都；曰井上，……二十四都，俱隶中左所。"该志卷首的同安县舆图上，还有标注"厦门所"的地方。可以看出：明万历时，厦门称"厦门"，是中左所隶属下的一个"所"。此所很可能是"百户所"。②但也有人认为，图上所标的"厦门所"就是中左所。

清乾隆《泉州府志》卷五《都里》记载："二十三都，其地为莲坂、吴仓、厦门、中左所、乌石浦、埭头、吕厝等乡，在县西六十里隔海，宋为嘉禾里，统于绥德乡。"可见乾隆时，"厦门"已改为"厦门"，但似乎只是或还是厦门岛上二十三都的一个地方之名。

不过，明晚期何乔远的《闽书》说嘉禾屿"又名厦门"。古籍的记载，有些也各说各话，只能靠后人对照研究，方得其真。

可见，明代对厦门指代的地理空间有两种解读：一是整个厦门岛，二是厦门岛的某个地方。这些都是可以进一步展开研究的。

综上所述，考古出土的碑文证明，厦门岛在唐代称作"新城"，到宋代称"嘉禾屿"，民间又有"下门"之称，后雅化为"厦门""厦门"。明代厦门岛称"中左所"，晚期也称"厦门"。明末郑成功又命其为"思明"，清以后才普遍称为"厦门"。其间又有"鹭岛""鹭门""鹭江"的雅称。所有这些指的都是厦门岛。

虽然在《八闽通志》等一些明代的古籍里，厦门也曾作为烽燧、乡、街市的名称，但这就有如思明，也可以作为思明路路名、思明电影院的院名一样，它并不是厦门这个约定俗成的名称所指代。即使它曾经作为厦门岛某个地方的地名，但在今天的研究中必

---

① 周凯：《厦门志》卷2《分域略》，清道光十九年（1839）刊本。
② 曾毓杰：《厦门城市兴衰初探》，引自方友义、方文图等主编：《厦门城六百年》，厦门：鹭江出版社，1996年。

须把它扬弃，以免造成研究的混乱。

厦门大学陈国强先生在1994年举办的"厦门城600年研讨会"上的论文认为："'厦门'不仅指城，还泛指整个厦门岛，故225年前薛起凤等修的《鹭江志》、162年前周凯修的《厦门志》，范围也越出整个厦门城，包括整个岛屿。"①

这里厦门实际上有两个地理空间的指代，即厦门岛和厦门城。

"城市是人类政治、经济、军事、文化活动的中心，其建筑地点与该民族的生活方式相关，按城址分类，城市有山地型、丘陵型、平原型、海岸型四种，前三种城市，中国古已有之，春秋战国已经齐备，此后，长安、洛阳、开封、南京、杭州、北京等先后发展成当时世界最大的都市，然而，唯独海岸型城市（如泉州等），汉唐才出现，而且久未发育充分。"②

"中国直至近代，当东南沿海被西方资本主义列强强行开辟口岸之后，才逐渐产生全国性濒海都会。"③

厦门正是在同荷兰殖民者争夺海上贸易和东亚海权的斗争中震撼中国、蜚声世界而兴起的海岸城市。鸦片战争以后又成为五口通商口岸之一，成为引领中国东南农耕社会走向工业社会、走向现代化的港口城市。

在本课题中，厦门指的是厦门城市，是一个城市随历史变迁的地理空间概念，同时也包含了这个空间转变为"地方"的所有内涵。

这里要特别强调城市。从厦门城建城开始，城里和乡下就有了严格的区别。不仅仅是居住地的区别，更有生产方式的区别、生活方式的区别，以及由此引起的心理的区别。城里住的是军队和士、工、商，甚至还有洋人、番客。士就包括官和吏。乡下住的是农民。城市和农村，在那个历史时代，是对比强烈的两个不同概念。

城市，城与市不可分。历史上的城市有的是先有市，然后建城来保卫市场的安全；有的是先有城，然后聚集人气形成街市。厦门建城是永宁卫中左所官兵驻防地，城周围不过425丈9尺，里面要挤下一千多官兵的营房以及千户、百户的官署私邸，还有兵器、粮草的仓库，以及日用必需的商店，必定是拥挤不堪。但它是一个为海防战争服务的城市，其街市当然和同时期的漳州、泉州，特别是月港不能相比。16世纪葡萄牙、西班牙和中国的海上贸易是在月港完成的。

真正作为一个有影响的城市，厦门城的历史是从郑成功开始的。

从郑成功开始，西方文化以厦门作为一个切入点推动中国从农业社会转向工业社会。厦门在这一历史潮流中正处于风口浪尖，成为最早接受西方文明冲击洗礼的一个港口。对闽南，乃至福建，厦门城市代表了洋气，代表了文明，代表了先进。

详细研究《厦门志》和《鹭江志》，我们会发现，"厦门"不仅仅包含了整个厦门岛屿，甚至超出了厦门岛，例如海关、台运、水师提督等。

---

① 陈国强：《厦门和厦门城》，引自方友义、方文图等主编：《厦门城六百年》，厦门：鹭江出版社，1996年。

②③ 冯天瑜、何晓明、周积明：《中华文化史》，上海人民出版社，1990年。

实际上从郑成功把大本营放在厦门岛，设思明州、设六部，厦门城的行政权力范围，已经远远地超出了厦门岛。

如果说郑氏的思明州时间很短，那么从施琅收复台湾的1683年开始，清代厦门城的行政辖区地理空间同样远远超出了厦门岛。

虽然设立厦门市行政机构是晚至民国年间的事情，但从郑成功设思明州，厦门已是明确的与漳州、泉州同等的行政机构，这表明厦门已经成为一个军港、商港、渔港三港合一的著名港口城市。施琅继承了郑成功把厦门作为中国重要海洋港口城市的设想与开创，把福建水师提督衙门、闽海关、台厦道（后来是兴泉永道）、海防同知都放在厦门，规定闽台对渡的正口为厦门和台南。

在清朝，厦门名义上归同安县管，实际上同安县专门在厦门设立同安公馆，以便不时听差办差。其时在厦门事务中同安县所管辖的微乎其微。福建水师提督、海防同知、台厦道、兴泉永道等是以厦门城、厦门港为基地管辖着整个台湾海峡。从福建到台湾、从浙南到粤东，所有的海域、海岛及过往的船舶，包括外国的船舶，以及港口、码头、驻军、海关等都在他们管辖之下。只要看乾隆年间的《鹭江志》、道光年间的《厦门志》就清楚了。那个时候厦门所管辖的范围，远比民国和现在的厦门市要大得多。厦门人对海洋海域的概念，也比现在要清晰得多。现在习惯说厦门有将近2000平方公里的土地，很少人知道厦门市有多少平方公里的海域。海域和港口是连在一起的。厦门港务局管理的厦门港现在有五个厦门港区和七个漳州港区，厦门港的海域有多大呢？厦门海关也不是只管厦门一口。

所以清代厦门辖区的地理空间虽然似乎仅仅是厦门岛上一隅的厦门城这小小的地域，但它管辖的海域海岛远远超过厦门乃至闽南乃至福建，深刻地影响东南海疆、台湾地区和南洋。影响厦门"空间"转变为"地方"的历史文化因素，当然更不仅是小小厦门岛上的人和事。在它各项权力辖区的范围内，尤其是海域内所发生的人和事，对它的影响更加深远和巨大。所以我们会看到，深刻影响和推动厦门现代化进程的杰出人物大多不是土生土长的厦门人，例如郑成功、施琅、陈嘉庚、黄奕住、林尔嘉等。

民国以后，虽然思明县和厦门市的行政辖区并不大，但厦门继续引领了闽南的现代化进程，成为公认的闽南中心城市。所谓中心城市，其地理空间或大或小，但是它的经济、政治、文化的影响远远超越它的地理空间。

新中国成立以后的前30年，厦门失去了走向海洋的诸多条件；又由于始终处于对台战略的最前线，失去了许多发展的机会。这一切都使厦门的海洋理念、海域意识大大淡化，也使得厦门地理空间的影响力大大减弱。直到改革开放后，厦门才又拉开了走向海洋的大门。厦门地理空间转变为"地方"以后的文化影响力才慢慢重新焕发出超越空间的力量，但也远远没有达到历史曾经达到的高度。

厦门学要研究的正是厦门城市这一"空间"是如何慢慢扩展，又如何转变为充满文化力量的"地方"，以及这个"地方"是如何焕发出超越"空间"的力量的。

厦门城市由小到大，由蒙昧到文明，由落后到先进，这些才是我们要关注和研究的。所以我们讲的厦门，是一个"城市"的概念，我们所要开展的是城市地方学的研究。

总之，厦门在郑成功之前只是厦门岛地理空间的概念，在郑成功之后则是一个具有超越厦门地理空间力量的"地方"、城市。其地理空间的范畴，是随着厦门历史进程屡有变迁地从厦门城到厦门市的行政辖区。

二、关于厦门话

厦门话，原本指厦门老市区的闽南话音。中央人民广播电台闽南话节目都采用此厦门话，几部权威的闽南方言词典也都采用厦门话音。

但是随着厦门市区扩大到全岛，扩大到岛外，闽南方言十里不同音，甚至隔座小山、隔条小河就不同音的丰富多彩性，这给定义厦门话出了大难题。又随着闽南文化生态保护区建设的推动，随着文化自觉理念的深入人心，一个令学术界进退失据的问题出现了：同安话是不是厦门话？海沧话是不是厦门话？还有泉州话、漳州话哪个好听？厦门老知青聚会还曾经为此争执不休。漳州话里还有上漳州、下漳州。闽南方言进学校有没有个标准？闽南方言、闽南文化的丰富多彩，似乎给我们出了个难题，但只要我们用文化自觉的理念来审视，这些问题就可以迎刃而解。

泉州话好听，漳州话就不好听吗？同安话好听，海沧话就不好听吗？完全可以各美其美，同时美人之美。

闽南文化有三条母亲河。今日，晋江两岸流行高甲戏，九龙江两岸流行歌仔戏，漳江两岸流行潮剧。他们都是闽南方言戏曲，呈现出闽南戏曲、闽南文化的丰富多彩。谁会想到用一个标准去统一它们？对更加丰富多彩的闽南方言，也不需要一个统一的标准。无论什么方音，都有传承传播的权利。无论什么人都有传承自己家乡方言的义务。

所以，厦门话，首先是包容了厦门市行政区域内不同地方声调的闽南方音；其次，是学术界和中央传媒认定的闽南方言代表性话音。

三、关于厦门人

厦门人也是一个必须讨论的概念。谁是厦门人？理论上讲，在某一个地方生长生活的人，才能成为那个地方的人。但这论调对于厦门这种八面来风、五湖四海皆兄弟，景色秀丽、气候宜人、世界宜居的城市，有点儿站不住脚。住在厦门就一定是厦门人吗？现在厦门户籍的2/3人口是在改革开放以后最近的40年才入住厦门的。离开厦门难道就不是厦门人吗？我国的台湾、香港、澳门等地区，以及南洋、欧美的部分地区，生活着多少厦门人？深入去想，就会发现问题很多。因为这其实牵涉到一个认定标准的问题。

中国汉族的认同，早在魏晋南北朝时就不是以血缘而是以文化为认同标准。

我国十四亿人口，大部分是汉族。这不是汉族特别会生育，而是作为中华民族的主体民族，作为世界上人口最多的民族，汉民族有两个相当典型的特征。

首先是汉民族自我认同的意识，是以文化为标准，而不是以种族血统为标准。陈寅恪在《唐代政治史述论稿》一书中提出："汉人与胡人之分别，在北朝时代，文化较血统尤为重要。凡汉化之人，即目为汉人；胡化之人，即目为胡人。其血统如何，在所不论。"而汉化的标准为"说汉话、着汉服、习汉俗"，胡化的标准为"说胡话、着胡服、习胡俗"。语言、服饰、习俗绝对是以文化为标准。当然，还有心理的认同。

汉民族这种以文化为种族分合标准的意识，使得汉民族具有巨大的吸引力与内聚力，不断同化与融合周边的其他民族，甚至同化其他的异族，从而使自己的人口不断增长，分布范围也不断拓展。

其次，汉民族这一独特的认同标准，是在广阔的地域和数千年悠远的历史中，由于无数次战乱、灾难、迁徙、分分合合而产生的多元多次重组融合中形成和确立的。有一段时间人们一直认为中华文化的起源就是黄河流域，但是考古学家苏秉琦先生曾提出：中华文化的起源是"满天星斗"[1]，不仅在黄河流域，也在长江流域、东北辽河流域（如红山文化）等。

黄河流域、长江流域也不仅仅是一个点。据说在夏朝之前仅黄河流域就有上万个部落；到了商代，各地部落和小国以千来计算；到西周，分封的诸侯国有几百个；到春秋剩几十个，到战国剩七国，秦灭六国统一中国。秦二世而绝，汉统一中国。"汉人""汉族"这两个概念正是从汉朝而始。

中华民族历史上无数的战争、迁徙，分分合合，使极其多样的各原生文化相互融合，不断产生新的文化要素，然后又不断地重新组合，再产生新的文化要素。如春秋、战国的楚文化是濮、蛮、庸、舒等文化的融合，秦汉统一，又把楚、吴、齐、秦诸文化相融合。魏晋南北朝中原裂土，北方的匈奴、鲜卑、氐、羌等少数民族陆续向内地迁徙，与当地居民交错杂居，甚至通婚，相互融合。而中原的一些居民又南迁长江流域、东南沿海，与当地的百越族等融合，产生新的文化要素。

世界上人口最多的民族——汉族就是由无数次的融合而形成的。

人即文化，文化即人。闽南人、闽南文化就是在这无数次融合中形成的。所以，闽南文化的孕育，同汉族对闽南的开发是完全同步的。闽南文化就是中原汉族文化随移民播迁闽南后，融合当地的古闽越文化而产生的。

厦门是在闽南文化形成的历史中，由漳泉两地的百姓逐步开发的，所以厦门人很多都是从泉州、同安迁过去的。但是最早的南陈北薛，他们祖籍就是中原南来的人，在这里开基创业成了最早的厦门人，闽南话称为"开基祖"。真正厦门岛上的原住民，我们除了在蜂巢山捡到他们三千多年前所用过的"有段石锛"之外，其他则是一无所知。所以厦门的开基祖就是外来人。

设立中左所、厦门城，很多"军户"来到了厦门。以后随着海防、抗倭、抗荷的需要，不断有军队来到厦门，军务后勤推动了厦门城商市的发展。近水楼台的同安人捷足先登，同一个"港脚"（闽南话"湾区"）的龙溪人、漳浦人、晋江人、南安人，还有以后的海澄人，当然纷纷来此发财。不单是行商走贩，还有许多能工巧匠也纷纷来此造船、行船。

---

[1] 苏秉琦，赵汀阳、王星选编：《满天星斗：苏秉琦论远古中国》，北京：中信出版集团，2016年。

明后期漳州府的月港为中国的外贸中心,对于厦门的影响更大,更多的漳州人来到了厦门。郑成功的部将以漳泉为主,也有不少来自四面八方,如陕西的马信、福建的刘国轩等。他们在施琅收复台湾以后被迁出台湾,有不少则定居在厦门。

清代到民国,漳泉两府下南洋落叶归根回唐山的华侨,由于安全和生活质量等许多原因,选择定居厦门。甲午割台,许多不愿做亡国奴的台湾同胞回到唐山,大多也定居在厦门。经济实力雄厚的华侨归来定居厦门,往往招徕和收留许多家乡人到自己开办的实业、学校工作,或者在家里做用人、花工,也有帮助他们到厦门读书,或者创业。更多的漳泉人来到了厦门定居,成了厦门人。

这一时期厦门重要的出口货物是茶叶,于是安溪人纷纷来到了厦门。榨糖和龙眼干也是当时重要的出口货,于是同安的糖商、干果商,也纷纷来到厦门开店定居。

民国以后允许疍家上岸,还在厦门港建了避风坞,于是惠安崇武、九龙江白水营的疍家纷纷来到厦门靠舶定居。

新中国成立以后,军队长期驻扎厦门,还有南下干部,他们的后代早就认同自己为厦门人。到今天也已经是世居厦门三代的老厦门人了。

改革开放以后厦门就有了更多外来人了,其中的许多人已把家,乃至把自己的命运和厦门连接在一起。所以你无法用出生地、祖籍来界定厦门人。

来了,就是厦门人。

厦门人是一个拥有共同的城市文化认同的群体。它不以户籍、出生地为标准,也不论在厦门居住时间的长短,只要认同城市的生活习俗和文化追求,你就是厦门人。它随着历史不断变迁,不断包容壮大、日新月异。

来了,就是厦门人。但是要成为一个真正的厦门人也是有标准的:一是语言,你要懂得讲,至少懂得听厦门话;二是生活习俗,你能够或至少愿意融入这个城市的生活习俗,喜欢山和海,喜欢"吃空气",喜欢花生汤、海蛎煎、沙茶面,喜欢中秋全家博饼,等等;三是心理认同:我是厦门人,厦门是我家。

最重要的是第三点。是否三点必备或三缺一、三缺二,都是可以也应该讨论的。但没有第三点,恐怕就不行。

厦门市闽南文化生态保护区领导小组制定的《厦门公民文化手册》提出了厦门公民的三个应知、三个应会。即:知道城市文化、文化自觉理念和城市文化发展的目标与方向;会说普通话,也会说会听方言;会向他者基本准确介绍城市文化的历史和内涵;会入乡随俗,按城市习俗生活。

四、关于厦门文化

厦门文化也是许多人梳理不清的问题。既然厦门文化属于闽南文化,那又为何要分出单独的厦门文化?又如何来区分闽南文化和厦门文化呢?

范畴决定概念。闽南文化和厦门文化这两个概念的区分取决于各自不同的空间范畴、时间范畴和内涵范畴。

时间的范畴,从郑成功设立思明州,奠定厦门军港、商港、渔港三港合一的港口城市地位之后，也就是明末清初以后，闽南文化创新创造的中心舞台就主要在厦门展开。

空间范畴，厦门文化是一个随着城市不断扩展而不断变迁的概念。城市引领农村，这是社会进步的规律。厦门文化的基本特性是海洋港口城市文化，它必然辐射影响周边广阔的农村和市镇。在闽南文化区域内，包括厦、漳、泉，以及台湾地区，原本行政区划对文化的流动限制是很少的。例如戏班、艺人是可以很自由地来来去去，也并不确定就属于某一个行政区管辖。这种文化的自由洄游规律加强了文化内部的竞争，对文化的发展是有利的。但后来随着民间文化市场的萎缩和行政力量的强化等，这种文化洄游基本就被行政区划所阻断，而代之以不同行政区域文化的竞争。于是，厦门文化、泉州文化、漳州文化的空间范畴就变得十分清晰明确。同时，厦门文化作为城市文化的特性也被划入行政区内的农村文化所模糊，并削弱了在闽南文化区域大循环中的引领作用，泉州和漳州则加强了行政区域中心城市的作用。这种文化空间范畴的切割和清晰，对闽南文化的发展究竟得失如何，当然还可以继续观察。不过厦漳泉同城化发展的提出，显然是对文化区域的空间如此切割有所反思。在这种情况下，厦门如果不提出厦门文化的概念，并以此来推动海洋港口城市的文化发展，就有可能失去历史的机遇。

内涵的范畴依托于时空。基本上在郑成功以后，在厦门的行政空间里所创造的文化可以界定为厦门文化。比如三港合一的港口城市格局，同安梭船，郊商郊行，侨批，中西合璧的嘉庚建筑，海陆交融的菽庄花园，南洋的沙茶和闽南的水面融合创造的沙茶面，等等。当然，还有厦门话。厦门话来自漳州话、泉州话，亦漳亦泉，但又不漳不泉，自成一音。但厦门话还是闽南话，和漳州话、泉州话、台湾话，甚至潮州话，共同构成了闽南方言。

总之，厦门文化有其清晰的时间和空间范畴，以及独特的文化内涵。它以漳州文化、泉州文化、龙岩文化共同构成了福建本土的闽南文化，又和中国台湾、南洋部分地区及其他区域的闽南文化共同构成了中华文化重要的子系统。

厦门文化因此具有两个最基本的特征。

其一，厦门文化是闽南文化一个重要的组成。讲厦门文化不能忘了闽南文化，讲闽南文化也不能丢了厦门文化。

其二，厦门文化的开放包容。由于厦门开放包容、海纳百川的城市性格，中外各地的文化在此交融并蓄，使厦门文化日新月异，引领了闽南文化追随时代的潮流，不断向前发展。正是基于这样一个历史事实，习近平主席说："厦门也是著名的侨乡和闽南文化的发源地。"

文化生态学把文化分为五个层级：国家、区域（民族）、城市（乡村）、社区（企业）、个人。当今世界，在每一个层级里，每一种文化都是多元一体的。厦门文化是闽南文化中的城市文化，是闽南民系从农耕文明向工业文明转型发展的伟大创造，也是闽南海洋文化继泉州刺桐港时代、漳州月港时代之后的第三个港口时代——厦门港时代。

20世纪上半叶，厦门引领了闽南文化的现代化转型，确定了厦门文化属于现代港口城市文化的基本性质。

总之，对厦门、厦门人、厦门话、厦门文化四个基本概念进行讨论研究，进行系统阐述，使它们具有稳定的内涵和明确的指代，是厦门学研究的基本前提。

第二节 学术史研究

学术史研究：全面而又系统地梳理相关厦门文化的资料，以及厦门学研究的已有成果，客观、公正地评价前人的各种资料与学说，是建构厦门学学科体系的重要前提。

任何一门学科，都不是一个人或几个人，甚至不是一代人能够完善起来的。它需要几代人的努力。从某种意义上讲，一个学科的发展，既是一个时代的学者对其前辈已有成果的全面继承，又是这一个时代的学者对其前辈已有成就的突破。

厦门文化的研究源于闽南文化的研究。而现代闽南文化的研究又始于20世纪20年代建立的厦门大学。从此时开始，厦门地区对闽南文化和厦门文化的资料积累、学术研究就没有停止过。特别是台湾研究、南洋研究、郑成功研究、闽台文化艺术研究等专业的学术机构都设立在厦门。因此，虽然真正提出厦门学的研究迟至2017年金砖会晤之后，但厦门学研究的学术准备，应当说已经有相当的基础。在这样的基础上推动厦门学研究，可以说是水到渠成。同时，厦门学的学术史研究自然也必须从现代闽南文化的研究开始。

现代对闽南文化的研究，始于20世纪20年代厦门大学林语堂、张星烺、陈万里、顾颉刚教授等人，继之有郑德坤、林惠祥、吴文良、谢云声、庄为玑、陈泗东、陈国强等前辈。中国台湾，以及新加坡、马来西亚、菲律宾等地区和国家亦有不少学者投入其中。他们的不懈努力为闽南文化和厦门学的建立打下了深厚基础。他们的研究成果不仅是我们今天开展研究的出发点，也是我们在建构厦门学学科体系过程中不可或缺的参照系。（这方面的研究从2003年始，已有陈耕、吴幼雄等的专门论文。）毋庸讳言，时代的局限是任何个人无法超越的。在以往的研究中，也存在诸多不足和问题。这就需要我们站在今天社会人文学科已经达到的高度，客观、公正地评价各家各派的学说，继承其经得起考验的、有创见的成果，扬弃其偏见与疏漏。唯其如此，我们的闽南文化与厦门文化研究，才能既站在前人的肩膀上，又能不为前人的陈说、偏见所左右。

一、闽南文化、厦门文化研究的历史回顾

（一）古代的闽南文化著述及资料

首先，历代方志和古人志记为我们留下了大量宝贵的历史史料和早期的研究成果。其中既有"以观民风"的官方编撰，如明清两代各地大量的府志、县志等，也有地方官员、文人雅士、乡野耆老的奏章文书、志书、笔记、游记与文集，如宋代洪迈的《夷坚志》、赵汝适的《诸蕃记》，明代何乔远的《闽书》、张燮的《东西洋考》，清代施琅的《靖海纪事》、丁日昌的《抚闽奏稿》、陈盛韶的《问俗录》、苏廷玉的《温陵盛事》等。著述者既有热心乡土的当地人，也有外来的视野，其中以游宦闽南者居多。

这其中就包含了不少相关厦门的资料和文章。如清代乾隆年间薛起凤主纂的《鹭江志》、道光十九年（1839）周凯主纂的《厦门志》，明代池显方的《晃岩集》、阮旻锡的《夕阳寮诗稿》、蔡献臣的《清白堂稿》、林希元的《林次崖先生文集》、卢若腾的《方舆互考》，清代吕世宜的《爱吾庐汇刻》、林树梅的《啸云诗文抄》、黄鸿翔的《英人侵占厦门海后滩官地》（1878年撰）的手抄本，等等。

其次，厦门有诸多碑刻、楹联、民间传说、掌故，如戚继光、俞大猷、南居益等人的摩崖石刻。这些未见诸史料的资料也是厦门文化研究的丰富资源。

再次，中国台湾，以及东南亚地区，乃至欧、美、日等国家，也有大量闽南文化的资料。例如荷兰的莱顿大学，就有大量荷兰殖民台湾时期和东印度公司巴达维亚的相关郑芝龙、郑成功及闽南、厦门的资料。而最早的南音曲本则被收藏在日本和英国的博物馆中。

此外，在国家的档案馆中也有许多关于厦门、闽南、台湾，以及海外东南亚等地区华侨的档案史料。

所有这些都是我们今日进行厦门学研究重要且宝贵的资源。

（二）现代意义上的闽南文化研究

现代意义上的闽南文化研究，如果从20世纪20年代厦门大学国学研究院的研究算起，迄今已有100年左右。这100年大致可以分为发端（1949年之前）、起步（1949—1978）、改革开放再出发（1978—1992）、闽南文化大有文章可做（1992迄今）四个阶段。

1. 发端（1949年之前）

现代闽南文化研究的发端，当始于20世纪20年代厦门大学国学院对泉州古迹和中外交通史料的调查。事情起因于19世纪外国史学界对刺桐港究竟是漳州、杭州、扬州或泉州之争议。最早是西班牙人阿耐斯到了泉州考察，并于1911年著文认定刺桐港为泉州。接着德国人艾锷风也来到中国，来到厦门大学，然后于1926年10月31日与厦门大学国学院张星烺、陈万里两教授同赴泉州考察。张星烺和陈万里回厦门后，于11月5日向国学院报告了他们在泉州考察伊斯兰圣墓、蕃客墓碑、承天寺等的情况，张星烺教授后来写有《泉州访古记》，其后期编注的《中西交通史料汇编》中有相当部分也是关于泉州的。

随着厦门成为五口通商的重要口岸，中外交流日益频繁，不少外国传教士到闽南传教生活，因此一些外国人对闽南的方言、文化也产生了兴趣，并且有一些著述，如杜嘉德的《厦英大辞典》（*Chinese-English Dictionary of the Vernacular or Spoken Language of Amoy*）等。

1926年12月3日，厦门大学国学研究院的顾颉刚、林幽、容肇祖、孙伏园等发起组织风俗调查会，并决定"本会调查风俗先从闽南入手"，同时组织一批文章在《厦门大学国学研究院周刊》发表，其中有林惠祥的《闽南下等宗教》，容肇祖的《厦门的偶像崇拜》，黄天爵的《海澄疍户》，高子化的《云霄械斗记》，林幽的《风俗调查计划书》《儿童游戏的种类及家庭经济》，林惠柏的《闽南乡村生活》，顾颉刚的《天后》

《厦门的墓碑》《泉州的土地神》，林语堂的《平闽十八洞所载古籍》，等等。可见闽南文化研究从一开始，其学术水平就定格在相当高的水准上。而其缘起就在厦门的厦门大学。

1930年厦门、漳州分别成立了中山大学民俗协会的厦门分会和漳州分会。其厦门分会在谢云声先生的筹划下，于《思明日报》开辟专刊，出版了《民俗周刊》50期。此外还出版了《厦门民俗学丛书》数十种。其中有谢云声《福建故事》8集、吴藻汀《泉州民间传说》2集、伍远资《郑成功传说》等。漳州分会于1931年成立，主持为翁国梁兄弟，出《民俗周刊》30多集，刊行《漳州民间故事集》两册、《漳州歌谣》一本。

在此期间，厦门大学的叶国庆先生继续闽南的研究，1928年往泉州惠东作民俗调查，并在1930年发表《滇黔粤的苗猺僮俗与闽俗之比较》，对闽南民系的形成与古闽越族的关系提出了自己独到的见解，至今仍有启发意义。林惠祥先生创办了厦门大学人类博物馆。1931年，他在厦门蜂巢山和南普陀东边山坡发现史前石器遗物，撰写了《厦门史前遗物研究》。1936年，他率郑德裕、庄为玑发掘泉州唐墓。他的《南洋民族与华南民族的研究》等论著，将考古学与民族学相结合，并运用到我国东南与南岛语族文化关系的研究中，至今仍被学界奉为圭臬。其在蜂巢山考古中发现的石锛也被公认为是厦门文化的起源，至今珍藏在厦门大学人类学博物馆，成为镇馆之宝。此外，还有厦门大学的罗常培、周辨明、黄典诚等先生对闽南方言的研究也取得了重要的成果。

这一段也有不少研究专著和宝贵的资料出版，如《民俗学》[1]《古闽地考》[2]《福建佃农经济史丛考》[3]《新兴的厦门》[4]《厦门大观》[5]《厦门鼓浪屿工部局报告书》[6]《集美图书馆概况》[7]《厦门通俗教育社年鉴》[8]《中国与南洋华侨交通名录》[9]等。另外，鸦片战争之后前来厦门的一些外国人也从他者的视角留下不少厦门的记录，如美国人毕腓力的《厦门纵横》、荷兰人高延的《中国的宗教系统及其古代形式、变迁、历史及现状》等，这些都是厦门历史文化研究重要的资料。

2. 起步（1949—1979）

抗战爆发，闽南文化研究几乎停顿，直到1949年后才重新起步。从20世纪50年代到70年代，这一时期主要研究力量除了厦门大学，还有泉州、厦门、漳州及福建省其他

---

[1] 林惠祥：《民俗学》，北京：商务印书馆，1934年。
[2] 叶国庆：《古闽地考》，摘自《燕京学报》第十五期，北京：北京燕京大学学报社，民国二十三年（1943）六月。
[3] 傅家麟（衣凌）：《福建佃农经济史丛考》，福州：私立福州协和大学中国文化研究会，1944年。
[4] 茅乐楠：《新兴的厦门》，厦门：萃经堂印务公司，1934年。
[5] 吴雅纯：《厦门大观》，厦门：新绿书店，1947年。
[6] 厦门鼓浪屿工部局：《厦门鼓浪屿工部局报告书》，1932年。
[7] 集美学校编：《集美图书馆概况》，1926年。
[8] 厦门市通俗教育社：《厦门通俗教育社年鉴》，1926年。
[9] 梁晖：《中国与南洋华侨交通名录》，厦门：驻厦办事处，1935年。

地区的社科工作者。其主要成果有泉州宗教石刻研究、泉州港宋船的发掘和研究、闽南方言的研究、闽南戏曲的研究、闽南古迹的研究、闽南民俗的调查、郑成功研究、闽南考古和历史研究、闽南华侨史研究、闽南族谱研究等等，在各个门类都取得了很大的成就。

厦门在这一时期最引人关注的就是郑成功研究。1962年是郑成功收复台湾300年，郭沫若到厦门亲自考证了"朱成功"钱币，出席了全国郑成功学术研讨会，厦门趁势在日光岩下建立了郑成功纪念馆。另外，嘉庚先生推动成立的华侨博物院和厦门大学南洋研究所，都堪称"新中国华侨研究的开拓者"。

这一时期出版的专著和资料不少，许多是亲历者的叙述，非常宝贵。例如，《厦门文史资料（选辑）》[1]《郑成功收复台湾三百周年纪念特刊》[2]《郑成功收复台湾》[3]《郑成功收复台湾史料选编》[4]《鲁迅在厦门资料汇编（第一集）》[5]《东南亚五国经济》[6]《集美志》[7]《厦门简史（讨论稿）》[8]《鸦片战争后帝国主义者侵略厦门的状况》[9]《福建现代史资料索引（初稿）》[10]等。

3. 改革开放再出发（1979—1992）

20世纪80年代开始，国家的文化环境发生了巨大的变化，首先是"实践是检验真理唯一标准"的大辩论，解放了人们禁锢的思想，中华大地掀起了文化研究的热潮。同时，面对改革开放汹涌而来的西方文化浪潮，中华民族不能不重新审视自己的历史文化，并深刻思考中华文化继续生存发展的未来走向。政府呼应民间的思潮，主导全国文化发展战略研讨，推动了国家体制内的力量投入到文化的研究和发展。《中国戏曲志》、"民间文艺三套集成"等都是在这一时期推出，并纳入国家的五年规划中，有组织、经费、出版的保证。从厦门来讲，《中国戏曲志》、"民间文艺三套集成"和厦门文化发展战略研讨等项目极大地推动了20世纪80年代厦门文化的兴起，也为后续的研究奠定了良好的基础，尤其是积累了相当的原始资料和团结聚集了一批研究力量。

20世纪80年代初期编纂《中国戏曲志》时，厦门戏曲的老前辈赛月金、邵江海、林

---

[1] 中国人民政治协商会议福建省厦门市委员会文史资料研究委员会编：《厦门文史资料（选辑）》。

[2] 厦门市纪念郑成功收复台湾三百周年筹备委员会编：《郑成功收复台湾三百周年纪念特刊》，1962年。

[3] 张宗洽、方文图编写：《郑成功收复台湾》，福州：福建人民出版社，1962年。

[4] 厦门大学郑成功历史调查研究组编：《郑成功收复台湾史料选编》，福州：福建人民出版社，1962年。

[5] 厦门大学中文系：《鲁迅在厦门资料汇编（第一集）》，福州：福建人民出版社，1976年。

[6] 厦门大学南洋研究所编：《东南亚五国经济》，北京：人民出版社，1976年。

[7] 陈厥祥编著：《集美志》，厦门：侨光印务有限公司，1963年。

[8] 厦门大学历史系中国近代史组编：《厦门简史（讨论稿）》，厦门大学油印本，1976年。

[9] 余少文：《鸦片战争后帝国主义者侵略厦门的状况》，1959年10月。

[10] 厦门大学历史系五九年组实习队资料组：《福建现代史资料索引（初稿）》，1959年4月。

文祥、蔡剑光、蔡玫瑰、白水仙、陈宗塾等都还健在，抢救了一大批十分宝贵的资料。到20世纪80年代后期这些老同志陆续过世，就难有第一手资料了。

其次，国家对台方针从"解放台湾"，改变为"一国两制，和平统一"。由于地理的原因，闽南文化历来处于中华文化的边缘，厦门更是海防前线，现在由于祖国的和平统一建基于文化的力量，而闽南文化又是海峡两岸大多数民众共同拥有的文化纽带，这就使得本来位于边缘的闽南文化得到了国家的特殊关注。20世纪80年代，国家相继批准在厦门大学成立了厦门大学台湾研究院，在厦门市成立了厦门市台湾艺术研究所，后来又有厦门市闽南文化研究所、厦门市民俗方言协会、厦门市闽南文化研究会、厦门市郑成功研究会、厦门市吴真人研究会、厦门市炎黄文化研究会等一批机构和团体，并编撰出版了许多关于闽南或厦门历史、民俗、海上交通贸易等内容的专著和论文集。其最主要、最集中的成果是"厦门文化丛书"，主编李永裕，副主编陈照寰、李熙泰、洪卜仁。李熙泰老师兼秘书长，跑腿最多，兢兢业业，每一位作者都被他的精神感动。

这套丛书共27本，分二辑，从1993年开始由鹭江出版社陆续出版，并再版。这套丛书极大地推动了厦门历史文化的资料整理和学术研究，为厦门学的研究奠定了很好的基础。

与此同时，厦门市社科联恢复，并在方友义主席的领导下，联合厦门大学推动了厦门文化和闽南文化的研究。厦门的研究更侧重于闽南与台湾以及东南亚地区的研究。成果较为突出的有郑成功研究、歌仔戏研究、台湾历史研究、台湾文化研究、南洋华侨研究、吴真人研究等，相关的学术研讨也热烈地展开。

厦门大学作为学术重镇，在这一时期不仅参与而且主导泉州、厦门、漳州三地的研究。厦门大学的人类学研究所、南洋研究所、台湾研究中心，一直是闽南文化研究的重镇。

4. 闽南文化大有文章可做

20世纪80年代的台湾研究虽然轰轰烈烈，但由于受西方分科治学理念的影响，福建、闽南、厦门的闽南文化研究，基本上是就各人所专长的学科，分门别类进行单一的文化项目研究，主要集中在历史、方言、民间信俗、民间文学和民间戏曲、艺术等方面，缺少整体视野下的总体性研究。

改变这种分散状况的是两岸的形势发展，尤其是李登辉上台后台湾分离主义势力企图把台湾的本土文化，亦即闽南文化在台湾的传延，从整个中华文化及其在闽南的地域形态——闽南文化中割裂出去，作为"台独"的文化基础。这引起了各级领导，尤其是中央持续的关注。

最早是1992年，以萧克同志为会长的中华炎黄文化研究会，来到厦门举办首届闽台文化研讨会。会议第一次把闽台文化作为中心论题，集合了不同学科的学者专家，从两岸的文化个案到文化总体进行讨论，不仅集中展示了丰厚的研究成果，也提出许多具有启发性和挑战性的问题。

在这一背景下，1993年厦门市台湾艺术研究所的陈耕在诸多前辈研究成果的基础上撰写《台湾文化概述》。全书约31万字，概要介绍台湾文化的来龙去脉和大体结构。其第二、第三章约占全书近一半的篇幅，介绍了闽南文化的定义、区域范围、孕育、形成、鼎盛、衰变、对台湾播迁的简要历史，以及闽南方言、口传文学、物质生活文化、民间信俗、民俗、民间艺术、闽南人的思想性格等闽南文化独特的内涵与表征。

这个介绍虽然很粗疏，并有许多缺失，却是第一次在理论上描述了闽南文化的概貌，并且把闽南文化对台湾地区文化的形成、发展、变迁所起的重要作用，首次做出概括和描述。尤其是对日本占领台湾时期闽南文化在台湾的特殊发展及其所产生的影响，提出了独特的看法。

其后，有大量关于两岸闽南文化的论著文章问世。特别是刘登翰主编的"闽台文化关系研究丛书"，共计11本，并列为"十五"国家重点图书出版规划项目。这是闽籍文化学者呼应这次研讨会最重要的学术成果，极大地推动了两岸文化研究的深入，也加深了两岸人民相互的了解。

这次会议的召开，正处于蒋经国去世，李登辉上台，当代台湾历史的转折关口。在这前后中央对台方针的"两个寄希望"变为"一个寄希望"：寄希望于台湾人民。表现出中央对台湾分离主义势力的预见与担忧。

整个20世纪90年代，台湾分离主义势力的文化"台独"动作不断。他们提出"台湾话不是闽南话""歌仔戏是台湾的国剧，南音是台湾的国乐"等，企图把台湾的闽南文化从整个闽南文化中割裂出去，以利于他们"台独"的阴谋。2000年，陈水扁上台，更加卖力地推动文化"台独"。

2003年2月14日至16日，中共中央政治局委员、国务院副总理钱其琛同志出席在泉州召开的中国（闽南）文化节和闽南文化论坛，在接见论坛代表时指出：

中华文化始终是维系海内外全体中华儿女的精神纽带，是中华民族赖以生存和发展的重要基础。闽南文化作为中华文化的重要组成部分，有着独特的内涵。台湾同胞祖籍地大多数在闽南，两岸地理相邻，血缘相亲，语言相通，习俗相近。闽南文化联系、滋养、影响着海峡两岸的同胞，2300万台湾同胞是我们的手足兄弟。今天，海峡两岸同胞更应该继承、发展闽南文化，让这朵中华文化奇葩，在祖国统一和中华民族的伟大复兴中绽放得更加绚丽光彩。①

2006年1月12日至16日，胡锦涛总书记视察福建。其间，胡锦涛同志多次指出，福建与台湾一水相隔，促进闽台交流具有得天独厚的优势。他说，百分之八十以上台湾居民的祖籍在福建，闽南话也是台湾的主要方言，闽南文化、客家文化、妈祖信仰、歌仔戏、南音等都深深地扎根在台湾民众精神生活当中，福建要运用这些丰富资源，在促进两岸交流合作中更好地发挥作用。②

---

① 新华社福州，2003-02-16。
② 福建省炎黄文化研究会，《炎黄源流》，2006年第1期。

2015年3月4日，习近平总书记看望出席全国政协十二届三次会议的民革、台盟、台联委员，听取委员们的意见和建议，并发表重要讲话。他说："大陆去台的，以闽南地区为主，讲的就是闽南话。血缘相亲，文缘相承。闽南文化作为两岸文化交流的重要部分，大有文章可做。"①

正是在台湾分离主义势力煽动文化"台独"的背景下，中央领导亲自推动闽南文化的传承、发展、交流、宣传和学术研究。从20世纪90年代以后，特别是在21世纪闽南文化得到了极大的发展，闽南文化从地方小众文化转为各方关注的一个焦点。

这时，闽南文化得到了学术界和各级领导的关注和支持。在各个方面主动积极的推动下，闽南文化的传承、传播、创新、发展，特别是对台的文化交流与合作获得了一个良好的契机。厦门在2006年以后陆续推出的保生慈济文化节、郑成功文化节等"一区一节"，正是在这样的背景下产生的。其中多数文化节还是海峡两岸合作轮流举办，而且在节中举办海峡两岸乃至世界性的文化论坛、学术研讨，产生了大量的研究成果。

福德文化节甚至还联络了马来西亚、新加坡，形成了一年在中国厦门、一年在中国台湾、一年在马来西亚或新加坡轮流举办的默契，并在三地轮流举办世界福德文化论坛，产生了不少学术成果，开拓了闽南文化研究的视野，彰显了闽南文化的当代性和世界性。

国家非遗项目"闽台送王船"在和台湾交流合作多年后，又走向马来西亚，推动了中马送王船联合申遗，并在2020年成功进入人类非物质文化遗产代表性项目名录。在申报国家非遗和世界非遗的20多年里，举行了多次海峡两岸和中马两国送王船学术研讨会，发表了许多有关送王船的专著和学术论文，推动了闽南非物质文化遗产的学术研究，并从"送王船——人与海洋可持续联系的仪式及相关实践"这一人类非遗项目延展到对闽南海洋历史文化研究的开展，这是闽南文化研究在21世纪的一个突破。

20世纪90年代中期，随着厦门人均收入跨过一千美元的关键线，人们的需求焦点开始从物质生活转向精神生活。随着经济全球化浪潮的汹涌而来，经济全球化背景下的民族文化、区域文化的生存与发展问题益发突显，文化内涵和文化建设逐步成为人们所关注的焦点。

在文化问题上，"西方文化中心论"和由达尔文的"进化论"发展而来的"机械进化论"曾长期成为主流文化论。

达尔文生物进化的阶段和"物竞天择、适者生存"的理论深刻地影响了那一时代的所有学科。与达尔文（1809—1882）处于同一时代的美国人类学家摩尔根（L.H.Morgan，1818—1881）、英国文化学家泰勒（E.B.Tylor，1832—1917）认为，进化原理也左右着人类文化和社会的历程。"蒙昧—野蛮—文明"是人类文化和社会发展的普遍梯级。人类的历史是一个统一的整体，因而可以用一种总体化的理论来加以解释。这一观点也被称为单线进化论，认为各民族的发展道路是一样的，只承认这种发展有阶段的差别。这一观点是西方人类学最早的学派，也是文化绝对主义和欧洲中心论的起点。

---

① 央广网，2015-03-04。

西方人类学是在帝国主义殖民统治的背景下产生的。泰勒等人研究的对象就是第三世界殖民地"野蛮人"的风俗。他们认为全世界所有的文化最终都要进化到以欧洲文化为标准的文明世界。第三世界的"野蛮"文化在西方宗主国强大的军事和经济面前将一一崩溃，按西方的文化价值和样式来重新建构，最后形成一统的世界文化。

西方当时最极端的学派，如19世纪末的斯宾塞的社会达尔文主义，把生物界"适者生存，优胜劣汰，弱肉强食"用来解释人类社会，为帝国主义侵略殖民和争夺强权的战争提供理论依据。

两次世界大战之后，人类开始反思文化是否有高低、优劣的问题。之前西方人类学者认为人即文化，文化即人，文化有高低，人种也就必有优劣，弱肉强食也就不可避免，战争就将永远伴随人类，直到人类自己毁灭自己。之后，一种不同于机械进化论的新的认识被大多数人接受：人生而平等，文化生而平等。任何民族、任何文化都是在适应其生存环境中产生的，有先进与落后，但先进与落后是会转化的。从世界数千年的历史看，有时星光，有时月光，风水轮流转，各领风骚数百年。落后不等于人种低劣，先进不等于人种高贵，世界上不同民族所拥有的文化没有高低优劣之分。尺有所短，寸有所长，各有因应，人类追求的是和平、和谐、共生。世界应该百花齐放而不能一花独放。由此而产生的民主、平等、关注弱势群体、发展慈善事业、保护环境、保护非物质文化遗产和保护文化生态，直至共同构建人类命运共同体的理念，无一不是基于这样一个对文化、对人类认识的重大转变。

但是20世纪90年代初，随着苏联瓦解和东欧国家的"颜色改变"，以美、苏两霸对抗的冷战结束了。

西方文化挟带着经济和军事的强势，席卷第三世界国家，文化歧视和文化压迫开始抬头。文化帝国理论纷纷出笼，"文化一元论"和"文明冲突论"认为西方文化高于其他民族国家文化，否认文化的平等、竞争与共存，把西方文化与其他文化对立，并企图以西方文化，特别是美国文化强加于第三世界国家和民族，并以其经济、军事的优势迷惑了相当多的人。在许多第三世界的国家和地区，出现了只重经济发展，忽视自身文化，崇拜西方文化的倾向。在很短的时间里，许多在我们童年中还鲜活的文化，既有物质的，又有非物质的文化正在快速地远离我们，失去生命的活力。而许多西方的生活方式，如西方的节日迅速地传播到发展中国家。世界文化是向一元化发展，还是坚持多元化，是世界能否和平发展、可持续发展的前提。

正是在这种背景下，在世界大多数国家的推动下，2005年联合国教科文组织第33届会议通过了《保护和促进文化表现形式多样性公约》（美国和以色列投了反对票），用公正严肃的语气明确宣布：坚持"所有文化同等尊严和尊重原则"。[①]

联合国以坚定的立场、鲜明的态度，宣布"世界文化多样性"，"文化多样性对于地方、国家和国际层面的和平与安全是不可或缺的"，"保护、促进和维护文化多样性

[①] 整理自《保护和促进文化表现形式多样性公约》（联合国教育、科学及文化组织大会于2005年10月3日至21日在巴黎举行第三十三届会议通过）。

是当代人及其后代的可持续发展的一项基本要求"等。①

该公约确立了"文化平等"的观念："保护与促进文化表现形式多样性的前提是承认所有文化，包括少数民族和原住民族的文化在内，具有同等尊严，并应受到同等尊重。"②

中国积极地参与了联合国教科文组织的世界文化遗产保护和文化多样性保护。2006年，中国创造性地提出了在"十一五"计划期间建设十个国家级民族民间文化生态保护区的构想，并于2007年3月下旬在厦门召开了闽南文化生态保护工作研讨会，决定在厦门、漳州、泉州三市建设全国第一个文化生态保护区——闽南文化生态保护实验区。

闽南文化生态保护实验区的建设极大地推动了闽南文化的保护、传承、创新、交流和发展。从领导、学术界的学者到普通百姓都充分地形成共识，认识到中华优秀传统文化的传承、创新与发展关系到自己的文明和进步，关系到国家的富强与繁荣。闽南文化焕发出极大的积极性和创造性，再也不是学术界和知识分子专有的领域，而是成为广大人民群众传承发展中华优秀传统文化的行动，而这一行动又急切地期待学术研究的指导。

这当然极大地推动了闽南文化的学术研究，特别是闽南文化当代传承、创新、发展、传播的研究，并出现了许多与现实文化实践紧密结合的研究成果并开拓出新的研究领域，如文化生态保护的学术研究、文化生态保护区建设的学术研究等等。

21世纪伊始，漳州、泉州、厦门、台湾，以及龙岩、潮汕、浙南的闽南文化研究者，正在逐步聚合为一个思想群体。这从2001年厦门的第一届海峡两岸闽南文化研讨会、2003年泉州的中国闽南文化节和第二届闽南文化研讨会、2005年漳州举行的第三届闽南文化研讨会、2007年在厦门和金门召开的第四届闽南文化研讨会、2009年在台湾举行的第五届闽南文化研讨会、2010年在龙岩召开的第六届闽南文化研讨会，都可以清楚地看到闽南文化研究这一充满文化自觉和内聚力的学科动态。从首届闽南文化研讨会对闽南文化定义的探讨，到2003年中国闽南文化节之闽南文化论坛上闽南学学科体系构建设想的提出，到其后各届闽南文化学术研讨会对闽南文化发展历史与现状的探讨，以及2006年在厦门召开的、有15家学术团体参与的闽南文化论坛，越来越多的学者专家日渐形成共识，倡议加强闽南文化的理论建设，构建闽南学学科体系。2016年，福建省闽南文化研究会成立，每年轮流在漳泉厦召开学术年会和青年学术论坛，这标志着闽南文化研究进入新的发展阶段。

在此期间，厦门市政协牵头组织"厦门文史丛书"的编辑出版，各区政协也都编辑出版各自的"文史资料丛书"，仅同安区政协就出了30辑。同时《厦门市志》和《厦门文化艺术志》等各行各业的志书相继问世。厦门市档案局也编印了《近代厦台交流档案资料选编》等诸多资料档案。还有李向群主编的《近代厦门历史资料汇刊 申报纪闻》，等等，不胜枚举。厦门市图书馆、博物馆更整理出版了许多宝贵的资料。这些都

---

①② 整理自《保护和促进文化表现形式多样性公约》（联合国教育、科学及文化组织大会于2005年10月3日至21日在巴黎举行第三十三届会议通过）。

为厦门学的开展提供了不可或缺的准备。

2010年、2011年、2012年在金门和台南数次召开的闽南文化国际学术研讨会，更体现出闽南文化研究的新视野。这种视野有三个重要的取向，一是把闽南文化研究的对象与范畴，从闽南文化的中心区域闽南、台湾地区，向东南亚甚至更广阔的国际空间扩展；二是为全国，乃至国际上更多的学者从他者的视角关注和研究闽南文化打开了窗户；三是有学者提出，21世纪世界发展的重心在亚洲，重中之重在东亚，而闽南文化对东亚有着历史久远的影响，闽南文化必将成为深刻影响东亚发展乃至世界发展的重要因素。这就把闽南文化的研究和整个社会经济的发展联系起来，在一个更加宽广的空间和更加深邃的时间中来理解闽南文化的研究，推动闽南文化的发展。

由此，两岸合作于2012年在台湾举办了首届世界闽南文化节。其后第二至第五届分别在我国的泉州、澳门、金门和马来西亚的马六甲举行。其间的重头戏是世界闽南文化学术论坛，每一届都有许多可观的学术成果。

2016年（马六甲）世界闽南文化论坛，是这个论坛第一次走出国界，在海上丝绸之路沿线国家举办。在此前一年我国提出"'一带一路'的愿景与行动"，马六甲的皇京港成为中马两国合作的海上丝绸之路重点项目。论坛自然引起多方的关注，推动了闽南文化在马来西亚的传播、传承和创新，还推动了马六甲峇峇娘惹文化研习营的开办、马六甲闽南书院的成立和中马两国"送王船"的联合申遗，构建了厦门与马六甲文化交流广阔密切的民间渠道。同时，也对中华文化走出去、对"一带一路"的"民心相通"做了有意义、有成果的探索。

在经济全球化的背景下，一种文化如果只是"养在深闺无人识"，它的命运是难以预测的。闽南文化只有走向世界，敢于在世界万紫千红的花海中争奇斗艳，善于在百花之中汲取营养，才可能扎根闽南、花开两岸、香飘四海，傲立于世界百花丛中。

马六甲世界闽南文化节和世界闽南文化论坛，以及中马两国"送王船"的联合申报，厦门市闽南文化研究会都是最积极的倡导者和执行者。2017年金砖厦门会晤，习近平主席提出："厦门还是著名的侨乡和闽南文化的发源地，中外文化在这里交融并蓄，造就了它开放包容的性格和海纳百川的气度。"习主席还陪同普京参观了厦门市非物质文化遗产代表性项目，并亲自向普京做了精彩的介绍。这些都极大地鼓舞了厦门闽南文化的学者，催动他们提出了厦门学研讨。

从学术研究的历史看，虽然单独把厦门文化作为对象来研究的学术成果迄今还很少，但是在对闽南文化、台湾文化、南洋文化、郑成功文化以及厦门历史文化的研究当中，有许多涉及了厦门文化的各个方面，并有许多出色的成果和丰硕的资料，为开展厦门学研究奠定了十分坚实的基础。

近年来在"送王船"申遗的学术研讨中，对厦门海洋历史文化的研究成果也相当可观。如陈耕主编的"厦门海洋历史文化丛书"（共六本专著），厦门市文化和旅游局、中国民主同盟厦门市委员会主办，厦门市闽南文化研究会承办的"走向海洋——闽南海洋历史文化论坛""人与海洋可持续联系学术研讨会"的近百篇论文等，都为厦门学的开展开拓了思路。

第三节　方法研究

方法研究：在吸收和借鉴西方分科治学方法的基础上，在厦门学的建构中探索综合系统治学研究方法，探索建构中国特色、中国风格、中国气派的中国学科体系。

方法是学科建设的关键。构建中国特色、中国风格、中国气派的中国学科体系需要从探索新的、建基于中国思维的方法开始。

厦门学拥有自己独立的学科任务，其中最主要的两项：一是要研究厦门文化发生发展的历史和现状，总结其经验教训，汲取其智慧和精神，探索其内在规律，从而对厦门文化的未来发展做出科学预测和当代建言；二是由于厦门定位为对台战略支点城市和21世纪海上丝绸之路战略支点城市，厦门文化需要为厦门的这一定位提供文化支撑。厦门文化属于闽南文化，闽南文化分布于我国闽南、台湾地区，以及东南亚的闽南华侨和华裔聚居地，各自面对着不同的政治、经济、社会、人文环境，开拓出不同的文化变迁轨迹，世界上恐怕很难找到第二个同类型、同境遇的文化了。因此厦门学研究必须同时深化闽南文化研究，展开不同区域闽南文化比较研究。相信这一研究不但对闽南文化，而且对厦门的未来发展都会有深远的意义。

学科的这两项主要任务决定了我们的研究必须要有与之相符，且具有独创性的、科学的研究方法体系。

自从闽南民系及其文化引起海内外学术界的高度重视以来，一代又一代的研究者在搜集闽南史料、发现和解决学术问题等方面积累了不少的经验，各个学科从它们各自的视野和学科任务出发，对闽南问题的研究提供了不少行之有效的方法，解决了一些悬而未决的问题。这些经验、方法和视角都是今天我们建设闽南学、厦门学研究方法体系应该加以重视和借鉴的。但是我们需要清醒地认识，过去的这些方法都是在西方分科治学的理念上派生的方法，我们在新时代当然要继续学习应用这些方法，但更需要建构闽南学、厦门学自己的研究方法体系。这一方法体系必须源于中国传统的综合系统思维体系，有如中医的方法，需要把闽南文化、厦门文化视为一个活生生的生命体，因为我们研究的闽南文化、厦门文化不是僵死的、过去的文化，而是今天依然活生生地脉动着、生长着、发展着的文化。

我们要充分、深刻地认识：文化即人，而且是活着的人。文化是和人一样无时无刻脉动着的生命体，有生命的发展规律。

其一，文化是一个完整的活生生的生命，那种盲人摸象式的单项研究方法，或者以解剖学式的认识来理解生命的方法，不可能有正确的结论。

其二，凡有生命的东西，都会有新陈代谢，都会有生老病衰，也都会有死亡和再生。这是不可抗逆的生命规律。生命是有周期的，生命个体的生命周期虽然各有不同，但生命生生不息，文化和人类一样，必须繁衍后代。

京剧、越剧诞生至今不到200年，歌仔戏更不过100年，然而中国戏曲至今已有上千年历史。从宋金院本、南戏到元杂剧，到明传奇，再到清以后的地方戏曲，中国戏曲传衍了好几代。虽然这期间单个剧种也许已经消亡，如元杂剧曾经辉煌过，关汉卿被誉为与莎士比亚同样伟大的戏剧家。然而，今天已成为历史。从剧种来讲，元杂剧已经消亡，但是，它的生命基因还留存在后来的诸多剧种中，如京剧、越剧、歌仔戏等。闽南戏曲的传衍也是如此。八百年前闽南人创造了"乞冬戏"，五百年前创造了"泉潮雅调""潮泉腔"，二百年前创造了高甲戏，一百年前创造了歌仔戏。虽说一代有一代的戏曲剧种，但其文化基因在代代创新的剧种中传留下来，生生不息。

文化与人一样，没有万寿无疆，只有生生不息，也因为生生不息，才有文化的永恒。任何文化都必须不断地接受、吸收其他文化，美美与共，创新、创造才能生生不息。

当我们深刻认识文化的生命规律。我们就应当将厦门文化视为一个系统、开放、动态发展的有机生命体。在这样的认识前提下，厦门学研究方法体系的建立，可以尝试将这一生命体的研究归结为六个基本问题：在哪里？哪里来？有什么？是什么？怎么样？哪里去？

1. 在哪里？

把研究的空间范畴、时间范畴搞清楚，这是研究的前提。我们在《概念研究》里已经说明。

2. 哪里来？

对文化历史的研究，即过程研究。习近平总书记说："历史研究是一切社会科学的基础。"文化的过程性研究是一种动态的历史性研究，寻找文化的源头，从时间的角度来审视、记述文化在历史进程中怎样伴随着人类社会的进步，发生、变迁、发展、传播，揭示它的历史轨迹和文化传统。我们将努力遵循长时段、全局性、动态性的历史思维来进行过程研究。

当然，文化的过程研究不等同于历史研究。刘登翰先生说："历史研究和文化研究最大的区别在于，历史是实证的，文化是诠释的。历史通过实证，证明它的存在，而文化通过诠释完成一种建构。当然，文化的建构也必须有实证作为基础和背景。这只是就其研究方法的不同而言。不过西方新历史主义者认为，所谓'真实'的历史并不存在，所有历史都是历史研究者眼中的历史。从这个意义上说，历史也是一种建构。中国历史以帝王为中心，从三皇五帝开篇，秦汉隋唐，宋元明清，一路数下来。为什么是这样而不是别样？这个诠释系统就是建构。历史的建构，也是一种文化。"[①]

因此，过程研究是从文化的视野对文化生命过程的建构。研究着重的不仅是这一文化生长变迁的历史文像，更是其背景和文脉。在浩如烟海的史料中选取的历史事实是为了说明：在什么环境中，发生了什么变化，特别是创造创新了什么，又因为什么有如此的创造。不能说明的资料都可以弃去，而相关的则必须保留。这就是建构。

---

① 刘登翰：《闽南文化研究的几个问题》，摘自福建省炎黄文化研究会、世界（澳门）闽南文化交流协会编：《闽南文化的当代性与世界性论文集》，福州：海峡文艺出版社，2015年。

3. 有什么？

文化的内涵与结构研究。文化研究有两个切入点，一是动态的过程性研究，一是静态的结构性研究。当然，它们不是互不相关的两个极端，而是相互关联、相互影响的同一问题的两个方面。二者各有所长，不可替代，相互补充、相互印证。

文化的结构研究，是对文化的静态研究。文化是一个抽象的、总体性的概念。谁能看到闽南文化？你只看到南音、歌仔戏、中秋博饼、闽南宫庙等等，一个个具体的文化现象。但它们都不是孤立的存在，而是相互联结、互相依存，形成一条条的文化链，再结成一个庞大的网络，成为文化，成为一个脉动的生命体。从个别到整体，其相互关联的逻辑关系，就是我们研究的对象。

文化的结构性研究包括文化的构成要素研究、文化结构方式研究、文化要素的相互关系研究、文化与环境的关系研究等多个方面。

4. 是什么：核心精神

2014年2月24日，习近平总书记在中共中央政治局第十三次集体学习时强调，"培育和弘扬社会主义核心价值观，必须立足中华优秀传统文化。"这是对马克思主义的发展。必须立足中华优秀传统文化，这是不二选择。

文化不是小零碎，而是一种理想、一种追求、一种价值取向。文化是以文化人，是一个民族用来教育子孙后代做人要做什么样的人。地方文化的核心精神源自中华文化，又以独特的形式呈现。在老百姓看来，所谓价值观就是做人的道理，闽南人称之为"教示"。

所有文化的核心精神都潜藏于民俗信仰之中。闽南文化的核心精神，就潜藏于闽南民间信俗之中。闽南人民千百年的信俗不能用简单的一句封建迷信来概括，它包含有最宝贵的文化遗产。厦门文化的核心精神既传承于闽南，也有自己生命过程中实践赋予的思想观念，引领这个城市走到美丽的今天。我们必须将此作为研究的重中之重。

5. 怎么样：现状（当代性研究）

研究一个地方的文化不能不关注它的当代发展和当代价值。文化的当代性有两个问题：一是历史怎样进入当代，体现它的当代价值和作用，成为当代社会发展的积极文化因素；二是当代社会的发展怎样推动、创造新的文化。

从当代看历史和历史如何进入当代，是一个问题的两面，也是当代研究的重要方向。首先是我们今天应如何站在今天的立场，以今天的视角解读、阐发历史文化。许多文化的经典，历朝历代都有不同的注释。所有的注释都是注释者站在他的"当时"立场的解读。以现代价值观念对传统文化进行重新诠释，赋予传统当代的生命。这是厦门文化当代性研究一个重要的课题，而且已经有一个成功的典范——送王船。这个传承几百年，被阐发为"有关人与海洋可持续联系的仪式及相关实践"，与马来西亚联合申报，成功列入联合国教科文组织的人类非物质文化遗产代表作项目名录，推动了中国和马来西亚在非物质文化遗产保护的合作，成为中马两国"民心相通"的文化平台，也印证了对传统文化进行当代解读和阐发的重要性与可行性。

现代生活的发展、现代科技的发展、人口的流动和变迁、社会信息化的飞速发展等等，无不深刻影响着地方文化的当代变迁。而传统的文化究竟怎样进入我们当代的生活，我们还都缺乏数据，缺乏大量的实证。研究厦门文化的当代性，应当特别关注厦门文化的当代存在与发展，摸清文化的家底，把握传承发展的现状，方才可能胸有成竹，有的放矢。因此，要特别重视当下的田野调查。田野调查不应是历史调查的专利，要像研究历史那样重视当代研究的田野调查，并努力把现代的信息技术应用到田野调查当中。这是一项基础性的工作，厦门学的当代性研究，要从这里做起。

6. 哪里去：未来学的研究

在经济全球化的背景下，闽南文化、厦门文化还能不能和怎样才能继续创新发展，这既是一个现实问题，又是一个理论问题。

对于未来的研究主要有以下三点思考。

其一，认清时代的潮流。习近平在博鳌亚洲论坛2018年年会开幕式上说，"中国40年改革开放给人们提供了许多弥足珍贵的启示，其中最重要的一条就是，一个国家、一个民族要振兴，就必须在历史前进的逻辑中前进、在时代发展的潮流中发展。"

每个地方未来的发展，一定要认清时代的潮流、世界的潮流、国家的潮流，走历史要走的路。厦门的未来同样如此。

2017年厦门金砖五国会晤，习近平指出世界发展的趋势：经济全球化、世界多极化、社会信息化、文化多样化。

过去500年的经济全球化，是以西方为中心的，随着中国和其他发展中国家的兴起，世界经济正在走向东西平衡、南北平等，开启了人类命运共同体的经济全球化新时代。在这个时代世界文化必然多样化，而在中国，对千城一面的批判，已经给各地文化的多样化指引了道路。

其二，从历史走向未来。习近平在北京考察时指出，历史文化是城市的灵魂，要像爱惜自己的生命一样保护好城市历史文化遗产。"万物有所生，而独知守其根"，历史发其源，文化铸其魂，文化遗产中蕴含着城市的精神基因，隐藏着"从哪里来，向何处去"的发展密码。

确实把厦门的历史文化研究透、传承好，把厦门文化作为一门学科开展研究，推动普及，而不仅仅是对策研究，这都是我们可以和应该做的。

不过，厦门学研究刚刚起步，要做好历史文化研究，必须从资料开始。要想推动应用信息化手段建立世界闽南文化、厦门文化资料库，可从时空两方面分阶段、分门类建立面向全社会的电子资料信息。只有在充分掌握资料的基础上，我们才可能对历史文化有突破性的研究。

其三，探索文化发展的规律。文化是通过两种不同的方式来发展的：一是"趋同"，二是"变异"。"趋同"是一种纵向发展，也就是趋于共同的方向。"变异"是一种横向的开拓，一般有三方面的导向，即融汇外来文化，边缘文化的中心化和与原来互不相干的其他学科杂交。

只有两种方式均衡运用，互相作用，文化才能巩固发展。厦门文化的发展同样离不开"趋同"与"变异"。厦门文化的未来系于我们如何大胆而又谨慎地运用"趋同"与"变异"开创出新的局面。这一方面留给我们研究和实践的空间是无限的。

资中筠先生在论及美国研究时说："美国能繁荣富强100年，必然有它文化和思想的原因，应该研究这方面。一个文明的发展和变化，不取决于几个掌权的人，而是全社会各种力量的综合作用。既然作为一门学科，做学术研究就应区别于政策咨询的研究，应该着眼于长远，把它作为一个文明体系来研究。"

这是值得我们深思的。着眼于未来，把厦门文化作为一个生命体，作为小小的文明体系，以研究生命的方法，来开展研究，并建设厦门学学科的方法体系，这是我们的追求。

当然这只是一种探索，既是探索就可能有失败、有挫折。但我们深信，只要我们依循先人留给我们的系统综合性思维，依循文史哲不分的系统综合的国学方法，并加以创新性的发展，一定可以寻找到中国学科研究方法体系。

同时我们还必须继续学习西方的研究方法，支持以西方的研究方法来开展厦门学的研究。各方学者用各自的研究方法各自努力，相互激励，相互学习，相信可以开创出地方学研究的新天地。

第四节　多视角研究、比较研究、文化生态研究、应用研究、传播研究

多视角研究：从民俗学、历史学、建筑学、语言学、艺术学等不同学科的不同角度对厦门文化进行多视角的深入研究。

厦门文化内涵极为丰富，厦门学是一门综合性的学科。现代闽南文化研究是从西方学习，并以西方分科治学方法开始的，值得礼敬、遵循和学习。事实上，在此之前厦门文化的研究基本上都是分科分门类来展开的，并且取得了许多出色的成就。例如"厦门文化丛书"和厦门市社会科学界联合会、厦门市闽南文化研究会联合主编的"闽南非物质文化遗产系列丛书"，都是从不同学科的不同角度对厦门文化进行多视角研究的成果。我们今天的厦门学研究，是在他们的基础上起步的。

因此，从不同学科对厦门文化进行多视角的研究是非常必要的。尤其是有几个关系厦门当前和未来发展特别重要的领域，更需要有专门的研究。例如厦门与台湾的研究，厦门与华侨、华人的研究，厦门与海洋（包括海上丝绸之路）的研究。还有基于嘉庚建筑和厦门传统街市建筑的规划学、建筑学研究，有别于同安等闽南乡村民俗的厦门城市民俗学的研究，等等。

当然从世界社科研究的趋势看，即使这些学科进行分门别类的研究，也难免会碰到

跨学科、多学科、融学科的问题。在他们解决这些问题的答案中，也许也会为我们的系统性方法找到可以借鉴、学习的经验和智慧。

比较研究：从地方学和城市学的不同视野开展比较研究。

近年来，关于地方学和区域文化学的理论研究和实证研究，在我国越来越受到重视，并产生了不少重要的研究成果。地方学理论中关于自然环境与文化区域、行政区域与文化区域、经济类型与文化区域、移民与文化区域等研究，以及关于文化区的分类、文化中心与边界分合、文化区域的等级体系及其配置特征、文化的层面与空间系统等理论，对于厦门学的研究显然是非常重要和迫切的。我们应当充分应用地方学这些宝贵的研究成果，并开展彼此的比较研究，来提升厦门学研究的水平。

同时，我们也看到，同属于闽南文化区域的漳州、泉州、金门等，在漫长的历史发展中也产生了越来越明显的差异性。因此，开展比较研究，对不同地域的文化差异做出科学的分析，对厦门学研究是必不可少的。

当前，尤其应从地方学的视野开展对闽南的泉州学，台湾的彰化学，内蒙古的鄂尔多斯学，广东的潮学、广府学，日本的富士山学等地方学的比较研究；从城市学的视野，开展对北京学、台北学、杭州学等城市学的比较研究。

文化生态研究。

文化生态和文化生态保护，在中国是21世纪以后出现的一个新概念。2007年3月，原中华人民共和国文化部在厦门召开第一次文化生态保护区工作会议。原国务委员陈至立同志出席并做了重要讲话，确定将成立我国第一个文化生态保护区——闽南文化生态保护区。同年4月，福建省文化厅成立《闽南文化生态保护区规划纲要》（以下简称《规划纲要》）起草小组。同年5月，原文化部在泉州召开了研讨会，讨论《规划纲要》的初稿，乌丙安等著名专家出席了会议并提出了许多建设性的意见。6月5日，原文化部正式批复成立闽南文化生态保护实验区。从此拉开了我国文化生态保护区建设的大幕。

文化生态是从自然生态接引而来的。自然生态有两大范畴，一是物种，植物的、动物的，包括了人；二是环境，即物种所生存的环境条件，如阳光、水、空气、土壤等等。自然生态的保护，一是对濒危物种的保护，二是物种之间的平衡，更重要的是对所有物种生存环境的保护。

那么接引到文化生态而言，文化的物种便是物质文化（如建筑、食物、工具等）与非物质文化（如语言、音乐、民俗、信仰、思想等），当然也包括了创造传承这些文化的人。

改革开放以来，流行这样一句话："金钱不是万能的，但没钱是万万不能的。"说明文化建设、文化保护没有经济条件是绝对不行的。早在20世纪80年代末，台湾有位朋友就针对当时大陆开始出现的戏曲危机说：不仅大陆，台湾也一样，不仅中国，全世界都一样。在人均收入一千美元之前，文化都不要了，只要能赚钱。过了一千美元，开始觉得文化还有点儿意思。过了人均三千美元，文化就开始重要了。过了一万美元，社会发展规划就变成文化建设第一。

如果这真是一个规律，那经济环境便是文化生态中的江河湖海、润物春雨，为重要的文化生态。

文化生态的土壤，大概就是人自身了。人创造了文化，文化创造了人。人对文化的认识、情感、积淀，决定了文化土壤的肥沃与贫瘠。优化文化生态最重要的恐怕就是改良土壤，提高人的文化自觉。

语言环境，则是文化生态的空气。当语言（方言）消失，这一文化也就差不多消亡。"皮之不存，毛将焉附"。从文化多样化的理念出发，提倡普通话是必要的，保护方言也是重要的。应当营造一种各种语言和谐相处的环境，这是世界文化多样化的前提。

在自然界，森林、草原是物种，又是许多其他物种的生存环境。在文化领域，民俗、宗族文化、民间信俗也是文化的森林和草原。许多民间工艺、民间艺术、民间习俗都依存于民间敬天法祖的民俗活动中。保护了这些文化森林、文化草原，就为许多宝贵的文化遗产留下了自然的生存空间。

总之，和自然生态一样，文化生态有两个内容，一是文化物种，二是文化物种的生存环境。在这其中，有一个非常特殊的、重要的因素，那就是人。人既是文化物种，又是文化物种生存的环境。具体到每一个地方，文化物种、文化环境则需要具体而微的研究，尤其是如何保护物种、改良环境，在各个地方必然是千差万别，需要细致长期的观察和研究。

同时，我们要充分认识到，文化生态保护最根本最关键的因素是人，是人的思想观念。

人类对文化生态保护的认识来之不易，从死亡物种（文物）保护到濒危物种（非遗）保护，再到文化环境、文化生态保护，是经历了两次世界大战血的洗礼才明白过来的，反映出人类对世界的认识从"弱肉强食、适者生存"到"文化平等、和谐共生"的进步过程，也反映出人类在追求自身发展时，从经济发展到文化发展到和谐发展的认识过程。我们必须充分认识非遗保护和文化生态保护提出和产生的这样一个背景及理论基础。

今天我们开始人类命运共同体的全球化，习近平主席关于人类文明是"多彩的，平等的，包容的"论断堪称构建人类命运共同体的文化理念基础、共同价值取向。世界应该百花齐放而不能一花独放。世界应该更丰富多彩，而不是日渐枯萎。可以说，如果不是让人们首先具备这个基本的理念，一切非遗保护、文化生态保护最终必将落空。因此，文化生态保护区的首要工作，就是要把人类这一认识的进步化为全民的共识。这是一个看似简单其实相当艰巨的工作。

和所有有生命的事物一样，文化的长存不是靠万寿无疆，而是依赖于生命的生生不灭。所有有生命的物种都是要死亡的，最重要的是它的生命力，即生存能力与再生能力。老人延缓生命也许是无可奈何的，新生儿的出世，是整个家庭、宗族的未来。现在，许多人只看到老人将死的危险，却对生育能力的衰退（更大的、根本性灭种的危险）没有给予足够的重视。

当然，文化的创新和文化的传承是不可分的，两者都是重要的。但文化创造力、生育力是存在危机的。这个危机有多大，到了什么程度，是值得我们关注的，也是文化生态保护题中应有之义，不宜将保护局限于文化遗产。

生态保护、文化生态保护有太多太多现实的又是理论的问题，需要我们研究。特别是作为第一个文化生态保护区，我们有责任、有义务去开拓。

闽南文化已有千年历史，而我们的生态保护时间却很短。闽南文化是一条长河，至今还奔腾不息，每日还在创造、创新，而我们闽南文化生态保护的实践经验却很少很浅。我们应该在实践中不断地总结经验、发现问题、提升理论，跟随闽南文化、厦门文化的创造和创新脚步解放思想、研究问题、更新观念、创新理论。

应用研究：在深入调研的基础上，对厦门文化的保护、研究、传承、建设、交流、传播、创新等方面进行具有针对性的应用研究。

文化建设需要文化理论的突破，更迫切地需要文化学术对当下文化建设的指导，厦门学的应用研究迫在眉睫。例如厦门市提出要建设艺术之城，但对艺术之城的标准、路径、项目、步骤还存在争论，还缺乏理论思辨高度的深入研究。再如像厦门市非物质文化遗产保护20年的经验总结和未来发展的课题，厦门文化和旅游融合发展的课题，文化保护发展和城市规划融合的课题，等等，都是迫切需要去推动的应用研究。

厦门文化发展包含相互联系的七个环节：保护、研究、传承、建设、创新、交流、传播。这七个基本环节环环相扣，缺一不可。它们的循环往复，共同组成了厦门文化发展的轨迹，其中任何一环的缺失，都会导致文化发展的停滞甚至消逝。

我们的理论研究不能关在象牙塔，必须关注并回答现实社会生活给我们提出的问题。如：文化生态保护与厦门市闽南文化生态保护区建设，传承创新、推动闽南文化引领厦漳泉同城化的课题，美丽厦门建设课题，闽南文化大有文章可做的课题，文化的融合创新课题，等等。只有把厦门文化研究与社会发展的脉搏紧紧地联系在一起，我们才能获得各方面更多的支持和帮助，才能使文化和社会经济发展相辅相成。

特别是面对海峡的波涛和人为的阻隔，闽南文化、厦门文化如何发挥维系两岸闽南人重要精神纽带的作用，为祖国和平统一作出应有的贡献，是摆在我们所有闽南人面前共同的课题。在某种意义上可以说，只要两岸的闽南人握手言和，祖国的和平统一，就基本可以实现。这是历史给予闽南人的机遇，也是闽南文化不可推辞的历史使命。因此，我们要努力写好闽南文化这篇大文章。

传播研究。

这里讲的传播不是媒体的传播，而是闽南文化的海外传播。当然从纸质媒体到多媒体、融媒体，再到自媒体，传播有许多值得研究的问题，但主要是传播手段和技巧的研究问题。

生活在东南亚一带的闽南华人、华裔，和华人与马来人结合传衍的后代峇峇娘惹，至少有2000万。他们把闽南文化带到了南洋，在那里落地生根，开花结果，传承创新，融合创造，是历史上中华文化走出去杰出且典型的代表。

他们的经验、智慧，尤其是不同文明共生共荣的价值取向，是我们今天构建21世纪海上丝绸之路，推动人类命运共同体不可或缺的极其宝贵的文化财富。

他们把闽南的美食、神明、宫庙、民俗和做人的"教示"都带到了南洋。马六甲的华人把厦门马巷元威殿的池王爷请到马六甲的勇全殿供奉，他们从厦门带去的送王船民俗仪式，不但吸引了华人，还吸引了印度人、马来人前来一起"送王船"。

尤其是跨国度、跨民族、跨宗教、跨文化的峇峇娘惹，他们吃饭用手，穿着"纱笼"，保留了马来文化的特色，同时又讲究孝道、拜天公、拜祖宗，还领导了马六甲的"送王船"。峇峇娘惹文化有特殊的历史背景、历史地位，体现了中华民族在历史悠久的下南洋进程中，朴素的文化自觉，开放包容，落地生根，开花结果，成为中马文化相互包容、融合发展、美美与共的文化典型，堪称闽南和马来先人共创的区域性人类命运共同体，对今天构建21世纪海上丝绸之路，尤其是推动人类命运共同体，有深刻的历史借鉴和重大的现实意义。

中国文化、闽南文化走出去，走向世界，不仅是个学术的课题，更是构建21世纪海上丝绸之路"民心相通"文化平台的实践行动；不仅是历史研究的课题，更是当代"一带一路"实践所产生的课题；是闽南先人构建人类命运共同体的历史启示和现实课题，也是厦门构建21世纪海上丝绸之路战略支点城市不可或缺的课题。这是新时代赋予闽南人、厦门人不可推卸的研究课题与历史使命。

以上是我们对厦门学学术理论框架的初步构想，粗疏在所难免，期望得到更多的指导和批评。

下编 过程研究

"历史研究是一切社会科学的基础。"[①]文化的过程研究也就是对文化发生发展变迁历史的研究,也就是文化其他方面研究的基础。

厦门学,是以厦门城市为视野展开的地方学,因城和市的存在,这个空间才有了灵魂,才有了属于自己的文化和人。文化即人,人即文化,厦门文化的根本在于人,这些人参与和创造的厦门文化,应该是有生命的,是动态发展的。因此我们不能刻板地将厦门文化与固定的空间、固定的时间一一对应,而应以辩证、发展的观点看待它的孕育和成形。

把厦门文化看作一个有生命体征的个体,是本文描述厦门文化的基本方法。作为一个生命体的厦门文化,其发生发展过程大致可分为孕育、诞生、成长、变迁、转型五个阶段。厦门文化的祖辈、父辈分别为宋元时期的泉州和明代的漳州,其一脉相承的闽南海洋历史文化是厦门文化的基础。没有历史上不同时期闽南文化的滋润和涵养,厦门文化便是无根之木、无源之水,更谈不上创新和发展了。总之,讲厦门离不开闽南,离不开漳泉。

不过长期以来一讲到闽南,就是"中原三次南来",好像闽南这个地方原来什么文化都没有,什么文明都没有,只有等到中原汉族来了以后才有了文化,才有了文明。很长一段时间,包括我们自己都是这样的观念。相信闽南这个地方荒无人烟,原有的闽越国已经迁徙到江淮之间。这里人烟稀少,即使有,也是非常落后的原始部落。他们的生产水平极其低下,是中原人带来了中原先进的农耕文化,才带领他们走向了文明的生活。甚至五代以后闽南人民走向海洋,闽南成为当时世界的贸易中心,那也是因为中原人带来了先进的航海和造船技术。

这就不能不使人质疑了,中原有先进的农耕技术,可是什么时候有先进的航海技术呢?中原的农耕文化不是固土重迁吗?为什么到了闽南就突然能够变成以海为田,扬帆过海的勇士呢?这种大汉族主义的思想所产生的历史观,直到今天依然有广泛深刻的影响。

这一传统史观的错误,在于无视福建上古百越及其先民是中国海洋文化的最初开创者之一,无视数千年前东南沿海当地族群开发海洋以海为田的海洋生活史,否认了闽南先民的早期海洋文化与唐宋以后闽南海洋文化之间的历史传承。

如果不能纠正这种错误的历史观,我们就无法真正理解闽南文化,当然也就无法了解和理解厦门文化。

因此,我们对于厦门文化的介绍,就不能不从厦门、闽南最早的地理和人开始。

---

① 选自 2015 年 8 月 24 日,习近平致第二十二届国际历史科学大会的贺信。

第一章 地理中的厦门与人

从一个自然的空间转变为有文化、有文明的地方的过程，这就是地方文化的历史。威尔·杜兰特在其《历史的教训》中说："地理是人类历史的子宫，哺育着历史，也规范着历史。"厦门临海，城在海中，大海、厦门湾、海岛、九龙江的出海口，这些地理条件确定了厦门文化的发展基础。

但是仅仅就一个地理空间来谈文化的发生和发展就会陷入地理决定论。人才是决定的因素，人的进入必然改变这一地理空间文化的发展历程。周边的人所创造的文化环境，还有更加广阔的空间里不断变迁变化的历史环境，也必然深刻地影响地方文化的发展。

因此研究一个地方文化的过程，必然要从这个地方的地理条件、人文发展、周边环境与历史背景四个方面展开。文化的发展前行依赖于不同方向多种因素的合力。这四个方面便是厦门城市文化前行最重要的四种力。

第一节 地理中的厦门

厦门位于福建省九龙江出海口，地理坐标在北纬24度23分至24度54分，东经117度52分至118度26分。厦门岛略呈圆形，东西长约12.5公里，南北长约13.7公里，面积约为128.14平方公里。对岸鼓浪屿距离厦门只有七八百米，面积不及厦门岛的1/60，是一个只有1.88平方公里的小岛。两岛之间的这段海域被称为鹭江。历史上的厦门，主要由这两个岛组成。现在的厦门，包括同安、翔安、集美和海沧，面积已经达到1700.61平方公里。

厦门地势由西北向东南倾斜。按照地表类型分类，低丘和台地占土地总面积的74.9%，平原占8.5%，滩涂占8.4%，山地占8.2%，西北部为戴云山脉的东南余脉，地势较高。全市最高峰云顶山位于同安与安溪、南安三地交界处，海拔1175.2米。[①]

厦门岛为福建省第四大岛，位于全市最南端，其地势由南向北倾斜，东南部多高丘陵，最高点云顶岩海拔339.6米。北部为海拔200米以下的低丘和台地。筼筜港从西部拦腰

[①] 参见中共厦门市委党史和地方志研究室编：《厦门市志（1996—2005）》上册，北京：方志出版社，2020年。

切入厦门岛，曾是周边船只避风之地，20世纪70年代围海造田，成为内湖。

厦门海域，包括厦门港、外港区、马銮湾、同安湾、九龙江河口区和东侧水道，总面积约390平方公里。港区内锚地条件良好，万吨级以上船舶泊位十余处。海岸线总长234千米，其中12米以上深水岸线约43千米，适宜建港的深水岸线约27.4千米，可建万吨级深水泊位41个。五万吨级海轮可不受潮水涨落和气候限制直泊港内，十万吨级巨轮可趁高潮进出。

厦门地处亚热带，气候温和，年平均气温约为20.9℃，年平均降水量1000多毫米，9月至次年的2月多为东北季风，3月至8月多为西南季风。

当然，如果只是站在厦门来看厦门，那么无法了解厦门的地理优势。"不识庐山真面目，只缘身在此山中"。我们需要从很高的视野俯瞰厦门，才能看清闽南的厦门、厦门湾的厦门、福建的厦门、台湾海峡的厦门、中国的厦门、世界的厦门。

一、闽南的厦门

厦门本属泉州同安县，现在的海沧区则本属漳州海澄县，地处漳泉二州交界，脚跨漳泉二州，堪称闽南中心位置。

闽南靠山面海，靠山吃山，靠海吃海，山海同吃。这块土地是福建富庶之地，素有闽南"金三角"之称。

现在的闽南，指的是泉州、漳州、厦门及其所辖的惠安、德化、永春、安溪、晋江、南安、同安、长泰、龙海、南靖、平和、云霄、东山、诏安、漳浦、华安、金门诸地。但历史上，龙岩的新罗和漳平属漳州府管辖有一千多年，分出龙岩州到现在的龙岩市，其历史不过二百年。龙岩话也属于闽南语系，龙岩、漳平行政上虽不隶属闽南，但从文化的空间来讲也属于闽南文化区域。更早，北宋初则连莆田、仙游也算在闽南之内。

新石器时代晚期至商周，闽南、粤东同属一个文化区，青铜时代的"浮滨文化"是闽南、粤东共有的一个地方性文化类型。汉初，南粤与闽越的分界在今云霄与漳浦交界的盘陀岭。盘陀岭以南可称为"下漳州"，以北可称为"上漳州"。下漳州正是粤东与闽南最显而易见的不可分环节。

东晋义熙九年（413），潮汕建立义安郡，义安郡下属五县，绥安县即其一。绥安县治即今云霄，辖地是下漳州。隋朝废绥安县并入龙溪县，而其时龙溪属泉州。唐早期创设漳州，州治在今云霄，下辖漳浦、怀恩二县，这时的漳浦治所在云霄，怀恩治所在诏安。唐中期，漳州州治北移，搬到上漳州的李澳川，李澳川就是后来作为州治的漳浦县城，稍后泉州府的龙溪县划归漳州，漳州州治也就移至龙溪县。闽南文化是在闽南、潮汕差不多同时形成的。

晋江流域是中原南来汉族最早定居的地方，最早的行政治所在今南安。厦门所属的同安县本只是南安县大同场。在中原农耕汉族南来开拓之初，厦门是一个微不足道、毫不起眼的小海岛。

二、海湾中的厦门

若只看陆地的厦门，不看海中的厦门，肯定搞不清厦门。

地理学的厦门湾，北起厦门白石经大担岛、二担岛、青屿至龙海市塔角，港湾口朝向东南。而从泉州围头角到漳州镇海角这一大海湾则包括围头湾、金门湾、厦门湾。厦门正雄踞在这一大海湾的中心（也有将这统称为大厦门湾），其四周东面有大小金门，西边有宝珠屿、火烧屿，南面有青屿、浯屿，北边与同安的集美、丙洲隔海相望，东南是月港、厦门港出洋的航道，有大担、小担，西南还有鼓浪屿。这些岛屿有如众星拱月环护厦门岛，而厦门岛则拱卫着九龙江出海口。

三、福建地理地质的厦门

从福建省的角度来看，厦门处在九龙江下游三角洲地带。九龙江是福建第二大河流，其下游平原是福建最大的平原，流域面积14835平方公里。这里气候温润，草木终年长青，鲜花四季开放，物产尤为丰富，各种水果农产品品质优良。九龙江上游龙岩、漳平地区，又是矿产蕴藏和山林茶笋最丰富的地区。

福建沿海地区最基础的地质构造，形成于中生代，以侏罗纪(燕山期)花岗岩和侏罗纪、白垩纪的陆相碎屑及火山碎屑为主。至新生代第四纪，在以花岗岩为基底的盆地、平原上发育出大量的沉积层，这些沉积层便是福建沿海人口分布最广、最多的地区的载体。

福建地处台湾海峡西岸，正当太平洋板块与亚欧板块碰撞之处，福建高耸的武夷山脉、戴云山脉、玳瑁山及其连绵不绝的大量高山、丘陵便是两个板块互相作用的结果。受地质运动影响，福建形成了两个较大的断裂组：其一为东北—西南走向的横向断裂带(与板块接触面平行)，包括政和—大埔断裂带、长乐—诏安断裂带和滨海断裂带等；其二为西北—东南走向的纵向断裂带(与板块接触面垂直)，包括闽江断裂带、兴化湾断裂带、晋江断裂带、九龙江断裂带等。[①]

厦门所在的海湾，便是长乐—诏安断裂带与九龙江断裂带的交汇点。尽管厦门岛处于九龙江出海口，但事实上九龙江的入海三角洲仅存在于浒茂洲和乌礁洲之间，厦门湾实质上仍是海湾断裂型地貌。

以厦门岛为中心，厦门岛四周海域被九龙江断裂带与长乐—诏安断裂带切割成菱形断块构造，与长乐—诏安断裂带相平行者有金厦之间的厦门东侧水道断层、厦门与海沧之间的厦门西港断层，与九龙江断裂带相平行者如厦门与同安之间的浔江断层、厦门与龙海之间的厦门岛南缘断层。其中厦门东侧水道断层和厦门岛南缘断层为所在断裂带的中心组成段，断层早期由韧性剪切带形成片理化熔岩和千枚状流纹岩组成的韧性剪切

---

① 张路、曲国胜、朱金芳，等：《福建沿海盆地第四纪构造运动模式与动力学环境》，《地质通报》，2007年第3期。

带，后期沿韧性剪切带发育了硅化破碎带，局部见糜棱岩[①]，这便造就了该地区典型断层海岸的地貌，其最大好处便在于港深海阔，特别适合大型船舶通行。

而事实上，从古至今，厦门湾最具竞争力的港口也多分布在厦门东侧水道与厦门岛南缘，如海沧、嵩屿、鼓浪屿、东渡、曾厝垵等地便是明清时期外贸码头出现的区域。

断裂带的存在成就了厦门曲折的海岸线和优良的深水港，但同时也带来了地震的隐患。厦门地区所在的地震带主要由四条近乎平行的断裂带组成，由陆地到海洋，依次为西侧断裂、主干断裂(即长乐—诏安断裂)、滨海断裂和近岸海域断裂。其中主干断裂穿厦门岛而过，与九龙江断裂复合，在厦门岛内形成官浔—乌石浦断裂和文灶—龙山断裂，从而构成了筼筜—钟宅地堑型断陷带。但该断陷带自形成以来，近3万年到4万年未见差异活动。另外塔头—濠头断裂、石胄头—高崎断裂、薛岭—湖里断裂、厦门西港断裂等对厦门也有重要影响，历史上厦门发生过的大小地震，都与这些断裂有关。

尽管厦门断裂构造普遍存在，但从现象上看，厦门的地震活动并不突出，无论是频度还是震级都相对较低。从历史地震研究结果看，主干断裂带在公元1100—1641年为第一活动期，第二活动期从1642年至今尚未结束，其中1791年至今为第二活动期的活跃阶段，因1918年发生过频度高、强度大的地震，未来一百年内厦门发生大地震的概率不大。[②]

这些良好的地理环境使厦门有条件成为一个天然的良港，成为八闽的门户乃至中国对外海洋贸易的重要港口之一。

四、中国地理中的厦门

厦门在中国东南海疆。从厦门往北，可达宁波、上海、天津、锦州等港口，也可以通往日本、韩国，经营这些航线的是历史上厦门的"北郊"。

从厦门往东，渡过台湾海峡，就到澎湖、台湾。历史上帆船只要七个更次可到澎湖，十一个更次可到台湾。从厦门到台湾的高雄只有300多公里，如同厦门和福州的距离一样。过去经营这条航线的贸易商行称为"台郊"。

从厦门港往西南距香港只有530多公里，再往南可以通往南洋各地，经营这一路的商行即"南郊"。

南北郊和台郊彰显了厦门与台湾地区，与东北亚、东南亚的国家曾经的密切联系和优越的地理位置。

外国人也很早就注意到厦门重要的地理位置，认为厦门是一个天然的港口，位于香港和上海这两个大商埠的中点，还可以同东南亚国家通商。

[①][②] 厦门市地理学会编：《厦门经济特区地理》，厦门：厦门大学出版社，1995年。

五、历史中的福建、台湾

现在小学生也知道，福建隔着台湾海峡，与台湾岛遥遥相对，两岸宽处不及200海里，狭处仅130海里左右。但地理教科书大部分只讲今日的情况，忘了沧海桑田的变迁。

根据古地质学家的研究，在最近的三百万年至一万年前的更新世，地球出现了四次冰河期，每一次冰河期海平面都下降了一百多米。台湾林朝棨教授在1963年全面讨论台湾第四纪的论文中认为，台湾的米仑期相当于欧洲第四冰期。而欧洲第四冰期又可分为W1、W2、W3、W4四个亚冰期，和W1-W2、W2-W3、W3-W4三个亚间冰期。亚冰期为海退期即沉积期，亚间冰期为海进期，包括侵蚀期。在欧洲W1亚冰期时海面比现在低约100米，W2亚冰期时海面比现在低100—130米。因此在W1和W2亚冰期时，台湾可能又是一次大陆期[①]。而今日台湾海峡的水深最多只有八十多米，最浅仅一二十米，大多在四五十米，在冰河期福建和台湾是连在一起的。

最近的一次即第四纪冰河期在距今四万年前，到距今一万年前左右气候的变化才使海平面上升，形成今日的海峡地理状况。也就是说，中间有至少两三万年，生活在这里的人类和动物是可以自由地从现在的闽南一直走到台湾的东海岸。从考古的发现看，四万年前台湾有左镇人，闽南有漳州莲花池山旧石器遗址。

在距今一万到一万五千年前，天气转暖，海冰融化，海平面开始回升，或许这就是人类关于大洪水时期的记忆。当时海平面的上升不是直线上升，考古学家们认为台湾海峡的海平面至少有七次的海进海退，才在大致与今日相同的水平线上稳定下来。在距今8500年至6000年之间，发生了一次最大的所谓台南期海进海退。在这次海进海退期间，台湾海峡再度缩小范围，只留下狭窄的水道可以轻易地通过。所以我们可以想象，在当时海峡两岸的人是可以使用最简单的木筏、独木舟彼此跨过海峡来相会的。

正是这种地理环境，种下了闽南文化的海洋基因。人类对海洋充满了恐惧，早期的航海者都贴着海岸线走，能看得见山，一有风暴可以随时回归陆地。台湾海峡的地理状况，使海峡两边的先民有了直扑大海横渡海峡的勇气和信心。这样在横渡台湾海峡的航行中，他们很早就掌握了海潮、海流、季风等海洋知识。这也就解释了考古学家们为什么判断中国东南的古百越及其先民是先到达台湾，再从台湾到东南亚，到南太平洋。

第二节　厦门文化的起点

中国著名的人类学家、厦门大学教授林惠祥先生曾经在厦门港蜂巢山捡拾到了新石器时代的有段石锛。他在《考古学通论》介绍：

[①] 宋文薰：《由考古学看台湾》，摘自陈奇禄等：《中国的台湾》，台湾：台湾文物供应社，1980年，第110页。

"石锛的锛锋只一面强度斜削,一面垂直,体形也比斧小,大的一二十厘米,小的两三厘米。有一种特殊的石锛,名为有段石锛;在其垂直的一面分成两段,用法是将有权的树枝置于斜锋的一面,用绳扎牢,成为锄状。这种东西只见于中国东南各省包括台湾地区、南洋以至太平洋诸岛,华北和欧洲未见(著者在武平、南安、台湾都曾发现)。或者原是发源于中国东南,传于台湾地区,后传至南洋和太平洋,所以著者以为史前中国东南有一种海洋系文化。"[1]

林惠祥先生的这一有段石锛,现在就放在厦门大学人类学博物馆,可惜厦门大学考古专家后来没有再进一步考古挖掘和发现。而我们知道近在咫尺的金门富国墩就发现了五六千年前的贝丘遗存。有段石锛证明了至少两三千年前厦门就有新石器时代人类生活的可能。这把有段石锛或许就是厦门文化的起点。

关于有段石锛的考古与研究,林惠祥先生提出了"武平式"史前文化不同于中原华北原始文化的看法。这就提出了我国东南沿海地区的大陆与海岛是环中国海海洋社会经济活动实践的重要舞台,其早期文化不同于北方大陆性农耕文化形态。

20世纪50年代,林惠祥先生在福建更多的考古发现和"武平式"概念的基础上,论述在我国新石器时代以有段石锛和印纹陶为特征的东南地区是一个独立文化系统的看法,并提出这一考古文化的创造者是古代百越及其先民,初步确立了考古学上东南民族历史文化区的轮廓。

提出这一看法的不仅仅有林惠祥先生。

同一时期,台湾凌纯声教授在《中国古代海洋文化与亚洲地中海》等文章中,将中国文化分为西部的大陆文化和东部的海洋文化两大类,它主要从当地族群角度,将西部华夏农业文明推为大陆性文化的主流,将东部沿海各族群先民的渔猎文化推为海洋文化主题,即"亚洲地中海文化圈",并以"珠贝、舟楫、文身"概括,区别于"金玉、车马、衣冠"的华夏大陆性文化。[2]

"地中海"这一名词并非欧洲专属,实则指的是被陆地和岛屿群环抱的海域。中国的南海、东海、渤海都可称为地中海,仅南海的面积就超过了欧洲的地中海。凌纯声先生的"亚洲地中海文化圈"与林惠祥先生所说的"亚洲东南海洋地带"是同一范畴,他们研究的结论可谓殊途同归:海洋性文化与大陆性文化是我国古代对立共存的两个基本不同的文化传统,这两个传统反映了地理生态环境差异对区域文化形态的塑造。

林惠祥先生还在他的《台湾石器时代遗物的研究》中介绍:

"有段石锛,除台湾外也发现于福建的武平、龙岩、南安、闽侯、光泽,广东的海

---

[1] 林惠祥:《考古学通论》,摘自林惠祥,蒋炳剑编:《天风海涛室遗稿》,厦门:鹭江出版社,2001年。

[2] 凌纯声:《中国古代海洋文化与亚洲地中海》,摘自《中国边疆民族与环太平洋文化》,台北:联经出版事业股份有限公司,1979年。

丰、韩江流域，香港，浙江，江苏，以及菲律宾、西里伯，太平洋中的海岛如夏威夷等处。其中福建出土很多，且和台湾最相似，菲律宾也多，而且相似。

"有段石锛应是由这一区类的一个地方发生，然后传播于其他地点。

"这一项可以由各地文化发展时间的先后来推论。中国大陆文化早开，东南沿海如福建一带，至少到了春秋时代的二千五百年前，应已完全脱离石器时代。台湾则到了一千七百年前的三国时还在石器时代。菲律宾有史可稽不过始自一千余年前，故其石器时代也应滞留到一千数百年前。至于太平洋诸岛如夏威夷等处，到了三四百年前还在石器时代。文化的传播应是由早发展的地方发生，然后传到迟发展的地方。所以有段石锛应是发生于大陆东南区，然后传于台湾以及菲律宾，最后传到太平洋各岛。经过的时间是自二千余年前起，到数百年前止。"①

这就提出了中国东南沿海古百越先民与"台湾"，还有东南亚、太平洋南岛语族的关联关系问题。

他还讲道："印纹陶器是中国大陆东南部新石器时代特征之一，在闽浙粤赣都已发现不少。台湾新石器时代陶器的花纹和大陆东南的相像，说明是属于这个系统内。来源自然也应是由大陆传去，而不会由台湾传过来。"②

1932年，海涅·格尔登（Heine Geldern，1885—1968）就提出：东南亚和中国东南沿海的石锛是太平洋地区石锛，尤其是有段石锛的祖形。也就是说，东南亚、太平洋南岛语族早期使用的工具是中国东南沿海古百越先民与台湾先民传过去。

20世纪50年代新西兰的考古学家达夫（Roger Duff，1912—1978）在对中国和东南亚的石锛进行了全面的考察后，发表了专著《东南亚石锛》，认为太平洋地区的有段石锛是由中国东南沿海传播过去的，并绘制了详细的传播路线图。

南岛语族的起源和扩散是过去一个世纪以来太平洋考古学最重要的课题之一，也是中国东南沿海考古与太平洋考古学的结合点。

南岛语族指说南岛语系语言的民族。南岛语系是目前世界上唯一一个主要分布在岛屿上的大语系，其分布地区东到太平洋东部的复活节岛，西到印度洋的马达加斯加，北到夏威夷和中国台湾，南到新西兰。其主要居住地区包括中国台湾、菲律宾、马来西亚、印度尼西亚、美拉尼西亚、密克罗尼西亚和波利尼西亚。这一分布区域表明南岛语族是一个海洋族群。据统计，目前南岛语系包括1000—1200种语言，是世界上最大的一个语系，南岛语系语言的所属人口约有2.7亿。他们的祖先早在欧洲人大航海时代开始以前，就已经发现并居住在南太平洋地区的岛屿。南岛语族的祖先凭借其惊人的航海技术，成功地发现并殖民了南太平洋中一个又一个岛屿。单边驾艇独木舟和双连独木舟是他们的主要远航工具。他们通过对星星和航流的认识，发明了极其惊人的导航系统，并因此得以有目的地在数万里的海域内来回航行。

---

①② 林惠祥：《台湾石器时代遗物的研究》，摘自林惠祥，蒋炳钊编：《天风海涛室遗稿》，厦门：鹭江出版社，2001年。

1947年，挪威的考古学家托尔·海尔达尔为了证实自己关于人类早期就可以以木筏、独木舟横渡太平洋的设想，带领探险队员乘坐简单的木筏从秘鲁出发横渡太平洋8000公里，耗时101天抵达南岛语族的波利尼西亚群岛。

海尔达尔的壮举轰动了全世界，他在全世界演讲2000多场，并将自己的航行故事《木筏横渡太平洋》著书出版，还拍摄了一部电影纪录片，获得了一项奥斯卡奖。20世纪50年代，中国的《旅行家》杂志也翻译连载了《木筏横渡太平洋》。

这很自然地引起了人们对南岛语族的兴趣，以及对人类走向海洋的兴趣。人们不禁思考：南岛语族这一堪称人类最早走向海洋的族群究竟从何而来？他们对海洋的了解，和航海的勇气与智慧从何而来？

南岛语族的起源和扩散问题成为自20世纪初以来的太平洋考古学和人类学的重要探索课题。

20世纪70年代，台湾地区考古新发现和历史语言学对南岛语系起源的研究新进展推动了这一探索的深入。1964年，在执教于美国耶鲁大学的张光直先生的主持下，台湾大学考古人类学系与耶鲁大学人类学系的师生联合发掘了台北八里乡的大坌坑遗址和高雄林园乡的凤鼻头遗址，其后，确立了大坌坑文化。这个文化在台湾地区的分布很广，西海岸的北部、中部、南部许多遗址都有发现，但在东海岸却没有发现。

在这个文化遗址中，出土了大量褐色的粗砂陶片，质地松软，灰胎，壁厚且粗重，器形有瓮、缸、碗等。最具特征的是，器表自颈部以下印有粗且深的绳纹，多数是用裹着绳索的印棒从上而下转动压印而成，肩部和唇的外部常有用两根小棒拼合刻画出来的波状纹和左右斜纹，这应是人类最原始的艺术创造之一。大坌坑文化因此也被称为"粗绳纹陶文化"。

属于这个文化类型的石器有形似网坠的砾石、小型打制石斧、小型磨制石锛、石箭头、树皮布打棒等，这说明使用这些器物的台湾先民是以狩猎、渔捞和采集水生动物为生，而且对植物纤维已较熟悉，能够利用树皮制造衣服。他们还广泛地使用绳索，编织原始的渔网，并系上用石头做成的网坠[①]。

这一研究首次确立了距今6500—2000年台湾新石器时代文化的发展序列，即粗绳纹陶文化（大坌坑文化）—细绳纹陶文化（圆山文化、凤鼻头文化或牛稠子文化）。距今6000年左右大坌坑文化的突然出现，标志着台湾地区的史前文化发生了重大变化，表现在陶器的出现，磨制石锛、石镞和网坠的制作。由于在大坌坑文化之后发展出的区域文化是后来当地族群文化的基础，所以大坌坑文化是中国台湾目前已知的南岛语族最早的祖先文化。

大坌坑文化的起源便是进一步探讨南岛语族起源的关键，也是福建和相邻的东南沿海地区成为探寻南岛语族文化发源重要地区的主要原因。以张光直先生为代表的绝大多数考古学家一致认为，中国台湾岛上的大坌坑文化与其以前的长滨文化差异巨大，且二者之间没有传承关系，大坌坑文化的源头是在大陆东南沿海地区。大坌坑文化的特征

---

① 宋文薰：《由考古学看台湾》，摘自陈奇禄等：《中国的台湾》。

与同时期的福建和广东沿海的新石器时代文化非常相似，表明台湾的这一史前文化变革应是在大陆东南沿海的不断影响下产生的，而大陆居民向台湾的迁移可能是最主要的因素。

澳大利亚国立大学教授彼德·贝尔伍德（Peter Bellwood）将南岛语族从大陆东南沿海向台湾的移民作为其向太平洋扩散的第一个阶段，发生于距今6000—5000年。其后，在向太平洋地区不断扩散过程中，南岛语族的体质和文化都在不断发生变化。在东南亚岛屿和西太平洋地区，南岛语族与这些地区早期的居民发生了融合，在有些地方可能完全取代了当地族群。在东太平洋地区，南岛语族的后裔波利尼西亚人首次发现并殖民了所有能够居住的岛屿。贝尔伍德由此提出了"南岛语族考古学"（Austronesian Archaeology）的概念，并将中国东南沿海地区纳入这一学科的研究区域。

国际历史语言学界的相关研究进一步推动了对南岛语族起源的探索。

历史语言学家对南岛语系起源的研究早在19世纪60年代就已开始，而发表成果最多的还是最近40年，其基本结论框架在20世纪60—80年代就已大致形成。目前语言学界基本一致认为，中国台湾早期先民所说的语言是南岛语系中最古老的语群。研究南岛语系的学者所广泛接受的是夏威夷大学教授罗伯特·布拉斯特（Robert Blust，1940—？）于1977年所提出的模式。这一模式将台湾早期居民的语言作为原南岛语系的第一层次的分支，原南岛语最先分裂为泰雅语群、邹语群、排湾语群、马来亚波利尼西亚（语）群。后来，布拉斯特又将中国台湾的南岛语群扩展到九个，并列南岛语系的第一层分支。这意味着中国台湾是南岛语系的发源地，或至少是发源地的一部分。

问题的关键是南岛语系语言是否曾经是福建沿海地区史前先民的语言，这也关系到南岛语系是否只发源于中国台湾的一个孤岛。由于自秦汉以来2000多年的发展过程，再加上历史上多次从北方南下的移民的影响，福建沿海地区目前已经没有说南岛语系语言的人群。无论福建沿海史前先民的语言是否是南岛语系，后来都已经完全被汉藏语系所取代。由于缺乏直接证据，长期以来，语言学界一直不敢把南岛语系的分布圈划到福建东南沿海。

近年，厦门大学邓晓华等语言学学者的研究表明，在当今的闽南方言中，存在着相当数量的南岛语系词汇，并进而推论南岛语是福建史前和上古时代先民的语言。虽然历经2000多年的发展，南岛语系的因素并没有消失殆尽。很多南岛语系词汇已经融入闽南方言中，成为闽南语中的"南岛语底层"。邓晓华和王士元也联合著文，进一步挑战西方学者关于南岛语系单向由中国台湾向太平洋地区扩散的说法，认为南岛语在中国东南沿海形成以后，至少有两个扩散方向：其一是由东南沿海经云南和中南半岛向东南亚岛屿传播，其二是由东南沿海直接传到台湾岛。目前分布在中国西南地区的壮侗语言与南岛语的关系远比与汉藏语系的关系更密切，应该是由南岛语中分化出来的。壮侗语的先民就是从东南沿海迁徙而来的南岛语移民。容观琼先生早些时候也提出，包括现在生活在海南岛上的壮侗语系黎族语支都是南岛语系的一部分。根据这一观点，南岛语在中国大陆从来就没有完全消失过，至今仍然存在。闽南方言中存在"南岛语系底层"，是历史语言学关于南岛语系发源的重要发现。以此来论证南岛语系发源于福建东南沿海一带，与考古学所观察到的现象是完全吻合的。

近年来遗传学也参与到南岛语族的起源研究。在对南岛语族起源和扩散研究的各个学科中，遗传学的进展最为曲折，先后涌现出的观点也最复杂，很多结论针锋相对。从1998年第一篇关于太平洋和亚洲人口基因的比较研究文章发表以来，已有近30篇文章介绍各种不同的研究结果。不过，在经过20多年的争论以后，尽管共识仍没有达成，但主流观点渐渐浮出水面，即南岛语族的祖先基因是在中国台湾和相邻的大陆地区。

由德国马克斯·普朗克（Max Planck）领导的进化人类学研究所的Albert Min-shan Ko团队进行的研究发表于2014年。他们分析的是从位于福建闽江口外马祖群岛亮岛上的人骨所提取的DNA，并以单倍体E为示踪指标。其结果清楚地表明，至少是生活在东南亚群岛和近大洋洲地区的南岛语族的基因发源地就在今天的福建东南沿海。

中国科学院古脊椎动物与古人类研究所的付巧妹团队的研究报告，发表于2020年5月14日的《科学》（Science）学术期刊上。他们成功地在福建的奇和洞、昙石山和溪头遗址的史前人骨中提取了DNA，其结果更进一步证明：福建地区新石器时代的人群是西太平洋地区各岛屿上的南岛语族的祖先。

这一观点与语言学和考古学所得出的结论完全一致。

目前国际学术界普遍观点是：距今大约6000年前，居住在中国大陆东南沿海的先民开始驾舟出海、逐浪而徙。第一站抵达台湾登岛而居，距今5000年左右扩散到菲律宾，之后继续向东向南迁徙，将文明的火种撒向广袤的太平洋和印度洋地区，形成了现在分布于南太平洋及印度洋岛屿的南岛语族族群。[1]

也就是说现在南岛语族，包括南洋的马来人等，他们先祖的血脉是五六千年之前生活于中国大陆东南沿海的古百越先民。他们是人类最早掌握远洋航行技术、走向海洋的族群。在6000年之前他们渡过台湾海峡来到台湾岛，其后逐岛越洋，到菲律宾，到南太平洋及印度洋的岛屿，形成了今天的南岛语族。

这一科学观点也被许多南岛语族人所接受。2010年11月，六位法属波利尼西亚的南岛语族后代乘坐一艘重1.5吨、长15米、宽7米的独木舟从大溪地启航，途经库克群岛、汤加、斐济、瓦努阿图、所罗门群岛、巴布亚新几内亚、菲律宾，并最后到达"寻根之旅"终点——中国福州的昙石山文化遗址。

当然并不是所有的古百越先民都漂洋出海了，据说有一部分是从广东、广西、中南半岛迁徙到南洋，还有一部分就留在了闽浙粤的沿海地区。今天这一地区的疍民据说就是古百越沿海先民的后人。他们留下了古百越先民走向海洋的技艺、智慧和永远向海洋的价值取向，留下了闽南人、厦门人血脉中的海洋基因。

之所以要在这里不厌其烦地介绍科学界对南岛语族起源的研究结论，是因为有些人正在利用南岛语族来鼓吹、蛊惑台湾的分离。面对台湾的厦门，每一个人都有必要了解关于南岛语族起源的来龙去脉，也要了解自己血脉中的海洋基因。

---

[1] 武勇：《南岛语族起源与中国东南沿海考古——访美国丹佛美术博物馆亚洲部主任焦天龙》，《中国社会科学报》，第A02版，2020年5月8日。

第三节　闽南的青铜时代及闽越国

闽南有三条母亲河。晋江,因西晋末年中原南来的汉族怀念晋朝故国而得名;漳江,是开漳圣王陈元光父亲陈政怀念故乡河东的漳河而命的名;九龙江,则是北方龙的传人南来而得名。

实际上在闽南这块土地上,从六七千年前的古百越先民开始,就有了文化的生长、积淀、传承和变迁、更替。距离有史料记载的西晋永嘉二年(308)中原八姓入闽,已经至少有4000年的文化历史。这期间有多少人来人往,时移势易,沧海桑田,还有待更多的发现和研究,简单地判定闽南的文化就是从八姓入闽开始肯定有武断之嫌。

事实上,三条母亲河培育的都是闽南文化,但又有微妙的差别。至今,晋江两岸的闽南百姓看戏都看高甲戏,九龙江两岸流行的是歌仔戏,过了漳浦的盘陀岭,漳江两岸的百姓流行的是潮剧。三个剧种都是用闽南方言演唱的闽南地方戏曲,但又各有不同的声腔和程式,体现出三条河流不同的集体审美取向。

还有闽南最具代表性的建筑——闽南红砖大厝的屋脊,现在看到比较多的是燕尾脊,因为绝大多数都是清末民初以后的房子。在此之前,红砖大厝所用的燕尾脊是有级别规定的。我们在调查时发现,清代建造的漳浦县衙门大厝是用马背脊。燕尾和马背是闽南大厝两种具有代表性的建筑形式。马背又分为金、木、水、火、土五种形状。晋江两岸的马背以水形和金形最多,而九龙江两岸以木形和土形最多,漳浦旧县衙就是土形。在这两个区域很少看到有火形的马背,而一过盘陀岭,从云霄一直到诏安,甚至到潮汕,大多为火形。

为什么会有这种差异?这种差异究竟是怎么形成的呢?

虽然至今我们还不能有完整的证据来解释这种文化差异的原因,但考古的发现和闽南民间生活中的许多现象还是可以给我们不少启示。

从公元前21世纪到前5世纪,我国历史进入夏商西周与春秋时期,考古学上称这一时期为青铜时代。

1974年,在南安水头大盈村后寨山发现一座被认为是西周(前1046—前771)至春秋(前770—前476)时期的墓葬,出土20件青铜器,有戈、戚、矛、匕首、有段铜锛、铜铃等,同出的还有玉戈、玉璜。这是泉州发现时代最早、数量最多的青铜器。

继南安水头大盈村西周青铜器窖藏的发现,20世纪80年代以后又相继在闽南诏安、平和、南靖、云霄等地发现一批商周时期浮滨类型的墓葬和遗址,反映出闽南地区青铜文化鲜明的地域特色。[①]

浮滨类型文化是因发现于广东省饶平县浮滨、联饶的21座商周时代墓葬而得名。[②]一

[①] 福建省博物馆:《五十年来福建省文物考古的主要收获》,摘自《新中国考古五十年》,北京:文物出版社,1999年。

[②] 广东省博物馆、饶平县文化局:《广东饶平县古墓葬发掘简报》,摘自文物编辑委员会编:《文物资料丛刊》第8辑,北京:文物出版社,1983年。

般认为浮滨类型的年代在商代中晚期至西周前期。这类文化遗存除发现于广东东部外，还广泛分布于闽西南地区九龙江流域，包括厦漳泉三市及龙岩地区。其中仅漳州市就发现360处遗存。它是闽南青铜器时代晚期文化的一种主要文化类型。可见广东潮汕和闽南的渊源是自古有之，其来有自。

闽南青铜器时代的遗址，最具特色的是考古学界称为"几何印纹硬陶"。发现的青铜器为数很少，往往和磨光石器共同存在，反映出石器仍然是闽南青铜器时代居民的主要生产工具。同时在闽南乃至福建都没有发现铸铜遗址和工具（范模），说明闽南的青铜文化远远滞后于中原和邻近的省份，也反映出其青铜器主要受外来的影响，而非自己的原创。

但这并不是说他们就没有自己独特的创造力。例如考古所发现的牡蛎器，这是在闽南沿海贝丘遗址普遍发现的一种工具。它利用海产长牡蛎壳磨制而成，有刀、铲、镰、斧等形状，一般长12厘米，宽8厘米，既可装柄也可以系绳，是一种用于浅海滩涂采集和垦殖业的多功能工具，是极富地域特色的独创工具。可见当时的原住民对牡蛎的利用已经深有心得。这也使人联想起后来宋代洛阳桥的建造，利用海蛎来粘接石块建构坚固的桥墩，开创了人类生物工程的篇章。这些成果，难道没有远古智慧对他们的启迪吗？

在这一时期渔猎和采集仍然占有很大的比重。诏安腊洲山、漳州覆船山、东山大帽山、龙海万宝山、晋江狮子山都发现青铜时代的贝丘遗址。这些堆积成山的贝壳反映出贝类采集是青铜时代闽南沿海居民用以生存的重要生产手段和主要经济生活。

东山大帽山遗址的贝类品种经鉴定有海生贝类24种，海生蔓足类3种，还有为数不多的陆生贝类[①]，这说明当时的人们还是以海为生的。

当然考古也发现在这一时期，闽南内陆、闽西等地也出现了农耕农业。但是这时福建内陆的农耕水平十分低下，他们的农耕以迁徙为特点，在一块地的植被被破坏之后，又迁到新的地方垦种，即所谓的刀耕火种。根据考古调查材料反映，福建内陆地区数以千计的青铜时代文化遗址，其生态环境均遭到严重破坏。闽西的长汀、武平所发现的青铜时代遗址均如此，[②]这也使我们联想到刀耕火种的山畲。

关于畲族的来源有不同的说法，但是他们的刀耕火种，被认定为其经济生活的特点。早年畲族没有固定的农田，每年春天他们选择一处林木茂盛的山地，砍倒、燃烧树木，燃烧过后生成的草木灰成为最好的天然肥料。当春雨来临之际，他们用刀在山地上挖洞，播下粮食种子，随后四处游猎，任作物自然生长。等到秋天，他们返回播种地，收割自然成熟的粮食。这种农作方式生产力十分低下，而且完全依赖土地的肥力。他们又没有构筑梯田，一场大雨，肥沃的表层土壤顺山坡随雨而下，只需一两年，土地肥力下降，他们只好迁徙，另寻他处重新烧荒。因而畲族早年始终在各地流动，极少在某地长期居住。上述福建青铜时代文化遗址所呈现的生态环境严重破坏的特点，是很容易让人联想到畲族刀耕火种的经济生活方式。所以畲族不一定就是外来的族群，而很可能就是在福建青铜时代就已经生活在这儿的族群，甚至很可能就是新石器时代已经生长在闽

---

① 尤玉柱主编：《漳州史前文化》，福州：福建人民出版社，1991年。
② 卢美松、陈龙：《闽台先民文化探源》，福州：福建人民出版社，2003年。

浙粤山区的古百越族中以游牧和农耕为生的一支。

中原汉族安土重迁，不到迫不得已，他们绝不离开家乡。而今天闽台的汉族，无论闽南人还是客家人，他们大都"好男儿志在四方"，不安分于家乡，喜欢到外地闯天下。他们的家人也鼓励他们外出闯天下，甚至有"'闽'字门内一条虫，出外一条龙"的说法。这种性格的形成，除了与海洋，或许与畲族的文化基因也有一定的关系。

畲族最早的大本营据说在潮汕地区的凤凰山，因而有三山国王的信仰。后来他们的中心转移到云霄漳江边的火田，爆发了唐初的大起义。而现在他们的中心则是在闽东山区。

南安出土的铜戚、铜铃上的几何形花纹，同本省所出的几何印纹陶的纹饰相仿。据专家考证，其中有段铜锛同本省出土的有段石锛很相似，而我们知道有段石锛正是新石器时代古百越族先民代表性的工具。这表明闽南青铜文化是在本地新石器时代文化的基础上发展起来的，传承或者融合了本土居民的文化，具有浓厚的地方特色。在青铜时代，作为古百越族先民的后裔的闽南居民很好地传承了新石器时代的文化，且具有开放包容的心态，能够吸纳外来的青铜文化，将其融入自己传统的有段石锛之中。这种坚持传统又善于吸纳的文化特征，也极其鲜明地呈现在后来闽南文化历史当中，并一直保持到今天。这种文化特征是不是所有面向大海的族群所共有，还有待深入研究，但是不能把今天闽南所有优秀的品德都归于来自中原的人，这应是可以肯定的。

这也证明，晋江两岸在西晋末年永嘉衣冠南渡之前曾经有自己独特的文化。这种文化也许在后来漫长的岁月里融入南来的中原文化之中，也许从晋江两岸或者江中退居到海上，成为疍家。

疍民古称"白水郎"或"泉郎"。他们是生活在福建、浙江、广东沿海和江河，以船为家，以渔为生的族群。一般认为他们就是古百越族依海为生的先民后裔。最早记载疍民的史籍是《隋书》："时南海先有五六百家居水，为亡命，号曰游艇子。智慧、国庆欲往依之。素乃密令人说国庆，令斩智慧以自效。国庆乃斩智慧于泉州。"[①]史家认为"游艇子"乃早期对疍家之称。他们以船为家，不隶属任何政权管辖。

宋《太平寰宇记》卷102记载："泉郎，即此州（泉州）之夷户，亦曰游艇子，即卢循之余。晋末卢循寇暴为刘裕所灭，遗种逃叛，散居山海，至今种类尚繁；唐武德八年，都督王义童遣使招抚，得其首领周造岌、麦细陵等，并受骑都尉，令相统摄，不为寇盗，贞观十年，始输半课。其居止常在船上，结兼庐海畔，时移徙不常，厥所。船式头尾尖高，当中平阔，冲波逆浪，都无畏惧，名曰'了鸟船'。"

梁克家的《三山志》云："蔡学士《杂记》：福唐水居船，举家聚止一舟，寒暑、食饮、疾病、婚娅，未始去。所谓白水郎者，其斯人之徒欤？"[②]

唐朝著名的诗人刘禹锡曾为任福建观察使的薛骞写过《神道碑》亦文曰"闽有负海之饶，其民悍而俗鬼，居洞寨，家浮筏者，与华言不通"。文中"家浮筏"的水居民族正是疍民。

---

① 魏征：《杨素传》，摘自《隋书》卷41，上海古籍社影印本。
② 梁克家：《淳熙三山志》卷6，摘自纪昀等编著：《文渊阁四库全书》。

宋《太平寰宇记·泉州风俗》载，泉州有一种水上居民，"其居止常在船上，结兼卢海畔，时移徙不常，厥所。"这种人称之为"白水郎"。

蔡襄的《宿海边寺》曰："潮头欲上风先至，海面初明日近来。怪得寺南多语笑，疍船争送早鱼回。"

可见一直到宋代，泉州的疍家还是不少的。疍民堪称世界上最特殊的海洋民族，他们世代以船为家，以海为家。中国东南沿海是风暴的海洋，每年夏秋的台风，风狂雨骤，巨浪滔天，就是今日若遇大台风陆上都房倒屋摧，大树连根拔起。而疍家小船这汪洋大海中的一叶孤舟，却能安之若素，能世代繁衍。风雨过后，该出海出海，该下网下网，从无畏惧胆寒。中国疍民他们以船为家，以鱼为食，以海为生。这种在与大自然伟力的抗争中培养而成的不畏强暴、敢于拼搏的精神，后来便凝聚于闽南人的血脉灵魂中，锻造出如郑成功、陈化成等中华民族抗击外来侵略的英雄豪杰。

泉州很早就看不到疍家，也少有相关的记载，疍家应该是很早就已融入泉州居民之中，成为他们中的一员。泉州为何能在宋代迅速成为中国第一大港，和大量熟悉海洋以海为家的疍家融入，不无关系。

疍民不仅泉州有，漳州的九龙江更多。漳州的龙海至今还有一地方名曰"白水营"，为"白水郎"疍民的大本营。一直到中华人民共和国成立初期，厦门还有一家人一条船的疍家，漳州龙海至今还有疍家的夫妻船。

漳州的华安仙都有著名的"土楼之王"二宜楼。在快到二宜楼的路上，有一条岔路，往前十来里就到了仙字潭。这是一条九龙江支流的小溪，溪边的悬崖峭壁上刻画着谁也不认识的文字。究竟是文字还是图案，学界至今仍争执不下，老百姓称之为仙人所写的文字，此地也就叫作"仙字潭"。有一种推测认为这就是闽南生活在水边先民留下的文字记载。

疍家有河疍和海疍。厦门港聚居的是海疍，九龙江上聚居的多是河疍，也有顺江出海，近海捕捞的海疍。考古证明青铜时代，生活在闽南这块土地的就是以江海为生的水疍和刀耕火种的山畲。

现在在厦门港已经看不到疍家，在龙海白水营也看不到，他们已经融入厦门人和漳州人之中。他们曾经有多少人，现在谁也搞不清。我们之中有多少人有他们的血脉，也搞不清。但是可以肯定的是，闽南人是中原南来的汉族和当地古百越族人融合而成的。正是这种美美与共的融合，推动了闽南人千年以来的无数文化创造。

据史家记载，公元前333年，楚威王兴兵伐越，杀越王无疆，越国从此灭亡。残部逃散到闽与浙南，形成了战国后期至秦汉时期的闽越族，并建立了若干闽越小王国。

秦统一六国，征服南方百越后，在闽越族聚居地设立闽中郡。秦王朝苛政猛于虎，激起农民大起义，闽越族首领无诸率族人投入这场起义浪潮中。由于楚霸王项羽在分封各路义军时，未封无诸等闽越王族，因此，无诸等率闽越兵佐汉击楚，为汉王朝的建立立下了功劳。

公元前202年，初登帝位的刘邦立刻封无诸为闽越王。在闽中故地立闽越国，建都于"冶"。于是，无诸成为西汉中央王朝首封的异姓王，今武夷山有闽越王国遗址。

十年后，汉惠帝三年（前192），汉朝又将在灭秦兴汉中有功的闽越族另一位首领摇封为东海王，建都于浙南东瓯，又称东瓯王。这样闽越族就分为二国，一个是闽越国，一个是东瓯国，彼此相安无事过了半个多世纪。

到了汉武帝时，闽越王郢发动了进攻东瓯国的战争。战争一开始，强大的闽越国军队直逼东瓯。东瓯国急忙向汉廷求救，汉武帝马上派兵救援。消息一传来，闽越国自知不是汉军对手，立刻回撤大军。东瓯国怕闽越兵再来，请求汉廷允准举国迁徙内地。在得到汉武帝同意后，东瓯便迁居江淮之间。东瓯的故地自此被闽越国所并。闽越国后来又发动对广东方面的南粤国的进攻，南粤王又向汉廷求救。汉武帝派两路大军讨伐闽越。仗还没打响，闽越王郢的弟弟余善联络闽越的贵族，刺杀了郢，并将郢的首级献给汉军，向朝廷谢罪。汉武帝于是罢兵，并封没有参与谋乱的无诸之孙丑为越繇王，继承闽越王位，封立功折罪的余善为东越王。余善掌握了实权，控制了闽越国。

汉元鼎六年（前111），余善公开发兵反汉，并自立为帝。汉武帝发四路大军围攻闽越。在大军压境，血战临头之际，闽越国内反余善的势力趁机而起，设计杀死余善，投降汉朝。汉帝下令将闽越举国迁徙江淮间，福建于是又成了地广人稀的蛮荒之地，全省才凑为一个县，称冶县。①

史家上述记载从战国中晚期到秦汉，主要围绕闽越国，似乎并无涉及闽南。而且闽越国的中心在武夷山，不要说当年，就是20世纪50年代鹰厦铁路建成之前，从武夷山到闽南也是千难万难。闽越国究竟对闽南有什么影响，无论史籍、考古都没有什么答案。

近年同安有人根据许氏族谱，提出汉代有许姓督军率兵长驻同安，繁衍至今。但他们唯一的根据只是一本族谱。而我们知道闽南民间修谱是明以后的事，唐宋非公卿不得修谱，之前更是只有皇族才可修谱牒，况且史家素称孤证不足为凭。

从史家记载，汉兵根本未至，闽越国就已投降，其后将其全部迁徙到江淮间，又怎么可能在同安留驻汉兵呢？即使留驻也应当是驻在武夷山一带。当然，如果是汉末三国时期，吴国曾五次用兵入闽，开疆拓土，倒是有可能留下将士。嘉庆《惠安县志》卷30《寓贤传·黄兴》载："黄兴，吴孙权将也。与妻曹氏弃官入闽，居邑南之凤山。"②

汉置冶县，治所在今福州，在闽江三角洲。闽南有置县已是汉末三国时期。其时东吴置建安郡，统管福建，设九县：建安、侯官、南平、昭武、将乐、东平、建平、吴兴、东安。闽南实际仅东安一县，在今南安，其他以闽北居多。可见当时来到闽南的汉人还是非常稀少的。福建的开发是先北后南。闽南的开发实际在晋以后，而直到晋唐，中原南来的汉人在闽南所遇到的仍然是山畲水疍。

---

①② 朱维幹：《福建史稿》，福州：福建教育出版社，1985年。

第二章　闽南文化的孕育与诞生

第一节　文化的迁徙与碰撞

光有闽南的山畲水疍，当然还不是今天意义上的闽南人。闽南人是由山畲水疍和中原南来汉族的融合而产生的。闽南文化的孕育，同汉族对闽南的开发是完全同步的。闽南文化就是中原汉族文化随移民播迁闽南后，融合当地历史久远的山畲水疍文化而产生的。这就好像人一样，有母亲，还要有父亲。文化同样如此，只有美美与共才能诞生新的、更加美好的文化。

中原向闽南的大批移民，一般认为主要有三次。即晋代永嘉年间的衣冠南渡，唐朝总章年间陈元光父子开漳，唐末王潮王审知开闽。这三次大移民使中原文化挟带着经济、政治、军事的强势在闽南扎下了根，也开始了闽南文化的孕育。

晋永平元年（291），"八王之乱"开始。统治集团内部的这场大混战是一次相当彻底的彼此毁灭，生灵涂炭，并引起"五胡乱华"[①]，史称"永嘉之乱"。永嘉为晋怀帝司马炽的年号，他勾结权臣毒死晋惠帝上台，当了七年皇帝，内乱、外患四起。因此，永嘉年间中原士族纷纷举家南迁。

唐林蕴序《林氏族谱》云："汉武帝以闽数反，命迁其民于江淮，久空其地。今诸姓入闽，自永嘉始也。"[②]

乾隆《福州府志》卷75，《外纪一》引路振《九国志》云："永嘉二年，中州板荡，衣冠始入闽者八族，林、黄、陈、郑、詹、邱、何、胡是也。以中原多事，畏难怀居，无复北向，故六朝间仕宦名迹，鲜有闻者。"

不仅《福州府志》，明代的《闽书》，还有福建、闽南的许多志书，皆称"永嘉之乱，八姓入闽"。

这些世家大族由于具有显赫的政治地位和强大的经济实力，不仅家庭庞大，还领有家族、乡里、门客和部属等，往往一族南迁，动辄数百千人。这样大规模的家族集团迁徙，到了定居地，尤其是闽南这样的地广人稀之地，与当地的居民相比，无论政治、军

[①] 范文澜：《中国通史简编》，石家庄：河北教育出版社，2000年。
[②] 林超、林济芬、林梦兰主编：《闽序》，摘自《福建林氏两湘支谱》卷1。

事、经济、文化，都占有相当的优势。他们不但可以留存自己所带来的语言、民俗等文化，而且把中原先进的农耕文化也播传到闽南，使闽南的生产力迅猛提高，并逐渐融合了晋江流域的居民。据说，晋江之所以叫晋江，就是因为这些晋朝的豪族门阀为怀念故国晋朝而命名的。

但是八姓衣冠入闽也受到了许多史家的质疑。朱维幹先生称，谭其骧的《晋永嘉丧乱后之民族迁徙》一文，统计从晋永嘉到刘宋泰始年间（307—465）约160年中，北方流民南下，最多落在江苏，依次则为山东、安徽、四川、陕南、湖北、河南，最少则落在江西、湖南，而根本就没有进入福建。

朱维幹还提出，《陈书》卷三《世祖纪》云：天嘉六年（565），三月乙未诏"侯景以来，遭乱移在建安、晋安、义安（即以后的潮州）郡者，并许还本土，其被略为奴婢者，释为良民"。正史所载避乱入闽的事实，当以这一条为最古。①

"侯景之乱"指南北朝时期南朝梁将领侯景在公元548—552年间发动的武装叛乱。"侯景之乱"使江南地区的社会经济遭到毁灭性的破坏，加剧了南弱北强的形势。士族门阀在侯景之乱中不仅充分暴露了腐朽无能，而且受到了极其沉重的打击，从而大大加速了南朝士族的衰亡。出身江南寒人的陈霸先趁势崛起，在乱后五年取代梁朝，建立陈朝。

朱维幹先生认为，衣冠南渡先到江南鱼米乡，落脚在此不可能再南迁蛮荒的福建，特别是闽南。只有到了200多年后的"侯景之乱"，才可能迁徙入闽，并且"侯景之乱"后还纷纷要求迁回，才会有陈朝"许还本土"的诏书。

朱维幹还认为，八姓入闽，即使果有其事，绝不是高门望族，而是南朝所谓寒人。他们家世寒微，没有政治特权，即使到建康（南京）去，亦无进身机会。

针对有人认为南安丰州的几座南朝坟墓，有券顶的花砖室和青瓷明器，是贵族的坟墓。朱维幹提出："丰州古冢，关于碑志之类，一无所有，还能算什么贵族的坟墓？新中国成立以来，本省古墓，发现不少，独无六朝仕宦的坟墓。更可以说明中州望族入闽，是虚构的传说。"②

但是他也承认"有不少古墓的存在，似亦不能排除已有中原人民南移入闽的迹象"。③

汪征鲁主编的《福建史纲》则认同"衣冠始入闽者八族"，并认为"西晋时期，入闽的中原士族绝非仅有这衣冠大姓八族。据考古发现以及一些方志记载可知，八姓之外的普通平民于此时入闽也不少。东晋时期，南北分立，中原士民更是大批南下。他们不仅定居于闽江流域，而且南至晋江两岸。南安丰州发掘一座东晋墓葬，出土一颗'部曲将印'，表明墓主是一位占有大量土地和'部曲'的部曲将。这是北方军事统帅率众南迁佐证。"④

他还认为"孙吴时期，垦辟的重点在闽北。西晋时扩大到闽江中下游，东晋南朝时

---

① ② ③ 《福建史稿》。
④ 汪征鲁主编：《福建史纲》，福州：福建人民出版社，2003年。

遂扩展至木兰溪、晋江和九龙江流域"。

总之，中原汉族第一次大规模开发闽南是从西晋末至南朝，甚至延伸到隋代、唐初三百多年。这是一个缓慢、渐进的历史进程。在几百年间，带着经济军事文化强势的士族和闽南本土的山畲水疍开始发生撞击与融合。

不同文化的融合永远是双向的。当中原来士族以关云长的青龙偃月刀和诸葛亮的连弩战胜石器时代和青铜时代的当地居民，以先进的农耕技术和丰富的收获征服山畲水疍的时候，本土的文化也在各个方面给中原文化带来深刻的影响。比如中原士族对海洋知识，对闽南气候、物产的认识等等。厦门俗语"冬雾晴，春雾雨"，可能是闽南人在闽南生活中的总结和创造，在中原士族进入闽南并与当地居民沟通得到的。

再比如原住民对他们的反抗，就逼着他们必须聚族而居，必须守望相助，否则就必会被突然袭击，各个击破。陈寿祺说："闽越之区，聚族而居。丁多者数千，少亦数百，其间有族长，有房长，有家长，有事则推族长为之主。有司有所推择、征索，亦往往责成族长。此犹古人同族尚齿之遗也。"[①]

还有闽南后来绵延久远，甚至还盛行台湾的乡族械斗，恐怕也和一开始拓垦定居时与原住民的集体争斗有渊源。

因此，应该说山畲水疍及其文化是使北方来的文化产生变异，并最终形成独具特色的闽南文化的一个重要因素。这样，北方来的士族，在尽心留存自己文化的同时，也开始产生一些变异。

与此同时，北方来的文化来到了一个新的地理环境，它不能不面对许多新的情况，比如海洋。海洋带来的不仅是新的知识，还带来了对外的交流、外来的文化。南朝陈时期印度僧人就曾到泉州九日山上翻经，至今还存有"翻经石"。而且这位高僧还从泉州放洋南行，可见当时已有外来文化的影响。此外，对海洋水产的捕捞，是中原汉族未曾遇到的问题。这种新的地理环境带来的新情况，将影响到文化变迁发展。

闽南早年的拾骨葬习俗就可能因为地理变迁而来。因为南迁是从中州到江南，再闽北，再闽南，一路多次定居，多次搬迁。先人已入土的棺木只好崛起，随带到下一个定居点落葬，再搬迁就再崛起随带到再下一个点，直到最后的定居再安葬。闽南的房子称为厝，很可能也是由此而来。《新华字典》称"厝"：放置；停柩，把棺材停放待葬，或浅埋以待改葬。

后来，可能百年间棺木已经朽烂，就只好捡拾先人的遗骨放在金瓮随带搬迁再落葬；也可能入闽山路崎岖，棺木难以携行，就以金瓮来替代；也可能是穷困人家无钱备棺，以金瓮来取代，遂有闽南传承悠久的拾骨葬。

总之，无论是一种文化到了新的地理环境，或是两种不同的文化相遇相撞，更遑论两种情况同时发生，那都一定会孕育出一种具有新特征的文化。

因此，我们把永嘉之后中原汉族的定居闽南，视为闽南文化孕育期的开始。

自晋到隋统一全国，中原三百多年间战乱不已。福建闽南偏安一隅，得到了较快的

[①] 陈寿祺：《安溪李氏续修族谱序》，摘自《左海文集》卷6。

发展。到南朝梁时期，闽南开始设立了与闽北建安郡、闽东晋安郡鼎立的南安郡，并在今漳州境增置了绥安、龙溪、兰水三县。

隋朝统一全国后，进行州县合并，在福建境内只保留四县：南安、龙溪、闽县、建安。四县中闽南占了两县，可见此时闽南的人口至少已不少于闽北、闽东了。

不过当时整个闽中（即福建）的人口仅12420户，与晋时相比，三百多年间仅仅增加了不到3000户，总人口不过数万人，这就为中原汉族南下开拓留下了很大的空间。

当然，那时候闽南的山畲水疍人口是没有统计在内的。实际上当时原住民人口恐怕不少于南来的汉人。他们之间的矛盾也是可以想象的，首先就是土地的争夺。江河两岸，水草丰美的地方，肯定会被南来的士族所强占。晋江的疍家只好放弃江边杆栏式居所，以船为家，顺江出海，寻找安全的港湾。

南来的汉人不习水性，也只能望水兴叹，望船远去，只要让出土地就好。渐渐地他们还发现对方捕获的海味鲜美可口，甘愿以农产品来交换。于是双方形成了各有所需的生产者与消费者的关系，相安无事，水土分明。

在日复一日的交易中，自然也会建立起情感。也不排除南来汉人中底层弱势者无地可耕，求生的欲望使他们产生向疍家学习水产的养殖和捕捞，可能还有造船、航海的知识的念头，拜他们为师，向他们学习。而疍家的一部分也可能在这之中融入了汉民的生活。

当然汉民的精英充满文化的优越感，他们根本瞧不起疍民。除了买鱼，他们根本不愿意接触疍民，甚至严格禁止疍民登岸，防止他们占领土地。实际上一直到民国时期，厦门的疍家才被允许靠舶上岸。甚至到新中国成立后厦门的很多市民依然称厦门港的渔民为"讨海仔"，蕴含着轻蔑的歧视。

总的来讲，在晋唐这数百年间中原汉人第一次大批进入闽南，由于没有土地的矛盾，汉人和疍家彼此是"你走你的阳关道，我过我的独木桥"，相忍为安。两者多少有些接触交融，但汉人的高傲令疍家对其多是敬而远之。而刀耕火种的山畲可就不一样了，都是靠土地吃饭，生命所据，寸土必争。一场你死我活的斗争就不可避免了。

第二节　文化的冲突与抗争

一千四百多年前的唐高宗总章二年（669），泉潮间发生"蛮獠啸乱"。当时的泉州不是现在的泉州，而是现在的福州。就是说，从福州到潮州，也就是今天的泉、厦、漳闽南地区一带发生了原住民造反，规模浩大。这次造反的是山地的畲族。当时畲族的大本营就在今天漳州市云霄县的火田镇，当时叫火田村。

《说文解字》称："畲，火田也。"他们不断迁徙，不断放火烧山，刀耕火种，对土地的需求大量且迫切。想必当时的官府和汉人占地侵害，惹恼了他们，便揭竿而起。

此时，河东人陈政正好总领岭南军事，奉命率偏裨将领百余员及军队入闽，与苗自成、雷万兴为首的造反原住民展开了一场激烈搏斗。因敌众我寡，陈政退守九龙山，并派部将突出重围，奏请增派援兵。

朝廷命陈政的二位哥哥中郎将怀远将军陈敏、右郎将云麾将军陈敷率87姓中原子弟五千兵马赴闽驰援。时年75岁的陈政母亲魏氏夫人，史称魏太母，俗称魏妈，见国家危难当头，毅然举家随军南征。

走到现在浙江的江山，瘟疫流行，陈敏、陈敷二位将军和他们的两个儿子相继病逝。魏妈白发人送黑发人，悲伤无比，但她唯一剩下的小儿子还在前线，危在旦夕。老太太临危不惧，百岁挂帅，抬着两个儿子、两个孙子的棺材，牵着13岁的小孙子——陈政的儿子陈元光，挥泪指挥军队继续南下，日夜兼程，赶至九龙山与小儿子陈政会师。

陈政重整旗鼓，率军反攻进击，造反的原住民自然无法和精锐的唐军抗衡，望风披靡。唐军进抵柳营江（今九龙江北溪江东沿岸），"结筏渡江"到达溪西浦南地界。陈政率领唐军在这里驻扎下来，一来休整军队，二来开垦良田，补充军需，并在此安置因战乱流离失所的民众。

经过休整之后的唐军继续向南进发，夺取盘陀岭，进屯云霄镇，一直打到火田村。畲族的大本营在火田村，青壮年多去打仗，死伤无数，不死也不敢回来，留在大本营的都是老弱妇孺。而今唐军杀入，眼见父兄丈夫非死即伤，家家哭天喊地、悲痛欲绝。不止是因为亲人们战死，也是因为当时极其低下的生产水平，男人死了，这些老弱妇孺能不能生存下去就是一个大问题，况且粮食必然被唐军劫掠一空。古时候，战争中男人是被杀死的，而老弱病残则是饿死的，所谓"饿殍遍野"。

魏妈是一个值得闽南人纪念的人物。一方面她不能不考虑，所带来的五千兵丁，必然会被要求常驻在闽南镇守。要让这些兵丁安心在此，必须让他们成家立业，方可长治久安。而成家的对象只能是就地选择，不可能从北方引来大批的妇女。另一方面，她也深知战争的残酷，眼前这些失去青壮男人的老弱妇幼，没有粮食不出十天就会饿殍遍野。

当时，她一面含泪落葬两个儿子、两个孙子，一面忍着心中的悲痛，让陈政下令，不准杀火田的老弱妇孺，命兵将将本地妇女讨来做媳妇。她找到部落长老，跟他商讨，不仅不能再打仗，还要通婚，大家一起和平地过日子。所以闽南现在，有三个习俗，传说便是当时魏妈所定。

一是闽南人父母过世，百日内儿女可以结婚。过了百日则不行，须待三年之后。据说，是她因为两个儿子过世将近百日。

二是漳州人结婚，里面要一身的白衣，外面一身红，新郎新娘都一样。据说是当时畲族妇女的丈夫、父兄战死，都穿着孝服，而唐军两个主帅葬礼，也都穿着孝服。都挂孝，如何结婚？魏妈说，不结婚，这些老弱妇孺不出十天就饿死了，人命关天！下令，马上结婚。男女都穿孝服，外面再穿上红衣结婚，这个风俗便流传了下来。

三是"天上雷公，地上母舅公"。闽南的婚宴上坐上座的不是父母和爷爷奶奶，而是舅舅、舅公。母舅公是谁？就是女方的男长辈。胜利之师却让战败的畲族长老坐上座，以示对女方的尊重。这是多么了不起的化怨为和的心胸情怀！

当战争结束，双方发现得到的是两败俱伤的结果。智者不在百战百胜，而在止戈，在化战为和。如何做到和？就是要尊重对方，尊重对方的人格、文化，退后一步天地宽广，就是和。这样的闽南文化，是鲜血和生命换来的。陈元光文化，不是陈元光一个人，而是从他祖母魏妈开始几代人的智慧积淀。这种化怨为和的精神从此深深烙在闽南人的心中，深刻地影响了其后一千多年来闽南文化的发展和成熟。

从此在闽南地区，结婚的时候坐最上位的是母舅公。这就是当时魏妈定下来的规矩，就这样一代代传下来。汉畲通婚，是对彼此文化的认同与包容，亦是消除民族隔阂的重要措施。

唐军在火田村一带建宅定居。陈政在这里指着江水对父老子弟说："此水如（中原）上党之清漳也"。这就是"漳江"的由来，后来漳州也即由此江而命名。

仪凤二年（677），陈政积劳成疾，病故于军中，终年61岁。陈政逝后，年仅20岁的陈元光奉命代理父职。

陈元光英勇善战，数度受命率军入粤，平息寇患，这一地区自唐初以来屡屡发生的动乱终于稍稍平息。但只要双方对土地的争夺矛盾没有根本解决，这里又怎么可能平静得下来？

为了使这片地区能够获得长久的安稳与发展，陈元光向朝廷请求于泉、潮之间的绥安故地建置州县，以利治理。唐武后垂拱二年（686），朝廷从陈元光所请，于泉州、潮州之间置漳州，命陈元光世镇漳州，随属的中原将吏跟着入漳落籍。他们在漳江拓荒垦耕，开渠灌溉，同时募民开拓沿江大片耕地，运用中原的先进农耕技术，发展生产，初步推动农业生产和社会经济走上发展的轨道。

入选世界文化遗产的"福建土楼"，闽南人和客家人一度争议孰先孰后。现今云霄西林村尚存陈元光的点将台、烟墩（烽火台），皆为与土楼一样的夯土建筑。而今日河南固始有国家级文物保护单位——东周时期的"番国故城"，为夯土建筑，夯窝清晰，层次分明。可见，正是陈元光把北方战国时期就十分成熟的夯土建筑技术带到闽南。有兴趣的朋友不妨到云霄西林村看看。

陈元光在平息动乱的过程中，一方面兴"兵革"之威，一方面推行民族融合的怀柔政策，重视招抚，缓和族群矛盾，改善汉畲关系。对归附的畲民，不仅"不役不税"，还教其运用中原先进的农业生产技术，改变其"刀耕火种"的原始耕作习惯，并帮助其解决耕牛、农具、种子等困难。

历史的前进总是以生产力的发展为皈依。先进的生产力带来的生活富裕和文明提升，总是有着不可抗拒的魅力。于是，一些畲民归附，学习汉人的农耕技术，与汉人和睦相处而居，更多的畲族妇女嫁给汉人。

陈元光在创立州县实施统治管理的同时，号召建置乡校，并在州治行政机构中设专司教育的"文学"一职，以主持乡校事宜。景龙二年（708），他创办了漳州第一个书院——松州书院。

应该说陈元光从父亲手上接过重任，治理漳州34年，秉持了祖母魏妈的教导，为漳州长治久安开了一个好头。但是，文化的融合从来就不是一厢情愿可以实现的。

景云二年（711），原住民首领蓝奉高等率部潜入郡治附近突袭。陈元光仓促应战，被敌所伤至身亡，时年55岁，葬于云霄大峙原。

陈元光殉难后，他的儿子陈珦任漳州刺史，率部歼灭了蓝奉高等残余势力，为父亲报了仇，但他同时也发现云霄、火田、漳江四面都是仇恨的目光，在这里难以安居。开元四年（716），他把漳州州治迁移到了李澳川，即今日的漳浦县城。

陈珦任漳州刺史27年，保境安民，发展生产，推行教育，深受漳民好评。陈珦退隐后，陈珦之子陈酆、陈酆之子陈谟又先后任漳州刺史。这样，从总章二年至元和十四年（669—819），陈元光家族祖孙六代承前启后，开漳治漳150年，使闽南漳州，主要是九龙江三角洲地区从蛮荒啸乱之地变为富庶之区。

陈元光家族对漳州发展的贡献当然是非常巨大的，但是他们也没能完全化解和消除畲族的仇恨。在把漳州州治迁到漳浦70年后，贞元二年（786），漳州州治又再迁龙溪（今天漳州市芗城区）。我们可以想见当年畲族为了土地为了生存，不息地反抗，使漳浦州治岁无宁日，逼着陈元光的子孙只好迁往龙溪。

当然这也是陈元光子孙高明的地方，退后一步天地宽。让出一块地方给你生存，让时间来告诉你哪一种生产生活的方式更好，让你慢慢地转变，消解恨意，主动融合。

今天回望历史，如果当年陈元光及其子孙寸土不让，甚至得寸进尺，逼得畲人毫无立身之地，那只能是引来更加激烈的反抗，更加血腥的抗争，汉人将会付出更大的代价，整个唐代闽南也就没有安宁稳定发展的日子。而陈元光及其子孙所实行的这种既镇压又让步的政策，保持了唐代闽南的安定与发展，也呈现出闽南文化对中华"和为贵"文化的传承，有饭大家吃，逼人不可太甚，给人留出路，让人有路可走。这种理念后来也深深地烙在闽南人的心中。

总之，从西晋永嘉到唐末，中原南来的汉族和闽南古百越的山畲水疍开始了接触、融合的进程。不同文化的相遇必然有激烈的碰撞、痛苦的磨合与相互的包容。唐初，陈政、陈元光父子以雷霆手段直捣畲族的中心火田，古稀之年的魏妈以化怨为和的精神推动了汉畲的融合。但陈元光的死，警醒了唐军。陈元光的子孙从云霄退漳浦，从漳浦迁龙溪，未尝不是在利害得失的权衡之后对畲的退让。

在晋江流域，汉族与疍民也形成了各自生存的边界，和平相处。泉州士绅赋诗欣赏疍家的海味，当是对疍家生活世界的包容。

这样，到唐代晚期，闽南呈现出山地畲、海边疍，汉人在最肥沃的河流冲积平原的格局。这些都呈现出彼此边界明晰的"和为贵"的相对容忍与包容。但是，包容并不是融合，不过在和平的包容中彼此可以心平气静地相互观察、认识、了解、理解，进而相互欣赏，这正是融合的开始。

当然要让自我感觉高人一等的南来汉人欣赏山畲水疍，在一般的情况下是不可能的。我们只要想想一百多年来，西方对我们居高临下的傲慢，就可以明白当年为什么南来的汉人不可能去欣赏山畲水疍。他们有的只是相互的畏惧、忍让和期待对方的转变。当然，这样是不可能相亲相爱，融合出新的生命来。

但是历史总是充满了机遇。那个"两情相悦"，诞生新的生命、新的文化，锣鼓喧天，鞭炮齐鸣的日子，终于在唐末藩镇割据、军阀混战和黄巢血洗福建的历史背景下出现了。

第三节 闽南文化的诞生

北辰山俗称北山岩，地处厦门市同安区东北隅，在同安五显镇境内，毗邻南安，距同安城区12公里，为省级风景名胜区。

北山岩历史悠久，同安历传"先有北山，后有同安"的说法。在北辰山脚下矗立着一座庙宇，称为广利庙，庙门正上方高悬着"开闽第一"的匾额。当地称北山宫，也叫王公宫，是祀奉闽王王审知的庙宇。

闽南文化最典型的特征就是海洋性。这种海洋性源自人类最早走向海洋的古百越后裔疍家海洋文化。但这种海洋文化是原始社会的海洋文化，只有当中原南来的汉族，将其先进的农业社会文化技术融入，才使得疍家原始的海洋文化升维进入到农业社会的海洋文化。这是一次强强互补的美美与共，中华民族一次伟大的文化创造。

许多历史学家都指出，"闽南人在历史上之所以成为中华民族中最善于航海的一个族群，与闽南人中大量融入疍家人有关"。他们还指出："唐宋闽南海洋文化的发展不是历史上突然爆发的事件，它有其深厚的文化背景，这一背景就是汉族的南下与南方民族的融合形成具有新成分的汉族分支，从而丰富了汉文化的内容。""从这一点而言，闽南海洋文化的大发展是从唐五代开始的，也是在这一时代奠定了深厚的基础"[1]。

历史学家指出了闽南文化是中原南来的汉族农耕文化和原住疍家海洋文化的融合，也指出了这一融合的突变在唐五代这一时期。但是他们没有说明，为什么中原汉族南来，从晋到唐末五六百年间没有融合而成，而要一直到唐末五代才获得突变和大发展。其中获得突变的因素究竟是什么？这应该是文化学者要回答的。

我们认为，这种百年难遇的历史机遇，需要双方能够彼此平视对方、了解对方，甚至喜欢对方，才可能有完美的美美与共。阻碍这种完美融合的根本原因是文化心理，直到今天依然如此。

在此之前汉族居高临下的文化傲慢使得这种融合的历史机遇姗姗来迟，而北辰山正是历史的转折点。今天我们回顾历史，可以说北辰山堪称闽南海洋文化的里程碑。

唐朝末年，藩镇割据，军阀混战，黄淮流域战乱不已，生灵涂炭。当时淮河流域的光州、寿州在安徽人王绪的控制下。王绪起兵打下光州固始县，收留了固始县官吏王潮、王审邽、王审知三兄弟。在军阀混战的背景下，王绪"悉举光、寿兵五千人，驱吏民渡江"[2]。这个只有五千兵士的小军阀，在势力更大的军阀逼近下，放弃光州、寿州，率兵驱使固始官民百姓数万人随军南下。

但是他们一路南下，势如破竹，却无法立足。这是因为黄巢起义军"杀人如艺"[3]，对包括江西、福建在内的中国广大区域造成了极大的摧残。

---

[1] 徐晓望：《闽南文化简论》，摘自《闽台文化新论》，北京：中国书籍出版社，2012年。
[2] 司马光，等：《资治通鉴》卷256，北京：中华书局，1956年。
[3] 欧阳修，等：《新唐书》卷225，北京：中华书局，1975年。

中国历史上曾有多次残酷的战乱造成人口大灭绝，其中一次就是唐朝末年。唐玄宗天宝年间，有八千万丁，到了宋太祖时，只剩下六百万，全国人口少掉了百分之九十几。战争中，男丁充军，无人耕种，老弱妇孺，人相食，饿殍遍野。

王绪一路走来，人迹罕见，无处寻觅粮食，因此站不住脚。唐僖宗光启元年（885），这支庞大的队伍进入福建，直取漳州。当时福建刚被黄巢农民军洗劫，粮财一空，人口锐减，官民如惊弓之鸟。光州军势如破竹攻陷漳州，一直来到泉州府同安县北辰山下，可是军粮断绝了。王绪下令，五十岁以上的老人全部杀掉，做成肉干，充作军粮。

从这个命令可想而知，这支队伍从中州一路而来，早已饥肠辘辘。而今已经到了要吃人，而且是吃自己亲人充饥的境地！他们已经饿得丧失了理智。

王绪军中的光州固始王潮三兄弟，他们的父母正是五十岁以上的老人，这就意味着他们要杀掉自己的父母，他们当然不愿。而王绪所率军民，以光州固始人居多，五十岁以上的老人更都是固始父老。王潮三兄弟在固始素有威望，此刻生命攸关，无不唯王潮三兄弟马首是瞻。三兄弟于是聚众在北辰山下的竹林中把王绪抓起来。

王潮三兄弟夺了军权，但并没有夺得粮食，仍然要面对五千军队、数万老乡饥肠辘辘的生存问题。于是王潮决定，回归故土，由北辰山转道北上，走出福建。

就在这时，来了泉州人张延鲁。

原来，泉州百姓也处于水深火热之中。泉州刺史廖彦若借乱世之机横征暴敛，残忍无道，百姓饱受其苦。原本寄予中原军入闽入泉州杀了廖彦若，解救泉州百姓，却不料中原军转道北上，而廖彦若则更加肆无忌惮。于是，张延鲁和几位德高望重的泉州士绅匆忙赶到沙县拦住了王潮军队，向王潮敬献牛肉及美酒，并诉说了泉州地方的富饶和泉州刺史廖彦若的贪婪残暴，极力请求王潮回军解救泉州的百姓。

王潮一听泉州有粮食，还有百姓拥戴，认为这是天赐良机。一来可解决军队的困顿，二来可获得根基发展，于是，王潮立即率领人马回师围攻泉州。

但泉州城坚兵强的状况超出了王潮的想象，且王潮军久已饥肠辘辘体力不支，这一仗竟艰难地持续了一年，直到唐僖宗光启二年（886）八月，泉州守兵才放弃了抵抗。[①]

而这极其艰难困苦的一年，正是光、寿二州南来汉人与先来的汉人及闽南山畲水疍同心协力共同战斗推翻共同敌人的一年。

这支以光、寿二州人为主的农民军，经过长期的流亡和作战，饥饿已经让他们身心俱疲，也彻底扫荡了中原文化的傲慢。当泉州父老奉上粮食，他们内心的感激之情可以想象。

但是福建在唐元和年间总人口仅有74467户，按每户4人计，也不过三十几万人。按汀、建、福、泉、漳五州均分，每州不过六七万人。唐末黄巢入闽，杀人如麻，按减半来算，泉州此时最多也不过三四万人，而王潮军加固始百姓共四五万人之多，怎够他们放开肚子吃饱饭？更何况泉州的粮食大多已被搜刮在城中。

---

① 诸葛计、银玉珍编著：《闽国史事编年》，福州：福建人民出版社，1997年。

这时，正是疍家的鱼、虾、螃蟹、海蛎等各种鲜美的海味救了他们。还有泉州城临江，是疍家的船运送他们过江，运送各种攻城军械物资，帮助他们最后夺取泉州城。他们对疍家充满了感激之情、兄弟之情、战友之情。他们切身体会和发现了疍家海洋文化的美和伟大。那种汉人在文化上居高临下的傲慢一扫而光。于是数百年的冲突、对峙、相忍包容，经过这一年共同的战斗，坚冰开始融化，情谊开始建立，文化开始融合。这一次南来的汉人以欣赏和喜悦的心情同疍家开始了和睦的关系。

　　打下泉州后，王潮军民就以漳、泉为根据地，休养生息，安顿光州乡亲，授官安境，整整五年。他们同早年南下的汉人一起真诚地向疍家学习渔捞和水产养殖的本领，学习造船和海上航行的本领，同时把中原带来的开矿冶铁的本领、各种木作工具和木匠工艺技术教给疍家。这种美美与共推动了"亦汉亦疍"的闽南文化的诞生，并催生了闽南文化最鲜明独特的海洋性，让所有闽南人在其后的生活中不断地体会到海洋文化带给他们的生活富裕和文明的提升，从此永远心向海洋。

　　当然这仅仅是开始，两种文化相互欣赏的融合诞生了一个新的文化生命，它的成长还需要岁月的煎熬，还需要大海的洗礼。

　　北辰山，这一个历史的转折点，这一场敲响两种文化走入洞房的喧天锣鼓，将永远镌刻在闽南的历史。

第三章　闽南文化的形成（五代—北宋）

第一节　闽南文化形成的历史背景

王潮打下泉州，主动向福州的福建观察使陈岩称臣。陈岩不仅承认了王潮对泉州的实际控制，而且上表朝廷举荐王潮为泉州刺史。自此王潮以泉州为根据地，安定离散流民，鼓励生产，创筑子城，减轻徭役，放宽赋税，兴办义学。他的一系列励精图治收获了泉州人心，又为泉州日后的经济腾飞，奠定了坚实的基础。

五年后的大顺二年（891），王潮已兵强马壮，恰福建观察使陈岩病逝，举荐王潮接班，却不料福州驻军范晖趁机夺权自立。

景福二年（893），王潮水陆大军拿下了福州，王潮随后移镇福州，自称福建留后。福州被攻克后，王潮声威大震，汀州刺史钟全慕、建州刺史徐归范奉上户丁田粮册籍，亲赴福州请归王潮节制。自此，加上王潮原有的漳泉二州，王潮实际上已经据有福建全境五州之地。

王潮深谋远虑，减轻徭役、降低赋税、鼓励生产；对外则睦邻友好、贡赋频繁，并积极尝试和拓展对外的海、陆贸易。福建此地因此变得和平安定，故成了中原人避乱的桃源。人丁旺，财富来，福建开始出现繁荣景象。

乾宁三年（896）九月，朝廷升福建为威武军，王潮升任威武军节度使、检校尚书左仆射。

乾宁四年（897）冬，王潮病故，归葬于晋江县北郊盘龙山(今属福建惠安)。三弟王审知接手军政事务，继续推崇王潮的施政方针，对内以保境安民为立国根本，对外以和平共处为基本原则。

开平元年（907），最大的军阀朱温自立梁朝，建都开封、洛阳，宣告了唐朝的灭亡和五代十国分裂混战的开始。

所谓五代，指统治中原的五个朝代：后梁（907—923）、后唐（923—936）、后晋（936—947）、后汉（947—950）、后周（951—960）。

同时，环绕中原有十个国：吴（892—937）、南唐（937—975）、吴越（893—978）、前蜀（891—925）、后蜀（925—964）、南汉（905—971）、楚（896—951）、

闽（893—945）、南平（907—963）、北汉（951—979）①。

五代十国虽然只有几十年，但前面中原还有40多年的军阀混战和黄巢起义军的杀戮，这百来年堪称中国极为悲惨的时代之一。史书称："秦宗权据蔡州（今河南汝南县），四出侵掠，行军止带盐尸充食粮，屠杀焚荡，中原地区，一望千里，不见人烟。杨行密围广陵，城中官兵捉人卖给肉店，与羊豕同受屠宰。杨行密宣州，城中人相食。孙濡梦毁扬州城，杀老弱人当军粮。李克用大破王镕军，斩首万余级，取尸体制成肉干。"②

后梁开平三年（909），梁太祖朱温封王审知为闽王，贞明六年（920），福州升为大都督府。但王审知并不称帝，他说："宁为开门节度使，不当闭门天子。"不管是灭唐而起的梁朝，还是代梁而兴的后唐，王审知都坚持纳贡称臣。福建立闽国是在王审知死后，他儿子才称帝的。这种委曲求全的对外妥协避免了各路角逐势力对福建的伤害，使福建得以持续安定和繁荣。

王潮执政11年，保境息民，鼓励农耕，开辟海港，开设义学，稳定了福建局势。王审知执政29年，秉承王潮的政策，使福建经济文化得到很大的发展，被后世尊为"开闽王"。

而王潮的另一位弟弟王审邽则留在闽南，被王潮、王审知先后任命为泉州刺史，统帅闽南泉漳二州。

王审邽任泉州刺史后，召回逃离在外的流民，借给牛耕农具，帮助修建房舍，鼓励百姓生产，制订合理赋税，使泉州出现了欣欣向荣的景象。数万光州固始移民大多就定居在漳、泉二州，带来中原汉族先进的农业技术，使闽南的农业生产水平迅速提高。

王审邽在泉州设招贤院，北方士人如唐右省常侍李洵、翰林承旨制诰兵部侍郎韩偓、大司农王标等一大批唐廷的高官都成了招贤院的上宾。王审邽不但供给他们生活用品，而且帮助他们举家族南迁定居于闽南。这些文人学士的大批入闽，对福建、闽南的文化发展影响十分深远。

王审邽在政12年，死后葬泉州凤山。唐天祐元年（904），其子王延彬接任泉州刺史。王延彬两度执掌泉州事务，前后26年，中间则由弟弟王延钧替补，加上其父王审邽，前后计50多年。其间保境安民，发展经济，对闽南的发展贡献巨大，尤其是推动了闽南海洋文化的形成。

可惜，王审知的儿子不争气。公元926年，王审知去世，长子王延翰继位。当年十月，王延翰自称大闽国王，开始大兴土木，对农民的柑园、水利、鹅鸭、社酒、螺蚌、柴薪等征收苛捐杂税，大失民心。

"闽有五州，泉为上郡，建扼上游。两州刺史非王氏族人不得充任，造成一国三公的局面。"③王审知二子王延钧被哥哥任命为泉州刺史，不思图治，杀兄篡位，称帝置年号，也大兴土木，荒淫无度，才登位八个月就出兵攻打四弟延政镇守的建州。延政于

---

①② 《中国通史简编》。
③ 《福建史稿》。

是也据建州称帝，国号"大殷"。

延钧及皇后陈金凤宠幸小人，不久被部下发动政变杀死。儿子继鹏继位，又激起部下二都军使朱文进和连重遇叛变。王审知三子王延羲乘机杀了侄子继鹏，也自称帝。未及五年，南唐保大二年（944），朱文进与连重遇杀死王延羲，朱文进自立为闽王，并杀害王姓皇族成员五十余人。

朱文进委任亲信黄绍颇为泉州刺史，接管泉州的政务。作为王氏旧臣的留从效立即召集裨校王忠顺、董思安和亲信苏光海等商定，集合壮士52名，乘夜越墙而入，擒杀黄绍颇。

朱文进从福州发兵攻打泉州，留从效在半途设计埋伏，成功击退了朱文进。随后，留从效与王忠顺、董思安等三人自署为平贼统军使，派陈洪进将黄绍颇的首级送到建州，献给王延政。王延政任命儿子王继勋为侍中、泉州刺史，赶赴泉州接任，同时授留从效、王忠顺、董思安为都指挥使。

此时福州的王氏旧部联合讨杀了朱文进和连重遇，请延政回福州，仍用闽国号。延政不敢离开建州，把福州交给侄儿继昌留守。有位王氏旧将李仁达，反复无常，见延政不用他，把继昌给杀了。

南唐保大三年（945），南唐国主李璟遣将攻打建州，王延政投降，闽国王氏政权至此彻底宣告灭亡。李璟委任李宏义为威武军节度使。翌年，王继勋以平级身份致书修好于李宏义，李宏义以泉州一向隶属威武军节制为由，斥责王继勋做法于理不合，遂派其弟李宏通带兵万人攻伐泉州。

留从效兵权在握，废黜王继勋，自称泉、漳二州留后，集结漳泉兵力，领兵击退了李宏通，并立即向南唐李璟称臣。李璟随即正式任命留从效为泉州刺史，改漳州为南州，以董思安为南州刺史[①]。闽南一度不称泉漳而称泉南即由此而来。

保大四年（946），南唐军得寸进尺直取福州。福州李仁达向吴越国求援。吴越国也垂涎福州，即派兵三万，水陆并进，于当年11月赶到福州，和福州守军内外夹击大败南唐军。南唐军死二万多人，弃军资器械数十万。南唐国势由此转衰。留从效趁机"置酒饯别南唐戍将，戍将不得已引兵归"[②]。

保大七年(949)，留从效见南唐鞭长莫及，授意时任南州副使的兄长留从愿以毒酒杀害董思安取而代之，至此，留从效便拥有了泉、南二州的实际控制权。李璟只好顺势升泉州为清源军，以留从效为清源军节度使、泉南等州观察使，后又累授同平章事兼侍中、中书令，封鄂国公、晋江王。

这时，福建出现了三分局面：建、汀属南唐，福州属吴越，泉、漳属从效。从效病死以后，统军使陈洪进（仙游人）自称留后。始则纳款南唐，继则纳款于宋。宋改清源军为平海军，以洪进为节度使。福建的鼎峙局面，历经了26年。然后，宋于开宝八年（975）灭南唐，洪进献泉、漳于宋。三年以后，即太平兴国三年（978），吴越亦向

[①] 董思安之父名章，与"漳"同音，为避讳，改漳州为南州。
[②] 《福建史稿》。

宋纳土，福建也就成为宋初（至道三年，997）十五路之一了。①

这样，从公元885年王潮三兄弟北辰山兵变，攻打泉州，到公元975年，陈洪进献泉、漳归宋，正好90年，对闽南文化的形成是一个至关重要的时期。其间，统治闽南的三个集团，即王审邽、王延彬父子的王氏集团，留从效的留氏集团，陈洪进的陈氏集团，实际上都取得了对闽南绝对的掌控权，而且在几次政权交替更迭时期都很好地保持了闽南的和平和稳定。

而与此同时，五代十国政权不断更迭，相互不断争战，连福州和建州也在五代的后期陷入了争权夺位的战争和南唐与吴越的纷争中。只有闽南始终坚持以经济发展为中心。在这样的历史背景下，这三个集团对闽南经济文化的发展都作出了很大的贡献。

除了上述中国的历史背景，阿拉伯人的东来也是闽南海洋文化形成的重要因素之一。

闽南靠海，从南中国海穿过马六甲海峡就到了印度洋。早在公元6世纪的南朝，印度僧人拘那罗陀于陈武帝永定二年（558）和陈文帝天嘉六年（565）两次到泉州，在泉州西郊九日山上翻译《金刚经》，后由泉州乘船到棱加修国（今马来半岛）和优禅尼国（今印度）。泉州海洋交通的历史非常久远。

印度洋一边是印度次大陆，一边是波斯、阿拉伯。公元7世纪，也就是中国唐朝的初期，伊斯兰教建立，统一了阿拉伯人，并赋予阿拉伯人对外扩张的强大动力。他们向西一直打到地中海，向东一直扩张到波斯、印度。到公元8世纪，他们已经建立了横跨印度洋的阿拉伯帝国。于是，他们放下弯刀，开始了印度洋两岸的海上航行。随后他们又将航线穿过马六甲海峡，一直延伸到现今印度尼西亚的三佛齐，并以此为基地，在唐中期以后开始了与中国的海上贸易。

"至武后时（684—704），阿拉伯人经商于广州、泉州、杭州诸良港恒数万"。当时泉州港也因"南海蕃舶"常到，而"岛夷斯杂"，出现了"市井十洲人"的盛况。唐王朝特在泉州设参军事，管理海外交通贸易事宜。为了表示对外商的关怀，唐文宗于大和八年（834），特下令保护广东、福建的外商，规定"除舶脚、收市、进奉外，任其来往通流，自为交易，不得重加税率"。

当然，从航路上看，广东广州离他们最近，所以这一个时期的广州港就成为以阿拉伯人为主的海上交通贸易最主要的港口。更多的阿拉伯商人长期居住在广州从事海上交通贸易。据范文澜的《中国通史简编》介绍，唐"对外交通海路有南北二道，南道自广州出口，与波斯、印度、阿拉伯、南洋群岛通航。广州入口商货陆运越大庾岭，入江西，自赣江入长江至扬州，再由运河入汴（开封），入黄河入洛（洛阳），入渭（长安）。北道自明州（浙江鄞州区）出海为南路，自登州（山东蓬莱市）出海为北路。南北二路与日本、高丽、新罗通航"

相比之下到泉州和福州的阿拉伯人自然比到广州、扬州、明州的少。

唐末的黄巢起义打破了这种海上贸易的格局。乾符三年（877），"黄巢破广州，杀

---

① 《福建史稿》。

胡商十二万至二十万人，这虽是夸大的传说，外商在中国的人数却约略可想"。[①]

"黄巢"过后，广州港元气大伤，其后的藩镇混战和五代十国，广州与扬州、登州一样，再不得安宁。这样从唐末始，逐利的阿拉伯人当然就把注意力都集中到了福建、闽南。据朱维幹《福建史稿》：三佛齐（今苏门答腊的巴邻旁）在唐代不通职贡，所以新旧《唐书》无传。然而从唐末天祐二年（905）起，福建就有三佛齐人的足迹。《琅琊王德政碑》足以为证：佛齐诸国，虽同临照，靡袭冠裳。舟车罕通，琛赆罔献。[使]者亦逾沧海，来集鸿胪。

"三佛齐是阿拉伯人的东方商站，到福建来的三佛齐人可能有一部分为阿拉伯人。南唐保大十六年（958），南番三佛齐国有镇国李将军，以贩卖香药到漳州，建一座普贤院。落成以后，在法堂梁上亲笔用番书题名。……由此可见，从唐末天祐二年到南唐保大十六年的53年间，闽海和三佛齐的交通未尝间断"。[②]

统治闽南的王、留、陈集团正是紧紧地把握了这个历史的机遇，将中国与阿拉伯人贸易的中心从广州抢到了泉州。闽南得天独厚的高岭土和铁矿，以及其烧制青白瓷和冶铁技艺，是为阿拉伯商人准备的精美丰富、利润丰厚的贸易商品。正是这个独特的世界历史背景造就了唐末五代闽南泉州港的兴起和闽南海洋文化的形成。

第二节　闽南文化与海洋文明的兴起

纵观人类在几千年来各个不同时期海洋文明高峰的创立，有四个共同的特点，并成为衡量人类海洋文明进步的标准。

特点一，航海的工具。无论是独木舟，闽南的福船，还是今天的远洋巨轮，它们都是人们走向海洋必不可少的工具，是海洋经济链条上不可或缺的一环。

特点二，航海技术。无论是牵星图、水罗盘，还是今天的雷达、卫星导航；无论是划桨、扬帆，还是蒸汽轮机、核动力，都是走向海洋必不可少的技术。

特点三，商品。当今世界商品贸易物流的90%是海运。海洋是人类物资交流最廉价的通道。无论是水产品、农产品、矿产品，还是手工业品、工业品，正是通过海洋开展交换才实现和提升了它们的价值。当然在还没有市场没有交换的原始社会，可能商品还不是判断海洋文明的必需条件。但只要在人们构建的海洋经济链条中有交换，商品就一定是必备的条件。

特点四，港口码头。这个条件即使在没有市场的原始社会也是必然存在的。哪个港湾最平静安全，可以方便地靠泊，可以躲避狂风巨浪；从哪个港湾出发可以更快地驶入海流，迎候到季风的吹送，更快更安全地驶向远方。这些可都是石器时代的先人留给我们的智慧。

---

① 《中国通史简编》。
② 《福建史稿》。

长期以来，人们都信奉西方所规定的文字和城邑才是文明的标志。对于陆地的农耕文明和游牧文明，这确实是人类进入文明时代的标志。但是对于基于大海的海洋文明，这种标准、标志是值得质疑的。人类陆地和海洋的文明只有一个标准吗？我们认为，走向海洋的工具和技术，才是海洋文明的标准、标志。

当王潮他们开始和疍民融合之时，只有来自石器时代、青铜时代的疍家海洋文明。那么他们的融合又是如何把疍家原始、初级的海洋文明提升为农业时代的闽南海洋文明呢？这正是闽南文化和闽南海洋文明形成的过程。

第一个关键人物是王延彬。王审邦的大儿子王延彬（886—930）出生于王氏三兄弟攻下泉州的那一年，可以说，王延彬是"三王"入闽土生的第一代。从他出生之日起，他睁开眼看到的就是闽南的山山水水。大约是从小就吃惯闽南鱼、虾、蚝、蟹的美味，王延彬对大海充满了兴趣和情感，不但着迷于海鲜，更迷恋远洋而来的番货。《十国春秋》卷94《王延彬传》记："性豪华，巾帔冠履，必日一易。解衣后辄以龙脑数器覆之。"即每天必换上新的衣服鞋帽，脱下的衣服要覆盖在装着进口高级香料龙脑香的香器上。这种对海洋番货的痴迷和生活习惯，推动了他对海洋经济的关注和情感。他已经和父辈口中的中原失去了直接联系，已然是向往海洋的地道闽南人。

王审邦主政泉州时，王延彬即协助其父处理政务。在16岁时，王延彬就受父亲指派，协助在南安建招贤院。王审邦去世时，王延彬才18岁，叔父王审知即委命他继承其父遗志，继续治理泉州，次年实授泉州刺史职。

父亲王审邦在主政泉州时就对农业非常重视，因此他接班的时候，泉州的农业已经有了相当好的发展，粮食充盈，赋税连年增加。而这位从小吃海味长大，迷恋舶来品的新刺史却是把自己的精力主要放在海洋贸易上。他对后世影响最为深远的贡献是四个推动，即推动了闽南造船技艺、远洋航海技术、远洋贸易和农业产品的商品化、市场化。

他不是孤立的，与他同辈的固始同乡和他一样对海鲜、海洋充满了别样的情感，于是跟着他以极大的热情开始了中原文化与海洋文化的融合，掀开了闽南土地的人民走向海洋的新篇章。

首先是造船。造大船，打更多的鱼，贩运更多的海货、番货。

在王潮和王审知执政初期，因江淮一带被割据势力占据，福建与北方、闽国与后梁之间的联系大多依赖海路。王潮、王审知每年均会派出朝贡使团从福州甘棠港出发，在登州、莱州登陆，其间历经黄海风波，"往复颇有风水之患，漂没者十四五"。可见当时闽国的海舶制作工艺及航海技术尚有不足，连江浙近海的航行都无法安然驾驭，损失几乎近半。然而，经过王延彬前后26年的摸索和创新，这种局面有了质的改变。"息民下士，能继父志，前后在任二十六年，岁屡丰登，复多发蛮舶以资公用，惊涛狂飙，无有失坏，郡人藉之为利，号'招宝侍郎'。"[①]

从王潮发兵攻打福州时疍民的"兵船相助"，到王审知从海路向北进贡船只多有倾

---

① 周学曾：《政绩志》，摘自道光《晋江县志》卷34。

覆,再到王延彬治理泉州时期的"每发蛮舶,无失坠者"[①]。这说明经过几十年的发展,闽南地区的造船技艺已经有了很大的进步。王延彬所派发的贸易船,居然没有出现过任何的航海事故,这种变化是惊人的。唯一可以令人信服的解释,就是闽南的造船技术大幅地提高了。

舵、水密隔舱和龙骨装置是中国古代造船技术的三大发明。前两项发明成熟于宋代,后一项发明出现于宋代,它们共同奠定了宋元时期中国造船航海技术领先世界的基础,对世界造船航海技术产生了深远影响。

舵是操纵船舶航行方向的设备,古人称舵为"凌波至宝"。舵由桨演变而来。1974年,在湖北西汉墓中出土过一个木船模型。从这个木船模型可以看出,船上有五支长桨,四支在船前部,作划桨用,另一支在船尾一侧,作舵桨用。这说明舵桨至迟出现于公元前1世纪。

舵在实际应用中不断改进。早期的舵杆由船尾斜伸入水,还保留着桨的痕迹。后来,人们将舵杆改为垂直伸入水中,舵面与舵杆连接,形状如英文小写字母b,又像门轴与门扇一样,所以叫门舵,安放的位置也由船尾一侧改为船尾中央。

宋代船舶大多使用长方形门舵。为了转舵省力,宋代造船工匠在舵面上打了许多孔,叫开孔舵。由于水的表面张力作用,舵面开孔不影响性能,却可以减小水的阻力。所以,开孔舵称得上是一件别具匠心的发明,如今还普遍使用。

最迟在北宋时期还出现了平衡舵。这种舵将一小部分舵面移到舵杆前面,这样能够缩小舵面的摆动力矩,使操纵更灵活轻便。北宋名画《清明上河图》就绘有平衡舵。1978年,天津静海县(今静海区)出土过北宋平衡舵实物。此外,南宋海船上还出现了可随水深浅而升降的升降舵。

公元10世纪,即五代至北宋初,阿拉伯航海者引用中国舵。可见,这时的中国舵已经相当成熟。12世纪末至13世纪初,中国舵经阿拉伯传入欧洲。中国舵成为西方开创15世纪人类大航海时代的技术条件之一。

泉州开元寺内,有宋船博物馆,这是庄为玑先生在20世纪70年代于泉州后渚港淤泥中发现的宋代古船,出土时船中还有香料等货物。这艘宋代远洋货船残体,其舱位保存完好,已具有极为完善的水密隔舱结构。在1982年试掘的泉州法石宋代古船中,同样发现有水密隔舱结构。以上两艘古船的发掘无可辩驳地证明:最迟在宋代,闽南所造海船已采用成熟的水密隔舱技术。人们推测,王延彬的船队"从无坏失",绝不仅仅是运气,很可能与采用水密隔舱技术造船有关。

水密隔舱海船制造技术,是中国在造船方面的一大发明。它就是用隔舱把船舱分成彼此独立且不透水的一个个舱区,具有提高船舶的抗沉性能、便于货物分舱管理、增加船体的强度与刚度,以及作为船壳板弯曲的支撑点等多方面的优越性。这一船舶结构大约发明于唐代,有扬州发掘的唐代沉船为证。但这唐船是平底的内河航运的船。它的隔舱制作工艺虽然和宋船的不能相比,但它是隔舱创造思维的起点。估计在唐末五代南来

---

① 吴任臣:《王延彬传》,摘自《十国春秋》卷94。

的固始人将其引入福船建造，宋以后在海船中被普遍采用。

几百年以后西方才学会了水密隔舱制作技艺。1795年，英国海军第一次采用水密隔舱技术建造新型军舰。此后，水密隔舱技术逐渐被世界各国造船界普遍采用。水密隔舱至今仍是船舶设计中重要的结构形式。

2010年，水密隔舱福船制造技艺被联合国教科文组织保护非物质文化遗产政府间委员会列入"急需保护的非物质文化遗产名录"。

是谁把这一影响人类航海事业极其深远的创造性的技术从中州带到闽南？又是谁把它转化为闽南宋船的制作技艺？虽然并无确凿的证据，但是从结果推导的逻辑，最大的可能当然是宋之前（唐末至五代）的闽南工匠。这些工匠当然有原来疍家的造船师傅，也会有南来的学习造船的徒弟，也可能有在先前就是造船师傅的木作工匠。不是一个人，而是一群人，在共同的造船实践中相互启迪，相互学习，完善了海船的水密隔舱制作技术。

他们创造性地成功应用这项技术于闽南海舶的时间上限，应当在王审知早期进贡船舶"十之四五坏失"之后，下限则是在王延彬出海船队"从无坏失"之前。当然他们引进这项技术的时间可能会更早一点，因为即使今天也很难想象引进的技术一次性就能成功。这里还牵涉一些技术性的问题，比如铁钉和桐油的应用。

南宋周去非所著的《岭外代答》说："深广沿海州军，难得铁钉、桐油，造船皆空板穿藤约束而成，于藤缝中以海上所生之茜草乾而窒之，遇水则涨，舟为之不漏矣。"这种技术是向阿拉伯人学来的。而福建闽南所造的福船，板与板之间是以铁钉铆合，并以桐油灰填缝，滴水不漏，坚固无比。所以宋人吕颐浩说，"故海舟以福建为上，广东船次之，温、明船又次之"。而我们知道冶铁炼铁，铁钉的制作，桐油的采炼，这些疍家本没有的技术，正是北方传来的。这种引进融合极大地提升了闽南造船的技艺，也推动了闽南福船的惊世诞生。

闽南宋船对前代造船技艺的重大突破还有龙骨。

汉朝的楼船，船体分三到五层，船上建楼，因此称为楼船。通常高达十余丈，比如东吴孙权的楼船"飞云"号，可承载3000名士兵。楼船摇橹，划水效率和推进速度远胜于桨。在航行操控上，楼船已开始用舵。楼船船底为平底，船身似矩形，在江河行驶，可以避免搁浅，但是到了狂风巨浪的大海就如同纸船。

南北朝最杰出的科学家祖冲之开发了"千里船"，尝试淘汰船橹，改用人力踏板。这种船用踏板驱动，是现代轮船的前身。但依然是难以走向海洋的平底船。

只有到闽南的宋船，才出现了龙骨，而且形成了龙骨结构的船舶骨架理念。宋时闽南造船首先要"定龙骨"，即以贯通首尾的龙骨支撑船体。就像人有了脊梁骨就能站得牢，船有了脊梁骨也就行得稳。有了脊梁骨的闽南宋船，成了当时地球上最稳的船。

龙骨是船舶最重要承重结构，承受船体的纵向弯曲力矩，保证船舶结构强度。其次，龙骨扩大了船的侧面面积，提高了船在水中的并联阻抗，防止了侧风转向。这对逆风航行尤为重要。在帆船上的龙骨会受到骨架边的斜撑的支持。龙骨还对船的重量稳定有重要作用，可避免船的倾斜或是反向转动。

船舶的龙骨结构是中国古代造船业的一项重大发明，对世界船舶结构的发展产生深远的影响。闽南宋代尖底海船甲板平整，船舷下削如刃，船的横断面为V形，尖底船下设置贯通首尾的龙骨，用来支撑船身，使船只更坚固，同时吃水深，抗御风浪能力十分强。欧洲船只于19世纪初才开始采用这种龙骨结构，比中国晚了数百年。

龙骨首先出现在闽南宋代的福船上，证明这影响深远的龙骨结构，同样是在宋代之前的五代，由北方南来的汉人与闽南疍家共同创造。它是否受到闽南疍家两头翘起的"鸟了船"的启示，现在还找不到证据。不过当我们看到同为古百越族，也即南岛语族后裔的台湾雅美人所制作的色彩艳丽、两头高翘的渔船时，很容易联想到闽南疍民的"鸟了船"，也很容易会产生两头高翘的福船及其龙骨是否由此诞生灵感的猜想。

龙骨通常是船舶第一个被建造的部分。龙骨的铺设是造船过程中最重要的事件。直到今天，闽南硕果仅存的几位木船造船师傅，他们建造木船的开工仪式就是把制作龙骨的木料系上红丝带，架好，用斧头敲击三下。竖龙骨，则要举行必不可少的祭祀仪式。

舵、龙骨结构和水密隔舱技术以及铁钉、桐油等技术的应用，标志着闽南的造船业达到了一个新的里程碑。闽南工匠用这一技艺制作的宋代福船，成为其后数百年中国，乃至世界最安全、最可靠的远洋船舶。当然福船的成熟和广泛应用是在宋代，但是它始于五代的闽南，这是多数史学家都认同的。

其次是航海技术。我们在第一章就介绍了南岛语族的航海技术。"南岛语族的祖先凭借其惊人的航海技术，成功地发现并殖民了南太平洋中一个又一个岛屿。单边驾艇独木舟和双连独木舟是他们的主要远航工具。他们通过对星星和海流的认识，发明了极其惊人的导航系统，并因此得以有目的地在数万里的海域内来回航行。"[1]

南岛语族的祖先正是我们的古百越先民。他们通过对星星和海流的观察所发明的导航体系，当然也被他们的另一些后裔——闽南沿海的疍家所传承。这就是后来闽南行船人所谓的"牵星图""牵星术"（也有认为这是阿拉伯人的创造）。《后汉书》载：建初八年（83），郑玄"代郑众为大司农，旧交趾七郡贡献转运，皆从东冶泛海而至"[2]。福建当时的行船人就已经可以将越南运来的货物，用船舶承载转运北上。可见福建当时的航海技术已经相当高超。

当然，"牵星术"如果遇到阴雨天，肯定有麻烦。现在我们在"南海I号"宋船发现了水罗盘。这证实了闽南宋船不但有牵星术，而且有水罗盘。朱彧《萍洲可谈》卷2说："舟师识地理，夜则观星，昼则观日，阴晦观指南针"。有一个火长，专门司针，全船的生命财产操在一人手里，不能有丝毫疏忽。[3]

指南针北方很早就有了，很早也有了用罗盘看风水。南来汉人将此技术带到闽南应该是顺理成章的事，甚至有可能在陈元光开漳的时候就带来了。但是什么时候把它变

---

[1] 武勇：《南岛语族起源与中国东南沿海考古——访美国丹佛美术博物馆亚洲部主任焦天龙》，摘自《中国社会科学报》，第A02版，2020年5月8日。
[2] 《朱冯虞郑周列传》，摘自《后汉书》卷33。
[3] 吴自牧：《江海船舰》，摘自《梦粱录》卷12，转引自《福建史稿》。

成了水罗盘，使它在波浪里船体摇晃之中依然能够保持水平，并正确指引南北呢？除了"南海Ⅰ号"的铁证和梁自牧南宋末年的记载，没有更早的证据。我们只能从五代活跃的海上贸易和一条又一条远洋海路的开辟，来推测那个时候在牵星术之外，已经有了罗盘的加入。而水罗盘也一定在长时间的航海实践应用中逐步被完善。现在发现的航海"更路簿"，都在明以后。但宋元闽南的航海较之明代更加宏伟辉煌，却没有"更路簿"出现。这真是太遗憾了！一种可能是元末的动乱和明代的海禁，把这些宋元航海的"更路簿"彻底消灭了；更期望有另一种可能：它还深藏在闽南民间，甚至在海外某个宋元时期的古墓、古厝、古建筑之中。

中原罗盘和闽越先民牵星术的结合，从罗盘到水罗盘的改革创新，推动了五代闽南航海技术的巨大发展。当然现在还无法确证是王延彬时期还是留从效时期诞生了这一航海技术的伟大进步，但可以肯定的是此为五代到宋初的闽南行船人了不起的创造。这一技术的发展当然也不是一个人完成的，而是由一群人、一代人，甚至是从五代到宋初近百年里的三四代人坚持不懈地在航海实践中探索、创新、完善，才得以完成的。

再次是以陆向海，推动海洋贸易。领导者王延彬不提倡种田，提倡远洋商贸，这在那个农耕时代是一种伟大的思想解放。我们的改革开放起于20世纪70年代末的思想解放，闽南经济社会的这次大发展同样起于王延彬的思想解放。

王延彬从一开始便忠实地执行叔父王审知"招来海中蛮夷商贾""尽去繁苛，纵其交易"的政策，努力将泉州打造成闽国对外贸易的桥头堡。据介绍"王审知在福州所设置的榷货务，专门处理外商贸易事务。授随从王氏入闽的光州固始人张睦三品官，领榷货务，在张睦任职期间，'佐审知甚忠，能与抢掠之际，雍容下士，招蛮夷商贾，敛不加暴，国用日以富饶'"[①]。

而王延彬也在其衙门内设置了州司马专客务、州长史专客务、海路都指挥使和榷利苑使几个专任官吏，海路都指挥使主管航海过程的安全事宜，榷利苑使则负责贸易活动的具体运作，而专客务则可能是代表司马、长史等招募招待处理番商客商的招商引资办主任。

这两个官职过去史籍并无记载，史家也不见研究公布，所以只能猜测。

1982年，第九号强台风袭击泉州时，开元寺大雄宝殿前月台东南侧的一棵榕树被刮断，击倒了一座南宋绍兴年间建造的方形石塔。泉州市文物管理委员会立即派员进行清理和修复。

在清理倒塌的石塔构件时，于塔下的束腰基座部位发现了银制鎏金的佛雕像、铜镜、铜钱，并在高台基座内正中及周围的填土中发现了南唐保大四年（946）建造的佛顶尊胜陀罗尼经幢的幢身及其残构件。

这座佛顶尊胜陀罗尼经幢幢身立于台基内的正中，表面灰白色，横断面呈八角八面，每面宽19厘米、高120厘米，刻满经文，共计76行。经文为工整的楷书，刻工精细。经幢幢身结构细密，吸水性较强，质地较脆，系属石灰岩，是特地从太湖采来的湖石。

---

① 唐文基主编：《福建古代经济史》，福州：福建教育出版社，1995年。

这在经幢经文中叙述建幢的原因和经过时有明确的交代。经幢铭文中刻记施舍建经幢人的姓名，其中有许多地方官员，如"州司马专客务兼御史大夫陈光嗣""州长史专客务兼御史大夫温仁俨""军事左押衙充海路都指挥兼御史大夫陈匡俊""榷利院使刘拯"，还有"光禄大夫检校尉持节泉州诸军事守泉州刺史御史大夫上柱国琅玡郡开国侯食邑一千户王继勋"等。以上官职，多为史书所缺，可为五代史职官志补白，亦是研究泉州五代社会经济史、海外贸易史的重要实物材料，而且印证了五代王氏集团治理闽南时对海外贸易的重视。

最后是农产品、手工业品的商品化。

要搞远洋贸易，要买南洋的香料、珊瑚、珍珠，必须要有人家喜欢的东西。那时可没有什么银行贷款、担保、异地支付，有的是你来我往的以货易货。

庄为玑先生很早就说过：闽南的海上丝绸之路其实是海上陶瓷之路。有了瓷器，载到海外，就赚大钱，就能换来更多的奇珍异宝、海货番货。

瓷器的英文是China，瓷器就是中国的象征。从某种意义上讲，没有瓷器，海上丝绸之路的规模就不会那么宏大，影响就不会那么深远。

中国人是世界上最早把土烧成洁白如玉或色彩艳丽的精美瓷器的人，这是一种了不起的智慧。西方一直到明代末期才把瓷器烧成，而且是派了传教士到景德镇来偷烧瓷的配方才搞成。明末之前他们不会烧，只能从中国进口。2007年打捞上来的"南海I号"，震惊全球，船上有十几万件宋代闽南的瓷器。当时，闽南沿海一线都是瓷窑。

青瓷是唐宋闽南陶瓷生产的最大宗产品，年代最早的当属南朝晋江磁灶溪口窑，当时已经烧造出青瓷碗、盘、钵、瓮、罐、盘口壶、灯盏等。

至唐末五代，制瓷窑场纷纷开辟，王延彬为促进瓷器外销，曾派其部属李文兴前往安海湾北岸建瓷窑，所制成品，即就近装船出海。

闽南考古发现的唐五代窑址，大多在这一时期，也就是王延彬开始推动海上贸易的唐末五代。考古发现的九龙江流域的海沧祥露窑、许厝窑等大窑场遗址，其面积规模为迄今福建发掘的唐五代时期窑场遗址的前几名。可见五代时闽南陶瓷业的规模之大。

"南海I号"船舱里面有两样比较大宗的东西，就是瓷器和铁器。铁器主要是铁锅和铁钉。铁锅跟海水发生作用后，一摞一摞地变成了铁疙瘩，数量不少，说明这些东西也是海外的畅销品。铁钉个体较大，二十多厘米长，都是拿竹篾进行包扎的，数量非常多，估计是造船用的铁钉。

闽南的矿冶业在五代时期有较快的发展。在后周显德二年（955），小溪场被升置为安溪县，其理由之一是安溪"冶有银、铁"。[①]

1977年，考古学者在安溪发现的古代冶铁遗址有14处之多。除安溪外，晋江、南安、同安、惠安、德化等地也产铁。1974年，在泉州南俊巷发现了五代时期的铸钱遗址，出土了"永隆通宝"钱范。"永隆"是闽国王延曦的年号（939—945），这表明泉州在五代时是闽国的铸币场。

---

① 《沿革·安溪县》，见道光《重纂福建通志》卷2。

王延彬大力推动烧瓷、冶铁，然后造大船载运出口。据说，一个瓷碗到海外能卖到很高的价格，就是扣除成本，也是十倍、二十倍的利润，换回来的都是可进贡可卖钱的宝贝。这一进一出实在不得了，闽南也就是在这个时候富裕起来。当时十条船载货出去，回来一条船就已经是保本了，回来两条船就是赚一倍了，而王延彬的船队十条船出去十条船平安回来，所以大家称其为"招宝侍郎"。闽南成规模的海上丝绸之路，可以说就是从王延彬开始。

总之在王氏集团统治闽南的50多年里，尤其是在王延彬治理闽南的20多年，由于南来的汉文化与原住置民文化的相互学习、相互融合，推动了闽南造船技艺的创造性提升、航海技术的巨大进步，以及手工业产品的商品化，奠定了闽南海洋文化最坚实的基础。加上鼓励外商和海洋贸易的种种治理施政，开创了闽南海洋贸易新局面。正是在这种背景下，闽南文化这个新生儿开始茁壮成长，其最独特的海洋性格初步形成。

太平盛世和经济的富足，使王延彬有更多的精力和财力来网罗人才，推动文化的发展。他在泉州建招贤馆，大力网罗人才。那时北方在打仗，闽南富裕起来后，就有很多文人跑到南方来。王延彬礼贤下士，只要有文化，会写诗、会画画、会教书的，全部都可以来。他还建造了云台、凤凰、凉峰三座别馆，作为会文聚友、歌舞娱乐的场所，并时常与招贤馆里的文士游赏行乐，饮酒赋诗。他还蓄养了许多北方来的乐工。有人推测源于宫廷雅乐的南曲，便是在此时，由北方宫中的乐工传入闽南。

王延彬在泉州地区大兴土木，建庙修寺，虔心拜佛。泉州佛教在唐代兴起，到五代进入兴盛期，数十年中新建大型寺庙五十余座，香火兴旺，梵音缭绕。这与王延彬及其后的留从效、陈洪进祈佛兴庙是分不开的。佛教的兴盛和寺庙的兴建不但对闽南人心的向善有深远影响，而且对闽南建筑艺术、雕塑等手工艺以及民间歌舞、阵头、游艺等都有很大的推动。

闽南的文教在这个时候也兴盛起来。

第三节　闽南文化的形成

开运二年（945），留从效以兵劫王继勋送南唐李璟，被授为晋江王，总领泉、漳二府。这是历史上闽南第一次成为独立的行政区域。

留从效统治闽南17年，继续推动闽南海洋交通贸易，尤其对泉州刺桐港的开发建设有着不可磨灭的贡献。这也就推动了闽南海洋性格的完善和闽南文化的最终形成。一般认为，在五代的三位闽南王里，留从效贡献最大。

留从效（906—962），字元范，南安桃林场（今永春县桃城镇留安村）人。少年时到泉州当衙兵，英勇机智，升为散员指挥使。留从效控制闽南后，首先着力保境安民。他一面与南唐周旋，一面派人到开封向周世宗纳贡，表示诚意。宋太祖即位后，他又上表称藩，贡奉示诚，因此闽南一带得以保持相对安宁。

其次发展农业生产。他打下漳州后，即遣散不少士兵，回乡安居务农。当时田少人多的现象已经出现,泉州北门外的"留公埭",就是留氏组织的围海造田。他的军队实行屯垦,以减轻百姓负担。他还广召游民垦荒,围海造地,兴修水利。留从效治理泉州期间,泉州连年"仓满岁丰"。

留从效最突出的成就当为扩建泉州城,建设刺桐港。

一个地方海洋文化的形成,除了造船、航海和海洋贸易商品,最关键的是海港港口的建设,而相对于海港也必然会有相应的城市产生。因此当我们研究闽南文化海洋性格的形成或闽南海洋文化的形成时,最关键的一个因素就是闽南第一个海港泉州刺桐港和海港城市泉州城是如何形成的,又是什么时候形成的?

从历史上看,港、市、城三者不可分。闽南人把港口码头叫作路头,是很形象的说法。道路的尽头不是江河就是大海,你必须转水运、海运。而海四通八达,四方聚会很容易就形成了市,买卖交易。可是在过去那个年代安全第一,命比钱贵,且没有城来保护,这个市是无法存在的。所以港、市、城三者不可分。

闽南最早的城是南安的丰州,在晋江中下游,曾发掘晋人食蛤蜊的遗址。从两晋至唐初,南安丰州古城是闽南政治经济文化的中心,有城,也必有市。城西三里有九日山,据说是南迁晋人重九登高的地方。山高近90米,靠晋江北岸,离海15公里,有东、西、北三峰。在山峰之间,有晋太康九年(288)修建的延福寺,是闽南最古老的佛寺。

九日山上最引人入胜的是六朝史迹和两宋石刻。两宋石刻有许多都与秋天东北季风起时,送船出海的祈风仪式有关。山下又有供奉闽南最早的海运保护神通远王的庙宇。考虑到上述这些因素,就不能不使人联想到最早山海相连的泉州港或许就在九日山和丰州城之间晋江边上。

开元二十九年(741),别驾赵颐贞凿沟,通舟楫于城下,证明此时已在晋江下游今泉州位置建泉州唐城。泉州城有三层,里面一层为衙城,外面一层为子城,再外面为罗城。据说唐城只有一层,而在唐天佑二年(905),王延彬就拓城西城以包寺,证明在此时已经有了子城和罗城。[①]

后晋开运年间(约945),留从效重修泉州城。据说城市面积扩大七倍,周二十里,高一丈八尺。衙门设在城北,市场商街在城南。城南一线有四个城门,使城外的中外商人在做生意时较为方便。同时,留从效又在城市周边种植刺桐树,始有刺桐港、刺桐城之称。

留从效还在扩城的同时把商路加宽,把唐城里东西南北四条路向四方延伸,通过子城四门到达城外。新开的街路既宽又长,进出口货物运转更加方便。

他又倡导在城外构筑"云栈"。所谓"云栈",就是在泉州城外建造货栈(仓库)和客栈(旅社)。为什么要在城外建"云栈"呢?因为码头都在海边,船是开不进城里的。闽南的潮水为"半日潮",12小时涨退一次。每月农历初一、十五的12时为满潮,以后每日延迟约40分钟。潮水在夜里满潮,货船必须跟着潮水进来,趁着涨潮时卸货,等到天亮退潮,船就靠不了码头了。所以必须在城外江边、海边建码头,再修条大路从

---

① 庄为玑:《古刺桐港》,厦门:厦门大学出版社,1989年。

城里直达码头。外国的商人如果没有验明身份，以及其货品质量和数量，并缴纳税收，是不能进城的。中国的商人虽然可以进城，但当他们把货从船上卸下再运到城门时，可能天已经黑了或者天还没亮，这个时间段是进不了城的。这时当然要有货栈、客栈，以便卸货和客商休息。而且经营海上交通贸易的商家都是大批发商，他们的货物往往不可能一下子就卖完，还得等一些日子让顾客或者二盘商来慢慢买走、运走。货栈必须是在城郊，不能在城里。清代郊商、郊行指的就是做海上贸易的大批发商。许多人都搞不清楚为什么叫郊商，实际上五代开始的城郊经营海贸批发商就已经明确了郊商的含义。

不过这些商人和他们的货物像云一样飘来又飘去。过去海舶航行，基本依靠风力，春夏时西南季风起，海舶乘风南来进入刺桐港，卸下番货，堆在云栈。卖完之后就赶快要收购泉州的丝、瓷、铁、茶、果，运送码头装船。然后等到秋季东北季风起，再顺风远洋。一直要等到第二年的4月或5月，船才能再回来。

在这之间这些云栈就没人住，没货堆。云栈最热闹的也就是从四五月到八九月这几个月。因此这些云栈很可能就是一些季节性产物，如同今日所说的竹寮、竹棚之类的临时搭盖的场所。

这都是闽南人在海洋贸易运营的创新发明，所以说留从效在推动闽南海洋贸易和文化的形成贡献极大。

另外，陶瓷的生产，铜铁的开采冶炼，在留氏手上都有很大的发展。这就坚持并大大地推动了王延彬开始的海上丝绸之路。当时泉州港与新罗、高丽、南海诸岛国往来交通十分频繁。外贸的兴盛，使泉州地区官富民足。

留从效还十分重视文化教育事业的发展。他兴设"秋堂"，每年通过考试，选取进士、明经。他还兴建了崇先广教寺等，大力发展地方文教。

留从效出身贫寒，知人疾苦，政简民安，又以身律下，力倡勤俭。他常穿粗布麻衣，而把官服挂在府衙大门旁，只在坐堂议事，外出办公时才穿官服。留从效受到下属敬重，百姓爱戴，百姓竞相以勤俭为美德，形成良好的民风。

留从效死后，陈洪进掌握了兵权，用计谋和平地夺取了闽南政权，当上了节制泉、漳二府的清源军节度，以后又归顺了宋。乾德二年（964），陈洪进被任命为泉漳观察使。在几次新旧王朝交替之际，陈洪进以其智慧手腕，使闽南免于兵戎之苦，保持了安定和繁荣，这一功劳也是非常巨大的。

陈洪进基本上继承王、留治理泉、漳的方针，息兵保境，发展生产，拓展外贸，兴文教，建佛寺，对闽南的经济文化发展作出了贡献。汉族精耕农业发展的基础是灌溉，只要有水，贫瘠的土地也能变成良田，因此精耕农业在闽南的发展是随着水利工程的修建而推进的。闽南一带的水利工程，多修建于五代与宋时期，并且多是由官家统筹修建的，如唐代的"天水淮"，陈洪进时重修，更名为"节度淮"。现在泉州的陈埭，也是当时陈洪进派家丁配合当地百姓筑起的一条长达三华里（约1.54千米）的海堤，围垦出方圆达几十里的良田。陈洪进同样大力推动海上贸易，为闽南积累了大量的财富。

陈洪进统治闽南16年，太平兴国三年（978）入朝，献漳、泉二州，授平章事，卒年七十一，追赠中书令。现今泉州晋江陈埭还有一座广利庙，祭祀的正是陈洪进。可见在广开财路、惠民利民上，陈洪进也是有出色贡献的。

总之，在五代这近百年间，治理闽南的这三个集团由于使闽南避开了兵祸，发展了生产和海上贸易，闽南的经济文化获得巨大的发展，人口在陈洪进治理时期达15万户，比唐时增加三倍。

在这样的背景下，闽南文化经过从晋到五代数百年的孕育，终于在五代末至宋初形成了。在五代这三个治理闽南的集团一张图纸干到底的推动下，不仅闽南的造船技术、航海技艺和海洋港口码头的建设和运作制度得到了极大的发展并初步形成规模，更重要的是在他们的推动下，形成了以海洋文化引领农耕文化，推动农产品和手工业产品因应海洋贸易的商品化、市场化，形成了中国海洋文明最典型的特性，并推动了中国海洋文明从落后的状态创造性转化、创新性发展，开始赶上并逐步超越当时世界最先进的海洋文明。

长期以来，海洋文明被认为是西方专属，中国只有农耕文明。以黑格尔的《历史哲学》的观点最为经典，对后世影响最大。

在欧洲横行世界的历史背景下，黑格尔以欧洲为中心，根据世界地理和人类思想本质的差别，将世界文明分成三种类型：一为干燥的高地、草原和平原，以非洲大陆及游牧民族为代表，他们以放牧为业四处迁徙，除了显示出好客和劫掠两个极端性格之外，并无法形成法律和国家，因其野蛮本性而被黑格尔隔离于文明之外；二为大江大河灌溉的平原流域，以亚洲大陆和农耕民族为代表，他们依靠农业获得四季有序的收获，因土地所有权及各种法律关系而产生国家，并从中孕育了保守的、苟安的、封闭的、忍耐的大陆文明；三为与海相连的海岸地区，以欧洲大陆和海洋民族为代表，他们摆脱陆地的束缚走向海洋，进行征服、掠夺和争逐利润的商业活动，从而养成了冒险的、扩张的、开放的、竞争的性格和相应的海洋文明。

黑格尔的观点，加上西方的炮舰，以至于到了今日，还有不少人仍然认为中华文化就是农耕文化，将黑格尔的以大陆文化（黄色文明）和海洋文化(蓝色文明)来区分东方和西方文化奉为标准，并依此来审视和定义中华文明。

但是，世界上有统一的海洋知识，没有统一的海洋文化。日本的海洋文化不同于英国的海洋文化，广东的疍民不同于闽南的疍民。在这个百花齐放、万紫千红的世界，怎么可能只有一种海洋文化、一种海洋文明呢？

中国是一个地域广袤、陆海兼备的国度。中华文明是农耕文明、游牧文明和海洋文明三种文明的融合，你中有我，我中有你，甚至还有他。从大陆与海洋两个向度来把握中华文化的生成，才符合历史的真实。

事实上，中华民族走向海洋的历史，至少不比欧洲晚，而大规模利用海洋，形成独具特色的中华海洋文化比欧洲要早得多。

尽管黑格尔的海洋文明理论在解释人类文明起源和揭示不同文明性质上，有着合理的内核，但其片面性和内在的悖论常为学界所质疑。为了说明海洋对人类（无论是东方还是西方）文化发展的意义，许多学者倾向于从海洋与人类的关系，在本体论的意义上重新定义海洋文化。

世界的海洋文化，可以分成三个时期：原始时代、农耕时代、工业时代。

原始时代诞生了影响后世深远的海洋捕捞。前面我们已经介绍，考古学的发现证明，人类早在六七千年前就有了利用海洋水生物维生的历史实践，产生了各种捕捞的工具，包括独木舟、木筏，开始原始的航海，并积累了人类对海洋最早的认识，包括海流、潮汐、风信等。这种经济方式催生了人类原始海洋文化。

我们每天吃着海味，但很少有人会想到这是原始海洋文化留给我们的恩泽。第一个吃海蛎、螃蟹、龙虾的，恐怕只有饥饿的原始人才有这样的勇气，并手口相传地泽被后代子孙。人类原始的海洋文化通过言传身教，延伸到了农业社会，甚至现代的工业社会，成为人类第一种海洋文化。它是在人类早期利用海洋的经济基础上形成的海洋文化，既是世界上沿海地区最古老、最普遍的海洋文化，也是人类接触海洋的基本方式，贯穿了人类数千年的历史，并造福子孙万代。

进入农业社会，人类除了延续和创新以渔业为代表的原始海洋文化，还产生了掠夺型、资源型和公平贸易型三种新的海洋文化。

在人类的农业社会，尤其从10世纪的唐末到18世纪，中国以农产品和手工制品为支撑的海洋文化彪炳于世，是世界海洋经济最主要的商品。其港口、造船、航海技术和贸易额都占据世界最前列。中国的海洋文明在这一时期的典型正是闽南人民的创造。在这一海洋文明创造的历史进程中，中原南来的汉族与古百越先民后裔山畲、水疍完美融合，形成了陆海兼备、特色鲜明的闽南民系及其文化。古百越先民的海洋基因深深地嵌入闽南人的灵魂中，成为闽南文化最鲜亮的海洋性格。

正是在这样的事实基础上我们可以说：闽南文化形成了。

关于闽南民系形成的时间历来有不同的说法。但某一民系是否形成，这是有共同标准的。

我们知道，闽南人之所以区别于非闽南人，除了其独特的海洋性格，还有一个基本的标志：语言。闽南方言不仅是闽南人交流的工具，而且是他们思维的方式，也是闽南民系自我认同的内聚纽带。也就是说，一个闽南人之所以被认同为闽南人，最直接、最简单的道理是因为他讲闽南话，而不是共同的地域、血缘或其他什么原因。所以以闽南方言的形成与否作为闽南民系形成的标准，不仅是准确的，而且是可以实际操作的。

那么闽南方言是在什么时候形成的呢？闽南方言是隋唐中原河洛地区的语言，随河洛汉族移民来到闽南，并成为闽南的方言，这是大家都认同的。关键在于究竟是哪一次的移民使河洛官话成为闽南方言呢？须知从第一次永嘉年间到第三次唐末王潮、王审知入闽，其间有近600年之久。

语言学家告诉我们，移民对原有方言影响有四个重要因素。

第一是移民的数量。数量太少的移民一般不可能对当地的方言造成明显的影响，只能被当地方言同化。数量稍多的移民可能会对原有方言造成影响，使其发生一定的变异，但还不可以完全改变或取代原有的方言。只有数量相当大的移民，才能用自己的语言取代原有的方言。而闽南符合这一条件的，只有唐末五代这次大移民。唐总章陈政陈元光父子率领的那次移民对漳州地区而言也具有一定的人数优势，但如果把泉州也考虑进去，就未必了。

第二是移民的集中程度。陈元光所率兵集中于漳州，王潮所率光州固始兵民则先集中于漳、泉，而后又有些前往福州，相对而言都是较为集中的。

第三是移民的社会地位。移民的社会地位越高，文化经济上的优势越大，掌握的行政权力越大，他们的方言对当地原有方言的优势越大。他们可以利用自己的权力和影响来保持和推行自己的方言，而当地的土著居民为了迎合这些上层移民的需要，同时也是基于对他们带来的先进文化的仰慕、仿效及受到官方的强制与压力，必然会改变自己的方言，甚至放弃自己原有的方言，而学习使用移民的方言。

无论是王潮、王审知，还是陈政、陈元光，他们都具有这种文化与社会地位的优势。但陈元光影响的仅是漳州，而王审知影响的是整个闽南，甚至还有福州。

第四是移民的方言与迁入地原有方言间的差异。中原河洛方言与闽南土著方言的差异是很大的，语言上的冲突是十分激烈的。两种方言经过长期的激烈冲突和彼此相互影响，形成了闽南方言，同时又保留了漳、泉不同地区之间的差异。

从上述的条件看，通行于漳、泉二府的闽南方言只有在唐末王潮所率河洛移民入闽后才可能形成。因此，把闽南民系的形成确定在这次移民之后的75年至100年的五代末至宋初，即三代至四代人的时间，是比较合适的。

一个更简单的推理则是：如果我们都认为闽南话是唐代的普通话（官话），那么在有唐一代，闽南话便不能称之为方言。只有在五代十国之后，中原以宋音为官话，留存唐音的闽南话才成方言。

再者，古代没有推行普通话，所谓唐音，也是如今日北方方言一样，语音各有不同。不能设想中原固始的语言会与中原其他地方的语音完全相同。所以，传入闽南的中原唐音虽然各有不同，但最终只能以中原固始的唐音为准，因为这一地方来到闽南的人最多，官最大，势力最大，只能跟他们学。

当然，闽南方言不可能是固始唐音的完整留存，必然会吸收一些先前移民的语音和原住民（古百越族）的语音。比如"莽茇"一词，闽南话读作"马茇"。这个"马"字的读音就源自古越族的语音。语言学家游汝杰、周振鹤在他们的《方言与中国文化》中说："今台语（古越族语的后裔）中水果这一类词的大名是[mak]，即以[mak]前置于各类水果名称。如武鸣壮语：桃子[mak hau]、野莓果[mak tum]、葡萄[mak kit]、杨梅果[mak se]，又如龙州壮语：莽茇[mak heu]。"他们并作断语，认为"马茇"的第一个音节"马"字是源自古越语，而第二个音节"茇"字是汉语成分。这个词是汉越语合璧词，反映出不同语言成分的层次重叠。①

由于很早就同外部世界、外来文化有相当密切的交往，因此闽南方言吸收了许多外来的词汇，并创造了许多与外来文化有关的新词汇。

例如，"雪文"（肥皂）是从菲律宾土语中引入。但更多的是从印度尼西亚、马来亚借来的外来语，如"巴刹"（市场）、"妈干"（吃）、"斟"（吻）、"五脚

---

① 周振鹤、游汝杰：《方言与中国文化》，上海：上海人民出版社，1986年。

记"(人行道)。到了晚近还有从英语中引进的,如"敖赛"(出界)、"菲索"(裁判)、"万"(一)、"吐"(二)、"拍使"(暂停)等。

在与外界的交往中,还使闽南话产生了许多新的独特的词汇,如"番仔灰"(水泥)、"番仔火"(火柴)、"番仔饼"(饼干)、"番婆"(外国女人)。形容人不明事理,不可理喻,则说"番汰汰""番仔愚",称南洋一带为"番爿"。

总之,从晋开始,经过隋唐到五代到宋初,由古汉语分化出来并经过几个历史时期演化发展而形成的闽南方言终于定型。这时候闽南方言的代表是泉州音,这是由泉州在闽南的政治、经济和文化地位所决定的。

首先,闽南方言的形成,对闽南方言艺术和口传文学的形成和发展起着决定性的作用。同时,也对闽南文化的各方面产生了极其重要的影响。

其次是闽南物质生活习俗的形成。在闽南这个地理环境,和海洋经济链条的潜移默化下,历经数百年之后,闽南的饮食习惯、建筑风格、交通工具、衣着服饰等,终于形成别具特色的体系。如海味,闽南靠海,本身海味多,而且从五代对外贸易的商品看,闽南还从南洋诸岛进口海味。从中可以窥见当时闽南官富民足的饮食习俗。

再如茶叶,五代泉州的茶叶是外销的重要商品,产量很大。闽南的饮茶习俗当时已经形成。

民俗本来就是因地而异,而且与历来民风、民俗同统治者的提倡大有关系。闽南特殊的地理环境,加上五代近百年中自成的独立政体,其民风、民俗,有其独特之处。既有从北方带来的习俗,更有在新的环境中产生的民俗。如祈风之俗,便是因远洋外贸而兴起的民俗。像至今尚存的"送顺风""脱草鞋"之俗,也是在那对外交通发达的时期应运而生的。此时,闽南已经产生了许多富有海洋特色的独特民俗。

佛教的兴盛带来了许多佛事、祭祀,也就带来了迎神赛会的阵头,推动了民间歌舞、戏曲的兴起。在闽南音乐中,如南音里,就有许多佛曲。寺庙的兴建对建筑艺术、雕塑艺术等的推动,就更不用说了。泉州开元寺始建于唐垂拱二年(686),历五代至宋,寺旁设支院达120所,其中以五代所建最多。开元寺的大殿,因有百根柱子,又名百柱殿,面宽9间,进深6间,重檐上不出斗拱,下有飞天乐伎20尊,手执各式古乐器,风格独特,全国罕见。

总之,如果说有唐一代,中原南来汉人还在努力坚守原乡中原农耕文化,同时不断汲取闽南地理和海洋文化的营养,尚未完全形成闽南文化,那么,经过五代这一重要的发展时期,闽南文化已经有了独特的方音词汇及独特的海洋性格,完全成熟了。

闽南在这一时期经济文化的大发展,为宋代的鼎盛奠定了重要的基础。

第四章　闽南文化的大发展与中国海洋文明的高潮

中国海洋文明的世界性高潮与宋代闽南海洋文化的大发展是紧密相关的。到了宋代，闽南福船的成熟和完善，确立了中国引领世界船舶制造的技术文明。龙骨、水密隔舱、平衡舵、升降舵等成为后来世界各国学习的先进科学技术。水罗盘的应用，象征着中国远洋航海技术的领先。泉州的刺桐港则成为马可·波罗和许多欧洲人梦中的天堂。中国精美的丝绸、瓷器、茶叶、蔗糖等成为外国王公贵族高尚生活的文明象征。

可见，宋元中国海洋文明的高潮，是基于先进的船舶制造和航海技术，腹地广阔的海港城市，以及体现中国人勤劳与智慧的农业、手工业产品市场化、商品化生产所展开的宏大的海洋贸易的。同时，中国海洋文明的世界性高潮也得益于宋代朝野上下共同的海洋意识、开放的心态，以及公平多赢的理念。

第一节　宋代闽南文化大发展的历史背景

闽南文化的大发展乃至走向鼎盛，在有宋一代，同泉州刺桐古港的兴盛、逐步成为宋元中国世界海洋贸易中心基本同步。宋代刺桐港的兴盛，是因中国，乃至世界局势的变迁，是由各种因缘际会所造成。

一、世界背景

自隋唐兴起的阿拉伯帝国在宋代达到鼎盛，控制了从波斯到北非的大片土地。当时的亚历山大港堪称世界第一大港。他们的力量从陆地到海洋，直达东南亚，并且以苏门答腊的三佛齐为中转站，北上而至中南半岛，再达中国的广州，极力开拓与中国的贸易。

此时中国南方已经安定，阿拉伯人捷足先登，又集中到了广州。杭州、明州距离首都汴梁更近，运输更方便，也成为阿拉伯人和日本、新罗海上贸易的目标港。朝廷在开宝四年（971）先设广州市舶司，继开杭州、明州，把关税收归中央。

当时福建海外贸易已相当活跃,由于没有设市舶司,福建船舶若要到海外经商必须先到广州市舶司呈报,领取公凭,方许出国,回国时又须到广州市舶司抽解,否则没收其货。这给福建的海外贸易带来很多不便,也给阿拉伯商人带来不便。

阿拉伯人不仅自己需要中国的丝绸、瓷器、金属制品,还将货品转手卖到欧洲,获取高额的利润。特别是瓷器,这是中国独有的。

泉州生产的青白瓷,虽然工艺稍逊景德镇和龙泉窑,但量大价平,都是日常生活用品,市场极其广阔,自然成为他们所中意的商品。"南海I号"一船18万件瓷器,大多数都是闽南的窑口所产。海上丝绸之路在宋代可谓是"海上瓷器之路"。

在此期间泉州未设市舶司,在利益的驱使下,内外勾结,上下其手,睁一只眼闭一只眼地走私,就是可以想象的了。泉州因此反而成为阿拉伯人特别钟情的港口。中央未设市舶司,反而便宜了泉州人和阿拉伯人,海上贸易更加蓬勃发展。到北宋中期,泉州已经发展为全国六大都市之一,对外贸易也超过了明州,仅次于广州。于是神宗元丰年间,朝廷便在泉州设立了官望舶。仅过了九年,元祐二年(1087),正式设置市舶司[①]。

泉州设司不到40年,金入侵中原,宋王朝被迫放弃北方,偏安东南,在临安重建南宋小朝廷,整个政治经济文化中心随之南移。这时北方的陆路通商濒于断绝,东南海上则畅通无阻,东西方贸易中心路线,已从陆地转移到海上。而泉州距首都临安比广州要近一半的路程,又是宋王朝南外宗正司所居之地,已较广州更占便利。泉州市舶税收到绍兴三十二年(1162)已达100万缗,成为南宋财政重要来源,宋王朝对泉州更加重视。乾道四年(1168),改"三路市舶司"为"广泉"市舶司,由四港集为两港,泉州和广州已并驾齐驱了。宝庆元年(1225),赵汝适在泉州提举市舶司时,写了《诸蕃志》,记录了当时与泉州有贸易往来的58个国家的情况,可见当时泉州经济贸易相当繁荣。到了宋元之交,泉州已经成为和亚历山大港并驾齐驱的世界大港。

二、中国背景

宋代科学技术不仅达到中国历史以来的顶峰,还处于当时世界领先地位。指南针、火药、活字印刷、化石燃料、天文时钟、鼓风炉、水力纺织机、船用防水隔舱、平衡舵、龙骨等先进科学技术广泛应用。活字印刷术方便了思想的传播,指南针应用于航海,火药用于军事,造船业的空前发展也是其突出体现。

宋代对民间开放的商贸政策,完善的海外贸易管理制度,对科学技术的重视,为闽南海洋文化的大发展创造了极其有利的外部环境。

宋初,宋太祖虽平定了南方的割据,却未能征服北方的辽、夏,因此年年纳贡,成为财政上沉重的负担。宋王朝不得不千方百计解决财政困难,其中重要的一招就是发展海上贸易。宋高宗赵构曾经说过:"市舶之利最厚,若措置得当,所得动以百万计,岂不胜取之于民?"这是说,朝廷既然能通过市舶司获得动辄百万计的利润,岂不远胜从老百

---

① 《古刺桐港》。

姓那里强取豪夺。

宋代在中国历代封建王朝中是最开放的朝代，政府热衷招商引资，设立20多个贸易港口，积极发展海外贸易，常年进出口货物410多种，与几十个国家保持着良好的贸易往来关系，并设立了专门负责对外贸易管理机构市舶司。政府获得大量的市舶税收收入，认识到"国家之利，莫盛于市舶""于国计诚非小补"，是"富国裕民之本"。

宋代制定了中国最早的市舶条法《元丰广州市舶条法》，元代的《延祐市舶则法》《至元市舶则法》不过是继承宋法之后进行增益。普通百姓亦可在海上贸易中获取丰厚利润，"一贯之数可以易番货百贯之物，百贯之数可以易番货千贯之物"。[①]

相比汉唐两代禁止普通百姓出境，明清两代对离开国家的海外华人视同弃子，而宋代官方对出海经商不仅允许而且大加鼓励。每年政府还会出面宴请番商纲首（负责大宗运输的商人首领）、船员，博其欢心。

泉州市九日山有七十八方珍贵摩崖石刻，九方为宋代题刻，其中一块记载的是公元1174年，专职负责泉州对外贸易实务的南宋朝廷官员虞仲房带领自己的僚属，在九日山下的延福寺举行祈风活动。这是九日山最早的一块祈风石刻。

在木帆船时代，人们要远洋航行，必须借助风力。一次远洋航海少则一年，多则数年，甚至十多年，茫茫大海上的安危祸福也多半与风有关。闽南的船只，每年9月乘东北季风而去，4月随西南季风归来。祈求海神保佑一路顺风，就成为行船人与沿海民众共同精神寄托的祭神仪式。

泉州九日山上的摩崖石刻印证，当时商人出海，官府还要专门去祈风送行。海外贸易的空前繁荣，给官民带来巨大利益，促使国人的海洋观念发生了巨大变化。

宋代是海洋意识大发展的时期，航海知识、造船技术、对海外的认知和海外拓展的意识等都比前代（唐代）有本质的提升。其积极进取、开放多元的精神与16世纪前期西方地理大发现与海洋意识的兴盛期相比，亦不遑多让。南宋末年泉州刺桐港已是国家最大的港口，每年上交给国家的税收占宋王朝财政的1/5。而朝廷放心地将这个最大的港口海关交给色目商人的儿子蒲寿庚来管理，这种开放的人事制度体现了当时开放的心态。

三、福建背景

福建在五代兵祸较少，得到较大发展。泉州归宋后，社会安定，经济发展很快，特别是茶叶、荔枝、甘蔗、棉花和占城稻等的种植面积大为扩张，商品化程度大大提高，造船、制瓷、丝织、五金、食品等行业更有长足的发展。在这样的经济基础上，对外贸易自然也获极大的发展。这时来泉州经商、传教的阿拉伯人大增，甚至阿拉伯女人也跟着来此生活。《泉州宗教石刻》记载的墓碑写道："死者名黑提漆，异国阿拉伯女人，她是有名人物高尼徽的爱女。卒于回历400年（1009）。"可见宋初已有阿拉伯人定居泉州。泉州已经成为和阿拉伯通商的重要口岸，自然也得到了重视。

---

① 《古刺桐港》。

于是从北宋开始"福建路"成为全国十五路之一。之前福建附属于浙江或江西，到此时才自成一个单独的行政区域，下领五州二军一监，成为日后"八闽"的前身。

在这样的背景下，闽南所处的福建在宋代得到了巨大的发展，为闽南经济和文化大发展提供了良好的环境。

北宋太平兴国年间（976—984），福建路有467815户。到元丰初增至1043839户，比太平兴国年间增长了123%。福建路除邵武、兴化二军外，其余六州增长幅度均在110%以上，而漳州增长高达318%。这种增长速度，在当时南方各路中居首位。①

南宋初，北方人口大量逃往南方，绍兴三十二年（1162），福建户数达1390566，口数2808851，分别比元丰初年增长了33%和37%。至嘉定十六年（1223），福建户数和口数又增加到1599214和3230578，都比绍兴三十二年增长了15%。这种增长速度也是冠盖江南各路的。②

人口的增加势必造成对耕地的巨大压力，引起田价和粮价的大幅上涨。据《宋史·食货志》记载，绍兴年间福建的米价比江西高出将近一倍。但是这反而推动了福建山区营造梯田，沿海围垦滩涂，并兴起了水利工程建设的高潮。"唐代福建新修的水利只有29处，其成就仅居全国的第4位；至宋达402处，已跃居全国第一。"③

同时，福建在五代王氏集团手上引进了安南的占城稻，在宋代得到了广泛的推广和种植。所以宋代福建人口虽然不断迅速增长，但衣食无忧。《宋史·地理志》认为福建路"民安土乐业，川源浸灌，田畴膏沃，无凶年之忧"。这当然和福建当时海外交通贸易的发展紧密相关。海洋经济链条吸纳了大量的人力，有高额的利润，国富民丰。百姓有钱不畏粮价高。农民粮贵，不畏田少，还种蔗、茶、棉各种海运外销经济作物，确无凶年之忧。也因此有宋一代，福建人口不断增长，其中大量的是北方和外省迁来的。

如此有利的历史背景和良好的周边环境，闽南人传承弘扬五代确立的走向海洋的理念，使闽南海洋经济链条在宋代获得了完善和巨大的发展。在经济政治地位大大提高的情况下，闽南人充满了自豪和自信，表现出高度的想象力和创造精神，完成了许多史无前例的伟大工程，创造了许多灿烂的文化业绩，写下了闽南文化璀璨夺目的一页，推动了闽南文化在宋代的大发展，也推动了中国海洋文明占据世界高峰。

---

①② 《福建古代经济史》。
③ 冀朝鼎：《中国历史上基本经济地带与灌溉事业》，摘自《福建古代经济史》。

第二节　引领世界的闽南海洋文化

一、造船与航海技艺的提高与完善

两宋时期，闽南的造船技艺在五代的基础上随着海外交通贸易的发展获得了极大的提高和完善。

由于北方的威胁和南方的发展，宋代推动了经济重心南移，南方经济和海上贸易空前繁荣。这一经济格局的变革也导致国家漕运、商业流通、海上贸易和百姓生计对船舶的依赖空前增强，极大地推动了造船业发展，船舶种类和数量显著增加。

福建的福船与沙船、乌船、广船并称为我国四大船型，中外史书上皆称"海舟以福建为上"。宋代福船是中国古代造船技术的杰出代表。

据《福建古代经济史》介绍：泉州制造的刺桐大舟，其船体庞大，上下四层，设备周全，能够容载一千多人。《宋会要辑稿》的《刑法二》载："淳熙九年十一月二十一日诏，……以枢密院言大观间曾降指挥大溪山氏民户所置船面不得过八丈，近年多有兴化、漳、泉等逋逃之人，聚集具处易置大船，创造兵器，般贩私盐。"

如果船面宽度以八丈计，则船长当接近五十丈，则载重量应在五百吨以上。[①]

1974年，泉州出土的宋船印证了当时闽南劳动人民伟大的智慧和高超的造船技能。

在泉州后渚港发掘出的13世纪宋代木帆船，船体残长24.2米，船宽9.15米，仅存底部，船体上部结构已损毁无存。海船尖底，头尖尾方，船身扁阔，平面近椭圆形。底有龙骨，由两段松木料接合而成，全长17.65米，连接龙骨的艄柱用樟木制成，长约4.5米。船板连接方法有连接式和平接式两种，混合使用。底板及侧板分别由二至三层木板叠合而成，连接处大多采用榫合，缝隙之间涂塞麻丝、竹茹和桐油灰，并用铁钉加固。船材多为杉木，间有樟木、松木，纤维纹理清晰可辨。那巨大的龙骨，用苍天古木斫制而成。船体用12道隔板构成13个互不渗水的水密隔舱。最深的舱达1.98米，最浅的为1.5米。在第一舱和第六舱设有桅杆座，说明它是一艘三桅的远洋航船。船尾有舵座，舵孔36厘米，舵板可以灵活升降。当航船行浅海，舵板升与船底平齐，可避免触礁，而当它行至深海，舵板下降，可稳固掌握航向。

船中还出土一些物件和附属工具，例如绞盘、船桨等。舱底发掘出所载货物有2300多公斤香料木（降真香、檀香、龙涎香）和贵重药材、500多枚唐宋铜铁钱、50多种宋代陶瓷器、2000多个暖海贝壳，以及许多椰子、桃、李、橄榄、荔枝等热带水果核，说明这是一艘远航南洋归来的商船。这艘宋船结构坚固，稳定性好，适宜远洋航行，其巧夺天工的制作技艺堪为刺桐大舟的代表。[②]

1984年，世界著名的科技史家李约瑟博士来泉州参观这条800年前的宋代古船时，由

---

① 《福建古代经济史》。
② 《泉州湾宋代海船复原初探》，《文物》1975年第10期。

衷地赞叹："这是中国自然科技史上最重要的发明之一。"

1987年8月，交通部广州打捞局与英国海洋探测公司在广东省阳江市附近海域寻找东印度公司沉船时，意外地在阳江海陵岛约20海里的海域发现一艘沉船，这就是"南海I号"。

"南海I号"被发现时，中国并没有水下考古的经验，为此中国组建了第一支水下考古队。2007年12月22日，经过30年的准备，"南海I号"以外套沉箱的方式被打捞出水，并入驻广东海上丝绸之路博物馆。

这船是宋代满载货物从我国的东南沿海港口出发前往东南亚、西亚等地区进行贸易活动，途中沉没。它是南宋时期泉州制造的木质福船，长度为30.4米，宽度9.8米，排水量约600吨，载重可能近800吨，是目前发现的最大的宋代船只。

"南海I号"出水的瓷器种类以日用瓷为主，总计18万件套。其中囊括了景德镇的青白瓷、浙江龙泉的青釉和青黄釉、福建德化的青白瓷、闽清义窑的青白瓷、磁灶窑的黑釉和绿釉瓷器。从数量上说，还是以福建瓷器居多。

此外，还有130多吨的铁和几万枚铜钱，大量的黄金首饰，2.8公斤的黄金和300多公斤的银。出土的还有一套秤盘和砝码，在沙特博物馆也有一套完整的在展，也就是说那个时候"南海I号"和沙特，就是当时的阿拉伯有交往。后来在塞林港的发掘也发现了这种砝码。

这艘宋代商船，是迄今为止世界上发现的海上沉船中年代最早、保存最完整的远洋贸易商船。这艘古沉船的重见天日，给我们研究宋代历史提供了重要的实物资源，尤其是对研究宋朝发达的造船业和对外贸易提供了重要的参考。它印证中国的造船航海技术宋元时期已处于世界领先地位，同时也印证了泉州福船高超的制作技艺。

"南海I号"还出土了水罗盘，印证了当时先进的航海技术，也粉碎了污蔑中国发明指南针，只会看风水的无耻谎言。

宋人《梦粱录》称："若欲船泛外国买卖，则自泉州便可出洋，迤逦过七洲洋。舟中测水，约有七十余丈。……但海洋近山礁则水浅，撞礁必坏船，全凭南针，或有少差，即葬鱼腹。……又论舟师观海洋中日出日入，则知阴阳，验云气则知风色逆顺，毫发无差。远见浪花，则知风自彼来，见巨涛拍岸，则知次日当起南风，见电光则云夏风对闪。如此之类，略无少差。相水之清浑，便知山之近远。大洋之水碧黑如淀，有山之水碧而绿，傍山之水浑而白矣。有鱼所聚，必多礁石，盖石中多藻苔，则鱼所依耳。每月十四、二十八日，谓之大等日分，此两日若风雨不当，则知一旬之内多有风雨。凡测水之时，必视其底，知是何等泥沙，所以知近山有港。"[①]可见其时航海人对天时、海象、地理，和远洋航海的技术，已经达到了相当高的水平。

这种高超的船舶制造技艺和远洋航海技术证明宋代闽南海洋文化已经十分成熟，并成为中国海洋文明的代表性特征，确立了中国海洋文明在当时的世界领先地位。

---

① 吴自牧：《梦粱录》卷12《江海船舰》，摘自刘坤、赵宗乙主编，金玲、孟庆祥副主编：《梦粱录（外四种）》，哈尔滨：黑龙江人民出版社，2003年。

二、世界第一大港的建设

宋代，在海洋贸易推动下，泉州的码头港口城市建设在五代基础上进一步发展和完善，开辟了更多的海港码头与航线，并在海边建设了指引航标的石塔；通过桥梁、道路的建设，开辟了更加广阔的腹地；城市持续扩大，并留下了许多传世的标志性建筑，终于在南宋末年成为世界最大的海港城市。

（一）航线和三湾十二港的形成

南宋理宗宝庆元年（1225），泉州市舶提举赵汝适撰成《诸蕃志》一书。由于作者本人是掌管海外贸易的官员，可直接得到中外贸易商人的实际报告，掌握真实情况，又参考大量文献资料，故可信性较强。据该书所载，当时与福建有通商关系的有58个国家和地区，主要有五个部分：第一，东亚诸国，即高丽和日本。第二，南海诸国，即今东南亚地区，包括中南半岛诸国，如三佛齐（印尼）、占城（越南）、真腊（柬埔寨）等。第三，南亚诸国，即印度次大陆，当时称为"西天诸国"，如印度西南马拉巴尔一带的南毗国、孟加拉国的鹏茄罗国、斯里兰卡的细兰国。第四，阿拉伯诸国，宋称为"大食"。周去非在《岭外代答》中说："大食者，诸国之总名也。有国千余，所知名者特数国耳。"第五，非洲和欧洲，如北非的易斯里（今埃及开罗）、默伽猎（今摩洛哥）、东非海岸的层拔（今坦桑尼亚桑给巴尔）、昆仑层期（今马达加斯加岛）、欧洲的斯加里野（今意大利西西里岛）等。可见当时泉州刺桐港的海外交通贸易是何等发达。

因应这种情况，泉州的港口就不是仅有一个湾区几个码头。根据庄为玑先生《古刺桐港》的研究："一般的说，一个海湾常包括几个海港。但是，如果一个海港，历史悠久，形成大港群，也可以一个大港将几个海湾的支港合成一个港群。泉州港便是这样一个大港，总称之为'三湾十二支港'。泉州古港这三湾十二港是随历史变迁而逐渐开发形成的。"

所谓三湾十二港即：泉州湾洛阳港、后渚港、法石港、蚶江港，深沪湾祥芝港、永宁港、深沪港、福全港，围头湾金井港、围头港、石井港、安平港。安平港又称南港，港口外有白沙、石井两澳夹峙成海门，海门内港阔水深，无风涛之险，距泉州城仅30公里，道路平坦，交通方便，是泉州港著名的支港。

当然最主要的还是泉州湾的后渚港，背山面海，港道深阔，是个很好的避风港，便于海舶的停泊和启航，是泉州港当时主要的泊所。

宋末元初泉州市舶提举蒲寿庚曾在这里建有雄伟壮观的望云楼，用于观察众多的海舶。在后渚港附近的法石还建有军事要塞以保卫港口。

事实上当年泉州刺桐港统合的不仅仅是泉州地区这三湾十二港，还包括漳州九龙江流域、厦门湾（嘉禾湾）、同安湾、莆田的湄洲湾，甚至福州的海外贸易都在泉州市舶司统辖之下。当然，这些都只能算是刺桐港的支港或腹地港。

古代船舶的航行，往往通过眼睛和经验判断进行定位，故而在各主要港口湾区的入口高山之上均建有显眼的航标塔,除了供来往船只航行定位外,还可以供文人墨客、稽查官员登高瞭望海况。

为了给"万国樯桅"导航标志,绍兴年间,闽南人在永宁湾的制高点宝盖山上,兴建了关锁塔。

明代何乔远在《闽书》中记载了一个凄婉的故事:"昔有姑嫂为商人妇,商贩海,久不至。"姑嫂在宝盖山上望穿秋水若干年,也没有看到亲人回还,就蹈海而亡。人们为了纪念她们建成一塔,并称为姑嫂塔,也就是关锁塔,也叫万寿塔。

这当然只是传说,姑嫂塔建于南宋绍兴年间(1131—1162),一站就是将近900年,至今仍巍然屹立。当年,世界几十个国家来泉州开展航海贸易,樯橹云集,人声鼎沸,无论出发或者靠岸,姑嫂塔都是显赫的标志。

泉州湾蚶江镇石湖村的六胜塔(石湖塔)建于北宋政和年间(1111—1118),比姑嫂塔还早20年左右,至今形貌十分完整,仿木结构的花岗岩塔一层层由低到高,由大到小的浮雕金刚、力士像环绕一周,装束和神态各异,引人入胜。但是浮雕受风雨剥蚀的痕迹严重,特别是面朝大海的一面,人物的表情和服饰已经模糊不清。

六胜塔比姑嫂塔还要高出十多米,是泉州港外港的航标。六胜塔下的蚶江、石湖,当年曾有18个码头用于停泊各国商船。

(二)刺桐港的发展

港口的大小关键在腹地,为了扩大泉州港的腹地,宋代不仅疏通晋江、九龙江河道,还在厦门湾、莆田湾开辟了许多沿海和沿江的腹地港,更围绕泉州港修路建桥,极大地拓展了泉州港的腹地。

闽南桥梁在宋代如雨后春笋一般拔地而起,时人称"闽中桥梁甲天下,泉州桥梁甲闽中"。留存至今的宋代名桥有皇祐年间洛阳江上的洛阳桥(又称万安桥)、绍兴年间安平湾上的安平桥(又称五里桥)、绍熙年间九龙江上的江东桥(又称虎渡桥)。

南宋绍兴年间修建的著名桥梁,还有古陵桥、东洋桥、厦渎桥、石笋桥、苏埭桥、玉澜桥,嘉定四年(1211),郡守邹应龙造顺济桥。泉州地区仅宋朝时期修建的桥梁,数量就达到109座,其中晋江50座、南安24座、惠安16座、同安11座、安溪8座。

这些建于江海交汇之处或海湾之上的桥梁构建了一个庞大、便捷的交通网,条条大路通泉州,各个港口接刺桐。交通的便利,更方便了货物的集散和人流的汇聚,以桥梁为代表的泉州港口城市基础设施的逐渐完善,极大地扩展了泉州刺桐港的腹地,是泉州海上贸易不断膨胀的有力支撑。

在海上贸易的支撑下,泉州城市不断地发展,到北宋徽宗宣和年中,泉州"城内画坊八十,生齿无虑五十万"[1]"驿骑通途,楼船涨海,农士工商之会,东西南北之人"[2],已经成为福建路商品经济的中心。"温陵大都会,朱门华屋,细车宝马相

---

[1] 泉州《风俗形胜》,王象之:《舆地纪胜》,卷130。
[2] 《代谢章相公启》,郑侠编著:《西塘集》,卷8。

望"①。

围绕着泉州出现了大批的市镇。著名市镇有石井镇、溜石镇等十几个镇,草市著名的有洛阳市、法石市、五店市、后渚市等。

石井位于围头湾腹部,南宋建炎四年(1130)建镇后,扶摇直上,在南宋全盛时有铺肆仟余爿,年商税逾三万贯,是泉州港主要港口南关港以外的辅助港口,是当时最为繁华市镇。

龙溪县海口镇位于嘉禾湾北侧,漳州平原物资多集中此镇循海路出境。熙宁十年(1077),海口镇的税额与控扼晋江尾闾的溜石镇同近1400贯。湄州湾西岸的太平镇港,大量输出仙游的蔗糖,已经发展为大宗商品的专业性港口。

总之,统合整个闽南外贸的泉州海港城市在北宋晚期已经完全成形,并在南宋继续不断地扩张繁荣,终成世界最大的港口城市。

当然,只是有先进的造船技术和航海技术及道路桥梁四通八达的港口城市,还不能成为世界海洋贸易的中心,因为所有这些必须围绕着商品来展开。

(三)中国海洋文明的形成

闽南的农业与北方自给自足的小农经济有根本的不同,在海洋贸易的引领下,闽南很早就实现了手工业和农业的商品化市场化生产,融入整个海洋经济链条之中。用一个自给自足小农经济模式来套全中国的农业,至少在闽南是对不上号的。

从五代开始,闽南原先的单一粮食生产体系已经逐渐地向全面发展的农业体系过渡。到了宋代,闽南的经济作物更是一枝独秀,成为闻名全国和海上贸易的重要产品。

唐代福建的纺织水平是很差劲的,在全国列第八等。由于五代大量北方能工巧匠来到闽南,使闽南的纺织工艺技术极大地提高,福建的纺织技术得到飞速的发展,闽国多次向后梁进贡大量的锦缎、绮罗等丝织品和葛布。

到了宋代,闽南已经跻身于全国丝绸重要产地之列,甚至连四川著名的织锦工匠不能解决的技术难题,都被福建的织锦工匠迎刃而解。南宋在泉州设南宗正府,皇亲贵族大量聚居于此,外贸和贵族所需要的丝绸刺激了泉州纺织技术的发展。13世纪摩洛哥人伊本巴都在《游记》中写道,"刺桐城极扼要,出产绸缎,较汗沙(杭州)及汗八里(北京)二城所产为优",刺桐缎名声大振。时人称"绮罗不减蜀吴春",以称赞泉州的丝织品。②

五代起,木棉在闽南广泛种植,木棉花纺织成布,时称吉贝布。闽南家家种植木棉,棉纺织成为农村家庭重要的副业,家家妇女都织木棉布,并能织出具有地方特色的花式品种,还有种种不同的名称。据时人《邻女搔绵吟》称,巧手妇女一人一年可织20匹布。

在棉纺技术不断提高的基础上,南宋绍兴年间福建棉纺织品产量不断提高,仅泉州

---

① 刘克庄:《后村大全集》,卷154。
② 《福建古代经济史》。

一地每年就上贡棉布5000匹。而标志棉纺织业的巨大飞跃是脚踏纺车的出现。到元朝至元二十六年（1289），福建每年向朝廷输纳棉布10万匹，朝廷还在福建设木棉提举司，专门管理棉业生产。闽棉质量上乘，"尤为丽密"，不但进贡，且大量外销全国和出口海外贸易。

甘蔗更是闽南千年不败的经济作物，通过甘蔗榨取的蔗糖也是当时重要的手工业产品。同安人苏颂在宋仁宗时所编的《图经本草》一书称甘蔗"泉、福、吉、广多作之"。

《重修政和经史证类备用本草》卷23称，荔枝"闽中第一，蜀川次之，岭南为下"。每年荔枝收成后，除转运京师大邑外，北则运至辽夏，"东南舟行新罗、日本、琉球、大食之属，莫不爱好，重利以酬之"。①

龙眼也是闽南的特产，《淳熙三山志》的《土俗类三》称："龙眼一名益智，叶凌冬不凋，春末夏初，生细白花，七八月实成，壳青黄色，圆如弹，肉白而甘，有大如钱者，人亦珍之，曝干寄远，亚于荔枝"。②

可见闽南龙眼干、荔枝干历时千年以上，也是闽南农民赚钱的商品。

当然，供应海洋贸易最主要的是瓷器、丝绸和铁器。位于晋江辖区内的磁灶窑址（金交椅山窑址）是目前发掘面积最大、保存最完好、出土遗物最多的一处宋代窑，成为宋元时期泉州外销陶瓷窑址的杰出代表。

据考古调查，发现有26处磁灶窑遗址。这些窑址中，南朝窑址1处，唐、五代窑址6处，宋、元窑址12处，清代窑址7处，构成了磁灶窑庞大的窑系。

考古成果佐证了早在南朝时期，磁灶窑已开始生产活动。到了唐五代，随着中原士族大批入泉，晋江两岸得到迅速开发。当时的泉州土地贫瘠、人口众多，出现了发展瓶颈，闽南人民因此走上产业转型之路，探索出一条以手工业为主、农业商品化为辅的海洋港口经济发展道路，陶瓷、冶铁、吉贝布、泉州缎、蔗糖、水果干等经济作物和手工业蓬勃兴起。

宋元12处窑址中蜘蛛山窑址、土尾庵窑址、童子山窑址、金交椅山窑址等4处窑址合称"磁灶窑址"，被国务院公布为第六批全国重点文物保护单位。

经考古，作坊遗址使用时间当是10—13世纪。窑炉中保存得最为完整的是2号窑，其沿山坡而上是著名的龙窑。窑炉斜残长60.88米，火膛、窑室、窑尾、窑顶、窑门、上窑路、护窑墙等遗迹仍盘延坡上，有的地方遗留有三层窑壁，可见曾前后修缮三次。

金交椅山窑址以生产执壶、罐、瓶、碗、盘、碟等日常生活用器为主，出土器物多为青釉、酱釉，其装饰纹样丰富多彩，主题图案除了植物花卉、祥瑞动物，还有缠枝花等具有阿拉伯风格的纹饰，以及用矿物颜料书写铭刻的诗词歌赋等文字，洋溢着民间生活气息和乡土韵味。

磁灶窑产品以其独有的低温绿釉器独步天下，而且出现产品"定烧"的商业模式。这些定烧产品带有浓厚的异国风味，黄釉铁绘花纹大盘、龙纹军持等外销器物，如今屡见于海外博物馆及中世纪海上丝绸之路沿线的沉船上，成为促进中外文化交流的桥梁。

---

①② 《福建古代经济史》。

除了瓷器，铁器也是泉州刺桐港重要的贸易商品。

据《宋史》记载，北宋庆历五年（1045），"泉州青阳铁冶大发"，福建路转运按察使高易简在泉州设置铁钱务。

"南海I号"发现的大量铁器证明铁制品是宋元时期海上丝绸之路贸易的重要商品。

近年考古工作者在安溪县尚卿乡青洋村发现了下草埔遗址为代表的冶铁作坊，与晋江下游的铸铁、铸钢冶炼作坊，共同构成了宋元时期泉州完整的冶铁业生产链。

下草埔遗址核心区域大约5000平方米，目前挖掘约2000平方米。遗址不仅包括一处冶铁遗迹，还涵盖了在冶铁遗迹周边的一古矿洞、一段古道，以及一处青阳余氏家族的祖屋遗址和一座为冶炼提供薪材的山地。

这里的矿藏种类多、储量大，为下草埔冶铁提供绝好条件；地处泉州五阆山脉，茂密的森林为下草埔冶铁提供了取之不尽的燃料；北高西低、东西向夹的地势，使下草埔犹如天然的"鼓风机"；地处内外安溪结合处，从下草埔可抄山道抵达临近的渡口，将铁产品经由水路抵达泉州港。

下草埔冶铁遗址发现系列重要遗迹，包括六座冶铁炉、三处房址，多个由炉渣、矿石、碎陶瓷片堆叠硬化而成的活动面、护坡、池塘、小丘、板结层及石堆。六座冶炼炉中，有依傍山坡修筑的炼铁小高炉；有规模更大、多次修缮重建的竖炉；有锻炉，锻炉周边遴选获得锻造剥片；有原为南宋中期的冶铁炉，南宋末至元代被改造成灶。

考古专家们推断，此地集中冶铁的时间大概是在宋元时期，当时此地已形成较为完整的冶铁生产体系，块炼铁技术与生铁冶炼技术并存。

遗址出土物包括钱币、金属器、陶瓷、冶炼遗物、石块等五大类。考古现场发现"祥符元宝""皇宋元宝""熙宁通宝"等钱币，均铸造于11世纪初期；金属器分为铁制品和铜制品，铁钉是遗址目前仅见的经锻打铁制品之一，还有铁片、铁块等块炼铁粗加工产品，是遗址性质的直接证据；冶炼遗物包括炉渣、矿石、烧土、炉衬四类，以炉渣数量最丰富。此外，遗址还挖掘出了莲瓣纹瓦当、大量筒瓦及其他建筑构件，许多构件表明，遗址等级较高，或为官署建筑。

下草埔冶铁遗址是个同时冶炼熟铁（块炼铁）、生铁、钢的古冶炼场，展现了宋元时期中国东南地区冶铁手工业遗址的独特面貌，是宋代经济史、手工业技术史、海洋贸易史的重要发现。

如果把这里发现的铁钉和"南海I号"上面的铁钉进行化验，或许就可以找到"南海I号"上铁钉的来源，证实当年海上丝绸之路上的金属制品来自何方。

总之，从以上泉州港出口商品的介绍，我们可以了解当年的海洋贸易是怎样引领从中原传播而来的自给自足的小农经济变身成为大规模商品化市场化的全面发展的农业经济。而这个伟大的转变又引领闽南原本单一稻作的农民，变身为又农又渔又工又商，立足黄土又走向海洋的多面手，成为其时中华民族最富有创造力的民系之一。

这样也就可以理解：为什么说中国海洋文明是建基于以勤劳智慧的手工业品、农产品来开展公平多赢的海洋贸易，为什么说闽南人民及其文化是中国海洋文明的典型代表。

第三节　闽南文化的大发展

在闽南海洋经济高速发展的背景下，闽南人民生机勃发，表现出惊人的文化创造力，推动闽南文化获得极大的发展。尤其到南宋时期，闽南的科学技术、文教科举、艺术创造遥遥领先，各项人才辈出，思想文化传承创新，影响广泛而深远，堪称闽南文化之鼎盛。

闽南当时在全国，甚至在全世界，许多科学技术都是一枝独秀，遥遥领先。除了前文已经讲过的船舶制造技术、远洋航海技术、水稻及经济作物栽培，以及陶瓷、纺织、冶炼、制糖等手工业工艺技术的高超领先，在建筑特别是桥梁建筑上，更是技高一筹，独步天下。

其中以万安桥（洛阳桥）、安平桥（五里桥）最为著名，而且历经近千年风雨、江流潮汐，至今依然巍然屹立，行走无虑。

万安桥所处的位置为洛阳江口江海交汇处。海水落潮时，洛阳江水自西奔流而下，持续冲刷着海口；涨潮时，海水从泉州湾由东灌涌而入，水流湍急、凶险无比，想要在此建桥，对桥的墩基是个严峻的考验。针对这现状，闽南师傅因地制宜开创了一种全新的技术，即在江底沿着桥梁中线抛掷石块，以之为中心向两侧过渡一定宽度，从而形成一条横跨江底的矮石堤，以作为桥墩的基础。而叠加在基础上的筏形基石，可以最大限度上减少江流和海潮双向水流的冲击力，现代把这种技术称为"双向筏形基础"。最令人称奇的是，工匠们为了对桥墩进行加固，采用了生物辅助的方式，"多取蛎房散置石基益胶固焉"[①]。即用海蛎点种在桥墩石头上，海蛎生长后连成一片，将一块块桥墩石胶固而成整体桥墩。这一创造堪称世界生物工程技术首创。洛阳桥的造桥工艺，后来也成了闽南桥梁大量普及的技术支撑和经验来源。

堪称那个时代中国标志性工程的还有"天下无桥长此桥"的安平桥。当时，仅泉州港所在的晋江县（今晋江市），建造各类石桥42座之多。最长的安平桥长达811丈，合5.4华里，是我国古桥梁中首屈一指的长桥。它保持全国桥梁长度的"冠军"达八百年之久，直到1950年郑州黄河大桥建成才被打破纪录。由于桥长五里，俗称"五里桥"。

五里桥横跨海湾，一头接安海镇，一头接水头镇，因当时安海又叫安平，故名安平桥。

安平桥始建于宋绍兴八年（1138），中辍，二十一年（1151），知州赵令衿亲自主持并使之竣工，历时13年。桥宽一丈六尺，361座桥墩，桥面用5—6条花岗岩石板架设，每条石板长度8—11米，宽与厚0.5—1米，重达5吨以上。建造时据说是利用潮汐的涨落，控制运石船的高低将一条条沉重的石板架上桥墩，工艺技术堪称当时世界一流。

迄今仍屹立在开元寺的东西两石塔，也是建于南宋。西塔名仁寿塔，原为木塔，屡次灾毁。绍定元年（1228）始改建石塔。十年完工，八角五层楼阁式仿木结构，通高44米左右。

---

① 乾隆《桥渡》，《泉州府志》卷10。

西塔落成第二年建东塔，也是八角五层楼阁式仿木结构石塔，高48米左右，号镇国塔。历经近800年风吹雨打，两次八级地震撼动，仍然屹立高耸，没有倾斜变形，可见其建筑之牢固。

开元寺东西两塔整体皆石，是我国古代石构建筑的瑰宝，充分表现宋代闽南人民高度的智慧和伟大创造性。

宋代的建筑还体现出开放包容的情怀和美美与共的创造创新理念。最典型的就是闽南红砖大厝。

中国传统的砖瓦是秦砖汉瓦，在那个时代以黑为尚，所以中国的大部分地区都是以黑砖、青砖、灰砖为主的，如徽派建筑的粉墙黛瓦、客家建筑的黑砖黑瓦、广东建筑的青砖青瓦。而在欧洲和阿拉伯的环地中海地区，则崇尚红砖红瓦。这体现了不同地域文化的审美价值取向。

当然中国也有红砖红瓦。中国传统上的红砖红瓦，只存在于以闽南为中心，从福清到广东海陆丰的沿海地带。而考古发现，闽南的红砖最早出现是在宋代。这就不由得让人联想，闽南的红砖红瓦是在宋元阿拉伯人大批东来中国的时候带到中国来的。闽南人最大胆、最早吸收阿拉伯人传来的红砖文化，将其与中原传来的大厝融合成闽南红砖大厝这一独具特色的建筑。

闽南红砖大厝是闽南最普遍广泛的传统民居。大厝四合院、三合院民居的格局从中原引入，既可做宫庙、祠堂，稍加改变亦可为民居，如果剔除红砖的因素，从闽南大厝的外形美、内蕴美中都可以看见许多中华传统建筑的继承。闽南石雕、砖雕、木雕、彩绘等工艺无疑既有闽南的特色，又是中华传统工艺的传承。这些传承使闽南红砖大厝和世界上其他地方的红砖建筑有了根本的区别——这是中国的建筑。

红砖因素和"燕尾"、"马背"、剪粘等的加入，则使得闽南红砖大厝与其他中国建筑有了显著的区别——这是闽南的建筑。红砖的色彩有别于秦砖汉瓦的黑与青，是中国传统建筑之外的因素。它印证了早在宋元时期，闽南已是中华民族从海洋汲取外来文化的重镇，展现了闽南人包容学习他者文化的胸怀和融汇吸收他者文化来创新中华文化的智慧。

总之，红砖、大厝，这两个来自不同地域、不同文化的建筑文化元素，经闽南人的巧手融于一体，融汇成自身的居住之所——闽南红砖大厝，这记录了古代中华民族曾经是如何善于汲取他者文化来传承创新中华文化的。

闽南人在宋代创造的影响深远的科学技术还有曾公亮主编的《武经总要》和苏颂的《本草图经》、水运仪象台。

两宋闽南出了九位丞相，其中最有名的便是晋江人曾公亮和同安人苏颂。

曾公亮（999—1078），字明仲，号乐正，泉州晋江人。出身官宦世家，25岁考中进士，榜上居第五名，从此开始了他的政治生涯。曾公亮是闽人入相的第三人。他毕生从政，仕途顺利，从地方官到宰相，都致力于革弊兴利，是一位很有作为的政治家。

曾公亮提出过一整套改革兵制的方法，主张"择将帅"以加强武备，提出裁减"冗兵"方案，而且顶着中伤和威胁，坚持抑减军费，数裁冗兵。宋神宗赞扬他说："大臣如公亮，极不可得也。"曾公亮一生勤政爱民，关心民间疾苦，做了大量造福百姓的事情。曾公亮任会稽知县时，发动民工修渠立闸，引镜湖水入曹娥江，使沿湖的民众深受其利。直到南宋，农民还在受益。他任郑州州官，"为政有能声，寇盗悉窜他境，路不拾遗，民外户不闭，至号公为'曾开门'"。

曾公亮历时四年（1040—1044）主编的《武经总要》，是他一生中最重要的贡献。

《武经总要》是我国历史上第一部官修兵书，全书共四十卷，分前后集。该书是一部全面的军事著作，前集二十卷介绍了军事组织、制度、教练、行军、营阵、战略、战术、武器的制造和使用等，后集二十卷则辑录历代用兵故事，论述阴阳占候（气象预测），使得大量的中国军事史资料得以保存下来。

《武经总要》记载的火药制造方法有极高的史料价值。该书记录了火球、蒺藜火药、毒药烟球三种火药配方。由这些记录可知，当时的火药配方已同近代黑色火药相接近，具有易燃、易爆、放毒和制造烟幕等效果，反映了火药制造技术的进步。

《武经总要》还最早记载了我国将火药应用于军事的重大实践，即我国制成的第一批军用火器。火器的使用，使传统的作战方法开始发生变化，为军事技术划时代的发展作出了杰出的贡献。

《武经总要》成为世界上许多研究兵器史的史学家的珍贵资料，里头记录的火药配方，证实我国发明火药起码早于欧洲300年。

另一位著名丞相是同安人苏颂，字子容，生于北宋真宗天禧四年（1020年）。庆历二年（1042），22岁的苏颂和王安石同榜考中进士，从此宦海浮沉55年，历任五朝。元祐元年（1086），任刑部尚书、吏部尚书，兼任为皇帝讲学的"侍读学士"。元祐七年（1092），72岁的苏颂被拜为左光禄大夫、尚书右仆射兼中书侍郎。历史上评价他是一位清廉爱民、正直持重的政治家。

他对科学的贡献远远超过他的政绩。

苏颂主编了一部在中国药物学发展史上有重要里程碑意义的《图经本草》，共21卷，成书于嘉祐六年（1061）。李时珍赞许该书"考证说明，颇有发挥"，并在其所著《本草纲目》中，引用了该书不少内容。

苏颂还整理、研究、补充、审定了8部医药书籍：《嘉祐补注神农本草》《灵枢》《甲乙经》《素问》《广济》《备急千金方》《外台秘要》等。

元祐三年（1088），苏颂奏请朝廷制造天文仪器。他领导多位科学、制造、管理方面的人才，进行水运仪象台的设计和创制。

水运仪象台，是中外科技史上的一项伟大创造，是一套复杂的、世界首创的机械转动装置。它依靠水力均衡冲击而推动，故命名为"水运仪象台"。它的重大世界意义和贡献是：它的活动屋顶、每昼夜自转一击之"浑象"，以及结构精巧细密的"擒纵器"（钟表的鼻祖），分别成为后世现代天文台圆顶、天文台的跟踪观察机械——转仪钟、后世钟表关键部位擒纵器的"祖先"。

建中靖国元年（1101），苏颂在润州逝世，享年81岁。苏颂著有《新仪象法要》《图经本草》《华戎鲁卫信录》234卷，后人编有《苏魏公文集》72卷。

宋代闽南不但经济发达、建筑辉煌，文风更是鼎盛，人才辈出。泉州中进士者，唐

15人，五代9人，宋862人，元3人，明616人，清268人。以宋为最多，还出了2名状元、8位榜眼。平均唐代九科中1人，明代每科4人，清代每科3人左右，而北宋每科中8人，南宋更达15人。绍兴六年（1136）一科，晋江县中30个进士，创造中国历史上一个县一科中进士人数的最高纪录，可见当时闽南文风之盛。

尤应一提的是，集北宋以来理学和孔子以下思想文化之大成的朱熹。

朱熹（1130—1200），字元晦，又字仲晦，号晦庵。5岁入学，父亲早亡，受学于父亲的好友胡宪、刘勉之、刘子晖。18岁贡于乡，次年中进士。任泉州府同安县主簿。后罢归，从延平李侗学。李侗之师为罗从彦，罗从彦之师为杨时。而杨时则是"二程"的及门弟子。"二程"的理学，朱熹是经过李侗继承下来的。

朱熹于宋绍兴二十一年（1151）春任泉州府同安县主簿，二十三年（1153）赴任同安，至二十七年（1157）冬离开同安。朱熹任同安县主簿时，闽南地区文化教育相对落后。他以教育为先，挑品学兼优的学生为表率，聘请名士讲课，自己亲自讲授《论语》，从学者众多。他为官清正，俭朴安贫，注重教育，兴文育贤，不但为同安百姓做了许多好事，培养了许多人才，而且身体力行，移风易俗，使同安成为"海滨邹鲁，文教昌明"之地。当他秩满离去，百姓直送到南安同安交界的小盈岭，扳辕不忍离，迄今仍有"扳辕石"志之。

学界一般认为，朱熹在闽南这一时期正是他"逃禅入儒"思想转变的重要时期，闽南同安可以说是"朱子学"的开宗圣地。

三十多年后，年逾花甲的朱熹又出知漳州，时间一年。一生为官九年的朱熹在泉、漳地区就有六年，他对闽南文化的发展影响深远。

在朱熹70年的生涯中，为官9年，其余时间都是在钻研学术、著书立说、讲学论道。就算是在他为官期间，也是用相当大量的精力于讲学传道。他一生著述70多部，凡460卷，创办书院27所，门生达几千人。著名学者钱穆先生曾在他的《朱子新学案·朱子学提纲》中提道："在中国历史上，前古有孔子，近古有朱子。此两人，皆在中国学术思想史及中国文化史上发出莫大声光，留下莫大影响。旷观全史，恐无第三人堪与伦比。……朱子崛起南宋，不仅能集北宋以来理学之大成，并亦可谓其乃集孔子以下学术思想之大成。……自有朱子，而后孔子下之儒学，乃重获新生机，发挥新精神，直迄于今。"

这些伟大的人物诞生于闽南，绝不是偶然的。宋代是中国文化最繁荣昌盛的时代，而闽南是当时经济最发达的地区；泉州是当时最繁华的城市，是世界最大的港口。

这时的闽南人表现出惊人的文化创造力。不仅仅中原传来的儒道释种种中华文化在闽南得到很好的传承和发展，而且从五代、北宋开始，闽南人把带领自己走向平安和富裕的领导人及突出贡献者供奉为一方神明。香火延续至今并影响广泛的开漳圣王、开闽王、妈祖、保生大帝等民间崇拜都是闽南人在宋代创造或广泛传播开来的。

北方南下领导干部陈元光将一生献给闽南，牺牲后漳州百姓为纪念他的丰功伟业，于云霄建庙祠祀。朝廷也下诏赠谥豹韬卫镇军大将军。开元四年（716），朝廷又下诏建庙，赐乐器、祭器，建盛德世祀牌坊。宋神宗熙宁八年（1075）封其为忠应侯。徽宗政和三年（1113），赐庙额"威惠"。南宋绍兴十三年（1143），晋封开漳圣王。

从此，开漳圣王的崇拜迅速风行闽南。明代，又随闽南人的"过台湾、下南洋"传播到台湾。据台湾1919年的统计，全台有陈元光庙53座之多。漳州地区迄今有"开漳圣王"庙97座，分炉海外的更难以计数。

王审知兄弟对于开发闽地，功德显著，恩泽八闽。王审知后来被后梁太祖朱温封为闽王，宋太祖赐他"八闽人祖"，以彰显他开发福建、建设福建的丰功伟绩。福建人感念他率众开发闽地，将中原的士族文风带到福建，奉为"开闽王"。闽南人就在他起兵夺权的北辰山建广利庙来纪念他。至今香火鼎盛，播传台湾地区以及海外。

保生大帝原名吴本，后世尊为吴真人、大道公、花轿真人、保生大帝。

吴本是宋代泉州府同安县白礁村人，生于宋太宗太平兴国四年（979），卒于仁宗景祐三年（1036）。幼年时父亲患病，缺医身亡，令他立志学医，普救众生。吴本初拜蛇医为师，翻山越岭，采药制药，后云游四方求师，刻苦钻研，渐精通医理医术。《闽书旧志》言其使用一根五寸长铜针，对患者穴位经络施针，使气血流畅，再辅以汤药等，虽奇疾沉疴，立愈。

后来，他回到故乡，在离白礁五里地的青礁龙湫坑，搭寮凿井，炼丹制药，行医济世。

宋明道二年（1033），泉州一带发生瘟疫。他奔走四方，针灸、草药并用，一根针、一把草救活人无数。翌年，闽南瘟疫再度流行，他又带徒弟四乡奔走，不分贵贱，不计酬劳，按病投药，如矢破的，不知挽回多少垂危的生命！

宋景祐三年（1036），吴本在文圃山石崖上采草药，不幸失足跌落悬崖，与世长辞。卒后，乡人感戴他的恩德，便合力在他制药行医的青礁龙湫坑修建了龙湫庵，画肖像供奉。宋乾道二年（1166），朝廷赐庙额"慈济"，并赐谥"大道真人"。从此，奉祀吴真人的慈济宫便在闽南各地纷纷创立，在闽南人的心目中他已经从人成为神。

妈祖是在宋代林默娘事迹基础上衍化而成的一尊海上保护神，妈祖信俗是海峡两岸信众最广、宫庙最多的民间信俗之一，并且广传四海五洲，如俗谚所称：有海水的地方就有妈祖信俗。妈祖的神职功能在民众的祈愿中也不断扩大，由海上保护神发展成为全能神。

妈祖本姓林，名默，为莆田湄洲人，生于宋太祖建隆元年（960）三月二十日，卒于太宗雍熙四年（987）九月初九。

林默终身未嫁，亦无后裔，但有门徒。她以巫为业，兼行医道，能预测天气变化，并熟习水性，善驾舟船，时常出入海浪中救护行船之人。最后在一次海上救难中，因风浪过大，被台风卷走，年仅27岁。

林默为百姓做了许多好事，又有超人的本领，人们当然不愿承认她的死亡，认为她是羽化登仙，是神仙来唤她回去。为了纪念她的功德，也为了祈求她的庇护，当地的居民就合力建起第一座妈祖庙。

宋元以后，随着闽南海上贸易和渔捞事业的发展，以行船谋生的船工、渔民也逐渐增多。他们面对反复无常的大海，只有在祈求神明庇护中得到和增强走向大海的勇气和信心，妈祖的信仰于是渐渐传开。而随着妈祖信仰的传播，历代皇帝对妈祖的诰封也逐步升级。宋宣和五年（1123），赐"顺济"封号。到了南宋，妈祖信仰已经传播全闽南。

宋代闽南各种民间神明的创造，推动了宗教的世俗化和儒道释合一并与民间杂神信仰结合。

早在西晋太康年间（280—289），泉州就建置福建最早的道教宫观白云庙（今元妙观）。到了唐朝，由于朝廷崇奉道教，尊老子为祖先，泉州兴建开元观、崇祯观、紫极宫等道观，涌现一批青史留名的道士和道教学者。至宋代，赵氏王朝极力提倡道教，泉州兴建或重修大批道教宫观，著名道士和道教学者灿若星辰。官方对道教诸神的崇奉，为道教在民间的盛行起到推波助澜的作用。

佛教同样在闽南地区有着悠久的历史。西晋时南安九日山就有佛教的延福寺，号称"世间有佛宗斯佛"的安海龙山寺建于隋朝，唐代泉州的开元寺、漳州的南山寺已经香火鼎盛，五代，统治闽南的王、留、陈都推崇佛教，大建佛塔、大铸佛像、大印佛经、大造佛寺。到了宋代，闽南佛教鼎盛，泉州逃赋役而入佛门的百姓之众，甚至成为社会经济的严重问题。

随着泉州海外贸易的发展，泉州僧人聚集了大量财富，发起或参与史无前例的造桥、造塔工程。泉州万安桥、安平桥，开元寺的镇国塔和仁寿塔都是僧人募化推动建造。两桥、两塔的佛雕像都是弘扬佛教文化的石刻艺术。

开元寺大雄宝殿屋架上的飞天雕刻，融合印度佛教"嫔伽圣禽"的艺术和中国古代"飞天"艺术于一体。

留存至今的泉州古代佛教石雕艺术随处可见，如九日山五代石雕弥陀坐像、法石乌墨山澳的五代立姿石观音雕像、清源山碧霄岩西方三圣坐像、南天寺的石佛、弥陀岩的弥陀立像等都有很高的艺术价值。

在浩瀚大海航行，只能把自己的身家性命交付上苍，寻求超自然的神明庇护。于是，佛教的南海观音、道教的真武庙北极玄天上帝、民间创造的九日山通远王、天妃宫妈祖等海神信仰一起上阵，统统成为闽南航海者出海放洋的精神仰仗和心灵慰藉。宋代泉州太守真德秀上真武庙祭海，亲撰《祈风文》《真武殿祝文》，也亲撰了《圣妃宫祝文》和《圣妃祝文》上顺济宫祭拜。这说明南宋官方的官祀也是多多益善。

宋元时期，道教、佛教的世俗化已经渗透到泉州思想、政治、经济、社会生活的方方面面。不论是官方的海舶出洋归航的祈风祭海仪式，还是民间瓷窑前祭拜窑神，抑或是造船开斧、点睛，新船下水的祭祀供奉，海舶放洋前的呼请众多神明，以及普通人家的生老婚丧等，无不要请和尚或道士，无不贯穿佛教、道教仪轨。

宋代闽南官民皆怀开放的心态，对外来的宗教宽容且包容。外来的伊斯兰教、基督教、印度教和摩尼教，闽南人概称其为"佛"，称其教堂为"番佛寺"。而外来的传教者为求其生存和发展，也顺应民意，投其所好，在他们的传道和生活习俗中均称其崇奉神祇为"佛"。

元代泉州基督教墓碑上刻有"侍者长""大德黄公""匪佛后身，亦佛弟子""兼兴明寺住持"。其中"侍者""住持",皆为佛教人员的职名。"大德",即对和尚的尊称。"弟子",为表示佛门师承关系的名词,可见当时是把耶稣基督称"佛",教堂称"寺",传教士称"住持""大德",教徒称为"弟子"。

元代泉州基督教碑刻中大多的飞天雕刻,头戴僧帽,双手合十,足不裸露,跌从,耳长垂肩,身穿袈裟。这些无不受佛教雕刻艺术的影响。

晋江草庵摩尼教的摩崖上刻"摩尼光佛""祈荐考妣早生佛地",可见当时把摩尼也称"佛"。

开元寺大雄宝殿门楣上嵌一方印度教石刻门楣,上刻两个束腰飞天,扶持一方华带牌,上刻"御赐佛像",印度教主神也称"佛"。

这些现象正是其时闽南人开放包容性格的写照。

在艺术上,除了留存在建筑中的各种精美的石雕、木雕,史籍记载的宋代漳州乞冬戏,可以肯定是中国南戏的起源之一。

总之,由闽南方言、方言艺术、口传文学、民俗、民间信俗、民间技艺、物质生活文化等构成的闽南文化总体格局,至宋代基本定型。其后的发展固然有一些变迁和创新,但都未脱离这个总体格局的大框架。

可以说,宋代闽南文化得到了充分的发展,到南宋达到了鼎盛。但是现在回头看历史,这一时期的闽南文化还只是他青春闪光、生机勃勃的时期,而在思想上尚未成熟。海上贸易的经济繁荣,虽然推动了文化和思想的发展,但巨大的经济利益也遮蔽了思想政治的成熟,开放的心态则使他忘却了"防人之心不可无"。

朱维幹先生在其《福建史稿》论及宋末蒲寿庚等叛宋降元感慨行为时:"南宋末叶,福建和两浙的大小官吏多属投降派,自运使提刑以下,计有五百人。福建八郡中,兴化军最小,抗元最烈。陈文龙是文山的缩影,咸淳状元,不受王刚中的威胁和阿刺罕的诱惑,把劝降的敌使都杀了。所有军队不到一千,死守孤城,还打了一场胜仗。由于部将林华引敌兵入境,通判曹澄孙内应,城陷。文龙被执到合沙。离郡后一路绝食,到杭州时饿死。"

而同时是福州降,泉州降,漳州降。闽南其时虽然富裕开放,科技文教发达,但闽南文化的凝聚力尚未形成。虽然不畏惊涛骇浪的自然风险,但面对民族的兴亡,尚少有舍生取义。相比明末郑成功高举反清复明义旗,历清治二百多年的闽南人"三年一小反,五年一大反",可知宋末之时此文化的稚嫩。

第五章　闽南文化的灾难与成熟

第一节　元代刺桐港的辉煌和闽南人的灾难

元治福建从至元十四年至至正二十七年（1277—1367），不足百年，却是闽南文化的灾难期，也是闽南海洋历史文化畸形发展的时期。

南宋时期，由于大量的番商来华贸易、定居，所以当时泉州已有"回半城"和"蒲半街"一说。当时的闽南人，把众多的外国蕃商，统称为南海番人或番客。若和本地妇女结婚，所生孩子，曰半南番，蒲寿庚就是半南番之一[①]，而且是其中的佼佼者，也是个有待考证且有争议的历史人物。

蒲寿庚先辈系10世纪之前定居占城(越南)的西域（阿拉伯）海商。约11世纪移居广州，经营商舶，成为首屈一指的富豪。何乔远在《闽书》中称，"蒲氏先代来自西域，总诸番市，居两广，传至开宗（寿庚父）才迁泉居住"。也就是13世纪初，大约在南宋亡国之前数十年，蒲家迁至泉州。其兄寿宬事宋官至知梅州[②]。咸淳十年（1274），海寇袭泉州，官兵无能为力，蒲寿庚与兄蒲寿宬为保护家族的利益不受到海寇的影响，凭借其强大的海上力量，帮助官兵击退了海寇。蒲寿庚因剿匪有功，而被宋朝廷授以福建安抚使兼沿海都置制使，执掌福建兵事民政要职，权倾一时。《读史方舆纪要》卷95《福建方舆纪要》称蒲氏兄弟提举市舶至30年之久，操纵海外贸易并拥有很多的海舶，可见蒲寿庚势力之强大。

宋末元初，宋幼主逃至福州即位，希冀依赖蒲寿庚的海上武装抗元，授蒲寿庚为福建、广东招抚使，总海舶。但是当宋幼主率残部退至泉州城外，蒲寿庚闭城拒宋，并杀城内宋宗室及士大夫与淮兵约3000人，叛变降元。

降元后，蒲寿庚受到元世祖忽必烈的重用。至元十四年（1277）进昭勇大将军，闽广都提举福建广东市舶事，改镇国上将军，参知政事，并行江西省事。至元十五年（1278）三月，又升行中书省事于福州，镇抚濒海诸郡。

蒲寿庚以其丰富的经营管理经验及其在海外诸国穆斯林海商中的威望，积极恢复和发展泉州的海外贸易。至元十四年（1277），泉州市舶司恢复。翌年8月，元世祖通过蒲

---

①② 《福建史稿》。

寿庚等人向海外各国宣布了元朝欢迎并保护通商贸易的政策。次年即有占城（越南）、马八儿（印度半岛东部之伊斯兰教国）等国的使臣和舶商来泉州。

蒲寿庚弃宋降元，使泉州港免遭战火毁灭，使海上丝绸之路得以继续发展，为泉州港在元代成为世界最大的商港之一奠定了基础。元代泉州的海上交通与经济的发达也达到了最高峰。

根据元人汪大渊在《岛夷志略》中记载，其共两次随海舶从泉州出发，历遍海外100多个国家和地区，记载了220个地名，涵盖了亚洲、非洲和澳洲，地跨印度洋和太平洋。泉州与海外贸易所涉及的货品品类更是惊人，有300余种，其描述的海外情景除了亲身所见之外，也带有极深刻的认知，显然这些地方与当时泉州人的交往定然不浅。[1]

以大宗商品陶瓷为例，在《岛夷志略》前九十九条中就有四十七条陶瓷记录，其类型包括粗瓷、青瓷器、青白瓷器及青白花瓷器等，器形有粗碗、壶、瓶、罐、碗、瓮、瓦盘等，远销区域分属于今日的日本、菲律宾、印度、越南、马来西亚、印度尼西亚、泰国、孟加拉国、伊朗等国家。[2]

关于刺桐港当时的繁华，除了意大利人在《马可·波罗游记》中的记录，阿拉伯旅行家伊本·白图泰也有记载，"刺桐为世界上各大港之一，由余观之，即谓世界上最大之港，亦不虚也。余见港中，有大船百余，小船则不可胜数矣。此乃天然之良港，为大海伸入陆地，港头与大川相接。城内，每户必有花园及空地，居屋即在其中矣。"[3]

但是，元朝统治者实行的军事专制和严厉的民族歧视政策，使闽南文化不但没有与经济再同步发展，反而遭到很大的摧残，经历了近百年的大灾难。

元朝统治者将各民族依贵贱分为四等，即蒙人、色目人、汉人、南人。闽南人属最底层的南人，受尽压迫与凌辱。

南人二十家为一甲，蒙人为甲主。二十家只许有一把菜刀，归甲主管。甲主衣食住行由甲人供给，童男少女任凭甲主凌辱。

后又将人分为十级，一官、二吏、三僧、四道、五医、六工、七猎、八娼、九儒、十丐。知识分子被贬为"臭老九"盖源于此，比娼妓还卑贱。

整个元朝科举仅七次，每次取士最多100人，最少只50人。其中蒙古人、色目人占一半，称右榜；汉人、南人一半，称左榜。蒙古进士授官比色目人高一级，色目人又比汉人、南人高一级。

朝廷还规定凡诏令奏章、官府公文必用蒙古文，强令汉人必须学蒙古文。无职的庶民不许取名，只许用排行及父母年龄合计为名。如明初功臣常遇春，曾祖名四三、祖父名重五，父名六六。另外，奖励汉人改用蒙古名。

朝廷亦下规定：凡妄撰词曲，意图犯上恶言，处死刑；写匿名文书，处死刑；聚众

---

[1] 熊程、夏荣林：《〈岛夷志略〉版本述略》，《牡丹江师范学院学报（哲学版）》，2015年第1期。
[2] 孙琳：《浅析〈岛夷志略校释〉中的陶瓷器》，黑龙江科技信息，2011年第17期。
[3] 周中坚：《梯航万国，誉播遐方——元代泉州港的极盛》，摘自张星烺编注、朱杰勤校订：《中西交通史料汇编》第二册，北京：中华书局，1997年。

结社或集众作佛事，按轻重治罪，而色目人伊斯兰教则不受限制；等等。

在如此残酷的民族压迫下，闽南文化作为最底层的南人的文化自然受到外来统治者的歧视与摧残。

当时的泉州是全国最大的港口，也是最大最繁华的城市之一。但绝大多数财富都集中在控制海上交通贸易的色目人手中。当时泉州城据称有20多万色目人定居，最著名的就是蒲寿庚家族，蒲家花园几乎占了半个泉州市区。

现今泉州的棋盘街即为蒲家后花园下棋的地方。据说其下棋，以美女为棋子，分为两队，各着不同色衣，蒲与对弈者则坐假山凉亭中，俯瞰美女边饮边奕。其奢侈挥霍，可想而知。

这些色目人仗着政治、经济上的优势，在泉州、闽南大力推展其文化。印度教、摩尼教都在元代传入，伊斯兰教与天主教则于唐末传入，在元代大盛。

在这种情况下，闽南文化的衰退就是必然的了。仔细研究元代泉州的人口变化，我们就会发现问题。

南宋淳祐年间（1241—1252）泉州共有255758户，计132.99万人。到元朝末期的至正年间（1341—1368），泉州路辖境未曾增减，但户口已减为89060户，45.55万人①。这45万还包括20多万色目人。泉州减户166698户，人口从宋末的133万减少到元末的45万。宋漳州户112014②，元代剩21695户，减户90319③。

整个福建省北宋初年（978）有户467815，到南宋末嘉定十六年（1223）增至1599214户，到元末剩700817户，减898397户。④

一个经济繁荣的地方，人口只会大量地增加，为何反而大量地减少呢？

蒲寿庚虽然投降了元朝，但是元兵并没有放过闽南、福建的百姓。赵翼《廿二史札记》有一段论述："元初起兵朔漠，专以畜牧为业。故诸将多掠人户为奴，课以游牧之事，其本俗然也。及取中原，亦以掠人为事。"

元人陶宗仪在《辍耕录》说："今蒙古色目人之臧获，男曰奴，女曰婢，总曰驱口。盖国初平定诸国日，以俘到男女，匹配为夫妻，而所生子孙，永为奴隶。"

《新元史·郑介夫列传》："今大都、上都有马市、羊市、牛市，兼有人市，致使人畜相等，极为可怜"。

元兵入闽，掳掠人口，在本省志乘里，有说不完数不尽的记载。⑤

掠夺必然引起反抗，随之便是元兵的屠杀。史书记载，元初的福建到处是断墙残壁，人烟稀少，满目苍凉，泉州也没有例外。有蒲寿庚的哥哥蒲寿宬的《郊行有感》一诗，描述泉州的兵灾情况为证：

鸡犬不鸣何处村？颓檐破壁问谁门？

---

① 泉州市地方志编纂委员会编：《泉州市志》，北京：中国社会科学出版社，2000年。
② 光绪《漳州府志》卷14《赋役》，上引《淳祐漳郡志》。
③ 《元史·地理志》。
④⑤ 《福建史稿》。

> 蓬蒿满地田园在，瓦砾如山井臼存。
> 青草髑髅疑是梦，白头老父泣无言。
> 谘诹邻旧多为鬼，倚杖徘徊堪断魂。[1]

金门黄振良和同安颜立水两位地方文史专家，花数年时间调查研究证实：金同两地有数百个血缘相系的同名村。出人意料的是，这些同名村大多并不是从同安迁移到金门，而是倒过来，是从海岛金门迁移到同安的，而且迁移时间都是在明初洪武年间。而这些居住在金门的家族，则是在元代陆续从泉州一带逃亡海岛金门避难的南人。

在刺桐港的繁荣背后，闽南人、闽南文化的灾难之深重，可想而知。

长期以来有一些基本固化的思维，限制了我们对宋元之交闽南的文化变迁和元代经济社会文化的思考。

过去认为，蒲寿庚降元，免除了闽南泉州港的战乱兵祸，又得到元朝统治者的重用，士农工商除了士族归隐乡里或跟随宋帝南移外，其他百姓大多操持旧业，泉州在海上贸易的经济链条仍然保存完好。

现在看，非也！元朝统治者残酷的民族压迫和剥削夺走了闽南底层百姓赖以为生的闽南农产品和手工业品的商品化生产及其辉煌的文化创造力，摧毁了宋代建构起来的支撑闽南海洋历史文化的闽南全面发展的农耕文化。闽南，乃至福建支撑海洋贸易商品的农业社会已经崩塌。

支撑元代泉州刺桐港进一步发展壮大的，是元朝疆域广袤的领土成为刺桐港的腹地。元代结束了多年南北分裂割据的局面，极大地促进了中国内陆漕运的发展。这使得刺桐港在接收海上物资后能以最便捷的方式通过海运、水运送达大都，同时通过陆域商道分散至内陆，更重要的是这些通道是双向的功能，除了销售商品外，也方便了泉州外贸商品的集中。泉州港的腹地延伸到了全中国，出口的商品来源于全中国，特别是南中国各地最优秀精美的农产品和手工业品。

元代出口的瓷器，最主要的是江西的元青花，其次是浙江龙泉青瓷，闽南的青白瓷已经退居次要。

为什么江西南昌人汪大渊会成为元代最有名的汉族商人？因为他经营的是江西景德镇的元青花。他在《岛夷志略》记载元代泉州港对外贸易，就其进出口商品论，与《诸蕃志》也有很大的差异。据记载，元代泉州港外来商品共有90多种，和《诸蕃志》比较，除香料外，还增加了衣料、食品、宝货、杂货诸类，特别是样式繁多的蕃布，有八丹布、巫仑布、桑布、芯布、绝细布、印布、竹布、阁婆布、都刺布、八节那间布、西洋布、西洋丝布、麻逸布、占城布、甘理布等。

那么福建的木棉布呢？南宋初绍兴年间，仅泉州一地，每年上贡的棉布达5000匹。一个妇女一年能织20匹布，若有一万妇女，便可织二十万匹。木棉在宋代是从福建推广全国的，是当时外销全国和进贡的重要商品，现在变成要从国外进口布了。

---

[1] 《福建史稿》。

元朝在福建专设木棉提举司管理棉纺织业，福建每年纳棉布十万匹，但还要大量进口布。这是因为福建已经人烟稀少，没有那么多人来织布，也没有种那么多木棉了。

在广阔的腹地支撑下，刺桐港成了世界最大的贸易港口。但这个港口最富有的是色目人，最有权势的是蒙古人。元朝统治者剥夺了闽南百姓走向海洋的主导权和以自己勤劳智慧的农产品、手工业品参与海洋经济链条的权利。八娼、九儒、十丐，闽南的精英知识分子比乞丐好一些，但比娼妓还不如。关汉卿和朱帘秀的关系，就准确地表现了当时知识分子的窘境。

闽南文化在社会的最底层挣扎呻吟。从现存的元代文物看，闽南人在这90年时间里，已经没有超越宋代的文化创造。看到的都是外来文化的遗址、遗物。像元代两次重修的伊斯兰教清净寺，基督教派的石刻、墓碑，天主教的十字架，印度教的"番佛寺"遗物，摩尼教的浮雕，等等。可见在元代，闽南文化作为社会最底层的南人，其文化被歧视、摧残。

一面是海洋经济贸易的高度发达，一面是闽南百姓的水深火热和贫富差距的不断扩大。这种畸形的发展状态，深刻影响了闽南文化之后的曲折走向。

当然，大量的外来文化，也给闽南文化注入了新因素，使其更具开放性。元灭亡之后，居住在泉州的大批外族人纷纷隐姓埋名，流散闽南各地。从现存的族谱，可知闽南郭、丁、浦、卜、金等族姓，其祖先皆为回民。甚至明代闽南著名的思想家李贽，也是出于回民门庭。他们逐渐与汉族通婚，并渐从汉制，同时也将其本身的文化融汇于闽南文化之中，使闽南文化获得了新的营养。明中叶以后，不断有闽南人成群地远涉重洋，往台湾、往南洋、往新的天地去谋生、去开发，并获得相当的成就，固然主要是由于统治者的政策和闽南环境的变化，却也同闽南人对外来文化有较强的融合力和适应力不无关系。

此外，元代汉族文人的落魄与元杂剧的兴起，对闽南戏曲的发展，当也有相当的促进和影响。宋时，知识分子是很瞧不起写剧本之人，称为"路岐人"。只有末流的书生才混籍演艺戏班。元代知识分子科举无门，地位低下，演戏毕竟还有口饭吃，许多文人、学士如关汉卿不但为戏班写戏填词，甚至粉墨登场。所以到了明代，写戏演戏养戏班反而成了文人官宦风雅的时尚。现存明初的闽南潮泉腔戏曲本，还有元代蒙古人名、词汇。研究潮州出土的明代潮剧本《刘必希金钗记》的陈历明称：

> 这个本子还出现一些蒙古语，这些蒙古语以汉字音译用在番邦的几场戏里，用得很恰切。如第三十二出，"阿乳名答剌速"，还有第四十出"达歹哒哩哒歹答剌速"。"达歹"是蒙古语"人"的意思，"答剌速"是"酒"的意思。这一句话就是说"番奴快将酒食送来。"本子中直接唱念蒙古语的地方不下数十处，如第六十四出"夫妇两人啰嗹哩"等。这些蒙古语的适当应用，既使语言色彩多样化，也传递了此剧祖本源于元代的讯息。①

---

① 陈历明：《潮州出土戏文珍本〈金钗记〉》，广州：广东人民出版社，2012年。

第二节　刺桐港的衰亡

刺桐港的衰亡，大致可分为三个阶段。

一、竭泽而渔而名盛实衰阶段

如前所述，元朝廷的压迫，苛捐杂税，贪赃枉法，极大地破坏了闽南的经济社会生活。元朝的残酷统治当然不只在闽南，据史家称："四川在赵扩时有户二百五十九万，至元十九年（1282）仅存12万户，何等可惊的残破！"①

"蒙古人只懂得畜牧和杀掠，从没有想到收税的利益更大，等到懂得收税，又不会想到兼顾民力的必要。在蒙古人看来，收税与杀掠，只是名称不同，实质无异。因此贪暴政治，比任何时代严重得多，不仅北方地区衰敝的经济继续破坏，就是南方正在发展的经济，也遭遇强烈的摧毁，陷入停滞状态。"②关汉卿的《窦娥冤》是当时中国民间社会生活的真实写照。

官逼民反，欧苟起义失败后，福建再没有安靖。至治三年（1323）泉州有留应总起义，泰定三年（1326）泉州又有阮凤子起义。后至元三年（1337）到至正二十七年（1367）的30年间，福建农民起义前浪赶后浪，相继不绝，至元亡而后已。③

元代著名的海商汪大渊，江西南昌人，元顺帝至顺元年（1330），19岁的汪大渊从泉州搭乘远洋商船第一次出海，元统二年（1334）夏秋回国。元顺帝至元三年（1337）到至元五年（1339），第二次从泉州出海贸易。其时，他才28岁，因何不再出海经商？可能有多种原因，而闽南、福建的动乱必是其中重要的一条。在他第二次出海的后至元三年（1337），漳州畲民首先发难，被元军击败。闽南人李志甫收集余部再反，声势更大，连败元军，包围漳州。元朝调动浙江、福建、江西、广东四省兵九个万户来镇压，经百余战，历时四载方平息。也就是说，汪大渊在1339年第二次回到泉州时，闽南漳州正在打得不亦乐乎。他只好转道福州，然后应邀接受撰写《岛夷志》。以后回到江西，从中摘略99条，编成《岛夷志略》。

至正以后，福建农民起义更加风起云涌。推翻元帝国统治的红巾军大起义从至正十一年（1351）开始，而福建漳泉的万贵起义在至正五年（1345）开始，比红巾军起义还早六年。可以说推翻元朝统治的运动，是由福建农民起义开始的。这种形势下，汪大渊的海国梦自然就难以再续。

元朝的残酷统治不但窒息了闽南、福建，最后也摧残了全中国农业、手工业的商品生产，釜底抽薪，使刺桐港难以为继，日渐衰退，名盛实衰。

---

①②　《中国通史简编》。
③　《福建史稿》。

二、"亦思法杭"兵乱而名存实亡阶段

元末,泉州的"亦思法杭"(又称"亦思巴奚")兵乱使刺桐港名存实亡。

泉州当时的外侨,以波斯(伊朗)人为最多。波斯番客,有很多来自亦思法杭城。亦思法杭城,在今伊朗国都德黑兰之南226里(约合294公里),为伊朗高原的一座名城,在历史上也是伊朗的故都之一。文锦、花布、天鹅绒,是当地的著名工艺品。人民善于经商,足迹远至印度、巴格达、君士坦丁堡。有一个赛甫丁,以舶商来泉州,协助镇压农民起义,一跃而为义兵万户。拥有武力,又能控制市舶的财源,他就勾结同类阿迷里丁,于至正十七年(1357),同踞泉州,要建立一个亦思法杭王国。福建行省的蒙古统治者间,互相倾轧,勾结亦思法杭的两巨头,调其兵进。没想到赛甫丁和阿迷里丁趁机血洗夺占兴化路,并攻打占领福州。后来又借着兴化陈、林两家的世仇,再次兴兵血洗兴化。接着亦思法杭自己内讧,时任泉州市舶司提举的那兀纳杀阿迷里丁夺占泉州。那兀纳同样残暴无比,不断兴兵惠安、仙游,纵兵劫掠,独霸刺桐港。

从至正十七年(1357)起,至二十七年(1367),十年间兴泉兵乱不止。这场由蒙古人、阿拉伯人、波斯人组织发动的战争,以争夺泉州港巨额的课税和舶来商品为目标,反复厮杀,长达十年之久。元代兵即匪,兵过之处,劫掠屠城,生灵涂炭,城街为墟。闽南,尤其泉州遭此十年兵灾,文化所受的摧残可想而知。

这时福建的行省参知政事是镇压农民起义出身的陈友定。陈友定原籍福清,贫困流落到清流,做了富家赘婿,就站在地主和官家的立场,以镇压农民起义的"军功"受到元廷的欣赏,十年间飞黄腾达。

此时元廷因那兀纳横行霸道,无法无天,割据泉州,便下令陈友定讨伐番寇。陈友定联络内应,将那兀纳一举歼灭。

兵乱方止,元朝垮台,汉人、南人对外族统治者几代压迫和欺凌所累积的仇恨一齐爆发,复仇的对象都是掌握了政治、经济、外贸、交通等命脉的外族权贵和商贾。泉州人民的积恨,一发而不能收,有很多色目人被杀戮或被驱逐;有很多色目的屋宇、寺庙、坟墓,夷为平地。其石头构件在明初修城墙时被作为石料深埋地下。城门失火,殃及池鱼,连婆罗门教寺,也化作飞灰。

万幸而未被抄杀的蒙古人与色目人不是一去不返,便是改名换姓逃匿深山。著名蒲氏家幸存者举族迁居晋江东石,东石仍无法安居,只好再迁安、永、德山区,家产、海舶不用说是荡然无存了。[①]

阿拉伯商人因惧怕而停止东来。入明以后,一切番商贡使,甚至仰慕中华而前来访问的两位国王,都像惊弓之鸟,不敢在刺桐港登陆。这种情况对泉州的海运、外贸、经济,当然会有巨大的影响。刺桐港已经名存实亡。

[①] 《福建史稿》。

三、成化迁撤而名实俱亡阶段

不过泉州港被海外的番商视为畏途，只是它衰落的原因之一，更重要的是由于明代的朝贡和海禁政策。闽南文化在经历了元代的灾难之后，本来是有希望像宋代一样引领中国文化新潮流，使闽南继续成为中国的对外经贸中心和东南文化的重镇。

明初，由于政府对农业的重视，实行一系列有利于社会经济发展的措施，农业生产有较大发展，洪武十三年（1380），全国新垦田180.3万余顷，洪武二十四年（1391），全国纳税土地380.4万余顷，洪熙年间（1425）又上升到416万余顷。国家的田赋收入也有较大的增加，洪武二十六年（1393），全国征收麦、米、豆、谷3298万余石，比元代岁入税粮增加近两倍。①

经济作物和手工业也有明显的发展，尤其是棉纺织业、制瓷业、矿冶业和造船业的发展。如洪武二十五年（1392），仅河南的开封、大名、卫辉等七州府所产棉花已达1180.3万斤。洪武七年（1374），官营冶铁业产量为800余万斤，永乐年间增加到1800余万斤。景德镇的官窑洪武年间有20座，到宣德年间不到60年，发展到58座。造船业也很发达，除南京龙江和太仓浏家港两个造船基地之外，广东、福建制造的广船、福船更是有新的发展。

福建闽南的农产手工业也得到很大的恢复和发展。王世懋的《闽部疏》称："凡福之绸丝，漳之纱绢，泉之蓝，福延之铁，福漳之橘，福兴之荔枝，漳泉之糖，顺昌之纸……其航大海而去者尤不可计。"

当时福建的靛青全国首屈一指，尤以"泉之蓝"闻名。种靛业已经出现山主、寮主、菁民的新型雇佣关系。其中核心是拥有资本和销售的寮主，寮主向有山权的山主租山，然后雇用数以百计出卖劳力和技术的菁民生产靛青。

手工作坊的规模也相当扩展，出现了一座铁炉常聚数百人的冶炼作坊。"每炉一座，做工者必数十百人，有凿矿者、有烧炭者、有煽炉者，其余巡炉、运炭、运矿、贩米、贩酒等役，亦各数十人"。只是这工人都是"去留难稽"的"游手游食"之徒。②

明代福建造船在宋元的基础上更上一层楼，能够制造长十五丈，宽二丈六尺，深一丈三尺，大桅高七丈二尺，有23个船舱的大船。漳州月港民间造船业更是蓬勃发展，造船技术比宋元有较大的提高，原来只能造双桅的海船，这时双桅习以为常，甚至有五桅者。桅高七丈二尺，围六尺五寸。"舵用四副，用其一，置其三，防不虞也。橹用三十六枝，风微逆，或求以人力胜，备急用也"。③

这些商品生产和经济的发展都为福建闽南恢复海外贸易奠定了基础。

洪武初年，明朝设广州、泉州、宁波三处市舶司，专管贡船招谕诸国入贡。泉州只能通琉球，宁波通日本，广州通占城、真腊、暹罗诸国。贡品只能送给朝廷，完全由朝廷垄断对外贸易。

---

① 林仁川：《福建海洋贸易与管理演变历程》，厦门：鹭江出版社，2018年。
② 道光《政和县志》卷10，引自《福建海洋贸易与管理演变历程》。
③ 陈侃：《使琉球录》，上海：商务印书馆，1937年，引自《福建海洋贸易与管理演变历程》。

明代之前的海上贸易，也有朝贡贸易，但同时允许民间的对外贸易，而明朝政府不许可任何私人贸易的存在。为了减轻朝贡贸易的负担，同时也规定，每次出使的兵士和官员也可以在贡船搭载一定限额的货物与当地商人进行交易。如洪武年间每次出使过海500人，每人可带100斤货物与琉球人交易，总共有货物5万余斤，获利万余金。这样既解决了出使人员的利益，又扩大了在各地的影响。

贡船在进贡外可以带其他东西参与民间的贸易叫作互市，若不是贡船便不许贸易，就是说除了贡船，民间的海上交通贸易完全禁止了。

然而闽南百姓依海为生，有许多是非通番无以为生，何况明初的社会生产发展迅速，已经有大量的商品非贸易不能获利，一纸禁令如何能挡得住他们走向大海？

于是闽南百姓开始了与明朝政府持续200年的斗智斗勇。先是"上有政策，下有对策"，抓住贡船夹带互市的空子，通过贿赂办事的官员大量超限夹带，还贿赂更高的官员申请朝廷增加朝贡。当时泉州市舶司只准与琉球的往来，琉球、澎湖在元代直属福建管，本就有很多闽南人迁居。明洪武、永乐年间还特别批准"闽人善于操舟者三十六姓"迁居琉球，以便往来。

这"三十六姓"姓多为闽南人，里应外合，附贡舶夹带私货当是明初闽南人走私的初起形态。初始，琉球贡使几乎每年都奉旨朝贡，甚至有时多达"一岁再贡、三贡"。这就给闽南人的夹带走私提供了方便。[①]

朝贡贸易的规定，和明代官僚的腐败，给闽南人走向海洋留了一丝门缝。所以我们看到明廷虽然不断发号施令：不准夹带，不准私贩，不准交通贸易违禁货物，"违者重以充军处死之条"，但正如闽南俗语所说，"严官府，出厚（众多）贼"，一再重申重禁，说明屡禁不止。

夹带走私自然总会被发现，并会牵涉到官员受贿，朱元璋一怒之下，索性撤销市舶司，实行严厉的闭关政策，"寸板不许下海"，人民下海通商，罪至斩首。又派周德兴沿海兴建卫所。闽南现今还留存的崇武古城、东山古城就是周德兴的手笔，厦门建城也在此时，为永宁卫中左所。

明成祖堪称明代最具雄才大略的皇帝，一登基立即恢复洪武七年（1374）被取消的市舶司，命吏部按照洪武初制，在浙江、福建、广东设市舶提举司，又按宋元旧制在各市舶司设招待外国贡使的驿站，福建曰来远，浙江曰安远，广东曰怀远。

明成祖开放海禁，允许私商贸易，但抽取极高的税利。同时又动用国家力量，派遣郑和下西洋，组织兵力货物开展朝贡贸易。郑和的团队有许多闽南人，他的副手王景弘就是闽南漳平人。郑和七下西洋，但实际上他第六次就不幸逝世了。宣德五年（1430）至八年（1433）的第七次下西洋是由王景弘领导执行的。

郑和团队带去的大量瓷器许多是福建出产，尤以德化窑生产的白瓷器为最。其造型美观，花纹秀丽，晶莹细腻，色白如玉，驰名中外。特别是民间所称的"象牙白"，通体透明，色呈乳黄，质如润玉，宛如象牙。明代德化的瓷塑名匠何朝宗雕塑的观音、达

---

① 《福建海洋贸易与管理演变历程》。

摩等佛像，造型优美，线条柔和，雕工精细，神韵感人，被誉为东方艺术。

受元代元青花影响，德化也开始烧制青花瓷器，成为明代重要的出口商品和郑和团队携带的赏赐品。在非洲坦桑尼亚，东南亚菲律宾、爪哇、沙捞越等地都出土或发现德化窑的青花瓷。

考察郑和下西洋的历史原因，既要看到中国历代对外关系的传统，也要注意明初特定的历史条件。历史上任何皇帝登基之后，都要通过朝贡贸易的形式，以巩固宗主国的地位，明太祖如此，明成祖当然不能例外。永乐元年（1403），他刚登上皇帝宝位，就"遣使以即诏谕安南、暹罗、爪哇、琉球、日本、西洋、苏门答腊、占城诸国"，他在一封给海外各国的敕书中写道："皇帝敕谕四方海外诸番王及头目人等，今遣郑和赍敕朕意，尔等只顺天道，恪守朕意，循理安分，勿得违越，不可欺寡，不可凌弱，庶几共享太平之福，若有撼诚来朝，咸赐皆赏，故此敕谕，悉使闻知。"①

明朝政府用于"怀柔远人"的外交政策，为了表示天朝的富庶和恩惠，往往对来朝贡的国家，报酬特别加等，用高于外国贡品价值的物品或钱钞赐给外国贡使。例如琉球贡马四十匹，明廷竟赏赐陶瓷七百件，铁器一千件，完全是亏本的生意。因此这种厚往薄来的贸易对于明朝政府不仅没有商业利益，反而造成很大的经济压力。

但郑和下西洋对传播中华文化和推动中华海洋文明的发展有深远的意义，若其后世能坚守这一开放的理念，并进一步放开民间海洋贸易，不做亏本生意，中华民族的命运或许就是另外一种走向。

可惜成祖以后，鼠目寸光的明廷检讨郑和下西洋，认为"三保下西洋，赏钱粮数十万，军民死万余人，就算得奇宝回来，对国家有何利益？"宣德以后就停止下西洋，甚至还把郑和下西洋的海图和许多宝贵的资料焚烧殆尽，说是防止后来的皇帝再起下西洋的念头。令人痛心疾首！

因亏本太大，于是限制各国每两年才能来进贡一次，并限定每国只能有200张的通行证。贡船来泉州，必须先把通行证送交在福州的布政司核对无误，才能够到泉州来上岸。

琉球离福州更近，又要先到福州布政司验证，而且隔一年就连贡船的影都看不见。正好成化十年（1474）又发生了琉球贡使互市犯法，明廷下令将泉州市舶司移至福州，泉州便成废港，名实俱亡。伴随这一历史进程的便是月港的兴起和闽南人与明王朝200年的以命相搏，血雨腥风。

第三节　月港的兴起和闽南私商

刺桐港的衰亡和月港的兴起是一个因果相连的历史进程，甚至厦门港及厦门文化的孕育也是伴随着这一进程的始末。月港的兴起和闽南海上私商，是一个相互成就的过程。

明朝的海禁从洪武初年（1368）到隆庆开海（1567），断断续续整整二百年。闽南

---

① 《福建海洋贸易与管理演变历程》。

人那种"爱拼才会赢"的争强好胜之心,那种以海为生,永远心向海洋的世代情怀,在有明一代演出了一场又一场与朝廷海禁以命相搏的悲壮史诗。这一史诗的主要场景便是闽南漳州月港,而月港的兴起大致可分为四个阶段。

一、从明初到成化十年(1474年)市舶司迁福州,月港初兴

闽南原本地少人多,全靠海运外贸经商为生计,但由于元代人口的大量减少,明初的人地矛盾并不突出。这一阶段大多数闽南人还在恢复家园,重兴农业生产和经济作物、手工业生产。

闽南人开始时是遵规守纪的,除了少数有门路的人官民勾结夹带走私,大多数老百姓或者弃商经农,推动了闽南经济社会的发展,但也使晋江流域山林土地开垦过度,晋江淤塞,或者远走四方,例如广东、浙江、江西、海南岛。当然也有人没门路、没生路,只好铤而走险海上走私,继续以海为生,但是极少数,规模也很小。

此时,走私的形式主要是朝贡贸易中的夹带走私。由于明初朱元璋的严刑峻法和开国的气势,走私者无不提心吊胆,只能偷偷摸摸。

永乐年开放海禁,闽南人当然乘势而上。恰好又有郑和下西洋招徕大量闽南人充任水手、兵士和工作人员,既扩大了参与夹带走私的队伍,也扩大了民间对海外市场的了解。尤其是郑和气势宏大的舰队,三言两语就劝退暹罗人入侵马六甲,在东南亚建立了极高的威望,极大地方便了华人在东南亚各国的商贸活动。当时在安南出现的"明街"基本都是闽南人经营的中国商品商铺。

这一短暂的开禁,虽然税率很高,但闽南人避税逃税的功夫也很高。民间海商避开泉州市舶司的监管,聚集于厦门湾九龙江出海口月港造船、收购、贩卖,并将商品的集散逐渐从泉州港迁移到月港,月港开始兴起。

可明王朝宣德年间(1426—1435)再下禁海令,而且专门针对福建,令漳州卫指挥同知石宣等严禁通番。

正统年间(1436—1449)又从福建官员的奏请,重申禁令,"奸民下海,犯者必诛"。

正统十四年(1449)又下令:旧例沿海人民,私通外国,交易番物,泄露国情,勾引海贼劫掠边地者,正犯处极刑,家属戍边。

景泰年间(1450—1457),再命刑部出榜,禁止福建沿海居民出海,不得通番走私。

其时,海上私商规模都比较小,只能尽量躲避官家的追捕,并不敢做强烈的反抗。许多被捕的私商,官家也不急着判刑,而是关在监牢里,等着他们变卖家产来行贿救人,不到倾家荡产不放。只要钱够都可以无罪释放,重新再操旧业。闽南人恍然大悟,原来反走私是假,要钱才是真。这样也促使他们摆脱了过去道德的愧疚。

此时距离明朝开国已经百年,前期走私的人衣锦还乡,印证了开海才是致富之路。闽南人民已经从正反两面深刻地认识到,只有走向海洋,发展海洋贸易才是人民富裕的

阳光大道。许多原本遵规守纪的乡绅富户也开始介入和参与,这体现出闽南民间已经普遍认识到发展海洋贸易这个真理,并基本统一了这一思想认识。"发展海洋贸易"成为大多数闽南人行动的指导力量。这种力量是惊人的,在当时与后来同明朝政府的海禁搏斗中展现出无与伦比的坚韧和不屈,推动了其后海商的发展和月港的进一步兴起。

二、从成化十年(1474)到嘉靖年间(1522—1566),月港成形

成化时,西方的大航海都还没有开始,葡萄牙人要一直到1481年才到达好望角,达·伽马到1498年才到达印度,到1500年他们才发现了南美洲,1511年才攻下了马六甲,据为桥头堡,然后才来到中国。

在此之前,整个东亚都还笼罩在郑和宣威维系的和平发展环境之中。在15世纪这个人类海洋文明大发展的重大历史机遇期,明王朝漫不经心地把它丢掉了。

但闽南人并不甘心丢掉这个机遇。禁归禁,抓归抓,杀归杀,闽南的海上私商前仆后继走向海洋。

传统的中国封建统治是建基于乡村的乡绅,皇令只到县,县以下只能依托家族的族长、村社的长老。当这些乡绅和普通平民百姓一条心要走向海洋,县老爷乃至府道台,实际上都只能睁一只眼闭一只眼。只要别晃到泉州、漳州府县衙门前,其他什么月港、海沧、浯屿、安平,看不见,至于诏安梅岭走马溪、广东南澳等更管不着。只有一样,赚了钱得有官员的一份。这样闽南的走私就半公开地遍地开花发展,作为商品集散中心的月港也就迅速地发展起来。

成化、弘治年间(1465—1505),月港的海外贸易迅速崛起,出现了"货物通行旅,资财聚富商,雕镂犀角巧,磨洗象牙光"的繁荣景象,成为闽南一大都会,享有"天下小苏杭"的盛誉。

正德八年(1513),漳州平和发生农民起义,著名的大儒王阳明奉命从江西派兵平定,事后为了安定地方,留下江西官员镇守,并挑选兵众在衙门充当杂役和管理庙宇。这些江西兵众有不少是会做陶瓷的,开始仿制景德镇的青花瓷出口,这样平和县有了自己的陶瓷业。

恰好葡萄牙人在这时来到了中国沿海,在澳门没站住脚,但结识了很多闽南的海上私商,并在他们的引导下来到福建厦门湾九龙江口的浯屿,开始了与平和青花瓷的商业贸易。闽南平和也开始来样加工地烧造西洋图案青花瓷。而从正德十四年(1519)到崇祯六年(1633),有13位江西籍人士在平和主持政务,他们给予瓷器业优惠的税收政策,民间窑业生机勃勃,平和的外销瓷迅速崛起。闽南漳州窑成了中国出口市场上的主力军。只可惜那些当初招商引资的闽南海商,大多被当作汉奸杀头。

葡萄牙人和后来西班牙人的到来,扩大了闽南商品的市场,大大推动了闽南的海上贸易。嘉靖之际,月港进入前期最繁盛的阶段,月港海商与海外各国的走私贸易以空前的规模和速度发展起来。月港"豪民私造巨舶扬帆外国,交易射利,因而诱寇内讧,法

绳不能止"。①

到嘉靖初年，我国东南沿海的海上贸易有很大的发展，作为海上贸易的中心港口，月港当然也得到了极大的发展。

三、嘉靖年间的"倭乱"

明廷之中一直有开海和禁海两派。对于葡萄牙人和西班牙人的到来，也一直有接受通商和不接受通商的两派。从嘉靖年开始禁海派占了上风。嘉靖二年（1523），明廷的海禁政策愈加严厉；嘉靖三年（1524）"私代番夷收买禁物者"，或"揽造违式海船、私鬻番夷者"，都要处以重刑；四年（1525）又规定，凡是双桅海船，统统扣留，即使不是贩卖番物，也"以番物论，俱发戍边"；八年（1529）又明文规定，沿海居民家里如有番物，就当作"窝主"，所有航海大船统统"报官拆毁"；十二年（1533）又规定连坐法，如果沿海居民参与通番，邻居不举报者连坐。

从禁止制造航海大船发展到全部烧毁大船，从打击海上发展到实行连坐法，明朝统治政权对私人海上贸易的摧残和打击越来越严重。到嘉靖二十六年（1547），朱纨任浙江巡抚兼提督福建，下令禁止一切海外贸易，甚至禁止下海捕鱼和沿海的交通，断绝一切海上活动。

同时，海商集团也出现了新的情况。一方面，随着贸易的发展，彼此的竞争更加激烈，出现了许多拥有十几艘，甚至几十艘船的海商集团，势力更加强大。

另一方面，此前许多海商都曾被官方抓捕，监牢就成了他们交换海上行商、走私逃税的经验交流课堂，更成了他们结党成帮的拜帖场所。于是从嘉靖年开始，海商开始对官军武力反抗，演变为海上武装贸易集团，蜂拥而起，此起彼伏。

著名的闽南海商头目李光头便是从监狱出来的。他和同狱的浙江人勾结，组织著名的许氏兄弟海商集团。胡宗宪称："光头者福人李七，许栋歙人许二也，皆以罪系福建狱，逸入海，勾引倭奴，结巢于霩衢之双屿……出没诸番，分迹剽掠，而海上始多事矣。"②

明朝政府严厉的海禁政策必然引起海上私人贸易集团的强烈反抗，官逼民反，使许多海商转而成为海盗。例如家财巨万的月港海商洪迪珍，原本一个生意人，但在嘉靖三十八年（1559），明廷不仅派兵追捕，还将他的家属抓起来，完全断其生路，他只好转而进行武装反抗，成为福建沿海倭寇的重要首领。

再如当时最大的海盗王直，本来也不想造反，后因"乞通互市，官司弗许"，才开始作乱。在他沦为倭寇以后，还多次上书要求通商，表示"诚令中国贷其前罪，得通贡互市，愿杀贼自效"。结果明朝政府假意准许，诱捕王直。其部下3000余人分散结伙，到处剽掠，为害益广。而且明廷从此失信于海商，不再听抚。

此时东南沿海千里海防同时告警，战火遍地，爆发了一场震撼中外的倭乱战争。对

---

① 陈锳修：《海澄县志》卷1，乾隆二十七年（1762），摘自《福建海洋贸易与管理演变历程》。
② 胡宗宪：《筹海图编》卷5，引自《大航海时代：私人海上贸易的商贸网络》。

于这场战争的性质，过去绝大多数史学家都认为是抵抗外来侵略的御倭战争。但近年来许多学者的研究认为嘉靖时所谓"倭寇"绝大多数不是日本人，而是中国人，这场战争不是民族战争，而是以私人海上贸易商人为主体，联合其他各阶层的人共同反对明王朝海禁政策的斗争。

明代倭寇的成分十分复杂，既有日本因内战失败而丧失军职的南朝武士，即流亡在海岛上的无业"浪人"和活动于日本九州与四国之间的濑户内海以及九州附近海面上的走私商人，约占10%；大量则是我国东南沿海一带从事私人海上贸易的民间商人和因统治阶级残酷剥削而破产的沿海农民、渔民、盐民等，甚至还有少数名落孙山的落魄书生、罢免职务的失意官吏等。从大量的材料来看，当时倭寇的主要成分是中国人而非日本人，其中相当多是闽南人，尤其是漳州人。

位于松江东南的柘林是江浙倭寇的大本营，经常聚集倭船数百艘，倭寇上万人。当时就有人认为这数万人中"名虽倭寇，而沿海奸民，实居其半"，而且其中大多数又是福建漳泉人。如漳州大高桥有一个村，"约有万家，寇回家皆云做客回，邻居皆来相贺，又聚数千。其冬复至柘林，今春满载仍回漳州矣"。①

林仁川指出，所谓倭寇的基本队伍是中国东南沿海居民，影响最大、人数最多的十四股倭寇首领也都是中国闽浙粤海商首领。王世贞在《倭志》中称"其魁则皆闽浙人"。大量的史料证明，嘉靖年间的倭寇中虽有一部分是真倭，但他们人数少又不占主导地位，左右不了倭寇的活动，占支配地位的实际上是中国海盗，或者说是被逼为盗的中国海商集团首领。

嘉靖时期这场"倭乱"，完全是明朝政权实行严厉海禁政策，压制新兴的私人海上贸易，迫害海商所引起的。这是嘉靖"倭乱"最根本的原因。

这场倭乱战争给东南沿海，特别是给闽南地区带来了深重的灾难。不仅是海盗集团的抢掠，更有客兵的凶残，都给闽南带来了更大的灾难。

因为"倭寇"势力强大，闽浙粤三省的兵无法应对，于是大量从外省调客兵来。这些客兵军纪败坏，穷凶极恶，给东南沿海的群众带来毁灭性的灾难。当时的民间流传这样的谚语："宁遇倭贼，毋遇客兵"，"贼来犹可，兵来杀我"，"贼犹梳也，所过犹有所遗；兵犹篦也，过则无遗也"。"贼如梳，兵如篦！"这是百姓生动且悲怆的呼声。

客兵不仅骚扰当地群众，而且费用也很大，军饷都加派在沿海的老百姓身上，将百姓搞得无路可走，纷纷又参加到"倭寇"的队伍里去。连朱纨自己都说"以海为家之徒，安居城郭既无剥床之灾，棹出海洋且有同舟之济，三尺童子，亦视海贼如衣食父母，视军门如世代仇雠"。②

这一场惨烈的海禁与反海禁、压迫与反压迫、剥削与反剥削的战争，使更多的人认

---

① 《大航海时代：私人海上贸易的商贸网络》。
② 朱纨：《朱中丞甓余集》，见《明经世文编》卷205，北京：中华书局，1962年，引自《大航海时代：私人海上贸易的商贸网络》。

识到"市通则寇转为商，市禁则商转为寇"，最终逼迫明廷在隆庆元年（1567）采纳了涂泽民的建议，取消海禁，"许贩东西诸番"，并在月港新设海澄县，将原来的海防馆改为督饷馆，征收商税，加强管理。葡萄牙人、西班牙人纷至沓来，不过数年，明廷发现月港已经成了"天子南库"，而东南沿海海晏清平。

明人许孚远在明晚期总结倭乱称："看得东南滨海之地，以贩海为生，其来已久，而闽为甚。闽之福、兴、泉、漳，襟山带海，用不足种，非市舶无以助衣食。其民恬波涛而轻生死，亦其习使然，而漳为甚。先是海禁未通，民业私贩。……当事者尝为厉禁，然急之而盗兴，盗兴而寇入。嘉靖之际，其祸蔓延，攻略诸省，荼毒生灵"。[①]他还说，隆庆初年，由于涂泽民"调停贩番，量令纳饷，而漳潮之间，旋即晏然"。

许孚远从嘉靖时海禁严则盗兴，万历时海禁弛则盗消，实际上已经总结出嘉靖这场倭乱是明朝实行闭关锁国、严厉海禁政策，迫害海商所引起的。

这使我们联想到20世纪中国的改革开放。有人这样总结：如果没有对"文化大革命"的反思，就不可能有今天中国的经济增长。正是"文化大革命"的反面教育作用，中国人认识到了"以阶级斗争为纲"理论的错误和荒谬，认识到了闭关锁国的严重恶果和悲剧结局，也认识到了作为一个国家所经历的可怕危机和噩梦。摆脱贫困和结束动乱，是全民族的强烈愿望，推动改革和开放，以经济建设为中心，是全民族深埋在心中的强烈期盼。这就是中国改革和发展的社会共识。

在这一进程中，历代领导人的正确决策起到决定性的作用，而以往开放的历史记忆、海外华人、国际研究机构和企业家的智慧、学者们的探索功不可没，沿海地区一批富有冒险精神和勇于实践的政府官员与企业家也在其中扮演了重要角色。

"如果从大的方面回顾，改革最为核心的变化是承认物质利益追求和保护合法的经济利益。"[②]

回望历史，我们看到：承认不承认人民对物质利益的追求和保护人民合法的经济利益，这一争论在500年前就有了；要不要开放，也是在500年前就尖锐地对立过了；而沿海地区一批富有冒险精神和勇于实践的政府官员与企业家扮演了重要角色，也是500年前东南沿海就有了。

明代200年禁海与开海的斗争，其本质是朝廷对于人民有权利追求合法的经济利益承认与否。隆庆开海并没有真正彻底地解决这一问题，所以禁海和开海的争议一直在其后又延续了几百年。直到鸦片战争、甲午海战、庚子赔款，痛定思痛的中国精英才开始有了深切的反思。

四、月港的繁荣

葡萄牙人的克拉克船是欧洲从中世纪发展出来在大西洋进行贸易和捕鱼的帆船。为

[①] 许孚远：《敬和堂集》，见《明经世文编》卷400，北京：中华书局，1962年。
[②] 吴敬琏、刘鹤等主编：《中国经济50人看三十年——回顾与分析》，北京：中国经济出版社，2008年。

了便于防御海盗登船，前后两头像小楼一样高高突起，船身重量100—300吨之间，两侧向外弧形伸出，各安装有多门大炮。因为船身涂黑色的沥青油，所以日本人又把它称为"大黑船"。嘉靖三十八年（1559）的进士严从简，在他所写的《殊域周咨录》中说："佛郎机番船用挟板，长十丈，阔三尺，两旁架橹四十余枝，周围置铳三四十个"，"每船二百人撑驾"，"各铳举发，弹落如雨，所向无敌，号蜈蚣船。"这类船只可以装运很多货物，同时还可以装载多达300人。葡萄牙人就是靠这种船只征服非洲、印度和南洋的香料群岛。

迟到的荷兰人为争夺中国市场与葡萄牙人发生冲突。荷兰舰队于1603年在马六甲海峡伏击葡萄牙"凯瑟琳娜"号。"凯瑟琳娜"号是一艘葡萄牙人的克拉克船，载满漆器、丝绸和瓷器等中国货物，被荷兰人俘获，战利品被运到阿姆斯特丹拍卖，引起当地居民的轰动，拍卖的总收入达340万荷兰盾，超过荷兰东印度公司成立之时全部认购资金的一半以上。从此，以克拉克船称呼的"克拉克瓷"之名不胫而走，而这些瓷器主要是产自漳州平和窑。

最早生产克拉克瓷的漳州平和县，到这个时期生产更盛极一时，晋江流域的瓷窑也加入外销生产，窑址遍布德化、安溪和永春等县，尤其是德化一地，差不多乡乡都在生产。这里生产的器物多为碗类，也有属于克拉克瓷一类具有浓郁外销瓷风格的大盘。

泉、漳两地的青花瓷构成了具有欧洲风格的外销瓷——闽南青花瓷。当然也有从宋元时期的基础上发展起来的彩瓷。以生产素三彩为特征的平和田坑窑是这方面的代表。它生产的成品以黄、绿、紫、褐为主，虽受到景德镇素三彩瓷的影响，但具有本身的外销性质的特点。这些产品多销往交趾、南洋和日本等地，在大陆本土流传的反而不多，到了台湾就成为"交趾烧"。

丝绸也是月港重要的出口商品。1586年，中国的织锦在墨西哥的市场上，已经以价廉物美的特点击败了西班牙本国生产的线缎。到1592年，从月港输往美洲的货物总值已经超越西班牙对这个地区的总输出。进入17世纪以后，由西班牙大帆船从墨西哥运载前往菲律宾购买中国丝绸和南洋香料的白银，每年高达128吨，而这些白银大部分都是经由月港商人的手流向了中国。

明代，闽南的制糖业开始兴盛。明初，糖还是作为贡品，到中叶"植蔗煮糖，黑白之糖行天下"，糖成为外销的重要产品。

17世纪初，荷兰人开始成为东亚海上的主导力量，并于1624年占据台湾作为据点，除了丝绸和瓷器，糖也成为海上丝绸之路重要的商品。闽南以其气候适宜，成为荷兰所需要的各种糖类的生产基地。白砂糖、黑糖、冰糖、糖块、姜糖等源源不断地运到台湾，有的在本地消费，有的运转日本、巴达维亚和南洋各地，甚至转运到波斯。每次航船从闽南运来的蔗糖数量从数十担到一二千担不等。闽南的航船有的发展成为专门运糖的糖船，有的商人成为专门从事糖业交易的商家，为后来的"糖郊"奠下基础。资料显示，仅1637年7月12日，两艘大的运糖商船一起进入台湾港湾，一次运到了两千三百篮白砂糖。

在荷兰人大量需求的刺激下，种稻利薄，蔗利厚，泉、漳一带许多农民弃稻种蔗。

这时闽南来台的人数更多，并开始在台湾大面积种稻种蔗，设立糖廊，台湾自产的糖不断增加。1650年台湾蔗糖产量达到历史的最高峰,从本地农民手中购入竟达352万斤。

闽南的龙眼干、荔枝干也开始成为外销的商品。"园有荔枝龙眼之利,焙而干之行天下……"

此外,永安的铁、安溪的蓝靛、顺昌的纸、漳州的柑橘,也都成为海上丝绸之路的商品。

第四节　闽南文化的成熟

人类都是在苦难中成长、成熟。如果说从唐末五代到两宋的近400年间,闽南文化美美与共,创造了自己的辉煌,享受了走向海洋的富裕和发展,养成了开放的心态和创造的精神。那么,在从元代开始的300年灾难和逆境中,作为宋元中华海洋文明高峰的主要创造者,他们更进一步成长成熟。这种成熟体现在明中晚期形成的闽南民间信仰体系,确立了闽南民系从海洋文化中凝练的核心精神与共同价值,呈现对中华文化的独特诠释,并丰富了中华优秀传统文化的核心价值。

民间信俗包含一个地方的文化和精神。闽南民间信俗也一样,民间约定俗成的习俗、信俗仪式,正是闽南文化的精神体现。

闽南民间信俗的创造及其仪式化的传承传播,始于唐代对开漳圣王的信俗,继之有五代的开闽王信俗,宋代的妈祖、保生大帝、通远王等,并引进了儒道释这中华民族普遍的信仰,以及尊天敬祖、天人合一、和而不同、向上向善的中华文化理念。而自明以后,闽南文化开始对中原传来的信俗习俗,做了独具特色的改造,例如送王船、普度,同时又创造了难以胜数的各种各样的民间神明和习俗,或者对中原传来的民间习俗做了适应闽南社会生活的解读和创新,并且在明代中后期最终形成独具特色的一整套民间信俗仪式和习俗体系,世代传承。

这不是偶然的,而是闽南人民在总结了五代至两宋的正面发展经验,更是在元、明时期的悲惨境遇和惨烈的斗争等历史教训之后创造和完善出来的。这些新创的神明与习俗不仅仅化为闽南百姓最广泛的、心悦诚服的崇拜和传承,更蕴含着闽南文化极其宝贵的汲取历史经验和智慧及不断因时因地制宜创新创造的精神。

明代闽南文化的成熟,首先体现在对中原传来的信俗做了创造性改造和创新性发展,并成为闽南文化世代传承的核心精神。

其一,创新送王船习俗,凝聚和传承走向海洋的共识。

从洪武到隆庆开海整整200年的海禁,成为闽南人民血与火悲惨时代。

闽南人已经从此前的海洋贸易中,切身体会到只有走向海洋才是走向富裕富强的人间正道。他们的心向着大海。为了反抗朝廷的海禁,他们几乎是全民开展走私贸易,甚至集结成海上武装走私贸易集团来抵抗明廷统治者的海禁。许多闽南海上武装贸易集团被当作倭寇、海匪消灭,许多精通外语、招商引资、开拓海外贸易的商人被当作汉奸处死。那种一湾残尸沉浮，海水也为之变色的景象，是今人无法想象的惨烈。

再加上大海的惊涛骇浪，台风、黑水洋，天灾人祸让无数闽南人葬身海底。闽南俗语"十去六死三留一回头""行船三分命"，正是历史的写照。其时闽南沿海家家户户都有亲朋好友走向大海以后不知所终。闽南沿海多少望夫石、姑嫂塔，记述的正是这无数悲惨的故事。人们开始畏惧走向海洋。

为了鼓舞自己和子孙后代走向海洋的勇气和信心，为了慰藉死难家属的心灵与精神，闽南沿海民间于明代创造了祭祀不幸葬身海洋者的大型仪式送王船。

送王船原本是长江流域流传的送瘟王习俗，宋代就流传到福建。现今福州、莆田、宁德，还有泉州一些地方送的是瘟王，有"五瘟神系统"和"十二瘟王系统"，是专门传播瘟疫之神，面貌狰狞可怖，人们对其敬而远之。其"出海"仪式，多在"端午"前后举办，是将瘟王送走，船称为"瘟船"，仪式"仅由少数人于夜晚悄悄将纸糊船送之水际"。其时，家家户户关门闭户，静声熄灯，不敢探头观望。

闽南的王爷则是闽南人创造的神，有代天巡狩、护航救弱、保境安民、济困解危的职能，神貌英武沉毅，人们视之恰如惩恶扬善的御史巡按。闽南送王船仪式，一般在"冬至"前举办，船称为"王船"，装饰和陈设极尽威严与豪华。迎王、巡境、送王时，全乡社出动，万人空巷，热闹无比。送王船还有请王、竖灯篙、巡境等仪式，这是瘟王信俗不可能有的。

2019年春节前夕，福建省非物质文化遗产部门专门组织专家对莆田、泉州的十几处送王船宫庙和社区进行调研，确定福建省确实有两种不同理念、不同仪式的送王船。

闽南送王船习俗由相关社区的宫庙或宗祠于东北季风起时举办，一般每三到四年举办一次，包括迎王、造王船、竖灯篙、普度、送王船（踩街游行及烧王船）等仪式，反映人们珍爱生命的心理，企盼国泰民安、风调雨顺的愿望，闪耀着鼓舞人类永远走向海洋的智慧。

闽南送王船俗称"做好事"。他们想象上苍没有忘记走向大海的子民，派遣"代天巡狩"的王爷乘着王船来保护出海人和沿岸百姓。王爷个个英武帅气，都是为人民建功立业英勇献身的英雄，如翔安后村送的是民族英雄岳飞，思明沙坡尾龙珠殿送的是为人牺牲的池王爷；也有的是被冤枉而死的清官文士，如被冤屈的三十六位进士。

那些走向大海不知所踪的遇难者，闽南人称为"好兄弟"。他们漂泊海上，孤苦伶仃。于是在迎王的同时还要"竖灯篙"召唤海上好兄弟，好吃好喝招待，然后请他们登上王船，参加王爷"代天巡狩"的队伍去海上保护人民，建功立业便可转世为人。闽南人的行善并不是给点吃给点穿就行了，而是让弱势群体自立自强改变命运。

闽南民间称送王船为"做好事"。"做好事"的理念是对弱势群体的悲悯、关怀和善行，同时也使心向大海的闽南人坚信自己即使在海上遇难，依然有人关心自己，依然可以转世成人，生生不灭。这种仪式呈现的理念支撑了闽南人与海洋千年不辍的持续联系的历史。

仪式是文化的纪念碑，也是文化最有效的传播方法。人类文化的传播，有阅读，有说教，但从历史上看，仪式是最重要、最有力的传播方式。闽南人初一、十五拜佛祖，初二、十六拜土地，一年365天闽南有400多种神明、祖先、"好兄弟"的"拜拜"。不要小看"举香跟拜"，深入人心的"人在做天在看""举头三尺有神明"的向上向善，就是这样拜出来的。

历史证明仪式化的方式是全人类共同的传播文化直达心灵的好办法，所谓"潜移默化"。仪式传播的是文化的核心精神。送王船仪式所蕴含的人与海洋可持续发展的文化精神，就是要告诫子孙，无论天灾人祸万分凶险，只有走向海洋才能国强民富。这信念已经成为几百年来闽南人世代传承的共识，成为闽南文化核心理念，并在改革开放以后被全体中国人民所接受，化为建设"海洋强国"的时代强音。

这一习俗世代传承，并且随着闽南人的过台湾、下南洋，传播到了台湾地区和东南亚许多国家。2020年中国和马来西亚联合申报"送王船——有关人与海洋可持续联系的仪式及其相关实践"获得联合国教科文组织的批准，列入人类非物质文化遗产代表性名录。

其二，改造和创新"普度"习俗，化育悲悯宽容、为善最乐的价值取向。

把外来的习俗改造成符合自己价值取向的仪式，以仪式化的方式代代传承，这是闽南老祖宗了不起的智慧。送王船如此，普度也是如此。

闽南最大的节日是七月普度。从初一开地狱门到三十关地狱门，三十天里大家轮流做普度。普度祭祀的是无家可归、无家人祭祀，整年关在地狱的孤魂野鬼。但闽南人从来不把七月叫鬼月，也不叫鬼，而是把孤魂野鬼称为"好兄弟""门口公""老大公"。我们对"好兄弟"是平等的、尊重的，从来没有居高临下地对待这个弱势群体。

普度是佛教的"盂兰盆节"，早在东汉就传到了我国的北方。"盂兰盆节"俗称"七月半"，但祭祀只在七月十五这一天，最多也就是前后两天的时间。至今和闽南相邻的客家地区依然做的是"七月半"一天。但传到了闽南，我们的老祖宗认为这些可怜的无人祭祀的"好兄弟"整年关在地狱，只有七月才能到人间来，如果我们仅仅是"七月半"这一天祭祀他们，那他们在这一天会撑死，而其他的日子就会饿死，就会和民间抢食。于是，我们在他们到人间来的这一个月，就每天一条街轮流做普度，让他们在七月的每一天都能够享受人间的美味。这种为弱势群体换位思考的智慧，展现了闽南先人的悲悯情怀。

不仅如此，在闽南七月不能结婚、不能开业、不能盖房子，小孩不能游泳，因为这些"好兄弟"就在我们身边，会作祟，会"掠猴替"（闽南话"捉替死"）。按道理他会害我们，理当"以牙还牙，以眼还眼"，但老祖宗恰恰相反。他们规定，在七月各街区要做道场，请打城戏《目连救母》，打破地狱城，烧很多纸钱给这些"好兄弟"作为"买路钱"，帮助其从正道回归人间。这是一种"以德报怨，化怨为和"的精神。这对我们现在提倡和谐社会、两岸和解和世界和平都是一种启示。

冤家宜解不宜结，冤冤相报何时了？闽南人化怨为和的精神十分可贵。我们的老祖宗把这样崇高的精神用最盛大的节日、最隆重的仪式、最美味的佳肴，悄无声息地代代相传。他们相信子孙后代能够在七月的盛宴里、隆重的超度法会中，体会化怨为和的宽容和悲悯。

常有人问：以德报怨，何以报德？老祖宗则告诉我们"施恩不图报"。如果做好事是为了获得报偿，拾一个皮包，内有一万元，还给人家，还要人给你一千元作为报酬，那不叫作"德"，那是做生意。市场经济不能变成市场社会，一切以金钱来衡量人类的良知，善行就会遗失人间。但"德"不是没有回报的，当你真诚地帮助了人，无偿地付出，你将收获心灵的快乐、品格的升华，你将得到最大的福报。厦门万石植物园万石莲寺山石上"为善最乐"四个字，是明代闽南的先人镌刻在石头上永远警醒我们的教诲。闽南民间信俗的核心精神正是闽南先人教化子孙的传家宝。

如果说是两三百年的苦难，海禁反海禁的惨烈斗争，逼着闽南人改造和创新了送王船，那么，闽南为什么在明代才改造和创新普度习俗，而不是在创造力极其辉煌的宋代？这是值得我们深思的。有果必有因，有因方有果。

从闽南的历史看，是元代残酷的民族压迫与元末的民族复仇，推动了刺桐港的没落和衰亡，这激起了闽南人的历史反思。元末明初的复仇，看似很痛快，但最后连自己的生路也断了。留下来融入闽南成为闽南人的阿拉伯人也明白了，曾经是那么得意忘形，为所欲为，最后却大难临头、九死一生。所有留在闽南这块土地上的大家都明白了，人心都是肉长的，有时月光有时星光，得意时别太猖狂，不能逼人太甚；另一方面，得理也要知道饶人，冤冤相报何时了，化怨为和是正道。闽南人对普度习俗的改造和创新正是在曲折的历史背景中对历史的反思。

除了这两项比较大的改造和创新，闽南人对其他中原传来的习俗也做了与明代社会生活相适应的当代解读和发展，在其中寄寓了对历史深入思考而形成的人生哲理，将它融入百姓日常的生活之中，并在潜移默化之中成为闽南人世俗的"教示"，例如观音、关帝、玄天上帝、水仙王等。

"观音佛祖"，原属佛教的诸神之一，在传入中原后，逐渐成了佛教诸神中国化的代表。民间对观世音菩萨的称谓有观音、南海观世音、圣宗古佛、妙善夫人、观音佛祖等。

庙堂里，观世音一般放在供奉佛祖释迦牟尼的大雄宝殿之后的大悲殿来供奉。但是在民间，观世音的影响和知名度远远超过了佛祖释迦牟尼。

早在佛教尚未产生的公元前7世纪，印度婆罗门教的古经典里就记载了"观世音"。不过，婆罗门教里的观世音不是人，而是一对可爱的孪生小马驹，又叫双马神童，是婆罗门教的善神，象征慈悲的善神，而且神力宏大。据说这对双马神童能使盲人复明、病者康复、残者健全、不育妇女生子、公牛产乳、朽木开花。

公元前5世纪，释迦牟尼创建了佛教，双马神童被佛教接纳，成了一位慈善菩萨，叫"马头观世音"，形象依然是匹可爱的小马驹。

后来佛教徒把观世音人格化，变成一位威武的伟丈夫，并创造了观世音出身王族的新身世。据《悲华经》的说法，观世音是转轮圣王无净念的太子，名"不拘"。他立下宏愿：生大悲心，断绝众生诸苦及烦恼，使众生常住安乐，为此，佛祖给他起名"观世音"。

观世音大约是在三国时期传入中国的，不过那时的观世音还是个威武的男子。甘肃敦煌莫高窟的壁画和南北朝时的雕像，观音皆作男身，嘴唇上还长着两撇漂亮的小胡子。

佛经记载，观世音原非一身，有"六观音""七观音""三十三观音"之别，在普度众生时能做多种变相。

随着佛教在中国迅速发展，到南北朝时，出现了大批出家的尼姑和女信徒。唐代自玄奘赴西方取经回来后，佛教非常盛行，观世音也随之盛行民间。

历史证明，西方的各路神明要想在中国站住脚跟，必须中国化、世俗化。因此必须造出一位女菩萨，满足民间信众的需要。

这个任务就历史地落到了观世音的身上。首先他是善神，其次他又可以有33个化身，可男可女，因此干脆就让他变为女菩萨，这大约是在隋唐之际。

宋朝皇帝指定浙江省外海的普陀山供奉观世音菩萨，从此普陀山就成了观音道场。历代皇帝相继在此修建佛寺，使浙江普陀山与四川峨眉山、山西五台山及安徽九华山，成了中国佛教的四大名山圣地。

也是在宋代，中国人又创造了新的关于观音身世的故事。说是有位妙庄王，生了三个女儿，名妙因、妙缘、妙善。三女都到了出嫁的年龄，大女、二女高高兴兴嫁出去了，就是三女儿妙善死也不肯出嫁且执意出家。庄王大怒，把妙善赶出王宫。妙善就到深山修行，成为香山仙长。后来庄王得了重病，危在旦夕，需要亲人的一只手、一只眼来作药引子。大姐、二姐都不肯作出牺牲，只有出家修行的妙善献出了自己的手眼，救了父亲的命。佛祖被其孝心感动，便赏她一千只手，一千只眼，使之成为千手千眼的观世音。

这个故事揉进了儒家的"孝"和道家的神仙思想（妙善修行为"仙长"），是儒释道三教合流的产物。至此观世音不但已完全中国化，而且同印度的佛教"真经"相去很远了。

恰恰是这样中国化和世俗化了的观音，成为中国民间最流行的信俗。特别是南海观世音想当然地就是海上保护神，立刻就成为闽南民间最流行的信俗，并创造出妈祖乃观音弟子的传说。

闽南最早、最有名的观音庙是泉州安海的龙山寺。我国闽南、台湾地区，甚至东南亚部分国家至今仍有许多龙山寺，都传自安海龙山寺的香火。

从明代开始，闽南人把观音菩萨从寺庙请到家里供奉，船家也把观音请上了船，作为航海的保护神，而且妈祖是观音的弟子，当然法力高深。做人要像观音一样救苦救难慈悲为怀，从此成为闽南人的"教示"。

关羽在历史上实有其人，生于东汉末，河东解良人，投刘备，与张飞、刘备桃园结义，成为刘备手下大将。其死后在民间的影响本来并不大，但在宋以后，宋太祖自己篡别人的权，黄袍加身，因而最害怕别人心怀不忠，就选中了讲义气的关羽，大加鼓吹，关羽庙才开始多了起来。宋哲宗封其为显烈王，宋徽宗封其为义勇武安王，元代再加封为显灵义勇武安英济王。元末长篇历史小说《三国演义》问世，使关羽名声大震，关羽成为古今第一将，忠义和勇武的化身。

到了明代，关羽又被升格为协天护国忠义大帝。清代晋封为关圣大帝，并尊为"武圣"，和孔子同为圣人之列，故有"山西夫子"之称。儒家称关公为"关圣帝君"外，另有"文衡帝君"之称。

由于帝王们的推崇，关羽的地位由将而王，由王而帝，乃至大帝，不但成为民间普遍供奉的神明，而且成为王族祭祀的高级神祇。这时，佛道两家也急忙争相把关羽拉进自己的教门，如北京雍和宫就专门加盖了关帝庙。道教更是不甘落后，许多关帝庙都被道士们所占领，称其为伏魔大帝。

据说清乾隆时，关帝庙仅在北京城就有116座，几乎占北京城内全部庙宇总和的十分之一，为京城庙宇之冠。

官方推崇，儒道释通吃，民间自然大盛。考察闽南所有的关帝庙都是在明以后才兴建的。宋代文化鼎盛，偏偏闽南没有一座宋代的关帝庙。闽南最早的关帝庙起于周德兴建卫所，所有的卫所城基本都是"北玄武，南城隍，东观音，西关帝"，都少不了关帝庙。东山的铜陵关帝庙、惠安的崇武关帝庙，至今依然香火鼎盛。早年厦门城不但有内武庙，还有外武庙。

过去闽南家家供奉关帝爷。军人以"武圣"尊他为战神，商人则尊他为行业神、武财神。据说因为关公生前善理财，曾设笔记法，发明日清簿，后世商人公认关公有此专才。同时关公信义双全，而生意人最讲究的就是信用跟义气。

明代中后期闽南的关帝信俗大盛，不但官祀、庙多，而且和观音一样被请进了各家各户供奉。民间盛行关帝庙金兰换帖，结拜兄弟，甚至还有结拜姐妹，以及宫庙结拜金兰会等。

闽南在明代以后关帝信俗大盛与蒲寿庚的叛变降元具有相当的关系。蒲寿庚在宋代晚期招商引资，给闽南人开拓财路，本是闽南人十分敬仰的人物，岂知关键时刻背主求荣，不但献城，还将赵氏数千人头奉为投名状。从此，让闽南人把忠贞不移视为做人第一重要的品德，也由此培育了一代又一代精忠报国、不忘故土、追远报本、薪火相传的闽南人。

关公信俗的大盛同闽南明代开始普遍的习武风气也有很大关系。元以后文人遭到轻贱，进入明代海患海匪迭起，闽南人于是慢慢地重武轻文。即便是文人，也讲求文武双全。稍大的城镇皆有武馆，就是乡村里社也多请师傅来教习。南少林、五祖拳都是在明代兴起的，甚至嵩山少林寺的棍法也是传自明代名将、泉州人俞大猷。因为应对土匪海匪的突然袭击，闽南民间还发展出一套以锄头、扁担、竹篙、鱼叉、渔网等生产工具，甚至板凳、火钳等生活用品作为武器的武术套路。

在这种背景下，过五关斩六将的关羽自然就成为民众普遍崇拜的对象了。

天公和土地公信俗在宋代的闽南就已盛行。同安祭祀天公玉皇大帝的朝元观起于宋代，厦门岛的土地公祖庙和仙岳山的半山土地公庙也起于宋代。到明代同样也有了变化，不仅盖了更多的宫庙来供奉，还把他们都请到了家里来祭祀。一般百姓的佛龛里供奉的就是天公、观音、土地公、灶君公，后面再挂一关公的画像。

灶君在闽南元代以前是没有的。元时20户闽南人养一甲兵，称甲主。甲主欺负闽南人太甚。元末复仇，甲主多成鬼。善良人复仇杀人，内心总是不安，回想当年菜刀都归甲主管，吃什么都瞒不了他，于是想象他死后还在灶头监督着，就生出了灶君公。许多地方灶君就是元兵的形象。鉴于甲主当年最会打小报告，仗势欺人，于是就想象出年底他会升天向玉皇大帝报告每家每户的行迹，并演化出送神时须用糖糊灶君嘴巴的习俗。

所有这一切在明中晚期的一两百年里形成了一个庞大完整的闽南民间信俗体系，并深刻地影响了其后闽南文化的发展。当然，也深刻地影响了厦门文化的发展。厦门后来诞生的伟大人物，如郑成功、陈嘉庚、陈化成等，无不受这一文化的哺育，更成为中华文化核心价值的典型代表。

闽南民间信俗系统主要包括四个子系统：神明系统、祭祀系统、传播系统和相关的文学艺术系统。当然，最重要的还有整个系统所体现的价值追求、核心精神。

一、数以百计的闽南民间信俗的神明系统

闽南民间信俗最大的特点，就是泛灵信俗和多种信俗的复合重叠。不管是儒、道、释诸神，还是山上的怪石、村头的大树，还有各种民间创造的土神，一概都拜。甚至像厦门南普陀后山石上镌刻的"佛"字，也可成为膜拜的对象。许多人上午拜孔子，下午拜妈祖，晚上又拜观音；今天上清水岩拜乌面祖师公，明天又上白礁拜大道公。"有吃有行气，有烧香有保庇"，多拜多好，内心并不觉有什么矛盾。许多人说自己笃行佛教，实际上还供奉着道教之神。民间供奉观音最多，但在观音背后挂幅关公的像，前面吊着个"天公香炉"，却是最常见的情况。

闽南庞大的神明系统主要有三大来源：中原南传信俗的本土发展、原住山畲水疍的原始信俗、闽南人开山耕海人生中的自我造神。一般分为三大类：对自然万物的崇拜，儒、道、释里引申而来的崇拜，闽南人创造的神祇崇拜包括先贤崇拜、祖先崇拜和其他各种灵魂崇拜。

其一，自然崇拜。从远古流传下来的"万物有灵"观念，对后世的民俗和信俗始终有着强烈久远的影响。原始人对大自然的敬畏，似乎已成为一种文化的积淀，深藏在后代子孙的潜意识中，顽固地影响着后人对世界的认识。闽南民间信俗里的自然崇拜是非常广泛的，上至天公、月亮妈、北极星，下至土地公、灶君公、床母、怪石、大树，无所不灵，无所不拜。

其二，儒道释诸神崇拜。中原南传的中华道教、佛教在闽南落地后，化成融入家家户户的民间信俗。其中最具代表性的除了天公、土地公、观音、关公，还有孔老夫子、神农大帝。儒家孔教在闽南的地位也很高，孔夫子不但供奉在各府县的孔庙，而且供奉在所有的官方书院、民间私塾。不但供奉孔子，还要供奉朱子。除此之外，供奉东岳大帝、地藏王、财神、太子爷、相公爷、鲁班爷等的宫庙在闽南也是难以胜数。

其三，先贤崇拜。在闽南民间信俗中，闽南人创造的先贤崇拜是最多的，体现出闽南民间信俗"喝水不忘挖井人"的教化功能，也体现了闽南人对自己的祖先充满骄傲、自豪和感恩的心态。

儒家以立德、立功、立言来追求人生永恒的思想，对闽南人有很大的影响。他们崇尚品行高尚的楷模、建功立业的英雄、文章传世的先贤，并因此创造了很多传说、神话来传颂这些令人引为骄傲的祖先，如开漳圣王陈元光、开闽王王审知、医神吴本、清水

祖师、三坪祖师、各姓王爷等。

其四，海神崇拜。闽南文化因海而兴，海的辽阔和海的险恶，既是他们的希望也是他们的灾难。因此，海神的创造和奉祀，成为闽南人重要的精神支柱，也是闽南人最具特色的信俗。

最普遍供奉的海神有观音、妈祖、玄天上帝、海龙王、水仙五王以及疍家的龙蛇龟豚等各种动物崇拜。

明代钦定玄天上帝为官祀的水神，郑成功自诩为玄天上帝的化身。施琅在收复台湾时，则抬出妈祖，将妈祖从天妃升为天后，成为清军水师的精神支柱。闽台的商人不买施琅的账，清代的郊商们奉水仙五王为保护神。水仙宫成为闽台郊商郊行的议事场所。

渔家疍民还有自己的海上神明崇拜。他们笃信生命起源于大海，认为自身的生命是大海赐予，对海洋始终怀着敬畏之心。海龙王和众多的海神水仙都是他们崇拜的对象。

疍民自古有"断发文身"的习俗，身上所纹的主要是蛇的图腾。疍家祖辈相传，认定自己是"龙的传人，蛇的后裔"。在疍民心目中，龙与蛇有着渊源关系，蛇称小龙，蛇的形态是构成神化中龙体的一部分。

疍民称渔船为木龙，整钉渔船时必定会有一种四脚蛇出现。疍家船饰，会有一些重要部位刻画着飞龙腾蛇的图案，特别是在船头与船尾，有的疍家就直接以蛟龙戏水为图腾。他们还将海豚、海蛇、海龟作为神灵祭拜。

其五，祖先崇拜。明代，闽南民间兴起修族谱、建宗祠高潮。现在看到的闽南族谱基本都是明以后才修撰的，宗祠也大都是明代才兴建的。这其中一个重要原因是因为元代不准汉人起汉名，只准张三三、李四四、王五五，长幼无序，闽南人内心并不认同。他们长期在海上讨生计，待到明朝，生计稍定，才纷纷聚亲祭祖，修谱盖宗祠。其后私人海上贸易，维系家族团结、凝聚宗亲力量，祖先崇拜成为最有力的情感纽带和精神支柱。

宗族的祖灵一般都放在各姓氏祠堂，每年有两次祭祀。祭拜的祖先，从四代追祭到数十代以上。家庭供奉的祖灵，一般祭祀到曾祖一辈，家中举行祭祀的次数十分频密。

闽南对祖灵的崇拜，实际上是一种文化认同的仪式。

其六，冤魂崇拜。闽南人的灵魂崇拜，不仅呈现于先贤崇拜和祖先崇拜，还祭祀许多冤枉屈死的孤魂野鬼。

这是因为早年闽南的每一户人家，几乎都有因战乱、海难、海盗、土匪、械斗、台风、瘟疫而死的亲人，以及过台湾、下南洋一去不返的亲朋好友。所以，当他们面对无家可归、无祖可寻的孤魂野鬼时感同身受，充满悲悯的情怀。即使这些无主散落的弱势群体还会作祟人间，闽南人却不把它们当作敌人，而是当作"好兄弟"，尊称为"有应公""门口公""万善公""大众爷"等，同情它们在阴间衣食无着，修建了许多万善宫、有应公宫、万缘堂、大众坊、海头宫等来供奉，并通过普度、送王船等祭祀，安抚超度。闽南的冤魂崇拜主要有好兄弟、大众爷、陷城祖、帆礁公、万善公、信王等。

在闽南人的实际生活里，这六部分往往是融为一体，密不可分的。如同安的龙虎宫，主祀保生大帝，但还供奉张天师、王爷、妈祖等其他神明，儒道释无所不有，总计达三十多位神仙。海沧温厝慈济北宫更厉害,主祀吴本吴真人、孙思邈孙真人、许逊许真人,旁祀三十六官将,后殿还供奉三世佛、观音、妈祖、关公、护法天尊、土地公、财神爷、十八罗汉等,总计六十四尊神明。

在闽南的民间信俗宫庙,除了田头巷尾的土地公、石狮王等小庙,几乎没有一座庙是只供奉一尊神明的。而如观音、关公、天公、土地公等,不仅供奉在宫庙,也供奉在百姓家中,供奉在商家店头、供奉在船家红格顶等。

闽南隆盛的香火,从寺庙、祠堂延伸到家庭,形成一个敬天法祖、神佛人鬼共生、令人眼花缭乱的神明系统。

二、闽南民间信俗独特的祭祀系统

围绕着天地、神仙、祖宗等民间信俗,闽南人创造了一系列物质的和非物质的文化仪式,形成一个庞大的、相互依存的祭祀系统,成为闽南重要且宝贵的文化遗产。

第一,祭祀仪式。闽南民间信俗的祭祀礼仪是一个庞大、繁杂的系统,大致有宫庙祭祀礼仪、宗族祭祀礼仪、家庭祭祀礼仪与单位祭祀礼仪(如商铺、船舶、行业等)四大祭祀系统。依不同的祭祀对象、不同的祭祀地点,形成了不同的祭祀人、祭品、祭器、祭祀礼仪。

第二,祭祀的供品以及寺庙周边的小吃,创造了无数独具特色的美味佳肴,是闽南美食文化的重要组成,化成了闽南人难忘的孩提记忆和故土乡愁。

第三,寺庙和祭祀所必需的神像、祭品、祭器,如各种纸钱、香烛、香炉形成了闽南独特的文化产业链。今日仅闽南的制香产业,每年就创造出十几亿的产值。而且,留存了许多宝贵的传统技艺,如塑造神像的漆线雕工艺。

第四,各种神明的传说故事,是祖母从小教化孙儿的好教材,成为闽南口传文学重要的组成部分。

第五,迎神赛会、绕境巡游时的各种阵头,请戏谢神的各种民间戏曲表演,是闽南民间戏曲艺术、音乐艺术、舞蹈艺术、说唱艺术以及中国南派武术的大汇聚,展现了闽南人的艺术才华,也成为传承和发展闽南民间艺术最重要的文化生态环境。

第六,宫庙、祠堂等闽南风格的建筑及其装饰工艺和佛像塑造。闽南的宫庙、宗祠无一不是闽南红砖大厝建筑,而且都是集中全村、全族的力量精心建设。这使得闽南传统建筑技艺代代相传,并留存和发展了闽南石雕、砖雕、木雕、泥塑、彩绘、剪粘、壁画等种种民间工艺。其巧夺天工、富丽华贵,使闽南宫庙祠堂往往成为所在村社最为堂皇的第一建筑。

总之,闽南的民间信俗祭祀是一个传承久远、庞大复杂,迄今依然充满蓬勃生机的民间文化系统。

三、闽南民间信俗的传播系统

随着闽南人走向海洋,闽南的民间信俗极其庞杂的文化系统也被携带到闽南人足迹所到的地方，并且随着他们落地生根，开花散枝，形成绵延久远的传播系统。

闽南人过台湾、下南洋、走四方，当他们告别故土时，行前必定要到家乡的境主宫祭拜，乞求一些神炉中的香灰（民间相传神灵附在香灰上），用小块红布缝成香包带在身上。远行者的贴身香袋，装着境主宫的香炉灰、祖宗的牌位信符，以及家乡的一撮米、一把土，在"十去六死三留一回头"的移民途中，遇有风险，便捧出香袋祈拜平安，有幸抵达新土，就把故乡带来的香袋供奉起来，按时膜拜。经济有了一点基础，他们就会返回故乡探望家乡的亲人，祭拜祖墓，携带或抄写家族谱牒前往迁徙地，谓之拜祖、请火、续谱。同时要到原乡原庙（谓之"祖庙"）请一尊神像到新定居地，大兴土木，建庙修祠（谓之"分庙"），并定期或不定期组织团队到祖庙进香。

我国台湾及东南亚部分地区的闽南民间信俗宫庙和祠堂，大都就是这样传自原乡故土而逐渐由小到大发展起来的。这一传播过程被称为分灵和进香、请火和拜祖。

整个闽南民间信俗的传播系统除了这种个体的传播形式，还有群体的传播（如开台第一人颜思齐将保生大帝传播台湾，郑成功将孔庙儒教传播台湾），以及漂流的传播方式（如送王船的漂流方式）。

四、闽南民间信俗的文学艺术系统

任何一种宗教信俗的确立发展、传播都离不开神话传说，而宗教信俗的祭祀礼仪则总是和当地的民族或地域的音乐、舞蹈等艺术的传承发展相辅相成。实际上，世界上所有的民族在举行宗教仪式时都少不了歌舞活动。

闽南的民间信俗当然也需要各种娱神的歌舞活动。回顾历史，可以说，闽南的口传文学、民间音乐舞蹈正是在民间信俗的土壤里成长起来的。

闽南民间文学艺术受民间信俗影响深刻，并成为闽南民间信俗不可分割的组成部分，主要有包括俗语、歌谣、传说故事的闽南口传文学，宫庙建筑中的工艺美术，祭祀必不可少的谢神明的戏曲演出和请火、进香、绕境的艺术阵头，南音中的佛曲、歌仔中的劝善歌等音乐和曲艺。

所有这些子系统融汇在一起构成了庞大复杂的闽南民间信俗体系。而这一体系呈现出的就是闽南人民的共同追求和价值取向，即闽南话所称的"教示"。

自明代中晚期开始，闽南家庭的厅堂里最尊严的正中位置要安放长条形的中案桌，上面摆着两座龛，一座供神像，一座供祖宗牌位，香炉也是分开的。闽南人常年供奉、顶礼膜拜的这两座龛体现的正是中华文化的核心理念：尊天敬祖。

尊天，就是天人合一的理念，就是对大自然的敬畏和感恩。比如土地公，我们吃的都是这块土地长出来的，我们穿的都是这块土地长出来的，我们住在这块土地上，难道我们不应当感恩敬畏这块土地吗？西方的环境保护学者对中国在几千年前就确立了天人合一的理念，由衷地敬佩。他们在环境保护的实践中，总结出最重要的一条经验就是：环保关键是人的理念。一个人如果不懂得感恩和敬畏天地自然，他又怎么可能去珍惜和爱护自然环境呢？

现在，联合国教科文组织把每年的4月22日定为"世界地球日"，口号是"人类只有一个地球"。中华民族六千年来对土地的感恩、敬畏、珍惜、崇拜，正在成为全人类共同的信念。中华文化"天人合一"的理念既是悠久的历史传统，又是当今放之四海而皆准的普世理念。

敬祖，当然不是要我们照搬照套老祖宗，而是要追远报本，尊重传统文化，尊重自己的根。中华文化五千年传承不息，正是一代代秉持了追远报本的理念。

在佛龛中，中间是道教的天公玉皇大帝，并肩而坐的是佛教南海观音，前面是土地公、灶君公，后面还有儒家武圣关公画像。这正体现出中国文化"儒道释一体，和而不同"的理念。

送王船所呈现出来的不畏强暴、永远走向海洋的精神，以及普度所呈现出来的以德报怨、化怨为和的精神，已经升华为中华海洋文明宝贵的核心精神，并成为闽南文化对中华文化的传世贡献。

尊天敬祖、天人合一、追远报本、和而不同、走向海洋、不畏强暴、化怨为和的理念贯穿了闽南民间信俗体系。

总之，一个庞大且复杂，充满闽南人无数奇妙的想象力，与闽南百姓日常生活、民风民情密不可分，意涵深远的闽南文化精神系统，在历经宋代的辉煌、元代的灾难和明代200多年血与火的抗争后，终于确立形成，标志着闽南文化的成熟。可以说，不了解闽南民间信俗，就不可能了解闽南人、闽南文化。

第六章　厦门文化的孕育

第一节　厦门文化的摇篮——永宁卫中左所

厦门城市文化的孕育是从中左所设立开始的，贯穿了明代200多年闽南人民反抗海禁的悲怆壮烈和开拓"海丝"、通洋裕国富民的苦难辉煌。

洪武二十年（1387），朱元璋派江夏侯周德兴"往福建滨海四郡，相视形势，卫所城不当要害者移置之，民户三丁取一，以充戍卒，乃筑城一十六，增巡检司四十五，得卒万五千余人"。[①]其中同安七座（高浦、塔头、官澳、田浦、陈坑、峰上、烈屿）巡检司，厦门岛上只在塔头设巡检司。守卫的兵士由附近的"民户三丁取一"来充任。

第二年，朱元璋又派汤和入闽，"行视闽粤，筑城增兵，置福建沿海指挥使司五，曰福宁、镇东、平海、永宁、镇海；领千户所十二，曰大金、定海、梅花、万安、莆禧、崇武、福全、金门、高浦、六鳌、铜山、玄钟"[②]。

增设的福建沿海五大卫指挥使司，直属于福建都指挥使司，专注海防。卫指挥使司，下设前、后、左、右、中五个直属千户所。

五大卫指挥使司位于闽南地区者有二，其一在泉州为永宁卫，其二在漳州为镇海卫，二者刚好设置在大厦门湾的东北、西南陆地岬角处，其管辖范围的分界线在厦门湾内的漳泉分界。

卫所的增置，加上之前的巡检司，便共同构成了福建沿海防御体系。

洪武二十七年（1394）正月甲寅，朱元璋禁民间用番香、番货。随后，为了防止九龙江口百姓走私下海，永宁卫特迁移中、左两个千户所，即高浦和金门千户所至九龙江出海口处的厦门岛西侧，名曰"中左所"："筑城周围四百二十五丈九尺，高连女墙一丈九尺，为窝铺二十有二，东西南北辟四门，各建楼其上"，"永乐十五年（1417），都指挥谷祥等增高城垣三尺，四门各增砌月城。正统八年（1443），都指挥刘亮督同本所千户韩添复增筑四门敌台"。[③]

[①] 张廷玉：《明史》卷三百二十二，列传第二百一十，外国三，日本。
[②] 《明史》卷九十一，志第六十七，兵三，边防海防。
[③] 黄仲昭：《八闽通志》卷十三《地理·城池》。

厦门城市是从海防要塞中左所开始自己的历史。最早厦门城内人，就是这些守卫中左所的官兵。他们都是闽南泉州的晋江、同安"民户三丁抽一"的兵卒及其家属。

明朝为了贯彻朱元璋"养兵百万，不费百姓一粒米"的设想，卫所在设置初期便具有"家属同守""寓兵于农"两个特征。①

卫所军士携带家属同赴守地，生生世世为军籍，不受当地府县的管制，而自成体系，从而形成与民政系统并列的军政系统。军政系统的日常，除了军事行动外，也从事农业生产，如卫所军士往往被分成两个分队，一支进行必要的巡视、训练和征战，另一支则在驻地附近进行屯田，基本上做到了自给自足。

厦门山多田少，那当然就靠山吃山，靠海吃海，打鱼种果，甚至海上交通运输、做小买卖等，都是卫所的兵士及其眷属钻营所在。九龙江口民间海上贸易会大发展，跟厦门岛上兵多田少，兵民之间非亲即故，军地协同、官商勾结、利益均沾，大有关系。

其后又在漳州浯屿岛设立了浯屿水寨，负责漳泉两地海上巡视和调度，有如今日厦门海军水警区。虽隶属于漳州府，但明朝在寨总的人选上，往往偏重德高望重、具有震慑力的人物。"寨总由武进士或世勋高等题请升授，以都指挥体统行事，谓之钦衣把总，由抚院差委；或以指挥及听用把总督领，谓之名色。"②漳州府怎么管得了他，因此寨总实际上就是厦门湾的海上霸王。厦门湾的安全他要负责，厦门湾所有的商船贸易利益，更不能少了他的。商船走私与否，违规与否，他说了算，就算不罚钱，也要雁过拔毛。

原本水寨和中左所还相互制约，都不敢太过分。但后来浯屿水寨迁厦门，月港的走私大发展。在后期的历史检讨中发现迁寨让出了浯屿水道这一决策是错误的。但在这个决策的错误背后，很可能是走私船和保护伞一场彼此利益丰厚的大交易。

然而站在今天的立场看，寨总和中左所的官兵，无论他们当时的动机是什么，他们行为的后果却是对闽南人民走向海洋的海上贸易充满了同情和暗中的支持。他们官商联手，军地合作，一起反对明朝廷的海禁，推动了明代闽南的海上丝绸之路，把克拉克瓷、漳绸漳缎传播到了欧洲，顺历史潮流而动，功莫大焉。

人的正确思想从实践中来。中左所和浯屿水寨的官兵们，这些最早的厦门城里人，在参与或帮助闽南百姓走向海洋的实践中切身体会到，走向海洋是富民之道，人民富裕安康是国家康庄大道。海洋文化深深地融入他们的人生观、世界观。文化的孕育是从人的基因开始的，厦门文化的海洋基因就如此深深融化在厦门人的灵魂之中。

中国不是没有了解海洋文化的人，不是没有对海洋文化的深刻认识，可惜他们或者是毫无话语权的普通百姓，或者是八股出身，饱受以农为本文化深刻影响的官员，都不敢理直气壮地提出海洋文化的主张。他们又大多集中在东南沿海地区，处于国家统治的

---

① 郭红、于翠艳：《明代都司卫所制度与军管型政区》，《军事历史研究》，2004年第4期。《明史》卷二百五十七载："祖宗养兵百万，不费朝廷一钱，屯田是也。"《皇明经世文编》卷四百二十六载："圣祖所云'养兵百万，不费百姓粒米者'是也。"

② 喻政：《福州府志》卷之二十一《兵戎志三·泗防·水寨》。

边缘，即使有少数敢于谏言的，也是人微言轻。他们对海洋的真知灼见总是难以被统治者倾听和认真对待，这真是中国历史的遗憾。

水寨兵员"拨永宁、福全卫所兵二千二百四十二人，合漳州卫兵二千八百九十八名成之"①。他们日常职责以海上巡视、稽核为主，在开海后也承担督饷之责。其汛地北端达到崇武，南端至闽粤交界，后来增设铜山水寨后，其汛地才压缩至四处，分别为料罗、围头、崇武、永宁②。

海上升平日久，原本为防贼而设立的诸多水寨、卫所、巡检司便开始松懈，官兵坐吃空饷，有的在形式上参与必要的巡视和训练，更多的则直接放弃日常防御，消极怠慢，甚至脱离军籍从事海洋或农耕活动。同时，经过休养生息之后的沿海地区，生齿日繁，土地与粮食之间的矛盾日益显现，田多斥卤的地区，则开始萌发和扩大通番下海的"勾当"。

龙溪县下辖的一二三都至九都，地处九龙江出海口南北两侧，是当时通番的大本营。尽管厦门岛中左所设置的目的是监视这一地区的动态，但受限于官商的勾结，士兵普遍性的怠慢，有些甚至参与其中，要想做到完全禁止，简直是天方夜谭。永乐年间（1403—1424），郑和七下西洋，其随船人员多为福建各卫所将士，他们在东西洋各岛寻访时，发现所在地的华人，大多为漳泉及粤籍的商人，可见通番之事，在闽南便从未间断，无非是盛衰之间罢了。

鼠目寸光的明廷不知因势利导，顺潮流而动，反而变本加厉加紧了海禁。如九龙江出海口的海门岛，居民多出海通番，屡禁不止。正统五年（1440）十二月丙申，朝廷于海门社增设巡检司以弹压之。③经过一年的试行和考察，海门岛的通番行径非但没有停止，还有愈演愈烈的迹象，于是，漳州知府甘瑛于正统七年（1442），"尽徙其民，散处近地"。④海门岛案例，在当时并非孤例，而是厦门湾，甚至全闽南相当普遍的情况，造成了官民之间的对抗愈演愈烈。

与迁移海岛及边远半岛居民入内地相呼应，官军防御圈内缩，于是有浯屿水寨的迁移中左所。

浯屿水寨的内迁时间，目前至少存在四种版本，分别为正统说、景泰说、成化说和嘉靖说。《备倭记》称烽火、南日山、浯屿三水寨设于永乐年间（1403—1424），"正统初年（约1436—1440），徙浯屿寨于厦门"；《厦门志》主张景泰三年（1452），"巡抚焦宏以（浯屿水寨）孤悬海中，移厦门中左所"，但不排除《备倭记》的说法，也将之并列留记；《读史方舆纪要》记为，"成化中，或倡孤岛无援之说，移入厦门内港，仍曰浯屿寨"；《福建史稿》引嘉庆《同安县志》及《筹海图编》的说法，认为是嘉靖年间（1522—1566）。

---

① 《厦门志》卷三《兵制考》。
② 周学曾：《晋江县志》卷之十七《兵制志》。
③ 《明实录英宗实录》卷七十四，正统五年十二月丙申。
④ 《八闽通志》卷之四十二《公署·文职公署·海门巡检司》。

成书于弘治年间的《八闽通志》，其实已经记载了浯屿水寨内迁的事实，"浯屿水寨在府城西南同安县嘉禾，旧设于浯屿，后迁今所，名中左所。每岁分永宁、漳州二卫军士更番备倭于此。"可见，水寨的内迁，应该可以去除嘉靖说。

浯屿水寨并非迁移的孤例，而是发生在同期福建五大水寨的同一事件，是在明朝海防内缩的背景下产生的。因此，浯屿水寨迁至中左所，应是在景泰三年（1452）。浯屿水寨内迁厦门后，原本扼守浯屿水道的障碍便完全消失，为厦门湾九龙江口一侧的通番海贸活动打开方便之门，如此才可解释为何漳州月港在之后的成化年间（1465—1487）、弘治年间（1488—1505）能产生月港俨然"小苏杭""东南一大市镇"的胜景。

当浯屿水寨内撤至厦门岛，寨总霸王来到厦门，既提升了厦门岛海防的地位，也使厦门成为把控海上贸易的关键之地，为厦门承接更多的海贸功能奠定了基础。

中左所城尽管扼守九龙江口，但因鼓浪屿的阻挡及官军一贯的松懈怠慢，事实上，景泰以后，九龙江口通过浯屿出洋的水道是敞开且毫无阻碍的。名为内防，实则不防。

成化七年（1471），九龙江口北岸的龙溪县新垵人（今厦门海沧新垵人）邱弘敏与同党至满剌加等国贸易，并冒充明使至暹罗国骗取珍宝，回国时被官军发现，共有29人被捕，其中14人伏诛。该案的奏报者巡按御史洪性之后又发现并上报了龙溪人康启道等26人通番、行劫海上的事实①。以上实绩，既是明朝廷关于厦门湾参与通番活动最早的记录，又是海防内缩后引发的大规模海贸活动的实证之一。

"成弘之际，豪门巨室间，有乘巨舰贸易海外者，奸人阴开其利窦，而官人不得显收其利，权初亦渐享奇赢，久乃勾引为乱，至嘉靖而弊极矣②"。从成化年间、弘治年间以后，九龙江口的通番活动由小渐大。一开始百姓尚且偷偷摸摸地进行，后来直接与沿海各巡检司、卫所、水寨官兵相互合作，各取所需。厦门岛上的浯屿水寨，也基本放弃了对浯屿水道的封锁。久而久之，九龙江口便形成了若干富庶的市镇，如闻名遐迩的月港，以及周遭的锦江、海沧、石尾等埠。

明廷始终不愿承认人民追求富裕幸福的正当权利，不知因势利导，顺潮流而动，反而加紧了对违禁出海和私贩贡使的强烈管制，造成了官民之间的对抗愈演愈烈，国力内耗，生灵涂炭，民穷国弱，这种现象在中国历史一再重演，值得深思。

明正德十三年（1518），西来的葡萄牙人在广东请求通商被拒后，其首领乔治·马斯卡尼亚斯（Jorge Maoscanrenhas）便从广东屯门驾船随数艘前往琉球的中国帆船北上。当他们到达月港时，恰好错过季风，只好就地停歇，正是这次不小心成就了葡萄牙人一次利润颇丰的买卖。

这次买卖看似隐秘，实则全在当时明朝官民的监控之下，无人不知无人不晓。如乾隆版《海澄县志》的记载，"旧名月港，唐宋以来为海滨一大聚落，明正德间豪民私造巨舶，扬帆外国交易，因而诱寇内讧，法绳不能止"③。如大明朝廷，中枢的朝臣们也已

---

① 《明实录宪宗实录》卷九十七，成化七年十月乙酉。
② 张燮：《东西洋考》卷七《饷税考》。
③ 《海澄县志》卷一《舆地志·建置》。

经洞悉到全过程，他们很清楚"诸番舶皆潜泊漳州"的目的是要"私与为市"。而造成这个结果的基本原因在于广东方面"岂得以此尽绝番舶"，因为"广东设市舶司，而漳州无之，是广东不当阻而阻，漳州当禁而反不禁也"。①

显然，明朝表面上想要加强海禁，但实际上已经无法控制蓬勃发展的海上自由贸易了，特别是拥有强大内需的西方人的到来，更加剧了明朝海商迫切打开贸易大门的需求。

历史的车轮加速向前，至嘉靖后，通番活动迅速达到高潮。其根本的原因是，不同于传统的东南亚土著，更大的买家市场打开了，如卷土重来的佛郎机和被意外发现的日本。而民间也受通番利润的吸引，大有全民皆海的趋势。

嘉靖二十三年（1544），漳州私商被风飘至日本，意外贸易获利的消息传回闽南后，吸引了大量闽南人乃至福建人改行从事海贸活动。"异时贩西洋，类恶少无赖，不事先业，今虽富家子及良民，靡不奔走；异时惟漳沿海居民习奸阑出，物虽往仅十二三得返犹几幸小利，今虽山居谷汲闻风争至"②。如九龙江出海口北岸的锦宅（今漳州市龙海区角美镇锦宅村），有黄氏十八世二房"颙嘉，号朴夫，弘治十五年壬戌二月廿四日酉时生，嘉靖二十五年丙午为贩日本九月十六日卒于南京浅"③。

在这之后，每年前往日本因风而误飘至朝鲜而被扭送回国的福建人，从嘉靖二十三年（1544）的39人增至二十五年的613人，再到嘉靖二十六年（1547）的近千人，可见通番贩日的规模之大④。

几乎同时的嘉靖二十六年（1547），从浙江双屿逃来的葡萄牙人直接在被废弃的浯屿靠岸，月港与佛郎机的贸易掀起了新一波的高潮。

一方面百姓出海的规模越来越大，另一方面官府上层的海禁政策越来越严厉，二者不可避免地发生冲突。关于这一冲突及冲突的本质，前章已有介绍，不再赘述。

第二节　月港开关——短暂海贸辉煌

闽南人民在经过了200年的浴血抗争，终于在隆庆元年（1567）迫使明朝改弦更张，接受福建巡抚涂泽民的开海政策，正视和承认早已成为海上贸易中心的月港，并在此设立海澄县。

从此，一个代表了整个厦门湾的贸易新星"月港"横空出世，它不同于局限在月溪中下游"其形如月"狭义的月港，而是集合了厦门湾诸多码头的港口群。从隆庆六年（1572），中丞刘尧诲请征税舶以充兵饷开始，初定岁额六千，至万历十七年（1589）

---

① 《明实录世宗实录》嘉靖八年十月己巳。
② 洪朝选，桂汝丹校：《洪芳洲先生摘稿》《瓶台谭侯平寇碑》。
③ 黄涛：《锦黄家谱》卷四《著存堂藏板乾隆乙丑年春重镌》。
④ 《明实录世宗实录》嘉靖二十三年至嘉靖二十六年。

议定船引八十张，后来不断增加至一百一十张，而岁入饷银，也从万历四年（1576）的一万增长至万历十一年（1583）的两万有余[①]。

月港的开海，在隆庆元年以后的一二十年内，在可观的经济数据及相对平静的海洋氛围中，被证实是成功的、迎合时代发展的举措。据当时《陆饷货物抽税则例》记载，万历三年（1575）进口抽税货物品种计55种，到了万历十七年（1589）则增加到83种，而万历四十三年（1615）更是高达116种[②]。

明代的造船技术在郑和下西洋时（如他的宝船），那是非常了不起的，但是被明王朝自废武功，连资料都烧掉。闽南的海洋文化在月港时代由于受到明代官方的限制，虽然在造船技术上没有得到进一步的发展，但是在航海技术上，明代的针路簿却是大放异彩，影响深远。

中国第一部刻印针路簿《渡海方程》的作者吴朴（约1506—1560），就是漳州诏安县人。针路簿，也叫更路图，是我国世世代代行船人远洋航行的经验总结，记载了航行各国各地的里程。

更路图历来口口相传，后来许多船家各有自己手绘的更路图，而《渡海方程》收集总汇诸多民间手绘更路图，是我国第一部刻印的更路图。它记述海中诸国道里之数。"南自太仓刘家河，开洋至某山若干里，皆以山为标准。海中山甚多，皆有名，并图其形，山下可泊舟或不可泊皆详备……直至云南之外忽鲁谟斯国而止，凡四万余里……北亦从刘家河开洋……直至朵颜三卫鸭绿江尽处而止，亦约四万余里云。"这里说的"海中山"，就是海岛。

吴朴生长漳州诏安，当时诏安的梅岭就是一个通番下海的大口岸。吴朴把郑和15世纪上半叶多次远洋航海之前的一些民间针路簿加以整理综合，编纂成《渡海方程》一书，并于明嘉靖十六年（1537）首次刻印出版，仅比欧洲第一本印刷针路簿（威尼斯版《意大利口岸》）的出版时间（1490）迟缓47年。

这部《渡海方程》出版后被辗转传抄，并被传抄者改名为《海道针经·顺风相送》和《海道针经·指南正法》，还被茅元仪的《武备志》、胡宗宪的《筹海图编》、郑开阳的《使倭针经图说》和顾炎武的《天下郡国利病书》辑录，对当时和后代的海上交通起了相当的作用。

杰出的文化人才总是与繁荣的经济发展相伴随。月港时代也催生了漳州许多杰出的文化人才。最突出的是撰写《东西洋考》的张燮和黄道周。

张燮（1574—1640），龙溪石码人，出生于官宦世家。万历二十二年（1594），20岁的张燮中举，但他无意仕途，家居侍奉父亲，以潜心著述为乐。

张燮结交遍海内，与黄道周、徐霞客、陈继儒、曹学佺、徐火勃、何乔远等名流交往密切。

海澄知县陶镕和漳州府督饷别驾王起宗聘请张燮编写一部月港与东西洋各国贸易的

[①]《东西洋考》卷七《饷税考》。
[②] 郑云：《明代漳州月港对外贸易考略》，《福建文博》，2013年第2期。

通商指南，为此，张燮编撰《东西洋考》。

这是一部考察中国同东南亚诸国的贸易关系及航海事业的重要著作，也是记载西沙群岛、南沙群岛历来是中国领土的历史文献。1980年1月31日，中华人民共和国外交部发表的《中国对西沙群岛和南沙群岛的主权无可争辩》一文，其中就引证《东西洋考》中大量古代史料。由此可见《东西洋考》在当今仍具有重要的文献价值，它对研究中外关系史、经济史、航海史、华侨史等都有很高的史料价值。

张燮一生著述编纂的著作有15种，共约700卷，还参与编纂了《漳州府志》《海澄县志》，并帮助何乔远编辑了《皇明文征》。他刊刻的汉魏《七十二家文选》，成为后世刊刻这些书籍的底本，著作编入《续修四库全书》。

张燮晚年隐居于漳州城南石狮岩万石室，于明崇祯十三年（1640）逝世。

漳浦的黄道周为天启二年（1622）进士，南明隆武授吏部兼兵部尚书，武英殿大学士。他不但为官清正，最后以身殉国，而且在漳州各地书院授业讲学多年，学生近千余人，桃李遍天下，是我国明末深具影响的文化巨子。徐霞客称其为"字画为馆阁第一，文章为国朝第一，人品为海内第一，其学问直接周孔，为古今第一"，清乾隆帝笔谕赞其"立朝守正，风节凛然，……不愧一代完人"。

月港时代闽南海洋文明最突出的杰出创造，是诸如克拉克瓷、天鹅绒、漳绸等引领潮流的商品，堪称海洋文明引领农耕文明商品化、市场化、精致化的完美诠释。

克拉克瓷在形制上与景德镇青花瓷相似度极高，但也有自己的风格，特别是在图案设计上完全按照西方人的审美及需求定制，显然这是一款颇具有针对性的外销瓷器。在很长的一段时间内，人们认为克拉克瓷来自景德镇，但当时景德镇处于困境之中，完全不可能产出如此大量、规格不一、只供出口的器型。

据统计，在1602至1682年的80年里，荷兰东印度公司从中国贩运到欧洲的瓷器1600万件以上；在1621年至1632年的11年里，荷兰东印度公司曾三次在福建漳州大规模收购瓷器。[①] 从荷兰人的活跃空间及交往对象看，漳州月港、泉州安平港所在的厦门湾是荷兰人采购中国物资的最重要的窗口，而当地的闽南人则是他们最密切的合作伙伴。

因此，当20世纪末在平和南胜、五寨发现大规模的克拉克瓷、素三彩窑址时，人们对克拉克瓷、汕头器、吴须手、交趾香合的主产地便有了新的期待和看法，至少从发掘的窑址及规模看，平和县绝对是月港时代克拉克瓷最主要的产地之一。万历癸酉（1573）的《漳州府志》卷之一《舆地志》之《物产》也曾写道，"货部，（漳州）各县多同，油、铁、瓷器出漳平、平和等县"。

从平和建县开始，平和青花瓷便以燎原之势迅速扩张，这与梅岭、月港、海沧、安平通番商人的嗅觉密切相关。这些沿海商人拿着葡萄牙人转交的景德镇瓷器样品及定制图案，找遍了整个闽南，乃至闽浙赣。在成本的竞争中，平和瓷窑脱颖而出，成为景德镇外销青花瓷的替代者。而在平和产瓷之前，景德镇、德化所产瓷器均需翻山越岭才能千里迢迢到达沿海出洋。但如今，平和瓷器则可顺着花山溪直抵西溪，再顺流而下经石

---

① 余光仁、余明泾：《试论明末清初克拉克瓷的外延与内涵》，《东方收藏》，2010年第11期。

码或石美直达九龙江口的月港或海沧。船运及少部分的陆地运输较之其他窑址,既缩短了运输距离,又大大降低了运输路上的损坏率。水运的崛起,也使得九龙江上的水疍开始活跃起来。他们除了内河水上运输外,也积极参与沿海、外洋的海上运输,为明代以后海河船运的发展奠定了基础。

月港的出入口贸易货品之丰富,在张燮的《东西洋考》中有详细的记录:

其中输入货品计8类140种,如胡椒、檀香、沉香、丁香、暹罗红砂等香料药品类32种,象牙、犀角、玳瑁、鹿角等珍品类10种,燕窝、虾米、鲨鱼翅、鹿脯等食品类7种,檬子、棕竹等植物类5种,番米、红花米、绿豆、花生、烟草、波罗蜜、椰子、番薯等农副产品11种,香被、番被、番藤席、番纸、番镜、交趾绢、西洋布等手工业品28种,鲨鱼皮、翠鸟皮、犀牛皮、虎皮、豹皮、牛皮等皮货制品13种,番金、番锡、番铅、红铜、矾土、漆等工业产品9种,等等。

出口的货物有5大类100多种,如漳纱、漳缎、漳绒、漳绣、生丝、精丝、粗丝、绮罗、丝布、苎布、罗布、麻布、棉布、葛布、吉贝布、天鹅绒、土绸等纺织类21种,蔗糖、酒、茶、麦粉、橘子酱、腌猪肉等食品类6种,柑橘、荔枝、龙眼、桃子、梨子、烟草等农产品6种,水牛、呆头鹅、马、骡、驴等家禽类5种,纱灯、竹枕、铁鼎、铁针、铜鼎、纸、笔、书籍、瓷器、竹器、漆器、药材、金钱、铜炉、铜佛、铜仙、牙雕、牙带、牙箸、牙扇、金银首饰、银床、脂粉、自鸣钟、测昝伙器、小巧技艺、女工针黹、雨伞、水银、羽毛、绒扇、椅垫、花边、杂缯等日常用品34种[①]。

从出入口货品品类中,我们可以发现输入货物以初级农产品、生活及工业用原料为主。例如买入解决土地不足、吃饭问题的农副产品番米、红花米、绿豆、番薯等,这样就可以释放更多的土地种植更多的经济作物,如甘蔗、荔枝、龙眼等。同时释放农业人口,以转移至手工业,这些手工业者将买入的象牙、犀角等材料,加工成牙雕、牙带、牙箸、牙扇等,通过劳动赚取贸易差价,使得月港腹地分工更合理、最大限度地实现土地和人的价值。

此外,我们也发现,月港输出物品并不仅有当地商品,甚至也包含了原产自国外的自鸣钟、烟草,可见月港的贸易风格,除了纯粹的生产产品外,更多的是通过劳动使既有产品增值。

其中,最具代表性的当属生丝和漳绒。

光绪《漳州府志》卷之三十八载,"漳属古所谓善蚕之乡也,岁五蚕,吴越不能及……疆土始辟,民寡而地沃,桑盛故蚕功治焉。厥后民生渐繁,谷土日多,桑土日稀,而蚕功遂废"。早在宋代,漳州便出现大规模的桑蚕养殖业,以漳绸为代表,这与当时的刺桐港经济颇有关联。但进入明清后,桑蚕业日渐萎缩,这种现象与漳绒在明代的异军突起显然是矛盾的。

然而这更说明了,明代漳州手工业发展走的路线并非从原料到成品一条龙的自给自足,而是与海上贸易、资源合理配置紧密相连且配套的。

---

① 《明代漳州月港对外贸易考略》,《福建文博》,2013年第2期。

嘉靖以后，随着双屿岛走私业务的绝迹，江浙一带的出口贸易业务几乎被月港商人所垄断。当时江浙一带质与量双绝的湖丝便在闽南商人的促使下，通过海上运输线运抵福州和月港，并经由月港商人将之出售于商户，商户再分发至织户手中。万历癸酉（1573）《漳州府志》卷之十三《龙溪舆地志》之《物产·帛之属》载，"绢、纱、罗、丝布，四者皆用湖丝织成，非土，系漳人巧善织，故名于天下"，可见漳州丝织品的原料大多为湖丝。

江南自古以来便是中国蚕桑业最为发达的地区，但经历元代重赋压迫后，明初的江南蚕桑业并未恢复过去的荣光，大部分农民的生活仍处于较低的水平，而湖州更甚。"其地不通商贾，多务本力穑，终岁无复闲暇之时，方得免于饥寒之困……湖人上户视松人中户犹薄，自中户以下至有不费茶钱者……田中所入与蚕桑各具半年之资。"①明初的湖州，因商贾不通，日子过得相当拮据。他们为了生活，一边种田自给自足，一边从事蚕桑业以满足贡赋需要，此所谓"田之赋为米，地之税为丝"。

随着明中后期赋税的不断提升及商业的流通、活化，湖州地区的女性也不得不参与到生产活动中。又因蚕桑制品在赋税上较之田米更有优势，同时湖州在气候、水土等方面更适合桑树种植，在社会大分工的背景下，湖州的蚕桑业开始崭露头角，成为当时最重要的生丝来源。

乾隆《海澄县志》卷之十五载，"邑滨海一隅，自成风俗……依山务农，海滨事舟，衣冠文物颇盛……商人勤贸迁，远贩外洋，妇女务女红，谨容止，稍有衣食者不出闺门"。澄人女子多深藏闺中，以女红为趣，在打发时间的同时，间接地提升了漳州丝织业的水平。而贫困人家，则以织布补贴家用。因此，在技艺成熟之后，月港所在的漳州地区已形成了分工明确的丝织业。或固定雇用，或偶尔帮工的织户在完成织布后，将成品回售于商户，商户再将批量的成品集中于月港集批出货，如此便形成了漳州丝织品从原料采购、运输、分发，到成品制作、集中、出售的整个环节。

漳绒便是在全民皆工和全民皆海的大背景下产生的。

漳绒是中国传统的丝织物，因起源于明代的漳州而得名。一般认为漳绒是在元代"丝绵里"剪绒的基础上发展起来的。②但结合漳州海贸的背景，或许漳绒的诞生应该归功于宋元以来本就异常发达的漳绸编织技术和海外绒布制作技艺的结合，以及漳州能工巧匠的创新。万历癸丑（1613）《漳州府志》的《物产·帛之属》载，"天鹅绒（即漳绒），本出外国，今漳人以绒织之，置铁线其中，织成割出，机制云蒸，殆多天巧"③。

漳绒，指的是全桑蚕丝色织的绒类织物，表面有通幅绒毛，采用普通的双经轴装置木机即可织制。其最大的特点是编织过程每织入三纬会加入一根铁丝作为起绒杆，之后通过割绒工艺形成绒毛，这些绒毛又经绕经固定而使得绒毛更加牢固，此法也称"杆

---

① 王建革：《明代嘉湖地区的桑基生态与小农性格的发展》，《中国经济史研究》，2014年第1期。

② 张国华：《试探漳绒、漳缎、天鹅绒之渊源与区别》，《江苏丝绸》，2011年第4期。

③ 张永忠：《漳绒与漳缎的前世今生》，《福建史志》，2015年第1期。

织法"。在明末清初时期，在漳绒基础上稍微改变了组织和技法，并经过雕花的后整理后，出现了天鹅绒。清康熙年间，苏州丝织高手结合了漳绒和云锦的织造原理，创造出带有织花的漳缎。

从湖丝，到漳绒，再到天鹅绒、漳缎，丝织产品的时空轮转和技艺的更新迭代，充分显示了明代九龙江海上贸易强大的辐射力和创造力。月港时代的漳州手工业，正是在无数个商品经济链条的组合下发展起来的。这种由港口外贸接单开始，到生产力、生产要素的合理分配，再到商品出口的经济链，运行效率高、成本低、利润高，因此月港有了"天子南库"的称号。

随着贸易的增长，月港贾舶的管理也趋于完善。海澄县的行政中枢月港，"此间水浅"，商人在此网罗帝国各方货物后，先用小船将货物转运到大舶上，然后"必用数小舟曳之舶，乃得行计"，一潮到达圭屿，半潮再到中左所，之后转至曾家湾（今厦门曾厝垵）候风出洋[①]。从此航行轨迹，我们也可以清楚地看到，月港贸易，事实上是跨县、跨府的协同合作，厦门岛在此时，已然是对外贸易极其重要的一环。

隆庆开海后，位于厦门岛的"浯屿水寨"也迎来了生命周期的第二次发光。原本巡视、稽核之本职在贸易时代则成了保驾护航、盘验贾舶的功能，而鹭江畔、曾家湾则以其水深、港阔的优势也成了船舶出洋和入港的首站。从曾家湾驶出的船舶，行至大担门，经浯屿便分路前往东西二洋，因此厦门岛也成了月港时代明朝管制贾舶的第一道和最后一道关卡。

这样，厦门也吸引了不少海商入驻，他们以此为中转口岸，也参与到月港贸易的大潮之中。不少厦门当地海商崭露头角，如马六甲明末清初的甲必丹鹭江人氏李为经、曾厝垵人氏曾其禄。

尽管月港在隆庆开关以后，依靠着海贸获得了丰厚的收益，甚至一度有着"天子南库"的巅峰成绩。然而，明朝海禁政策在隆庆以后仍然时不时地抬头。明朝内部在禁与不禁之间权衡拉锯下呈现出王朝对走向海洋的犹豫动摇。

以闽南海洋文明为代表的中华海洋文明，尽管在宋元有过辉煌，但对于整个中华文明来说，占有更多人口和更为成熟的农耕文化在历朝历代的统治中均占据主导地位。王朝的意志仍囿于农耕文明，即使永乐下西洋的辉煌，都只能以失败告终。

正因为有这样的背景，从隆庆元年（1567）开关，到清朝建立，月港共经历了四次的闭关，对月港的发展产生了深远影响。

第一次闭关：万历二十一年（1593）。

万历二十年（1592）正月，日本入犯朝鲜。二十一年（1593），为了预防福建人将违禁之物贩售给日本助长其攻掠朝鲜[②]，同时也为了对日本实行经济制裁，明朝在月港执行海禁一年。但此时的闽南人，"私下海或假借县给买谷、捕鱼之引，竟走远夷"，故

---

① 《东西洋考》卷九《舟师考·内港水程》。
② 《东西洋考》卷六《外纪考·日本》。

而即使执行海禁，但到了次年，月港饷银仍然猛涨至二万九千有奇[①]。这次闭关，对月港来说，其实影响不大，仅是在当年度出现不增长而已。

第二次闭关：天启四年（1624）。

天启二年（1622），荷兰人占据了澎湖，并入侵厦门、迫近圭屿，沿海百姓望风逃窜，福建官民大震。天启三年（1623），福建巡抚南居益、海澄知县刘斯崃开始谋划征讨红毛事宜。经过一番准备后的天启四年（1624），福建执行海禁，以断绝荷兰人在澎湖的补给。之后，南居益誓师东进，成功收复了澎湖，海禁也随之宽松。然而，这次海禁之后，月港的贸易出现非常严重的下滑，"乃照旧开舶，然舶饷逾萧索不能如额，主者苦之[②]"。

第三次闭关：崇祯元年（1628）至崇祯四年（1631）。

"天启六年（1626）以后，海寇横行大为洋舶之梗，饷额屡缩，自是不复给引，崇祯四年始更洋贩[③]"，"崇祯五年（1632），饷舶亦少[④]"。尽管荷兰人不再入犯，但海上的霸权争夺并未因此而中断，随之而起的则是从台湾基地跨海而来的各方海上势力。天启七年（1627）夏四月，海寇郑芝龙派遣曾五老劫掠海澄，之后一直延续至崇祯元年（1628），整个厦门湾生灵涂炭，几于毁绝，甚至连左右着月港贸易的许心素都被郑芝龙杀害。月港便是在这样的背景下被迫再度闭关。尽管在当年，郑芝龙接受招安，但海上仍有数股力量存在，如李魁奇、刘香等。一直到崇祯四年（1631），才解除海禁。该时期，月港遭受的打击最为沉痛，前有海寇不断寇边，后有官商压迫，之后更是落入郑芝龙手中，政策如何执行全凭他一人主意。

第四次闭关：崇祯十二年（1639）前后。

崇祯十二年（1639）傅元初于《请开洋禁疏》说道，"闽中洋禁，曾奉明旨"，文中从"万历年间开洋市于漳州府海澄县之月港"，讲到"郑芝龙就抚之后，屡立战功，保护地方，海上颇见宁静"，再到"吕宋佛郎机""红毛番"等，把当时东南的海上格局描述得相当清晰。以此推论，此次闭关应该和禁止"奸民阑出者市货"有关。至崇祯十四年（1641），同安人蔡献臣在《同绅贩洋议答署府姜节推公》提及，"饷馆，旧在漳澄，今漳贩仍宜海澄，泉贩宜开同安，各以府馆轮视之而聚货附舟之客宜各从其便，然漳饷旧止二万，今禁新开，客或未集，稍俟船满百，税四万，则半饷闽兵，半解京师，其为军国之利甚大。"也就是说，至少到崇祯十四年（1641），月港海禁便已解除，只是此时的贾舶数量并不大，规模可能也不太理想。但从蔡献臣的建议中，我们发现，此时的厦门湾贸易口岸中心已经开始发生变化了，从之前只在海澄，到蔡献臣评估的"漳贩仍宜海澄，泉贩宜开同安"。可见漳泉之间对于新时期的海贸活动已然有了不一样的看法。泉州眼红海商利益全都归了漳州的月港，准备以泉州同安县所属中左所与

[①]《东西洋考》卷七《税饷考》。
[②] 乾隆《海澄县志》卷之六《秩官志·明海防馆同知·张应斗》。
[③] 乾隆《海澄县志》卷之六《秩官志·明海防馆同知·范志琦》。
[④] 乾隆《海澄县志》卷之六《秩官志·明海防馆同知·竺鹗鸣》。

月港抗衡。

不过这时闽南海上贸易的力量已经发生了巨大的变化，官府由于海洋政策的反复无常和变本加厉的搜刮和镇压，已经没有多少发言权了。真正掌握海上贸易大势的是若干实力雄厚的民间海上武装贸易集团，其中最重要的就是郑成功的父亲郑芝龙。正是他最后终结了月港，将闽南海洋贸易的中心迁移到了他的老家南安石井安平港。由于他被清朝招安后丢掉了安平港，他的儿子随后便在厦门建立了中国海洋贸易新的中心。

第三节 从月港到安平港——东亚海权的争夺

闽南人把对台湾的开拓移垦叫作"唐山过台湾"。这是一次历史久远、波澜壮阔的文化传播。最早是宋代对澎湖的开发，而台湾本岛一直被视为化外之地。只有闽南民间从明代开始就一直视其为未开垦的处女地，二百多年间来来去去的渔民、商贩、海匪难以胜计，但只有明末海沧青礁颜思齐率众在台湾播下中华文化的种子，落地生根，开花结果，被誉为"开台第一人"，是一个具有划时代意义的英雄。

颜思齐（1589—1625），字振泉，漳州海澄县青礁村（今厦门海沧青礁村）人。他精通武艺，体格魁梧雄健，为人豪侠仗义，在月港开设裁缝铺，也经营对外的丝绸贸易。

明万历四十年（1612），颜思齐遇官宦家人侮辱邻里百姓，一怒之下，将此家奴杀死。青礁村在今厦门海沧。海沧与月港分别为九龙江北、南两岸的要冲，都是当时对外通商的港口，常有洋舶进出。为了逃避官府缉捕，颜思齐当即搭乘一艘正要出港的商船，逃往日本平户，靠做裁缝谋生，也做些海上贸易。

颜思齐仗义疏财、喜欢交结朋友，很快就成为平户华人的首领。与杨天生、陈衷纪、郑芝龙等28人结盟为兄弟，并被推举为盟主。

明天启年间（1621—1627），日本社会处在德川幕府统治时代初期。德川家族实行锁国政策，海上贸易困难重重。晋江船主杨天生游说颜思齐起事，与德川幕府分庭抗礼。颜思齐28个兄弟商议，定于八月十五日上午突袭平户炮台，再攻长崎衙署。起事前两天，由于李英在参加杨经寿诞时，欢饮过度而泄露机密，遭幕府缉捕。幸而郑芝龙的丈人翁翊皇得到消息，他们才于十四日下午分乘13艘帆船逃离平户。

陈衷纪献计：台湾笨港一带土壤肥沃，人烟稀少，不妨前往暂住，再图霸业。颜思齐平时从事海上贸易时就经常在笨港进进出出，也觉得那一带背负岛上山林原野，面对福建，东北连日本诸岛，南通南洋诸国，适合农垦开荒，又适合从事海上贸易，进可攻，退可守，确实是修养生聚的好去处。当即调整船帆，直驶台湾。

明天启四年（1624）八月二十三日，颜思齐一行数百人在台湾笨港登陆。

颜思齐率众人在笨港登陆后，觉得笨港海边湿气较重，不适合居住，就派出人马分头寻找落脚之处，最后选定诸罗山为落脚点。

颜思齐一行在诸罗山落脚后，立即构筑简陋的城堡，防备当地少数民族部落来袭。

随后，一方面将原先设在平户的贸易机构移到诸罗山，巩固、发展海上武装贸易集团，一方面派人到闽南一带招募船工、农民。不久，颜思齐的人马便扩大到3000余人。据《诸罗县志》记载，颜思齐模仿中国传统的屯田制，将所有人马分为十寨，在诸罗山进行有组织的开发，十寨中专门有一寨是负责协调与当地少数民族的关系的。

颜思齐设立的十个营寨遗址大部分至今尚存：主寨（大本营）设在颜厝寮（今水林乡水北村），左寨（护卫营）设在王厝寮（今水林乡土厝村），右寨（护卫营）设在陈厝寮（今水林乡土厝村），哨船寨（航队营）设在船头埔庄（今北港镇树脚里），海防寨设在后寮埔庄（今水林乡后寮村），抚番寨设在府番仔庄（今北港镇府番里），粮草寨设在土厝庄（今水林乡土厝村），北寨设在大北门庄（今北港镇大北里）。设在兴化店庄的前寨（先锋营）已被溪流冲毁，设在考试谭庄的后寨（训练营）因居民他迁而踪迹全无。

颜思齐还在笨港东南的原野进行市政建设，建成"井"字形街道，分为九个区，设有专人管理。这是台湾最早的汉人行政管理机构。

颜思齐之所以成为开台第一人，并非他来得早，而是在于他"文化建设之先"的功绩。尽管在隆庆开海以后，有许多海匪和海商集团频频造访笨港、淡水等地，但他们都只是雁过不留痕那般，来也匆匆去也匆匆。即使是退守台湾并在此盘踞数十年的荷兰人，也只是为了抢夺资源和赚取贸易利润，借此地营利而已。唯独颜思齐等人，是以落地生根的姿态，与这块土地融合一起。颜思齐除了带来和招来大量来此定居的闽南人外，还带来了闽南人的信俗、习俗和各类生活、生产软硬件，如源自颜思齐家乡的保生大帝信俗，就此在台湾生根发芽乃至壮大。

只可惜，仅仅过了一年，明天启五年（1625）九月，颜思齐入诸罗山打猎后，因醉酒感染风寒，不幸去世。其临终前，留下了引人深思的嘱咐，"不佞与公等共事二载，本期建立功业，扬中国声明，今壮志未遂，中道夭折，公等其继起"。

台湾著名史学家连横称颜思齐为"手拓台湾之壮士"，将颜思齐列为《台湾通史·列传》第一人。在民间，颜思齐被尊为"开台第一人"。位于诸罗东南三界埔山的颜思齐墓至今保存完好，时有民众前往凭吊。当年颜思齐率领13艘船登陆的地点笨港如今已经建成北港和新港两个繁华的市镇。当地民众在北港的街心建有颜思齐开拓台湾登陆纪念碑，在新港奉天宫妈祖庙两旁建有思齐阁和怀笨楼，纪念这位开发台湾的先贤。

颜思齐死后，郑芝龙成了十寨的首领，继续在台海劫掠行商。

郑芝龙出生在福建南安县杨子山下石井乡的一户普通人家。跨海古桥安平桥把石井与安平古镇连了起来。安平称为安海，乃是清朝之后才改的名。而台南现今则还有安平古镇，是郑成功打下台湾后怀乡所命名的。

据说江夏侯周德兴设立卫所，经过安海的时候，因见"龙势飞腾，山环而相顾，水潮而有信，旗鼓显耀，印剑生成"，忆起奉命之时，朱元璋曾密旨"断沿边蓦穴"，于是召南安知县杨廷志派人加以斩断。但是在当天晚上，周德兴梦见该处山神二人告之："上帝业命余保护此土，以俟后来之有德者葬其中，应出五代诸侯，为国朝争气。幸勿轻为开断，以违帝命。谨记！谨记！"第二天周德兴登上山巅，见到一块大石上刻有宋朝大儒朱熹手书的"海上视师"四个大字，讶称"先贤业有明鉴！此乃天数，岂可违逆"，遂绝断穴之念。

明朝嘉靖年间，巡视浙、福右副都御史朱纨为了打击海寇活动，上奏朝廷，将南安县治设在安海。可见当时的安海已是繁华的重镇。

郑芝龙的祖父郑瑢先后娶了四个妻子，第四个妻子谭氏是潮州澄海人，这种与外省之人联姻的情况表明郑瑢已经跨出了本乡本土，到过了潮州或广东外地。

郑瑢第二个儿子郑士表，也就是郑芝龙的父亲，是第四个妻子谭氏所生。郑士表字毓程，生下郑芝龙、郑芝虎、郑芝麟（早殇）和郑芝凤（即郑鸿逵）四人。后来与黄氏再生下了郑芝豹。

郑芝龙生于万历三十二年（1604），字曰甲，号飞黄。万历四十九年（1621），17岁的郑芝龙只身到广东澳门，投靠在澳门做日本生意的舅父黄程。

17世纪初期的澳门是一个万商云集的国际港市，被人称为香山澳或濠镜。闽南人是澳门出口市场上的主力军。郑芝龙的舅舅黄程就是其中的一员。

初抵澳门的郑芝龙在适应新的环境和工作的期间，加入了天主教，并起了Nicolas（译作"尼古拉斯"）的教名。日后他飞黄腾达，身边长期有数名来自澳门的天主教徒充当他的军事顾问和私人贴身卫士。

但是，郑芝龙的信教并没有使他放弃中国传统的信仰。他担任明朝官员以后，曾捐出巨资修缮被地震震毁的泉州古寺开元寺。

郑芝龙在澳门当地娶了一位姓陈的姑娘，祖系漳州平和县，她与郑芝龙结婚后生有一个女儿。他们的女儿也是一名虔诚的教徒，后来嫁给了居住在澳门的一名欧洲人罗德里格斯（Antonio Rodriguez）。

但是郑芝龙显然没有认真追随舅舅做生意，不久，他独自一人前往吕宋马尼拉，住在涧内城墙的外面——华人贩夫走卒聚众的地方，过着最穷困的日子，还因犯下了罪行被西班牙人当局判处了极刑。但在当地华商的求情下，他被西班牙人释放了。

1622年，18岁的郑芝龙，从马尼拉来到了日本九州岛西陲的平户。

平户岛，是日本对中国和朝鲜往来的门户，最长处约40公里，面积160多平方公里。岛上多山，东北角与九州岛隔着600多米长狭窄的海峡。

历代松浦藩主一脉相承，成为平户的实际统治者。由于岛小地瘠，人民生活困苦，元、明以后，许多居民沦为倭寇，侵扰朝鲜和中国沿海。二十五代藩主道可隆信更以"八藩大菩萨"的旗帜，在中国沿海海域从事海盗劫掠行为，被称为"海贼藩主"。

日本天文十一年（明嘉靖二十一年，即公元1542年），徽州商人王直来到此地，受到了道可隆信的盛情招待，从此打开了平户与中国的民间贸易。1550年，在王直的牵引下，已经被明朝捣破了舟山群岛基地的葡萄牙人开始把船只开到这里。过去默默无闻的平户也一跃成为日本最活跃的对外贸易场所，京都、大阪商人都跑来这里，被人称之为"西都"。

李旦是平户岛上最有名的华人大商人，原先在马尼拉经商，生意远达日本。因为西班牙人眼红他的财富，就设计将他逮捕下狱，还没收了他的财产。大概在1607年，他逃出了马尼拉，将经营的基地转移到日本，大部分时间住在平户。他有一个庞大的家族企业，生意做得很大，船只远达闽南、澳门、交趾、暹罗等地。李旦善于结交长崎、平户两地的权贵，成为当地的头面人物。

郑芝龙到平户后居住在离平户港区十几里地之遥的内浦港区，是底层华人聚居的贫民窟。郑芝龙曾经卖过草鞋，做过裁缝，经历过一段与澳门和马尼拉时期同样艰苦的日子。不过，郑芝龙富有语言的天赋，在澳门和马尼拉居住数年，使他通晓葡萄牙语和西班牙语。据说他后来还学会了日语、荷兰语。因为他的语言才能，李旦看上了他，再加上其精明能干，郑芝龙很快成为李旦与各国商人打交道所倚重的主要助手。与李旦的这种关系使郑芝龙很快积累起财富，并结识了各国的大商人和上层人物。后来李旦去世，相当部分的财产落入了郑芝龙手中。

郑芝龙在平户居住了12年，并在天启三年（1623）与一位叫田川氏的平户姑娘结婚。田川氏很早就没有了父亲，随改嫁泉州铁匠翁翊皇的母亲来到平户川内浦的翁家。翁早年到平户，后归化于日本，并成为平户幕府的公务员。翁因无子而以田川氏为子女。

郑芝龙一面与李旦经商，一面又结交颜思齐结拜兄弟。后来，他随颜思齐在平户起事，消息走漏后，幸亏岳父翁翊皇及时报信，才得以平安逃往台湾，不过把妻子田川氏和儿子郑成功留在了平户。直到七年后，郑芝龙当上了明朝的官员，才把妻子和儿子接回安平团聚。

颜思齐死后，郑芝龙成为十寨之首，同时又接管了李旦的大多数生意，更极力推展海上贸易，势力大增。

崇祯元年（1628），福建巡抚熊文灿招降了郑芝龙，他率人马回到泉州安平港。此时恰好闽南大旱，郑芝龙招饥民数万人，用海船载往台湾，开荒自给。所有耕牛、种子、农具等皆由郑芝龙一手供应。这是汉族第一次大规模有组织的移民开发台湾，形成汉文化、闽南文化传播台湾的第一个高潮。

这几万灾民有组织地移垦台湾，其影响极为深远。他们带去了大陆先进的农耕技术，开垦了大片的土地，建窑烧砖，盖起了瓦房，建立了村落，建立了集市，运来了各种各样的手工业品。这一切先进生产力的产物，开始把台湾从渔猎的原始社会带进了封建社会。

郑芝龙在招饥民垦殖台湾时，实行了租税制。他把台湾的土地视为他和他的集团所有，把这些招引来的灾民视为他的佃农。所有土地、耕牛、种子并非无偿赠送，每年收成，必须向他缴纳租税。这样，就把封建地主制度也带到了台湾。这对当时的台湾，应算是比较先进的、有利于生产力发展的制度。

这几万有组织、相对集中聚居的闽南百姓，其生活习惯、人情习俗很自然地延续了闽南原乡故土的风情。闽南民间的传说、技艺、民间信仰的神祇也很自然地随着这几万移民进入了台湾。

总之，这次郑芝龙组织的大规模移民行动标志着汉族零星分散开发台湾时期的结束，也预示着一个新的时期开始。郑芝龙对台湾的开拓应该说是有很大贡献的。

郑芝龙回归明朝后，以官军的名义开始扫荡东南海上的各股海上势力，如"九月，芝龙杀衷纪于岛上",之后更是斩李魁奇、灭钟斌[①],每一场战役都是以圆满落幕。军事上不断告捷,职务上不断提升,郑芝龙归顺明朝后,所授官职初为守备,不久便相继升任游击、副总兵、都督等职,升迁之快,应归于其所向披靡,剿贼效率之高。

明朝对郑芝龙的依赖度日益加大,郑芝龙也借此继续扩大自己的队伍,不断增强自己的控制力,"盘踞海滨,上至台、温、吴淞,下至潮、广,近海州郡皆'报水'如故[②]"。

倚仗雄厚的武装和对海上贸易的掌控,郑芝龙终结了风雨飘摇的月港。原本勾结官方掌控月港商贸资源,左右东亚贸易风向的厦门海商许心素,在崇祯元年(1628)就被杀入厦门的郑芝龙果决铲掉。其后郑芝龙逐步将海上贸易中心转移家乡安平港。

何乔远曾在《杨郡丞安平镇海汛碑》中如是评价安平,"安平一镇,在郡东南陬,濒于海上,人户且十余万,诗书冠绅等一大邑。其民啬,力耕织,多服贾两京、汴、齐、吴、越、岭,航海贸诸夷,致其财力,相生泉一郡人[③]。""今市散处直街曲巷,无往非贸易之店肆,约有千余座。盖四方射者所必趋,随处成交,惟直街最盛。鳌美塔以上为鱼肆、肉铺,市下多锦绣、棉布,迩年北门外,山禽、野蔌、五谷、荠芋、水虫、羽族,凡百物皆朝萃于此,迨午而去,日日为圩也","凡人间之所有者,无所不有,是以一入市,俄顷皆备矣[④]"。

而此时郑芝龙,首先以军事要塞为标准建设安平,并设以守将兵士。"自筑城于安平海梢,直通卧内,可泊船,径达海。其守城兵,自给饷,不取于官。旗帜鲜明,戈甲坚利,凡贼遁入海者,檄付芝龙,取之如寄"。

其次,将安平私有化。郑芝龙一方面以其私兵控制海上不听管束的海贼,另一方面把从月港及其他地方招来、抢来的手工业者送入安平城内,进行海贸商品的加工,以便将之运往海外与日本、吕宋、澳门和荷属印度进行交易。"自就抚后,海船不得郑氏令旗,不能往来,每一船例入三千金,岁入千万计"。[⑤]

在这个时期,郑芝龙也扩大了日本贸易线的规模,从而为自己的贸易增加了不菲的收入。如崇祯十一年(1638),由安平开往台湾的船只计33船次,所载货物主要为生丝、白砂糖、瓷器和各种纺织品等明朝精加工品,而从台湾开往安平则有17船次,主要为鹿脯、胡椒、鹿肉、日本银等农产品;又据日本《长崎荷兰商馆日记》记载,崇祯十四年(1641)6月26日、7月1日、7月4日各有一艘郑芝龙的货船到达长崎,其所载货物包括胡椒、木香、象牙、明珠、翡翠、吉贝、萱、纻、丝、麻、锦、绮、荔枝、龙眼、柑等[⑥]。

随着安平港的兴起,月港终于结束了自己的历史使命。闽南海洋文化的第二时代带

---

① 川口长儒:台湾文献丛刊第1种《台湾割据志》。
② 沈定均:《漳州府志》卷四十七《灾祥》(附《寇乱》)。
③⑥ 李玉昆:《泉州安平商人的崛起及其文化精神》,《黎明职业大学学报》,2007年第1期。
④ 以上皆来自《安海志》,引自徐晓望:《论明代厦门湾周边港市的发展》,《福建论坛》(人文社会科学版),2008年第7期。
⑤ 计六奇:《明季北略》卷十一,崇祯八年(1635)乙亥。

着屈辱和不甘终结。这一时代的经验与教训，有许多值得研究、总结。但显然不同的观点还很多，许多民间的、国外的资料还没有充分挖掘，真正深入的研究成果还未成形。

尽管安平的繁荣后来居上，但它本质上并没有摆脱月港贸易的模式，仍是把全国的商品收集后，或经过加工处理，或简单地分门别类，再通过海贸送往目的地。

但是，随着郑芝龙军事和贸易的双重垄断化，整个东亚海权大有归于一人的趋势，这首先引起了荷兰人的眼红。

澎湖海战之后，荷兰人对明朝官军仍保持敬而远之的态度。他们起初的策略是扶持明朝海盗以帮助他们从明朝获得稳定的货源，同时又可以疲化明朝海军，以消减官军对自己的压力。但是，明朝海盗并不把荷兰人放在眼里，他们所经营的劫掠海盗行为和贸易海商行为，都是以自己的利益为优先，至于和谁合作，仅出于利益最大化的考量。

如崇祯元年（1628）以前，许心素控制了厦门湾的贸易大权，荷兰人便与之合作；嗣后，郑芝龙占据厦门并杀死许心素后，在一段时间内，李魁奇成了漳州沿海及厦门湾的无冕之王。于是，荷兰人又开始巴结他，只是这次他们遭遇了闭门羹。恼火的荷兰人只好转向与李魁奇的死对头郑芝龙合作，最终促成了郑芝龙在崇祯三年（1630）消灭了李魁奇。之后，郑芝龙便雄霸厦门湾，荷兰人本以为可以获得源源不断的货物，可实际上郑芝龙也和其他海盗一般，根本不理睬荷兰人[①]。二者的矛盾因此持续升级，最终在崇祯六年（1633）爆发。

荷兰人仍延续着扶持反对者的策略对付郑芝龙，此时他们的合作者为当时的另一个海上霸主刘香。

崇祯六年（1633），刘香为乱，福建各寨官兵把矛头一致指向刘香，并随着其出没痕迹展开拉锯与追逐。趁着刘香搅局的空档，荷兰人在普特曼斯的率领下于六月初一日来到了闽粤交界的南澳水寨。南澳守将程应麟立即调悬钟游滨和柘林寨官兵抵御。双方从初一日僵持到初六日，最终以明军战死17人、损船10只，荷兰人损失哨船6只告终。

荷兰人此行的目的，如右布政使张天麟所说，"红夷之犯漳泉也，起于求市而不得，故愤而以兵攻我"。荷兰人想要在军事上取得优势，以便让明朝官军看到荷兰的武力之强，从而迫使明朝开放贸易。故而，当荷兰人来到南澳，看到南澳防守甚严，未能取得有效的震慑，便立即转换目标。荷兰人探得中左所此时守卫空虚，郑芝龙刚从广东剿寇回来，船只停在湾内整备，而中左所守将张永产则奉命在泉州备战。于是，就在六月初七日，荷兰人乘着潮水，一举进入熟悉的厦门湾，烧毁郑芝龙船只10艘，张永产船只5艘。之后整个六月，荷兰人游弋于闽南沿海，分别在青澳港、打石澳与明军展开小规模的混战，互有胜负。但整体上荷兰人并没有遇到太大的阻碍，他们开始志得意满，利用既有优势向明朝提出了贸易要求，附带条件还包括让明朝终止与西班牙、葡萄牙的贸易关系。

显然，这样的无理要求是不可能被通过的。这期间，荷兰人与中左守将张永产、同

[①] 陈思：《试论1633年前后荷兰殖民者对明朝海商策略的变化》，《台湾研究集刊》，2015年第6期。

安知县熊汝霖、巡抚邹维琏也发生了小规模的战斗。在这过程中，明朝守将在未征得朝廷主战的许可前，仅停留在防守的阶段。①

直到明朝朝廷正式下发圣旨，要求福建巡抚邹维琏全面向荷兰人开战后，邹维琏才亲自抵达漳州，以郑芝龙、高应岳、张永产等人为先锋和左右翼，动用一切可以利用的资源在厦门湾展开主动防御和出击。此时，荷兰人也完成了军事力量的加持。其一，巴达维亚和台湾驻军纷纷派船加入；其二，荷兰人取得了刘香和李国助联盟的正式回复。于是，双方的大战一触即发。

9月20日，明朝水军突然开至荷兰人、刘香联合舰队的停泊处金门料罗湾，在郑芝龙火船战术之下，荷兰人几乎全军覆灭。而在一旁的刘香见势不妙，则放下荷兰人自己率着船队早早突围而出。此役之伟大，在当时的明朝人看来，是数十年来明朝海上战斗中最大的胜利。对整个世界来说，则是东亚海权一次决定性的输赢。从此之后，郑芝龙的水师控制了从东海到南中国海的海权，掌控了这一广袤海域的海上交通权利。他自己一面建构以中国为中心的海陆交通贸易体系，一面向其他国家从事这个海域交通贸易的商人收税。荷兰人向他纳税领取海上经商的牌照。郑芝龙正式成为东亚海权第一人，后人称其为"世界经济全球化东亚第一人"。

可惜的是郑芝龙心存幻想投降了清朝，又被诱骗到福州，强制押往北京。他的儿子郑成功拒绝与父亲一起投降，撑起反清复明的大旗，并继承了他的家业和抗击西方殖民者的传统，谱写了中华历史的一段辉煌。

安平的崛起，以及月港的衰落，是一个渐进而连贯的过程。其直接的推力显然就是郑芝龙。一直以来，整个厦门湾都拥有深厚的海贸基础，只是在明代漳州的快速发展及隆庆开海试点的选择，让月港所在的九龙江口成为厦门湾的海贸中心。

当郑芝龙在彻底扫清了官商垄断之路的所有障碍后，便依靠其控制的军事力量营造了堡垒式的安平镇，从而使之取代月港成为海贸中心。

郑芝龙在掌握福建军事大权后，其实已经弱化了对台湾的经营，同时，驻扎在"台湾"的荷兰人在连续吃了败仗后，反而按照郑芝龙要求的秩序从事海贸。于是他们便有余力将台湾彻底据为所有。除了吃下郑芝龙的既有地盘外，他们也将西班牙从台湾北部驱逐走，从而达成了一直以来期望的独自拥有一块据点的目的。

于是，台湾的荷兰、吕宋的西班牙、澳门的葡萄牙，以及明朝便构成了当时东亚海上贸易的四方力量。四者在郑芝龙的掌控下保持着既合作又竞争的相对和平关系。郑芝龙也因此渐渐淡化了初期对台湾海峡内海化的直接控制，而着力于连接大陆的安平港建设。

当郑芝龙独占福建海防各项资源后，月港在东西洋贸易方面的中枢作用实质上已经名存实亡了。

月港，在港口条件方面本身并无优势，其海贸的地位是由官府的政策及民间洋商及百姓的参与共同缔造的。当代表着官府力量的郑芝龙以其强大的军事力量和影响力强制

---

① 《郑氏史料初编》卷一《兵部题行〈兵科抄出福建巡按路振飞题〉稿》。

将贸易权做移转时，月港在经受一轮又一轮的海禁、骚乱后，早已失去原有的竞争力，自然很容易在角色变换中失去核心竞争力。而与之比邻，且充当门户的厦门岛，在这一轮的调整中，其实是受益方。因军事中心及原有的转口候风功能，承接了月港很大一部分的民间贸易份额。从明末的海氛变化看，月港的衰亡，并非仅因郑芝龙而起，而是在一系列事件的共同作用下，至郑芝龙时代最后一根稻草的出现而最终显现。在月港走衰的进程中，厦门港则逐渐孕育成形。

纵观厦门在明代海洋经略中的孕育过程，可分成四个阶段。

第一阶段，洪武二十七年（1394）至景泰二年（1451）。明初中左所城以其扼守漳州咽喉的地理优势，成为东南海防链中的一环，其重要性较之其他卫所并未突出，可认为这是厦门从传统农渔向军事口岸的转变过程。在这过程中，中左所的官兵及其眷属成为厦门城的第一批市民。他们来自闽南民户，对闽南文化具有与生俱来的传承作用。由于明代军户自养的政策，他们很自然地参与到闽南人走向海洋的经济链条之中，成为闽南人民走向海洋的利益共同体和反抗明王朝海禁的保护伞，并在实践中代代相承地形成了通洋裕国富民的理念。这就奠定了厦门人、厦门文化思想理念的基础。

第二阶段，景泰三年（1452）至嘉靖四十五年（1566）。浯屿水寨内迁中左所，水寨的官兵及其眷属成为厦门的第二批市民。他们是闽南漳泉二州民户抽丁而来，同样要自己搞生产来养活自己，因此两批人就有了对海洋贸易共同的看法和共同的态度，于是联起手来保护民众的走向海洋。厦门岛兵强马壮，军事地位得到显著提升，但朝廷希望以此来加强海禁的想法适得其反。浯屿水寨迁厦门岛，并未发挥其往来游稽的作用，反而让出了浯屿岛，让九龙江口的百姓扩大了通番的规模，从而推动了闽南人民更大规模、更广泛地参与到走向海洋的行动中，并更加坚信通洋裕国富民的理念。明代不少文献都讲到官民相互联手通番，"武官逻卒也阳托捕盗之名，而阴资煮海之利，奸弊相通，禁防尽废"①。

浯屿水寨内迁也进一步凸显了厦门的地理优势，彰显其在闽南海洋经济链条中关键性的区位优势和战略地位。

浯屿水寨的内迁再次提醒我们，厦门城市最早的居民是军队，讲究同生共死，休戚与共，这是厦门文化一块重要的基石。但这仅仅是个开始，厦门和军队的缘分源远流长，后来的清代福建水师，民国的漳厦海军，1949年以后的中国人民解放军三野31军都证明了这一点。这也决定了厦门这个城市的阳刚之气，不可或缺。

第三阶段，隆庆元年（1567）至天启三年（1623），月港巅峰时期。隆庆开海后，月港迎来贸易的极盛时期，厦门因贾舶盘验、船舶候风出航的中转作用深入参与了月港的海上贸易过程，积累了经验，更进一步品尝到了走向海洋的甜头，坚定了整个城市向海之心。正是这样的民心民意，为后来郑成功建设厦门港，构建山海五路的海上贸易网络，奠定了最坚实的基础。

---

① 袁帙：《袁永之集》，陈子龙：《皇明经世文编》卷二百七十一，引自《大航海时代：私人海上贸易的商贸网络》。

同时海内外的商家也在实践中逐渐地感受到商船停泊厦门进出港和上下水远超月港的巨大优势。这就为后来贸易中心的转移奠定了非常重要的基础。而在官方从嘉靖年间的镇压"倭乱",包括戚继光在内的许多官军都驻扎在厦门,以中左所为根据地开展"清倭",凸显出厦门海防的重要性,朝廷进一步将东南海防中心放在厦门。

　　第四阶段,天启四年(1624)至明朝灭亡,厦门岛海洋活动桥头堡的建成。受红毛入侵、海盗横行的多重影响,特别是郑芝龙在1633年在料罗湾大败荷兰人,最终奠定了厦门东南海疆防卫中心的地位。从许心素开始,厦门承接了月港部分对外业务,其优良港口的地理优势使其进一步替代月港成为东亚贸易中心。可惜郑芝龙以一己之私迁延了厦门港完成由孕育到成形的转变。如果他把大本营放在厦门,清朝或许就不敢那么轻易地扣留他,也不可能长驱直入安平,将其财产劫掠一空。

第七章　郑成功与厦门港的诞生

厦门因海而生，从元代的嘉禾千户所、明初的中左所开始了厦门港的孕育，历经300多年艰难向海的惊涛骇浪，终于在郑成功治理厦门的十几年里催生了厦门港。从郑成功开始，厦门承继了泉州刺桐港、漳州月港创造的闽南文化，汇聚了闽南最优秀杰出的人才，开始了闽南文化的厦门港时代。郑成功是厦门港、厦门文化的第一位奠基人。

第一节　重新认识郑成功

关于郑成功，研究的文章和专著已经很多，但大多聚焦于他驱逐荷夷、收复台湾，以及开发台湾，将中华文化全面播传台湾的伟大贡献，而对他奠下厦门城市文化第一块奠基石，确立厦门港口城市后来发展方向的历史贡献的研究不是很多。

这是个值得我们关注的问题。从20世纪60年代开始，几次大型的郑成功学术研讨会都是在厦门举行，但几乎忽略了郑成功与厦门的研究。

历史学的现代性品格要求我们，必须在今天中国人民建设"海洋强国"的历史进程中重新认识和评判郑成功。

2002年在厦门举办的"纪念民族英雄郑成功驱荷复台340周年学术研讨会"上，海军工程大学兼职教授、海军少将郑明发表了《郑成功与海洋》的论文。他提到南昌大学陈东有教授1997年发表的文章《郑氏集团在中国海洋社会经济发展史上的地位》中的观点：郑成功所处的时代，"正是世界经济开始以海洋为交通手段，向全球一体发展，各大陆之间建立起了直接的海上联系，并由此向内陆文明中心挑战；近代世界市场中的主体——西方商人在国家权力的资助和武装保护下，向东方进逼。对于中国来说，这是挑战，也是机遇。然而当时的中国政府，无论是明代，还是清代，仍以内陆文明中心观决策自己的一切行为，只有东南商民积极地迎接了这场挑战，参与了近代世界市场的互动，把中国的海洋社会经济推进到一个蓬勃发展的时期。其中最大的集体行动是由郑氏集团来完成的"。[①]

[①] 郑明：《郑成功与海洋》，摘自《长共海涛论延平——纪念郑成功驱荷复台340周年学术研讨会论文集》。

这里实际上提出了一个新的观点：在中国从农耕社会走向工商社会，从内陆文明走向海洋文明这一历史进程中，以郑成功为代表的东南商民，是引领中国社会前进方向、顺应世界文明发展潮流的先进力量。

郑明在他的论文中提出"郑成功不论是否已意识到，实际在他所能控制的地区内孕育着一定规模和一定程度的资本主义，把社会推向前进。从16世纪开始，海洋经济已经进入到一个可以给沿海国家带来更多的财富和物质利益，并推动社会发展的时代。这个形势，西方国家认识得早，行动得快，主动推进了从古代向近代的巨变。郑成功……以水师实力控制垄断本国海上贸易通商权，形成了能与西方殖民者相抗衡的经济与军事实力，还灵活运用外交手腕，维护中华民族海商集团的政治与经济利益。在1655—1656年，他针对荷兰、西班牙殖民者在东南亚对华海商贸易中制造障碍，还有敲诈、霸占、杀人、掠夺等野蛮行为，先后向荷兰、西班牙和东南亚有关国家、地区发外交信件和通告，然后实施禁止与荷兰（侵占台湾的）贸易作为制裁，终于在1657年逼荷兰遣使来谈判，达成合理协议以后恢复通商。1662年复台后，郑成功又抓紧以军事胜利之威，立即向西班牙占驻菲律宾总督专致外交文件，申明互通贸易，保护海商的严正立场，也表达了护侨的要求。这些外交行为一定程度上弥补了明末清初朝廷当局外交活动的落后。郑成功……还敢于改革开放，引进养育一些资本主义经营思想，促进了大陆沿海商业贸易的恢复发展和台湾商品经济的发达，也突破了明清海禁，加强了中国以国姓为名的地方政权，开创官商一体与东西方诸国的海上贸易往来，有些方面在一定程度上接近西方近代资本主义的模式。"[①]

他还引述了华东理工大学倪乐雄1997年发表的《从海权和社会转型看郑氏水师》中的观点："郑氏水师是中国古代海权意识的代表"，"郑氏海上商业已孕育出了强大的军事力量，后者有效地保护着前者。二者构成了相关互动的关系，……更接近西方资本主义的模式"，"郑氏海上商业——军事集团的出现至少能够说明：在没有外部力量介入下，中国在特殊的地理区域内（东南沿海一带）也能自发地产生出一定规模和一定程度的资本主义"。

郑明在论文的最后提出："进入21世纪，国际形势发生着冷战结束以来最为深刻的变化，……，世界多极化和经济全球化深入发展，海洋划界争议和海洋争夺日益尖锐，世界和平与发展的事业面临着新的挑战。……，郑成功在抗清驱荷复台上都是伟大的民族英雄。我们纪念他，要学习他的品德和精神，还要看到他处于祖国蒙受西方殖民者侵略威胁日益增大，而明清封建统治仍顽固保守腐败的大背景下，却能在政治、外交、军事、经济、文化诸方面一系列政策有积极进步的开创。……郑成功的经验告诫我们，郑成功的史绩鼓舞我们，郑成功的传统启示我们……两岸统一势在必行，海洋权益必须维护，中国必能建成海洋强国。"[②]

这一富有创新性的论点至今不但没有过时，且愈发显现出引领时代的智慧之光。由

---

①② 郑明：《郑成功与海洋》，摘自《长共海涛论延平——纪念郑成功驱荷复台340周年学术研讨会论文集》。

此有必要重新认识郑成功：在当时世界历史地理大背景下客观、礼敬地认识郑成功，在世界和中国文明进步发展的历史进程中，在当今建设海洋强国的时代潮流中，科学地重新认识郑成功。

重新认识郑成功，我们则要聚焦于郑成功对海权的重视，对海洋商业贸易的推动，对外来文化的学习和融汇，对世界发展潮流的敏锐把握，从中汲取建设海洋强国的智慧。在这样的前提下，真正了解和认识郑成功对于厦门的意义。

从洪武建中左所开始，历经300年左右的风雨，中左所始终只是海防哨所、军队营盘，直到郑成功移孝作忠，海上誓师，夺厦门岛为根据地，擎起反清复明大旗，于是石破天惊，中左所变为思明州，300年孕育化茧成蝶，从此屹立祖国东南海疆，名扬五洲四海。没有郑成功，厦门就没有这一历史的突变、质变、升华。

郑成功于1650年8月夺取厦门，到1661年初，他离开厦门，出发收复台湾，实际上他治理厦门的时间只有短短的11年。但对于只有38年生命的郑成功，这11年正是他最壮丽辉煌的日子。而且郑成功生命的能量和影响力，我们是难以用常人的价值来衡量的。正如我们在台湾看到的，他在台湾只有十四个月零七天，而今天的台湾到处都有他的遗迹、他的传说、他的故事和纪念他的宫庙、祠堂、纪念馆。所以他在厦门的11年，他留给我们的物质和非物质的文化遗产，值得我们细细地梳理和传承。

第二节　郑成功与根据地

中国共产党战胜国民党，夺取全国政权的三大法宝：统一战线、武装斗争、党的建设。这既是中国共产党根据中国革命实践的总结，也是中华传统文化的智慧。作为熟读中国历史的一代英豪郑成功，当然深深体会到建立自己的军队和根据地的重要性。

所以，郑成功从1646年底焚青衣、海上誓师，在金门举起抗清义旗，直到他生命的终结，可以将其分为三个阶段：第一，1647—1650年寻找根据地；第二，1650—1659年确立和建设思明为根据地；第三，1660—1662年收复台湾，建设更可靠的根据地。

郑成功（1624—1662），原名森，字明俨，号大木。祖籍福建南安石井。明天启四年（1624）七月十四日，诞生于日本长崎县平户市千里滨。

郑成功父亲郑芝龙在平户居住时，认识了许多侨居平户的闽南人，其中有一位泉州来的铁匠翁翊皇。翁早年到平户，以打铁为生，娶了个年轻的日本寡妇安家并归化于日本，后来成为平户幕府的公务员。这位寡妇还带来一位叫田川的女儿，随改嫁的母亲与翁翊皇住在一起。翁因没有生育，故视田川如己出，并在天启三年（1623）将女儿许配给郑芝龙，第二年生下了郑森，即郑成功。

郑森满月之日，郑芝龙因为被平户当局抓捕，仓皇出逃，把刚刚满月的郑森丢在日本平户。

明崇祯三年（1630），郑芝龙派人到日本把7岁的郑森接回故乡南安石井镇。

石井为宋代古镇，商业发达，文风鼎盛。朱熹之父朱松为石井镇首任镇监。朱熹本人任过同安县主簿，往来石井，人称为"二朱过化"。在朱熹之后，安海石井文化迅速发展。其学生所立二朱先生祠又名鳌头精舍，以后成为石井书院，如州县学之制，小镇学风之盛可知。这对后来成长于斯的郑成功的思想性格、文化养成，影响至深至远。

回国后，郑芝龙重金聘请名儒教习大儿子，又请武林高手教其武艺。郑森果然没有使父亲失望，他自幼聪颖，很早就显露出自己不同凡响的才华。11岁时，书斋内课文承题，老师以"洒扫应对"为题，郑森稍加思索，即答以："汤武之征诛，一洒扫也；尧舜之揖让，一进退应对也。"用典立意新奇，回答又快捷，执教先生为之惊叹。叔父郑鸿逵器重他，常抚摩其首，称他是郑家的"千里驹"。郑鸿逵在崇祯十三年（1640）考取了武进士的功名。这位武进士的言传身教对少年郑森的成长影响颇大，所以郑森不仅重视习文，也兼修武学。史料记载他"性喜《春秋》，兼爱孙吴，制艺之外，则舞剑驰射"。郑森在石井受学近八年，至15岁，即以优异成绩考取南安县学生员，21岁时进入南京国子监学习。郑森拜江南名儒钱谦益为师。国子监课程除经学之外，还有朝廷御制的《大诰》《大明律》等正统典籍，这为日后郑成功的治军思想多少带来一些影响。

郑芝龙回归明朝后，以官军的名义开始扫荡东南海上的各股海盗，同时与荷兰人展开了激烈的海权争夺。大约到1633年，郑芝龙扫荡了所有的海匪，并屡次大败荷兰兵舰，成为东亚海上霸主。

特别是明崇祯六年（1633）七月一仗，荷兰兵舰倚仗船坚炮利，直入中左所海面。郑芝龙的水师熟悉海流风潮，富有海上作战经验，善于利用风势潮水，向荷兰船队发起火攻。荷兰侵略者在此次战役中，损失了六艘夹板船，伤亡逾千，还有百余人被活捉，狼狈而逃。此后在相当长的一段时间里，荷兰人再也不敢窥视闽南沿海。最后，荷兰人只好乖乖向郑芝龙纳税并领取海上经商的牌照。

这时，郑芝龙的水师控制了东亚的海权，掌控了这一广袤海域的海上交通权力。他自己一面建构山海五路的海陆交通贸易体系，一面向其他国家从事这个海域交通贸易的商人收税。后人称其为"经济全球化东亚第一人"。

正当郑芝龙在海上春风得意、耀武扬威之际，明崇祯十七年（1644）三月十八日，李自成大军攻入北京城，崇祯皇帝吊死在煤山，随后清军大举入关。当年五月，福王朱由崧在南京称帝，改元弘光。第二年五月，清军占领南京，福王出奔，被清军捕获。

闰六月，郑芝龙、黄道周等人在福州拥立唐王朱聿键为帝，改元隆武。郑氏家族因拥立有功，个个封官赏爵，郑芝龙更是权倾朝野。于是他将年方21岁的郑森携带入宫，晋见隆武帝。为了表示对郑家的恩宠，隆武帝封郑森为御营中军都督，赐姓朱，名成功，赐上方剑，仪同驸马。翌年三月又封为忠孝伯，佩招讨大将军印。此后的郑森遂以"郑成功""朱成功""国姓爷"的称呼成为驰骋闽浙粤沿海的海上骄子。

1646年，清军攻入福建，大兵压境，郑芝龙的泉州老乡洪承畴来信招降，以闽广总督之职诱降郑芝龙，许下了许多美好的承诺。郑芝龙信以为真，决定投降清朝。

郑芝龙降清的决定，遭到郑成功的坚决反对。郑成功向父亲慷慨陈词，认为凭借闽粤山海地理环境和久经战阵的水师可以与清朝长期周旋。岂料，郑芝龙降意已决，当面呵斥郑成功为"稚子妄谈"。郑成功见父亲不听劝告，跪地叩首哭谏，希望父亲三思而行。郑芝龙竟拂袖而出。

郑成功在哭谏无效的情况下，决心与父亲决裂。叔父郑鸿逵赞许和支持他，暗中调一支军队，交给郑成功，嘱咐其秘密逃往金门暂避。

郑芝龙应清军主帅邀约上福州，行前派人寻找郑成功。郑成功与父亲决裂的决心已定，慷慨激昂写下一封著名的《报父书》交家人带回。信中表明了自己不愿意随父降清的决心，有"从来教子以忠，未闻教子以贰，今吾父不听儿言，后倘有不测，儿只有缟素而已"。

清顺治三年（1646）十一月，郑芝龙到了福州。他自恃在闽粤海域上有精锐水师，满洲人欲征服沿海地区，仍需要借重于他，故不加防备，只带五百士卒前往。不料，清军主帅认为，只要郑芝龙落网，郑氏家族群龙无首，又会顾及郑芝龙的性命，必然会听从清朝的招呼，因此背信毁约，连夜挟持郑芝龙北上"面君"，只令其留下几封书信，作为招降郑氏部下的凭证。郑芝龙到北京被授予徒有虚名的总兵，无卒无兵，实为软禁。

安海郑芝龙的部下、家眷，以为郑芝龙已经降清，所以未做防备。谁知道清兵对郑芝龙长期囤积的大量珍宝财富早已垂涎欲滴，十一月三十日突然偷袭安平，大肆抢劫淫掠，郑成功的母亲田川氏被辱自尽。

郑成功闻父亲被挟持北上，生死未卜，又得知母亲殉难的噩耗，如晴天霹雳，痛不欲生。他自幼远离父亲，全靠慈母呵护教养，与母亲情深意笃。他7岁回国，因日本不准女人去国，直到成年才骨肉团圆。但因忠于君王之事，聚少离多，未能常年侍奉母亲。岂料风云突变，母亲竟归西而去！

国恨家仇，他悲愤万分，从金门披麻戴孝赶回安平，料理母亲的丧事，然后来到南安丰州孔庙前，焚烧青衣儒服，向孔子的牌位诀别："昔为儒子，今为孤臣，向背去留，各有作用，谨谢儒服，惟先师昭鉴之。"表示自己将为国尽忠，弃文就武，投笔从戎。

随后，郑成功倾尽残余的家产，以"招讨大将军罪臣国姓"的名义，会同流亡南下的隆武朝文官武将，招集父亲旧部九十余人，扬帆入海。同年底，在郑成功的倡导下，闽粤沿海几支反清义师在厦门和金门两岛之间的烈屿（即今天的小金门）会盟，竖起"反清复明，恢复中兴"的旗号，开始了波澜壮阔的抗清战争。

郑成功起兵后，虽然有部分父亲的旧部相随，但是兵少粮缺，势单力孤。当时，多数父亲的旧部各自拥兵自立，中左所是郑彩、郑联的老巢，附近的金门被郑成功的叔叔郑鸿逵控制，中左所以北的舟山、南日、海坛，中左所以南的铜山、南澳等岛屿都已被拥戴鲁王的南明遗臣旧将占据。他们也瞧不起郑成功这个初出茅庐的年轻人。

郑成功初起时，仅数百人船，在当时海上反清武装中是比较弱小的一支。他首先想到的就是要建立自己的根据地。他先到了鼓浪屿，但弹丸小岛，对面厦门有郑彩郑联，边上金门是胞叔郑鸿逵，绝非可以宏图之地。于是，1648年他率部来到铜山（今东山岛），作为第一个根据地。"八月，成功在铜山，整顿船只，训练士卒，……漳浦守将王起俸谋降，事泄，弃家从旧镇入铜山。成功受降，加俸总练使，同柯宸枢联络铜山等处，募兵措饷"。①

"十月，江于灿、黄志高同太监刘玉赍永历诏到（铜山）晋封成功威远侯。功拜受毕，厚待刘玉。遂兴师从云霄白塔登岸。"②

《闽海纪要》载"永历三年（1649），成功募兵于铜山"。

杨英的《从征实录》记载，郑成功"委忠振伯（洪旭）先到铜山，拨船配兵议粮"。

至今，东山岛还有郑成功在此招兵、驻军、练兵、操练水师留下的遗址，如水寨大山顶的水操台，龙潭山的营房、粮埠，原东山中山公园的"军藏局"，岛东部的康美城堡，岛西北部的八尺门城堡等。

最初两年，郑成功并未着力铜山根据地的建设，更多是带着他弱小的军队，出兵攻打泉州、海澄、同安，在清军的阻击下，一再败却。后来转至粤东揭阳一带活动，先后攻破潮州外围的南洋、达濠、霞美，和潮阳、揭阳、惠来三县城，招降了一些兵马。虽有一些小发展，但依托于铜山孤岛，始终难成大气势。

清顺治七年（1650）七月，清军大部队入闽粤，郑成功的军队被迫退守铜山。族叔郑芝鹏劝说郑成功夺取中左所为根据地，得到了众部属的赞同。

当时厦门为郑氏旧将郑彩、郑联兄弟占据。郑芝龙降清时，郑彩与郑鸿逵等率师入海，坚持抗清。南明隆武小朝廷覆灭后，郑彩到舟山把鲁王接到中左所，拥为监国。鲁王进封郑彩为建威侯，其弟郑联为定远伯。史料称"联在岛，事游宴，其党多暴"。在厦门横征暴敛，百姓则深受其害。

清顺治七年（1650）八月，郑彩率主力船队外出，郑联留守嘉禾屿。八月十五日夜，郑成功率领船队驶入鼓浪屿，得知郑联正在万石岩大宴宾客，于是分派人马潜入中左所。第二天上午，郑成功到万石岩拜会郑联，郑成功以"屡败之将"自称。郑联本就瞧不起郑成功，见郑成功言语如此谦恭，更是毫无戒心。郑联留郑成功小饮，二人尽欢而散。

八月十七日，郑成功在虎溪岩设宴回请郑联，郑联欣然前往，入夜才掌灯而归。路过半山塘，郑成功布下的伏兵突然杀出，将郑联刺死。郑成功得报后，当即在虎溪岩顶放炮为号，早已潜入的各路人马，一起杀出夺取中左所城。隐蔽在各港湾的船只也立即行动，迅速控制住郑联部将的船只。郑彩、郑联的部将原本就是郑芝龙的部属，见大势已去，纷纷归顺。

郑成功派人带着亲笔信去见郑彩，折剑为誓，请其率水师回归。郑彩思前想后：自己年老气衰，郑姓子弟中唯有郑成功堪当大任，便将所率水师带回中左所，交付郑成功。

兼并郑联、郑彩后，郑军发展到四万人。但这时郑成功还没有切实认识到根据地建设的重要性。1651年2月，他不顾包括施琅在内的众将劝阻，率兵往广东勤王。

郑成功的族叔郑芝莞趁着郑成功广东勤王，引清兵乘虚而入攻占厦门，抢掠财物。

①② 《台湾外纪》。

当郑成功回师增援之时，叔叔郑鸿逵又放清军逃走。

郑成功仓促回师，但已损失了大量的财富。郑成功曾在给他父亲的信中写道，清政府"趁儿远出，妄启干戈"，攻入中左所，"掠我黄金九十余万，珠宝数百镒，米粟数十万斛。其余将士之财帛，百姓之钱谷，何可胜计！"

郑成功夺回厦门后怒不可遏，斩堂叔芝莞示众。叔父郑鸿逵也自知犯下大错，自请离职回金门休养，将水师兵将战船全部交由郑成功指挥。加上招徕浙海的反清武装，此时郑成功队伍扩大到六万之众[1]。

经过前后五年对内对外的种种尖锐斗争，郑成功凭借其坚强战斗意志和杰出的政治军事才能，逐次剪平闽南、粤东沿海诸豪强武装，初步完成了郑芝龙旧部的统一，取得了海上武装集团公认的抗清领袖的地位。郑成功军事实力空前壮大，并完全控制了厦门，使厦门成为他的根据地。

第三节　郑成功在思明创建的伟业

郑成功完全掌握厦门以后，下决心建设好厦门根据地，定下了"固守各岛，以拒来敌；兴贩洋道，以足粮饷；攻取漳泉，以为基业；水陆并进，夺取八闽"的战略方针。[2]

郑成功开发、建设厦门，可以概括为练兵备战、建政、贸易和建港四个方面。当然，他收复台湾也是从这里出发。

一、练兵备战

郑成功首先在厦门扩军练兵，扩充力量。他将部队分为水陆两师，分陆师七十余镇，水师十余镇。镇将挂总兵衔，以前提督黄平为陆师总督，以辅明侯林察为水师总督。这一时期，郑成功的水陆师总兵力，已有十余万人，大小战船近万艘。战船计有大熕船、沙船、乌船、水艍船、赶缯船、快哨，还有专门用来发动海上火攻的火船。

郑成功的陆师则设有骁骑镇、神器镇（火炮）、藤牌镇等特殊兵种。后来，他专门组建了一支全身穿戴铁甲的陆师，名虎卫镇，也称铁人镇。

郑成功非常重视操练兵马，常常亲临演兵场，亲自督阵操练。他清楚面对的敌人有多么强大，希望自己的将士能够以一当十。所以无论是出征，还是驻守，都要求将士不断操练。除操练以外，每月还要进行一次主要为比试骑射的大校。

郑成功当时在厦门设立的两个演武场，一个是厦门市文物保护单位厦门大学的演武场，一个是现在开元路到洪本部一带的外教场。现今，还有"外较场巷"地名。

---

[1] 陈碧笙：《郑成功抗清研究——兼论与收复台湾的关系》，摘自方友义主编：《郑成功研究》，厦门：厦门大学出版社，1994年。

[2] 陈孔立：《厦门史话》，厦门：鹭江出版社，1993年。

厦门大学的演武场原本是明代抗倭名将俞大猷来厦门剿倭时所设立的演兵场，郑成功将它重新修整作为练武之地。1954年，在厦大群贤楼前曾出土少量明代瓷碗和"练胆"石刻一方。

现存演武池位于顶澳仔，南北长83米，东西长105米，东连演武小学，西傍演武花园，南北砌堤岸护栏。

现在的演武池，只是当年郑成功操练水师的海域留下的一小部分遗址。古时，有条港道自西南绕蜂巢山南麓延伸至东南麓，并形成海湾，名澳仔。港道外边有玉沙坡和沙坡尾所在的半岛为屏障，当年港深澳阔方便船舶进出，郑成功就在此演练水师船队。

演武亭位于厦门大学体育场一带，是郑成功为了方便亲自督操盖的演武亭楼台。演武亭于永历九年（1655）三月竣工，郑成功曾多次驻此亲自练兵，以石狮重500斤为标准，力能挺起者，拨入左右武卫、虎卫亲军，配以云南斩马刀、弓箭、戴铁盔、穿铁臂、铁裙，被称为"铁人"，极具战斗力。

另一处演兵场外教场，当年是一片紧邻着郑成功营盘的操练场。现今第八菜市场边上的古营路是当时郑成功所部营盘所在地，所以叫"古营"。附近的洪本部，也因郑成功部将洪旭户部衙门遗址得名。这一带是郑氏的军事区域，扼守筼筜港口。

古时的大走马路是一条位于山脊的古街，后来改建为现在的大中路。大走马路南端称五崎顶通小走马路，小走马路则一直通往镇南关。镇南关上边鸿山就是郑成功屯兵的嘉兴寨遗址。

相传当年郑成功经常骑马随带部属从这条路到水操台检阅水师演练，因此留下"走马路"名称。

郑成功最彪悍的部队就是他的水师，所以他对操练水师是十分上心的。现在大家知道的是日光岩的水操台，实际上他在厦门还有两个水操台。

现今民立小学旁边有旗杆巷。据说因巷中有光禄大夫陈光远的府第，门前竖着旗杆，而称为旗杆巷。旗杆巷旁边民立小学校园原本有一祖婆庙。祖婆庙正名"和安宫"，因供奉开闽王王审知夫妇，俗称祖婆庙。祖婆庙对面是土崎巷，土崎巷和祖婆庙之间即郑成功其中一个水操台所在地。

古时，其外侧是海面。据说这里海滨有块礁石，上刻"崇祯七年我军熊侯克红夷于浒"。对照史料，当指明朝福建巡抚熊文灿在附近海域打败了荷兰侵略军。

这个水操台早废，东面为二十四崎，是下通棉袜巷的台阶，上面叫"廿四崎顶"，崎下叫"廿四崎脚"。这些地名现今都还在。

另一个水操台在今天的厦门港。实际上，在乾隆年间出版的《鹭江志》的地图上，就可以看到清清楚楚的"水操台"三个字。大致应该是在现在厦大操场靠近白城的海边。史书也有记载郑成功登上演武亭附近的水操台，指挥海面的战船演练。鼓浪屿的水操台、厦门大学的演武场、鸿山公园的嘉兴寨、老市区的洪本部、外校场、小走马路等等许多地方至今还有遗址留存，人们在此凭吊英雄，怀想英雄当年练兵练胆、北伐东征、驱逐荷夷、气吞万里如虎的气势，世世代代鼓舞后人。

先进的船舶往往是海战胜败决定性的因素。郑成功能够打败荷兰夹板船，打败清军水师，其战船是非常重要的因素。

郑成功的福船高大坚硬，不需开炮放铳，只需乘风乘潮，犁翻对手小船。其势如泰山压顶，对手闻风丧胆，毫无还手之机。所以，即使郑成功中了清廷的缓兵之计，从南京城败退厦门，清军尾随追击到了厦门海上，依然被郑军彻底打败。

而对于荷兰人高大的坚船，郑军则"以小欺大"，用小艇火攻。数十艘有如龙舟的小船装满火药燃料，船头装着带有倒钩的铁钉；每艘数十名水手快桨如飞，船如箭矢插入荷兰船舷，水手们点着火药燃料，发声呐喊，齐齐跳入水中，四散游开。荷兰人只能眼睁睁看着自己涂了柏油的橡木船舷着了火，火越烧越大，烧上了甲板、桅杆、绳索、帆，烧进了船舷上的炮洞，引爆了船舱里的火药。

明代"福船高大如城，非人力可驱，全仗风势。……战时乘风下压，以力强取胜。"①在那个时候谁拥有福船谁就能控制海权。谁的福船多，谁的海权就大。福船成为当时决定海战胜利，掌握制海权的重要因素。作为经历海上的统帅，郑成功当然非常重视船舶的制造。

"据20世纪60年代对全国木帆船的普查，仅福建省主要的运输木帆船就有70多种，海洋捕鱼木帆船有近60种。这130多种木帆船都属福船。"②而其中威力最大的是其时称为中军船的大福船。

郑成功的中军船最使清军惧怕。"福船为楼三层，乘风冲击，不可遏抑，其高若墉，不可抑攻；其坚若铁石，矢石不能贯，炬不可爇"。③

郑成功任命金门人忠振伯洪旭专门负责船务，以确保战斗和贸易之用。洪旭担任过郑成功五军中的右军，总督北征水师水军事务。他还担任过六官中的户官，位置显赫。

造船材料的来源至关重要，木材又是关键。造船所需要的木材数量非常之多，而木材的采伐和运输又颇为困难，尤其是在清朝统治地区更不容易。郑成功不遗余力地通过闽东沿海获得闽北山区的木材。他派遣部下专门负责采购工作，洪二官就是其中的一个。他被派往永安等处购买木材装成木排，顺闽江而下，抵闽江口沿海，然后或就地打造船只或运输到异地。林行可是郑成功的都督，常驻侯官县洪塘，专门承接属于"铁印旭远"（洪旭）字号的木材，同时也从其他木商那里收购木材，控制了数量巨大的船木④。

郑成功的部下还从浙江台州、温岭等地取得木材，甚至也有从暹罗进口的。至于油、麻、铁等造船材料，这都向日本购买，因其价贱于闽者一倍。林行可除经营大量木材外，也把大量的桐油、黄麻、铁钉等物输给郑氏。郑军也从浙江得到桐油等物料。⑤

郑成功的造船地点很多，但打造最主要的中军船和远洋贸易的洋船则是在厦门。郑成功"中军帅船的特点和装备：有三桅四帆，三副刀形布质风帆和一布质三角风帆。船

---

① 俞大猷：《洗海近事》。
② 陈延杭、陈晓：《郑成功中军帅船船型分析》，摘自《郑成功研究》。
③ 宗徵舆：《林屋文稿》，摘自《郑成功中军帅船船型分析》，见《郑成功研究》。
④⑤ 陈希育：《郑成功时代的造船业》，摘自《郑成功研究》。

底白色，船首有兽面，两侧有龙目，船尾有飞鹰，两侧有船的保护神水蛇。两侧舷有铳炮口，甲板上装龙熕大炮。船后舵楼有指挥台、妈祖旗、灯号、信号旗等。主桅上高挂七星指挥大旗"。①

郑成功部下杨英的《从征实录》有记载郑成功亲自过问在厦门建造的船："顺治十一年（1657），藩驾驻思明州，稽查各项追征粮饷、制造军器及洋船事务"。郑成功在厦门亲自视察制造的洋船应该是比较大又比较先进的海洋航行船舶。"十五年（1661）正月，藩驾驻思明州，传令大修船只。"可以推论中军船就是在厦门制造的厦门船型。②

郑成功负责造船的部将洪旭，其衙门在今日厦门的洪本部，此处在当年正是筼筜港湾北口所在。其边上是当年郑成功的外教场，从外教场再顺筼筜港边往里就是现今开元路最高处的土地公祖，从土地公祖下坡不过百十米就是夹舨寮，正是造船之重要工场所在。可以推断当年的造船厂应该在夹舨寮附近筼筜港边水缓避风的地方。

同年，郑成功"令族兄郑泰及洪旭造大船，往日本购铜铅，设官协理，铸铜熕，铸永历钱，造盔甲器械"。③

造船不仅是一条船，而且是一个产业链。不仅需要上好的木料，而且要有船帆、有铁锚、有大棕绳、有升降帆的木滑轮（闽南话称"迦辘"）。

那时船帆大多是竹篾编制，升起是一片帆，受得了狂劲无常的海风，放下来串迭在桅下，无碍人行走搬运。没有高超的工艺，那帆怎么送得了战船扬帆万里。

那时没有橡胶轮胎放在船舷两侧防止靠岸或两船间的碰撞，而是编制藤竹的大篓，悬挂船舷。还有水罗盘、牵星板等，都不是唾手可得的东西。战船上还要有战鼓、铜锣，作为行船作战联络的号令。

最好的工匠被请来了、船舶制造产业链的各种技艺一代代地在厦门传承下来了。最优秀的造船人才、技术工匠聚集在厦门这个地方，为厦门留下了宝贵的走向海洋的技艺和传统。

可以说郑成功是创建厦门造船工业的鼻祖，从厦门的许多地名都可以验证这一历史事实，如：夹舨寮、寮仔后、打铁街、竹仔街、绷鼓街、帆寮街、打绳垾、打棕街、车迦辘等。

这也是郑成功留给厦门的一笔宝贵财富。

二、建政

郑成功在厦门根据地整军备武的基础上，于永历六年（1652）至永历八年（1654）率领军队发动了海澄战役和漳州战役，大败清军，逼死清闽浙总督陈锦，威名大震。永历皇帝晋封其为"延平王"。

---

①② 陈延杭、陈晓：《郑成功中军帅船船型分析》，摘自《郑成功研究》。
③ 《福建史稿》。

永历九年（1655）二月，郑成功决定在厦门按郡王礼制设置吏、户、礼、兵、刑、工六官，以及察言、承宣、审理等官，管理人事、财政、典礼、军事、司法、建筑等方面的工作。此外，还开设了培养文官人才的"储贤""育胄"二馆，分别把有学问的人及已故将领和侯伯的子弟收进馆内，然后陆续安插在六官下面办事，或随军担任监纪，记录各镇将领的功过，每月向上报告。

同时，他下令改中左所为思明州，先后任命郑擎柱、邓会、薛联桂为思明州知州。这样他就在厦门建立了颇为完备的政权机构，使得厦门成为他的政治中心。

思明，是伟大的民族英雄郑成功给厦门起的名字。从那以来，至今360多年，陆续出现了思明州、思明县、思明府、思明路、思明区、思明小学、思明中学、思明电影院等，"思明"这个词和厦门结下了不解之缘。

郑成功时代的思明州不但是与漳州、泉州相当的州府一级的政权，还是延平王的核心根据地。从思明出发的海上雄师，兵锋所指涵盖了整个台湾海峡，乃至东亚的海权。思明州看似只管辖厦金两岛，实际上当时已经是整个东南抗清复明斗争的政治中心。更重要的是由于郑成功实际掌控了台湾海峡乃至整个东亚海域的海权，思明州也就成了掌控这一海域的政治经济军事中心。

三、贸易

打仗靠的是金钱，没有经济后盾，战争是打不下去的。郑芝龙虽然积攒留下许多财富，但在他降清后，清军突袭安海大本营，掳掠了大量的财富。郑成功这时候必须要自己从头经营。除了重建厦门港口成为取代安平的大本营，他更要构建和经营自己的海上贸易网络。而闽南人的理念，要做海上贸易就要有自己可以获取高额利润的商品。但这个时候，闽南赖于开展海上贸易的商品发生了很大的变化。

支撑闽南海上丝绸之路的商品，除了丝绸，宋元时期主要是闽南泉州、漳州一带生产的青白瓷，其中以同安汀溪窑所生产的珠光青瓷为代表，明代则是以漳州平和一带所生产的来样加工的青花瓷——克拉克瓷为代表。

克拉克瓷因高出20多倍的高额利润，遂让西方决心要生产出自己的瓷器。可惜历经失败，自诩为人类最先进的欧洲人也只是烧出了蓝陶，一碰就碎。于是，欧洲人在明万历后期派出了三个传教士到江西景德镇，偷窃了中国瓷器制作技艺。到崇祯年间（1628—1645），欧洲对中国瓷器的进口就逐渐递减。其后闽南瓷器的主要出口国成为东南亚国家，出口的产品也转为主要是民间的日常用品，利润大幅下降。这也是月港衰退的主要原因。

这时，闽南的能工巧匠用江浙的湖丝所生产的漳绸漳缎就成为闽南最重要的出口产品，所以郑芝龙才会把月港的织户迁移到安海。有资料显示，1641年郑芝龙从安海开往日本长崎的6艘商船，运载了生丝30720斤，丝织品90420斤，分别占当年所有中国大陆商船输入日本生丝和丝织品的24%和67%。

与此同时，另一种闽南人重要的农业加工制成品——蔗糖，开始成为对外出口的重要商品。荷兰人看到蔗糖有利可图，后来甚至引进闽南农民到台湾种植甘蔗，引入闽南的能工巧匠到台湾开设糖廊，榨蔗制糖，成为他们海上贸易的重要商品，赚取了大量的利润。

但是，清兵入闽的战争把这些大宗的商品生产都摧毁了。

清顺治五年（1648）八月二十六日，清朝军队攻打同安城，屠杀同安军民。事后梵天寺主持无疑和尚率徒弟达因等六人，日夜背负尸首万余具，集中埋葬在同安大轮山东麓山坡，并建一座"无祀亭"为记。

后来有高僧恒信大师，在东溪西畔立碑，名"同归所"，刻石记事。现在这块碑还立在同安育才中学校门口的山坡上。后来这一片山坡就被称为"同归所"。

早年，农历八月二十六日，同安的民众均要在"同归所"碑前公祭"陷城祖"，即城陷时被屠杀的祖先，成为古同安民间独特的民俗。

同安本是闽南甘蔗种植最多，蔗糖生产最多的地方，这时再也生产不出来了。所以当郑成功撑起"反清复明"大旗的时候，正是闽南的生产力最低潮的时候。他所需要的聪明智慧的闽南人民所创造的各种海上贸易的商品，从丝绸到瓷器，从铁锅到蔗糖，饱受摧残的闽南人再也生产不了了。

视野开阔的郑成功把目光投向了全中国，山海五路，陆海衔接的五大商行，正是在这种背景下被郑成功创造出来。它使厦门垄断和掌控了当时全国对外的海上交通贸易。这是闽南海洋历史文化一个伟大的创造。

郑成功在战火中创造的山海五路是一个布局精密的海上贸易网络。以当时东亚最大的思明为中心港口，将全国作为厦门港的腹地，金、木、水、火、土陆路五大商行设在京师、苏、杭、山东等处，负责采购各地商品，把苏杭等地采购的湖丝、缎匹等货物经过福州、福宁运回厦门。

海路仁、义、礼、智、信五大商行，设在思明经营海外东、西洋的直线贸易和三角贸易。每一字号统辖12艘商船，每艘商船每年缴交本息万余两。

出海的商船要持有郑氏的船牌。输出的商品，有丝绸、瓷器、糖、药材和茶叶等。据统计，从1650年到1662年的12年中，对日本贸易的商船共649艘，每年平均50艘。对东南亚贸易的商船，估计每年在16—20艘之间，东西洋贸易总额每年要在392万—456万两白银。郑氏商船东达日本、菲律宾等国，西至柬埔寨、暹罗（泰国）、交趾（越南）、巴达维亚（印度尼西亚）等国。

海上贸易都以洋银为主，为了适应海上贸易需要，郑成功采用西法自铸银币"朱成功"币，以对抗洋币。这在中国货币史上也是一个划时代的事件。

此外，建造船只出租收取船租和商税，视船只大小年收取1000至3000两不等。同时通过发放商船牌照收取"牌饷"即保护费，每艘船视大小收取500至2000余两饷银。包括荷兰人，也只能乖乖地向他缴纳牌饷。再加上由郑成功的亲弟弟掌管的在日本的产业，郑成功的家产可谓富可敌国。而如此庞大的家产，完全是通过海上经营积攒起来的。

明代长期实行禁海政策，将海洋控制权、经营权拱手让人。郑成功父子是中国历史上打败西方殖民者，并认识到掌握海洋控制权、经营权重要性的第一人。

郑成功充分发挥厦门港的优势发展海上贸易，准许西班牙、荷兰和英国商人在厦门设行经商。我国茶叶也是此时由荷兰商人传播到西欧，厦门从而成为"海上茶叶之路"的第一输出口岸。

在郑成功强大的海上武装保护下的贸易船队，牢牢地控制了中国大陆东南沿海以及东、西洋各国的海上贸易。

窃据台湾的荷兰东印度公司一度对郑成功所属商船在台湾的商务活动进行刁难，郑成功下令各港口船只不得到台湾与荷兰人做生意。禁绝令下达两年，荷兰人贸易一蹶不振，不得不派人与郑成功谈判，以年输银5000两、箭坯10万支、硫黄1000担的代价获得贸易权。

在这样的背景下，厦门港取代了月港、安平港成为中国其时最重要的对外通商口岸。

四、建港

厦门原本只是荒僻海岛，厦门港的形成经历了由天然的"津澳""港湾"到具有泊船交通作用的"渡头""路头"，再由"路头"升级到具有装卸仓储作用"码头"的过程。

"澳"，本意为水边之地，指"海边弯曲可以停船的地方"。古时，海边可以停船的地方一定有海湾沙滩，这是早期港口形成的最基础条件。厦门港旧有神前澳、塔头澳、涵前澳、高崎澳、鼓浪屿澳等五大澳，以及内厝澳、曾家澳、青浦澳、浯屿澳、大担澳等五小澳。这些澳后续发展成了泊船、查验的口岸。

"屿"则从山，有小岛之意，但也不局限于小岛，《六书故》中有"平地小山"的意思。临近港口在水边的小高地也有称之为"屿"，如九龙江河口的圭屿、嵩屿等，还有笕笞港的浮屿、凤屿等。

"礁"为江海里的岩石，有些巨大的礁石亦成为航海与海洋生活的标志。厦门由于填海造路，所以很多原本岸边的礁便成了今日的地名、路名，如青礁、帆礁、龙船礁之类。

"渡"，即过河、过江、过海摆渡之处。但过海多指近海摆渡的码头，如东渡、五通渡，厦门和鼓浪屿之间的摆渡之处称为轮渡码头。出远洋就不叫渡，而称为路头或码头。

"津"，《说文》："水渡也"，意同"渡口"，为摆渡之处，后引申为检查关口。曾厝垵在清初是金厦往来的津口，"在厦门尽南，西扼海门，南对太武，东制二担、浯屿之冲，沙地宽平，湾澳稍稳，可驻大军"[①]。有驻军设防的汛口。

汛，本指江河定期的涨水。海潮就更加有定时的潮起潮落之汛了。清代厦门汛口，指海岸哨所，以查验和监视过往船舶。此时的汛，指以汛口为中心的相关海域。施琅收复台湾后，康熙年间厦门港设四大汛口，即玉沙坡的文汛口、武汛口、炮台汛口和大担

[①] 《鹭江志》卷之二《防围》。

汛口；又有五营汛地五十二：本岛高崎、五通、曾厝垵等九汛为内汛，隔海同安县属地鼎尾、白礁、高埔、马銮、丙洲等十汛为外汛，隔海还有海澄县浯屿、海门、嵩屿、三都等十四汛，龙溪县石马、南台、乌礁、东尾等十六汛和马巷厅的刘五店、澳头、柏头等三汛。厦门岛外的汛口，实际上都是厦门港的腹地港。

"港"的本意为江河的支流，后引申为可以停泊大船的江海口岸。一湾可以有多港，一港可以有多个码头。

"路头"，道路延伸至水岸处的上下船点，在方言表达中多为渡口或码头之意。早期路头较为简易，利用向水面延伸的地势，以石头垒砌垫高方便船靠泊。在厦门地名里，亦多用"路头"称呼码头，例如提督路头、典宝路头、十三路头等。

"码头"，在古文里常与"马头"混用，指船只的停泊处。《资治通鉴·唐穆宗长庆二年》："又于黎阳筑马头，为渡河之势。"胡三省注："附河岸筑土植木夹之至水次，以便兵马入船，谓之马头。""码"字则出现得比较晚，有置石于水边之意，以石块建筑，后指港口中供船舶系靠、装卸货物和上下旅客的水岸建筑物。

厦门岛的环岛海湾，成就了许多天然港澳，但由于300多年来的开发改造，厦门岛今日的海岸线相比当年已经面目全非。

据《厦门港史》介绍，厦门岛上本有五处海湾形态，分别为厦大古海湾、思明古海湾、公园古海湾、文灶古海湾及古筼筜海湾。这些海湾为厦门港的舟楫航运与集泊的形成提供了先天的优势。

最大的海湾是筼筜海湾。从古地图看，厦门岛的西南海岸有一向东深入岛内5—6公里的海湾，水面绵长开阔，海湾口北面是现今东渡的狐尾山，南面在现今厦禾路口，西北直至江头，是今天筼筜湖面积的两倍以上。整个港湾三面陆地环抱，形成天然的避风港，闽南沿海的渔船常常来此避风、补给。湾内海水随潮汐涨落，满潮时波涛浩瀚，飞帆片片；潮落后南北两岸露出大片滩涂，各种海产极其鲜美。这个海湾是厦门港的源头母港，因水畔生有大竹，古称之"筼筜港"。思明古海湾、公园古海湾、文灶古海湾实际上是古筼筜海湾中的小海湾。

舟楫在筼筜港可直抵位于厦门岛几何中心的江头，在明末便设有远洋外海的古码头。1654年隐元和尚与38名弟子便是从江头出发东渡日本，并留下了"江头擘把泪沾衣，道义恩深忍难时"①之诗句。这说明至迟在郑成功时代，江头就已经成为远洋外贸商船的码头。或许郑成功的山海五路也是在此交接验货出洋。如果再联系到郑芝龙与许心素、荷兰人对厦门岛的争夺，或许在崇祯年间（1628—1644），这里就已经成了出洋的港口码头。江头直到20世纪50年代，还有可供运输物资、军需的船舶停靠的码头与货栈，也还有江头水仙宫的留存。

当然筼筜海湾处不只江头有码头。在海湾口的南岸，郑成功时期就有户部洪旭的典宝路头，还有从对岸东渡载淡水而来的竹树脚路头。沿岸一路向东也有一系列的装卸木材、渔货的码头，否则就不会有渔仔市、夹板寮了。

---

① 隐元隆琦：《江头别诸子》。

元至元十六年（1279），元世祖忽必烈设立嘉禾千户所并添置战舰，厦门最初的军港形态开始形成。明代由于闽南海洋贸易中心由泉州港转移到漳州月港，厦门作为月港安全护卫军港的重要性更加逐渐凸显，特别是浯屿水寨迁厦门后，使厦门军港的地位进一步提升。但当时停泊军队舰船的位置，主要是现今中山路一带的神前澳和曾厝垵。

郑成功十几万大军驻扎厦门，光有筼筜海湾的几个码头肯定是不能满足的。而且外洋的船入港首先抵达的是古厦大海湾，玉沙坡就在这个海湾中。郑成功把自己的中军营盘放在俯瞰厦门港入口的鸿山上，从鸿山顺坡而下就是天然的港湾玉沙坡。玉沙坡在虎头山下的打石字到蜂巢山之间，有一湾如玉带的海沙坡，每有商船出港会来此地取上百石海沙压舱做重，但海沙丝毫不减，终年不竭。玉沙坡以今称厦门港所在从北往南流下澳仔港道的溪流为界，分为沙坡头与沙坡尾。

郑成功在此建水操台、演武池、演武场，筑演武亭，玉沙坡自此成为厦门军港，成为厦门海防枢纽。这也为后来玉沙波成为闽台往来正口的厦门港奠定了基础。

海湾、海澳是港口的自然基础。神前澳在厦门岛的"四大澳"中居首位，面对鹭江，背靠厦门城。神前澳得名于海滩边天然石笋雕刻成神的外关帝庙，因澳在庙前，所以称"神前"。

神前澳就在今天中山路这一带，距离厦门城最近。大约在郑成功时期，厦门港交通核心位置由筼筜港向深水航道"鹭江水道"转移。随着厦门城外街市的逐步形成，商船也大量地集汇到神前澳来靠舶。这也为后来清初填澳建成十三路头，并将海关总口设立于此奠定了基础。

其时驻金厦两岛的郑军兵力，最多时达到20万人，加上他们的眷属，可见当年金、厦两岛的繁荣。

这样一支军队的后勤和中国最大的外贸通商口岸，对厦门的繁荣发展自然是很大的推动。除了造船、打铁、军火各项作坊之外，更是促成了厦门成为闽南最大的渔港。

当时厦门的渔船主要集中在筼筜港。乾隆《鹭江志》记："筼筜港，在城之北，长十五六里，阔四里许，自竹树渡头至江头社，一弯如带，中有小屿，曰凤屿。……海利所出，日可得数十金，鱼虾之属，此为最美。"[①]

筼筜港的近海滩涂资源也颇丰，盐田、滩涂养殖亦成了周边社区的产业选项。筼筜港南岸的尾头社就在伸入港中的美头山。原有百数十户渔民，从事内海捕捞和滩涂养殖，由于他们的勤劳灵巧，这里日益兴旺，并取"里仁为美"之义，将社名改称为美仁社。北岸牛家村与尾头社遥遥相对，位于狐尾山的西南麓，靠近港口，也是历史悠久的渔村。

除了这两个村落的渔民，还有海澄、龙溪来的疍民夫妻船也都齐聚在筼筜港。夜幕降临，停在港边的渔船生起点点渔火，造就了厦门大八景之一"筼筜渔火"。唐代归隐厦门岛的场老先生——陈黯也曾在筼筜港边钓鱼，在其南岸梧村社的金榜山留有钓矶一块，后被文人墨客谓为厦门八大名景之一——金榜钓矶。

---

① 《鹭江志》卷之一《山川》。

当时在南岸现在的古营路边上有鱼仔市，在今厦门港也有鱼仔市。鱼仔市是海产市场，兵营每日三餐少不得鱼虾贝类，几万兵将，还有造船、打铁工匠，光是南北两岸两个渔村，哪里能够满足得了？于是闽南各路渔船云集，形成后来的内港、外港、外海三路渔船帮。各路鱼货在此都能卖出好价钱，消费形成了市场，市场催生了厦门渔港。

就这样，郑成功开创、奠定了厦门作为军港、商港、渔港三港合一的格局。同时，他也为自己跨海东征，收复台湾，书写历史辉煌篇章奠定了坚实的基础。

五、复台

1659年，郑成功北伐失败，从南京城下退回厦门。陆路大多失守，清朝大军尾追而来。郑成功知道仅凭金厦两地难以和清朝对抗周旋，决心收复台湾作为根据地。

1660年他集中400艘战船，巧妙布阵指挥，以少胜多，在厦门湾海面大败有800艘战船的清军。清统帅将军达素带着残兵败将逃回福州，不久便自杀了。

清顺治十八年即南明永历十五年三月二十三日（1661年4月21日），郑成功率领300余艘战船、25000余将士从思明出发。四月初一从鹿耳门航道直趋禾寮港登陆，攻占赤崁城（今台南）。四月初四，郑军对"热兰遮城"（今安平）实行围困。郑成功派翻译进城告知荷兰人："此地非尔所有，乃前太师练兵之所。今藩主前来，是复其故土。此处所离尔国遥远，安能久乎？"荷兰人的档案数据记载，郑成功认为：台湾岛向是属于中国的。在中国人不需要它的时候，可以允许荷兰人暂时借居。现在中国人需要这块土地，来自远方的荷兰客人自应当把它归还原来的主人，这是理所当然的事。

闰七月，郑军在"热兰遮城"外的海上击败从巴达维亚前来增援的荷兰船队。十二月十三日（1662年2月1日），荷兰东印度公司驻台湾"总督"揆一宣布投降，双方签订18条谛和条约。

郑成功收复台湾之后，将赤嵌定为东都明京，设承天府和天兴、万年二县。可惜，就在他准备以台湾为根据地大展宏图时，不幸英年早逝。清康熙元年即南明永历十六年（1662）五月初八，郑成功在台湾病逝，时年38岁。

郑成功病逝后，其子郑经继承了他的事业，延续郑成功设立的五大商行制度，继续开展海上贸易。同时他积极扩展厦门城区，据林谦光的《台湾纪略》[①]记载，他在康熙二年（1663）开始在厦门城西设计市场修建寺庙，"新街、横街皆其首建也"。年底，厦门被清军攻占，郑经退回台湾，扩建城区的计划才被迫停止。

清军占领厦门后，实行了弃岛和迁界政策，海岛和沿海三十里居民一律搬迁到内地。厦门岛上的军民多已随郑经退往台湾，所余东西被劫掠一空，房屋被焚毁。史称"嘉禾断人种"。

但实际上迁界并不能完全断绝老百姓和郑军的联系，也就断绝不了大陆的商品和台湾，甚至是海外的联系。沿海所有港口的封闭，正好把对外贸易的利益全部送给了郑

---

① 见《小芳壶斋舆地丛钞》第9帙。

经。厦门成为无人岛，郑经的船队自然就可以自由往来。

郑经在厦门时，所有与他有贸易联系的外商都集中在厦门港，当郑经撤退到台湾后，这些外国商船也就从厦门转向台湾。没几年，郑经又来到厦门，他们又跟着来。

康熙九年（1670），郑经为促进中英双方的贸易，给予英方种种优惠条件，使英商船来往于厦门、宁波等处。当年6月23日，英国东印度公司商船"万坦·宾克"号首航厦门，这是东印度公司派来厦门贸易的第一艘商船，并在厦门设立商馆作为行业贸易的代理机构。

康熙十三年（1674）郑经重新占领厦门后，英国、西爪哇、万丹、暹罗、安南等船队，又重新汇聚到厦门，使厦门港重新繁荣起来。这时厦门的商品相当丰富，英商说他们同郑经贸易，实际上犹如同中国贸易一般。当时英方从厦门出口的商品主要是丝绸、青铜、黄金、水银和中药材等，输入以毛纺织品居多，也有郑经所需要的毛瑟火枪等军火物资。[①]在这期间大陆的产品也重新大量地通过厦门港涌向台湾。厦门港海外贸易的急剧增加，促进了港口和航运的恢复和发展。厦门港独占海外贸易之利的局面一直延续到康熙十九年（1680）厦门再度被清军攻占为止。

对于厦门港的孕育和诞生，《厦门港史》相当概括地总结："纵观厦门港漫长的萌生历史过程，可以明显地看到有以下显著特点：港口具有明显的岛屿港口的特征，早期形态是渡口，逐步发展到以贸易为主；港口具有明显的军港的特征，地理位置十分险要，从元至清初长期以军港形态呈现于世，军事地位超过贸易地位；厦门港的发展主要是在明末清初郑氏父子时期，是在走私贸易和海外贸易中启动和飞跃的。当明代海禁和清初海禁、迁界对其他港口带来抑制和破坏时，唯独厦门港一直呈现上升趋势；港口的发展不是依靠内陆腹地，港城自身规模亦不大，主要依靠海洋腹地，依靠转口贸易。"[②]

可见，作为世界知名的海洋贸易港口，以及军、商、渔三港合一的厦门港是郑成功开创的。

第四节　永远的郑成功

郑成功在厦门开创的伟业，留给了我们宝贵的经验、教训和智慧。对于厦门，郑成功不仅是日光岩的水操台、复鼎石上的雕像、西林的纪念馆、思明的乡愁，更有他赋予厦门面向海洋、面向世界的开阔视野，不畏强暴的坚韧不拔，对中华文化的忠贞不渝，闽台一体的观念，海纳百川的气度，包容万方的胸怀，以陆向海的传统，海洋强国的追求！

这些都是我们2035年实现海洋强国的历史借鉴、文化支撑、精神力量。

三百多年前，郑成功给厦门奠定了第一块文化基石，扣好了厦门这个新生命衣服

---

① 《十七世纪台湾英国贸易史料》，摘自《台湾研究丛刊》卷57，1957年。
② 厦门港史编撰委员会编：《厦门港史》，北京：人民交通出版社，1993年。

的第一颗纽扣，赋予了厦门城市文化的生命起点：格局、品德、观念、气度、传统和追求。

其一，厦门的眼界与格局。他们不会仅仅局限在厦门这个孤岛，看任何问题总是会想到漳州和泉州，想到台湾，想到南洋的华侨，想到所有的闽南人，乃至整个中国的时局变迁，整个世界的发展潮流。因为郑成功在三百多年前开创思明州、厦门港的时候，就是这样的视野，这样的眼界，这样的格局。这是厦门文化的传统，城市的传统，不能更改，不能丢弃。只有不了解或忘记了这个传统的人，才会有小岛意识。

其二，厦门的品德。厦门人最敬重、最推崇的是对国家、民族、百姓忠诚的人。看看厦门民间被百姓建祠立庙世世代代供奉祭拜的：开漳圣王陈元光，双忠王张巡、许远，三忠王文天祥、陆秀夫、张世杰，延平郡王郑成功，忠愍公陈化成，无一不是忠贞不贰，坚韧不屈的英雄。郑成功孔庙焚青衣、移孝作忠、海上誓师的壮举，拒绝随父亲投降的《报父书》，驱逐荷夷收复台湾的千秋伟业等等，在厦门家喻户晓，深入人心。从郑成功开始，忠贞不渝的爱国情怀成为厦门人民品德的第一追求。

其三，观念。"闽台一体"的观念始于郑成功，根深蒂固，成为他驱逐荷夷收复台湾的充足理由。正是基于这一观念，他不但收复台湾，开府设县，将中国的行政体制移植到台湾，而且把中华文化全面地播传台湾。郑氏父子经营台湾22年，将中华文化全面地、大规模地播传台湾，使中华文化成为台湾的主体文化，从此奠定了台湾文化的总体格局，这堪称郑成功影响最为深远的伟大功绩。

郑成功对台湾的开发和文化传播，也奠定了闽南、厦门、思明和台湾永远割断不了的渊源与缘分，并且把闽台一体的观念深深地根植于厦门人民、闽南人民的心田，世代相传。

其四，气度。海洋开拓了郑成功的视野，使其具有放眼世界的眼光和气度。他不仅善于与世界各国通商，让各国财富为我所用，而且善于吸纳世界各国创造的文化和先进的技术，壮大自己的实力。郑成功的军营中，有天主教的传教士，除了负责为军中的天主教徒布道之外，兼有传授天文、航海知识的任务；郑军水师建造的战舰吸取了荷兰甲板船的优点，使用的火炮许多是从西洋诸国直接购进。中外文化开始在这里交融并蓄，奠定了厦门海纳百川的气度。

其五，传统与追求。郑成功在思明，奠定了厦门军港、商港、渔港三港合一的港口城市大格局；继承了父亲的事业，组织了山海五路的海洋贸易网络，成为世界经济全球化开始时期东亚第一人。所有这些不朽的历史伟业，正是由于他传承了闽南人世世代代的伟大传统：走向海洋，富国裕民，成为国家、世界最大港口、最大海洋贸易中心的梦想和追求！

一个城市的梦想和追求，是这个城市文化的核心。你从哪里来？你到哪里去？你们想要把这座城市建设成什么样？这是凝聚一个城市所有人民的文化力量，也是城市文化自信的核心精神，更是城市永不止息的前进动力。

所有这些今天依然跃动在厦门血脉中的文化基因，不正是从郑成功开始奠定下来的吗？

回首历史，是郑成功奠定了厦门文化第一块坚实的基础。他是伟大的爱国者和杰出的民族英雄；他收复台湾的壮举，在中华民族反侵略史上谱写了光辉的篇章，为亚洲人民反对殖民主义侵略，争取民族自由独立的斗争作出了卓越的贡献；他不仅是收复台湾的英雄，也是开发台湾的功臣，被台湾人民誉为"开台圣王"。同时他也是厦门港、厦门城市、厦门文化的开创者、奠基人！他是厦门这座英雄城市第一座，也是永远的丰碑。这是永远的郑成功。

直到今天，各种关于郑成功的民间传说故事不胜枚举。中秋博饼在厦门盛行，民间根本不管学者各种考据，众口一词称其起于郑成功在厦门时。

台湾人称郑成功为"开台圣王"，而对于厦门，郑成功何尝不是厦门的"开港圣王"？

第八章　厦门文化的形成

从1683年至1842年这一个半世纪多的时间里，厦门的文化在郑成功奠定的基础上逐渐形成了。

应该说，厦门是幸运的，他是民族英雄郑成功亲手创建催生的；厦门又是不幸的，他生不逢时，短短几年郑成功就离开了厦门。那个世界闻名的军、商、渔三港合一的厦门港，那个几乎垄断了全中国海外贸易的厦门港，那个威震东亚海域的厦门港，从此，和刺桐港一样成为闽南人的梦。

作为厦门人，我们为厦门后来的发展，曾经叹息，也曾经骄傲，但我们也知晓，郑成功时代的厦门港所达到的高度，三百多年来我们始终难以企及。无论是刺桐港、月港还是厦门港，其兴盛衰弱都脱离不了世界和国家的时代潮流。西方15世纪开启的大航海时代，催生了17世纪的工业革命。当中国面临这人类千年未有的大变局，明清两代的帝王沉湎于农耕社会的一时富足，闭关自守，坐井观天。如果说明代的统治者到了晚期还有所醒悟，稍稍地打开了面向大海的窗户，清代的统治者则更加鼠目寸光、夜郎自大。

隆庆开海，月港和安平港的兴起，可以说是闽南海洋文化、中国海洋文明在农业时代最后的挽歌。明朝被动的开港仅仅局限于南中国海，连穿越马六甲的勇气和念头都没有，完全失去宋元当年那种扬帆万里、气吞五洋的气魄，也失去了郑和下西洋的天朝气派。从攻势转为守势，勉强守住而已。

第一节　施琅与水师提督

施琅，字尊侯，号琢公，明天启元年（1621）出生于福建晋江龙湖衙口。他的父亲施大宣，以讨海经商为生，后举家投在郑芝龙的麾下。施琅从卒伍，以战功擢升为千夫长、副将、游击将军。顺治三年（1646），郑成功发兵南澳，命施琅任左先锋，至此施琅成为郑成功部下知兵善战的得力骁将。可惜不久，施郑失和，郑成功怒杀施父及其弟，施琅侥幸逃出，投奔清朝，先后被授为同安副将、同安总兵。康熙元年（1662），出任福建水师提督。

当时的清朝水师不谙海战，屡败于郑军。施琅大力整治军队，造船置械，选拔惯海者操练，使清军水师焕然一新，并夺取郑军所占的厦门、金门。施琅认为复台时机成熟，向康熙皇帝上疏提出先取澎湖，后图台湾的战略。可是他两次出海征讨台湾，均遇台风，无功而返，也因此被免去福建水师提督一职。

1681年，郑经去世，诸子争位，郑氏内部矛盾激化。清王朝也在这一年最后平定了"三藩之乱"，能够腾出手来考虑平台的问题。康熙二十一年（1682）十月，已经是61岁高龄的施琅在李光地等大臣的力荐下，复任福建水师提督，领命东征。

1683年，施琅挑选两万精兵，率大小战船300余艘，于铜山（今东山岛）挥师进发澎湖。郑军主帅刘国轩将郑军主力悉数摆在澎湖，还在要冲地点加筑炮城14座，沿海筑造高墙深沟20余里，安设铳炮，准备与清军决战。施琅采取灵活的作战方针，将清军分为三路，以左右两翼牵制敌人，主力居中直捣敌阵船队。经过7个多小时的激战，郑军水师几乎全军覆没。

施琅一战定澎湖，歼灭了郑军精锐部队，岛内人心大震。施琅并不急于进攻，而是建议朝廷"颁赦招抚"郑氏，以争取统一，使台湾百姓免去刀兵之灾。郑克塽终于归顺清朝。

施琅与郑氏有杀父之仇，但他入台后，不仅不杀郑氏一男，嫁郑氏一妾，还亲自为文，前往郑成功庙拜祭，建议康熙封爵郑克塽。施琅又请开海禁，废迁界，促进了海上贸易发展。

康熙封施琅为靖海侯，令其永镇福建水师。施琅按照郑成功定下的三港合一的格局，有力地推动厦门港、市的建设，把厦门与海更加紧密地联系在一起。

施琅自康熙二十一年（1682）再任福建水师提督建牙驻厦14年，对厦门至少有五大贡献：第一，收复台湾、保住台湾；第二，建牙厦门，确立厦门在海峡两岸、东南海疆军事统领地位；第三，渡台三令，确立厦门两岸枢纽、商贸中心地位；第四，推动开海，设闽海关于厦门，确立厦门对外贸易地位；第五，推动妈祖民间信俗成两岸永续不断的精神纽带。对于厦门，他堪称郑成功最好的继承人。

其一，厦门与台湾，一衣带水、唇齿相依，关系海峡和平繁荣，祖国统一安全。施琅及其后的水师提督们继承了郑成功厦台一体的理念，奠定了海峡两岸千丝万缕，割不断、切不了的历史文化渊源。

施琅收复台湾后，康熙开始认为台湾"弹丸之地，得之无所有，不得无所损"，准备放弃台湾。施琅闻之，立即呈上《恭陈台湾弃留疏》，大声疾呼"台湾一地，虽属外岛，实关四省之要害"，"乃江、浙、闽、粤四省之左护"，"弃之必酿成大祸，留之诚永固边圉"。更重要的是，荷兰"红毛""无时不在涎贪，亦必乘隙以图"。[①]

施琅是郑成功的部下，他深谙郑成功海上经营的秘诀。他向康熙皇帝报告，凭借台湾肥沃的土地和一年三熟的稻米等农产品，台湾很容易就可以自给自足，并可借以推动与大陆之间的贸易，特别能够解决福建闽南人多地少粮食缺乏的问题。施琅成功地让康熙皇帝改变了放弃台湾的念头，台湾终于归入大清的版图，奠定了海峡两岸贸易繁荣的基础。

---

① 台湾史料集成编辑委员会编：《重修福建台湾府志》（下），台北：台湾"文建会"，2005年。

可以说，若非留住台湾，厦门后来的发展将难以想象。正如清道光福建兴泉永海防兵备道周凯所说："厦门，……同安县十一里之一里耳。广袤不及七十里，田亩不及百十顷。区区一岛，孤悬海中，……盖自台湾入版图，我国家声教所暨，岛夷卉服，悉主悉臣。求朝贡而通市者，史不绝书。厦门处泉、漳之交，扼台湾之要，为东南门户。十闽之保障，海疆之要区也。故武则命水师提督帅五营弁兵守之，文则移兴泉永道、泉防同知驻焉。……虽一里也，而规模廓于一邑矣。"①

若非施琅力谏，台湾归入版图，厦门岂能"虽一里也，而规模廓于一邑矣"。

其二，施琅把福建水师提督衙门安放在厦门。当时台湾只是福建省管辖下的台湾府，福建水师提督是管着福建、台湾、台湾海峡的。清朝统治了200多年，厦门就成为东南沿海、海峡两岸最大的军港和海防中心，厦门就有了一任又一任的福建水师提督，厦门跟海、海峡及海的那一边，就有了"没完没了"的缘分。

水师提督们对大海的情感，对大海的了解，总是远远超过清廷其他的官僚们。没有他们，就没有清治前200年闽台互补一体的海峡两岸经济区，没有厦门港在康雍乾嘉100多年的兴起。他们也在厦门留下了许许多多的遗迹、遗产、传说、掌故，并转化为厦门文史、厦门民间文学的宝贵内容。

现在厦门市公安局的大楼正是当年水师提督衙门所在位置，民国时期改为漳厦海军警备司令部（又改称厦门海军司令部）。新中国成立后盖了工人文化宫，后又改建为总工会，再作为公安局。而今，提督衙门早已不复存在，硕果仅存的就是一对被搬走的大石狮，估计是全国唯一存留的一品大员的石狮。在狮子下面专门还雕刻了一只仙鹤，那是清代一品大员的官补。

厦门市开元路头连接鹭江道的地点，古时是海岸，有座码头叫"得胜路头"，又名"提督路头"，是福建水师提督的专用码头，内侧即提督街。清康熙二十二年（1683），福建水师提督施琅率师东渡，底定台湾，凯旋回来，就由这个码头登岸，所以有"得胜路头"的美称。

万寿路口隔文园路对面是将军祠，原本有为靖海将军施琅和威略将军吴英两位水师提督建立的两座祠堂。

传说，施琅领兵进取台湾，曾访问同安总兵吴英，邀请其相助。吴英向施琅提出：入台后勿报家仇、善待台湾百姓、与福建当事者言好以保障后援供给等建言，并得到施琅许诺。于是吴英从征充任先锋，帮施琅底定了台湾。后来吴英也官至福建水师提督，在厦门镇守16年。

咸丰三年（1853），厦门小刀会起义，清兵与义军交战，施琅祠堂（施公祠）被毁，吴英祠堂和两座坊表也于"文革"时期被毁废了。

开元路的"土地公祖"，据说是厦门岛上最早的土地公庙，尊称"岐山古庙"（旧编开元路门牌94号）。据庙内古碑记载，宋朝时期就有该庙。

土地公祖巷内有万寿宫，相传吴英年轻时生活贫困，栖身庙中。一天，有位赖大

---

① 道光《厦门志》，《序》。

妈到庙里烧香上供，突然看见从桌下伸出虎爪来抓三牲。她定神一看，原来桌下正是饥饿难耐的年轻人吴英。出于怜悯，赖大妈收他为义子，常常予以关照。后来吴英从军，因他体高足大，干娘缝制一双大鞋相赠。吴英感激干娘多年来的关照，将这双鞋收在怀中，一直舍不得穿。吴英身高体壮，被选为军队的旗手。有一次，清军打败退却，吴英忽然发觉腰间干娘赠鞋丢失，扭头便扛旗奔回寻找。将士们看见大旗回奔，以为援兵到来，也跟着掉头冲锋。敌方以为中了清军的回马枪，纷纷溃散，反败为胜。吴英立了头功，受赏当官，其后身先士卒，屡立战功，累官至水师提督。他当官后便为赖大妈兴建大厝，厝前大埕就叫赖厝埕，即开元路中段大元路的旧路名。

原福建水师提督署厦门城南门（现古城东路和古城西路交界点）的街名即称衙口街，原为中华路，现皆归中山路。东侧有南寿宫，主祀保生大帝吴真人和天上圣母妈祖。南寿宫在当年修中华路时被迁移到了楼上，现今楼下小巷墙上还镶着一块石碑，是同治年间福建水师提督彭楚汉捐赠南寿宫、武圣庙、南普陀、虎溪岩、朝天宫、火神庙各庙香火的碑记。

玉屏巷内有座清真寺，建自道光年间，同治年间扩建。光绪二十二年（1896），水师提督杨歧珍还为该寺置业充实经费。原系三进平屋，庭院幽雅，是当时厦门唯一的清真寺。

鸦片战争战死在吴淞炮台的江南提督陈化成，是同安丙洲人，也在厦门当过福建水师提督。中山路南侧距桥亭街不远即仁安街口，该街通草埔巷，门牌9号为陈化成故居。

总之，施琅及其后的水师提督与厦门都有诸多的渊源，还有不少更为厦门的开放、建设、发展作出杰出贡献。

福建水师提督衙门在此，属下的各个衙门，当然也都跟着安在了厦门。

中府衙是福建水师中营参将署的俗称，现为华侨大厦所在地。在西门观音亭北面有右营游击署。康熙二十二年（1683），漳浦人蓝理曾任游击驻此，随后他跟随施琅进取台湾，在澎湖海战中，腹被刺破，还拖肠血战，立下战功，官至福建水师提督。还有孙全谋于乾隆四十四年（1779）也任游击驻此。其后台湾林爽文起事，全谋随福康安渡海平乱立功，官至广东水师提督。

在洪本部渡头还有左营守备署，在西门外双莲池有游击署，在西门外打锡巷有右营守备署，在西门外岐西保有前营游击署，在城外碧山岩有前营守备署，在西门外关仔内有后营游击署，在南门外局口街有后营守备署，在城外祖婆庙边有中营守备驻防浯屿公馆。可惜，现今连路名也没有了。[①]

水师提督管辖下的金门总兵在厦门港渔仔市建金门公馆，南澳总兵则在凤凰山前建南澳公馆。此外，还有同安县使用的同安公馆，五营官员使用的五营大公馆。

这么多海军将官和他们的士卒集中在厦门，战舰的修造维护及种种后勤也全都集中在厦门，厦门作为捍卫东南沿海、海峡两岸最重要军事港口的地位大大提升。

不仅军事部门，各级地方官署也纷纷设在厦门。

---

① 方文图：《厦门路路通》，香港人民出版社，2005年。

康熙二十五年（1686），泉州海防同知移驻厦门，在碧山路不远的南路东侧建立清代海防同知署衙门，民国初年改为思明县政府驻地。乾隆三十年（1765），同知署内建有牢房14间，民国时期作为监狱，1930年这里发生了轰动全国的破狱斗争。

现今，海防同知府和思明县政府已经不见踪影，但留下了监狱，成为纪念破狱斗争的文物保护单位。

施琅收复台湾后，康熙二十三年（1684）四月，清朝廷设立台厦兵备道，督查台湾、厦门事务。台厦兵备道在厦门、台湾都设有公馆，一年驻厦门，一年驻台湾。台厦兵备道在厦门的公馆，设在厦门港，时称台湾公馆，所在地亦称公馆巷。

43年后，即雍正五年（1727），台厦兵备道撤销，改在台湾设台湾道。台湾公馆就改为负责为过台船只配送军需民用物料的场所，公馆之前停靠船只的码头，称料船头。码头位置就在今料船头路。公馆改成配料馆，路名也相应地改为配料馆巷，至今犹存。

同年则在厦门的柳树河建造兴泉道署。后来又加上永春州，即兴泉永海防兵备道，就在今天中山公园南门边的厦门少儿图书馆，原来的市政府。

这么多官员、衙门、兵卒，再加上来找他们办事、求情、批文的，厦门的商机、人气大大兴盛。

与此同时，人们对鱼虾贝类各种水产需求大增，这就推动了厦门的渔仔市也在清代再次兴盛起来。除了筼筜港边今天第八菜市附近的渔仔市，厦门港兴起了更大的鱼仔市。从九龙江、厦门湾各路来的渔民，甚至泉州湾、崇武来的渔民、渔船，都纷纷靠泊厦门港，推动了厦门水产市场、水产加工、水产技术的发展。

当然，更重要的是"水师提督统辖福建全省水师事务，驻扎厦门，节制金门、海坛、南澳三镇，兼台湾、澎湖。领水师提标中、左、右、前、后五营……一年亲巡南洋金门、铜山、南澳等处，一年巡北洋海坛、闽安、三沙、烽火门等处。二年而遍。巡阅台湾隔二年一次"。①

这样厦门就成为台海的军事中心、东南海防要地。台海有事，厦门先知；台海用兵，从厦门筹划出发。海防事务、对台事务皆决于厦门，甚至水师战船也多在厦门建造。

其三，施琅颁布了渡台三禁令："第一，欲渡船台湾者，先给原籍地方照单，经分巡台厦兵备道稽查，依台湾海防同知审验批准；潜渡者严处。第二，渡台者不准携带家眷；业经渡台者，亦不得招致。第三，粤地屡为海盗渊薮，以积习未脱，禁其民渡台。"②

这一严禁偷渡和禁止携眷入台政策，虽也有过些调整，但禁而又驰，驰而又禁，直至清末光绪元年（1875）才正式宣布废止。这对于人民移垦台湾，开发台湾不能不产生相当大的影响。

不过，清政府不断的禁令也说明人民偷渡"赴台"始终不停。清廷有关规定的重

---

① 道光《厦门志》卷三《兵制略》。
② 台湾地区文献委员会编：《台湾史》，台北：众文图书公司，1990年。

申以及地方官员的奏请增多之时，往往就是偷渡现象特别严重之期。由于闽南、粤东沿海，"田少山多，人稠地狭"，而台湾地广人稀，土地肥沃，"一岁所获，数倍中土。"因而这些地方"无产业家室者，俱冒险而来"，"流者归之如市"。[①]

同时，封建制度传入台湾的时间很短，当地地主阶级尚在发育形成之中，清政权机构也不像大陆的那样严密齐备，又同以郑氏残余势力为代表的当地地主阶级有尖锐矛盾，因而剥削较轻，管束较少。偷渡入台之民，在经济上和政治上都较之大陆有更好的处境。这样，无论什么样的严刑峻法、稽查缉捕及偷渡中的危险都挡不住渡台的洪流。在移民高潮的猛烈冲击下，清政府的禁令不过一纸空文。

这一时期的移民，虽不是明郑时有组织大规模的迁徙，但也不是早期零星分散，乃至迫不得已的入台。它是大规模自发渡台行动，而且持续200年未曾停止。使台湾人口从康熙二十三年（1684）的数万人增加到1893年的近300万人。移民的高潮在1782年至1811年间，30年里台湾人口增加近99万，其中有66万为移民，平均每年有2万多人。[②]

移民高潮为台湾土地的开发、封建经济的发展，提供了必要的条件和前提，同时也推动和形成了中华文化传播台湾的新高潮。

从康熙年间至雍正年间，不过四五十年，广阔且肥沃的北部平原和南部下淡水溪流域大部分已开发；到乾隆年间，逐渐扩展至丘陵地带或肥力较差交通不便的土地；嘉庆以后，主要开拓东部噶玛兰平原、花莲港流域和中部埔里社盆地等地区；而至同治、光绪年间则已着手"开山抚番"，深入高山族地区。除少数深山、海岛，台湾全岛已皆为"良田美宅""大小村落星罗棋布"。中华文化也因此播传至台湾的每一个角落，成为占绝对优势的主导文化。

在大批移民全面拓垦的基础上，台湾封建经济获得了高度的发展。最主要的稻米生产，至康熙末就"不唯已敷本地民食；且有剩余，可济运内地或输出外国。"[③]而到清代末年，台湾全省稻田20余万甲[④]，年产米150万石。植蔗制糖，也日益兴盛，除产乌、白糖外，并精制冰糖。所有糖产，除远销大陆，还输往日本、南洋各地。其他如茶叶、樟脑，也是产量日增，成为台湾大宗出口商品。

这就大大促进了台湾的海运贸易。台湾岛上出现了许多大大小小的港口，以及一些拥有巨资垄断台湾对大陆贸易的"郊商"。当时台南营运上海、宁波、天津、烟台、牛庄等北方港口的称"北郊"，有20余商号，营运金门、厦门、漳州、泉州、香港、汕头、南澳等地的称为"南郊"，有30多个商号。而营运台湾各港口的为"港郊"，有50多个商号。这些集团所拥有的船舶"大者可载千石"，穿梭往返海峡两岸。

厦门被定为唯一的闽台通行口岸，这个规定整整执行了100年，到乾隆四十九年

---

① 台湾地区文献委员会编：《台湾史》，台北：众文图书公司，1990年。

② 邓孔昭：《清政府禁止沿海人民偷渡台湾和禁止赴台者携眷的政策及其对台湾人口的影响》，摘自陈孔立主编：《台湾研究十年》，厦门：厦门大学出版社，1990年。

③ 《台湾史》。

④ 甲，乃荷制，一甲约合汉制十亩多。

（1784）才又开放了泉州蚶江和台湾鹿港，又五年再开淡水和五虎门的对渡口岸。①

这就使厦门从一开始就垄断了海峡两岸的交通与贸易。其时，台湾有大片未开垦的处女地，一年三熟，移民大批蜂拥而入，充满商机，所谓"台湾钱淹脚目"，而厦门掌控了这个奔向财富的港口。

这100年里厦门作为"闽台正口"，占尽了政策优势，所有的"台运"大多都集中到了厦门。

厦门港海运繁荣，原本的神前澳，发展至乾隆时期，建立了13座码头，称为十三路头。由北至南为竹树脚路头、典宝路头、洪本部路头、打铁路头、小史巷、得胜路头、磁街路头、大史巷、新路头、港仔口路头、岛美路头、水仙路头、寮仔后路头。②到了道光年间，更增加到19处路头。

对台的往来则集中在厦门港玉沙坡。清康熙十九年（1680），石浔巡司移驻厦门港，在铸炮局废址上建起巡检署（现有街巷"巡司顶"）。康熙二十五年（1686），泉州海防同知也移驻厦门港，建厦防同知署，俗称"海防厅"。当时台湾粮食有余，每年要运十万担到福建来，供给驻军及其家眷。闽台两岸的官兵每年又要对调。航运紧张的时候，甚至要征用渔民的船和民间的商船来从事台运。道光年间的《厦门志》记载："厦门商船对渡台湾鹿耳门，向来千余号。配运兵谷、台厂木料、台营马匹、班兵、台饷、往来官员、人犯。海外用兵所需尤甚。"

在大陆运输台湾的各类物质，以战船制造的木料数量最大。台湾官署在太平桥专设采办机构"配料馆"，运送木料的码头"料船头"渡，今"料船头街"。

玉沙坡还是著名的渔港，由疍民渔船集泊在此，出现了专营鱼货贸易的鱼牙行，也形成了相应的制钓业配套，造船修船、搓棕打索、生产船绳等产业分布其间。

康熙四十六年（1707），官方独允福建的渔船使用双桅。嘉庆十七年（1812），又允许厦门渔船到舟山群岛捕鱼。渔业的发展也促进了用于鱼类防腐保鲜的海盐需求，同安、浯州、烈屿、丙洲、浔美、惠安、翔丰各盐场由厦门出口的海盐就有2.3万担。当时政府开放海禁后，允许渔船与商船一体往来。福建沿海的渔船、商船在鱼汛时可领渔照下海捕鱼，汛期过后换领商照继续经商。

乾隆五十五年（1790），朝廷准厦门一种叫白底居的渔船赴台湾鹿仔港交易，尔后便一发不可收拾，各船不通过正式口岸挂验，成了私运主力。到了道光年间，甚至还能赴南洋各港交易。如今翔安澳头的蒋氏，就曾经在清朝乾隆五年（1740）驾木帆船到北方通商，因为大风被刮到锦州天桥场附近海岸，即今锦州港西海口工业园区。登岸后，他发现该处荒无人烟、杂草丛生，是一片未经开垦的处女地，可以成为很好的通商口岸。后来他就动员了蒋氏五房人家共出船25条一起前往西海口，开辟了通往北方的口岸。

清代的码头建设推动了厦门港的发展。这些码头连接着厦门和台湾、沿海各省，以

---

① 道光《厦门志》卷五《台运略》。
② 《鹭江志》卷之一《关津》。

及闽南的腹地港。腹地港连接着为厦门主港提供贸易转口商品的经济腹地，成为内陆经济产品通过厦门港出口的枢纽。

当时鹭江上樯桅林立，每年关税收入占全省第一位。厦门城市的发展也随着海峡两岸贸易的发达而兴盛，大批商人、水手、码头工、造船工匠从外地涌入厦门。道光初年，厦门城市人口已有14万人以上。[①]

现在的厦港街区有省电力疗养院，其周边一带即为当年的玉沙坡厦门港口，正是对台台运最重要的港口，也是闽台官员兵将往来最主要的港口。

当年在玉沙坡边上，有海关、接官亭，还有风神庙、朝宗宫。可惜，在20世纪初厦门海岸码头建设的时候，玉沙坡被填平了。20世纪20年代在这儿建了厦门第一座发电厂——厦港发电厂。20世纪80年代，电厂停产后又改为省电力疗养院。

玉沙坡旁边原来还有"打石字"。一石壁立海边，船入厦门港，一眼可见。据说是明防倭时，李逢年在厦门港修筑炮台，于其上镌刻。"打石字"每字有二尺许，如大幅古字悬挂高崖，在厦门老照片中还可以看到。现在当然是不见了，只留下配料馆、料船头等地名作为历史的记忆，聊慰厦门人的乡愁。

总之，施琅推动了厦门成为海峡两岸的交通枢纽和经济贸易网络的中心，促使闽台在清治200多年间形成互补统一的海峡经济区。

其四，推动开海，通洋裕国。

作为闽南海洋传人，施琅对明清的海禁给闽南百姓带来的痛苦和隆庆开海给闽南人带来的富裕深有体会，遂努力敦促朝廷开放海上的贸易。他促成了1684年闽海关在厦门的建立，就设在养元宫边上的户部衙（今江夏堂），直属户部管理，下设四小关。四小关一在厦门港的玉沙坡，专门稽查金门、烈屿、安海、浯屿、岛美等渡口货物；一在鼓浪屿后，稽查漳州、石码、海澄及漳州所属各渡口货物；一在东渡牛家村，稽查同安、内安、澳头、鼎美等渡口的货物；一在石码街，稽查龙溪、漳浦等处往泉州的货物。[②]

闽海关的设立是厦门对外贸易发展的一个标志。厦门海关关税收入每年有十万两以上。

施琅非常清楚朝廷保守派随时都企图对海上贸易进行限制，因此先发制人地提出了一项保护海上贸易顺利发展的计划。

根据日本的资料，康熙二十三年（1684）开海禁这一年，到达长崎贸易的中国商船仅24艘，第二年就增加到85艘，第三年又增加到102艘，第四年再增至115艘，到第五年已增加到193艘，五年之内增加了七倍之多。[③]这其中从厦门出发的商船，占有相当的比例。对东南亚的贸易同样相当可观。

施琅从其中发现了问题：这些船大多只携带少量的资金和货物，但载有许多移民。施琅提到其中的一艘船，1685年从厦门驶向吕宋，仅仅运载少量货物，却超载有133名

[①] 道光《厦门志》卷七《关赋略》。
[②] 乾隆《鹭江志》。
[③] 大庭脩，李秀石译：《日清贸易概观》，《社会科学辑刊》，1980年第1期。

乘客。

　　这种情况当然是由于当时绵延将近半个世纪的战乱刚刚结束，闽南根本就拿不出什么商品来开展海外的贸易。同时百姓在这里水深火热，当然希望到新的天地去开拓。

　　施琅担心被保守派抓住把柄，采取因噎废食的办法，继续他们的海禁主张，因此他如实把问题上呈朝廷，并抢先建议：建立统一系统来管理海洋事务，如发放商船许可证，控制非法向外国移民，建立沿海贸易和南洋贸易的规则。对南洋贸易，他建议应该限制洋船的数量，仅允许有经济能力的民户建造较大尺寸的船只，邀请行商投资，或者从多处发展托运业务。控制的目的在于增加每艘商船的资本，以便海外贸易可以集中于资本雄厚的大船，并降低大量出海的非商人比例。他的建议被朝廷批准。随后的几年，建造船只和远洋航行的许可只授予富裕的申请者。

　　施琅的《靖海纪事》还记录了他在1695年的奏折中向朝廷提出，保证海上贸易持续下去的最好办法是提出某种形式的自我约束，并减少非法活动的概率。有了这些控制措施，清廷就可以对海上贸易的增长放心，也就不会再有海禁。

　　但是施琅死后，康熙五十六年（1717）又开始实行了海禁。

　　施琅培养的许多水师提督和后来的许多闽南官员，继承了施琅开放港口、走向海洋的理念，不断地影响并推动清廷开放厦门港口的海外贸易。其中最杰出的有水师提督姚堂、蓝廷珍、许良彬，同安人陈昂、陈伦炯父子，漳浦人蓝鼎元、蔡新。当然还有闽浙总督高其倬。

　　姚堂是漳州漳浦人，水师出身，康熙六十一年（1722）任福建水师提督。这一年，有个老朋友许良彬，买了个同知的头衔，来到姚堂的帐下，协助他镇压了在福建内陆躲藏的台湾造反派。

　　许良彬（1670—1733），漳州海澄人，自幼苦读圣贤书。但家乡到处都是走向海洋的人，又是战乱不断，因此他很快就对军事和海洋产生了浓厚的兴趣，并不时随同家乡的父老兄弟出海远航。在去南洋的旅途中，他仔细调查了外国的情况，并学到了丰富的航海知识。于是他在广州开始了自己的生意，凭借与南洋诸国头领的联系和良好关系，迅速成为一名成功的商人。当然如同闽南所有成功的商人一样，他和官员，特别是海上水师的官员们，关系都是非常的密切。而他对外国和海洋事务的了解，也使得保护他的官员们对他极为欣赏。因此，姚堂一上任就把他网罗到了门下。这时正是康熙末年的海禁时期，他的生意当然也得到了姚堂的许多保护。

　　四年以后，雍正三年（1725），漳浦人蓝廷珍接任姚堂的水师提督。蓝廷珍对许良彬更加欣赏，向雍正皇帝举荐了许良彬，称赞他长于海洋事务，了解外洋的情况，并请求皇帝将他任命为福建水师的官员。而被后世称为"两代帝师"的漳浦人蔡新的父亲蔡世远这时正在朝廷供职，也帮忙说了好话。雍正帝于是召见许良彬面试，十分满意，立刻任命他为水师参将，很快又提任总兵，并于雍正七年（1729）接任蓝廷珍成为福建水师提督。

　　根据《厦门志》的记载，厦门在雍正五年（1727）重新解除了海禁，其后就一直蓬勃地发展。后人普遍认为，许良彬作为一位南洋贸易专家、卓有声誉的商人，而不是一位职业的军人,来担任福建水师提督,这与他任职期间和之后厦门的沿海贸易迅速增长,对南洋的贸易迅速恢复并快速增长,当然是有密切关联的。这是一位对厦门港口的开放和清代闽南海洋历史文化的推进充满正能量的重要人物。

陈昂,字英士,世居同安高浦(今杏林高浦),自幼习武,武功高强,尤精剑术。清初,陈昂一家迁到灌口,父亲和兄长相继去世后,为侍奉寡母维持生计,陈昂只好辍学,到海上经商。他频繁冒着惊涛骇浪乘木帆船往来于南洋,沿途各地的地理状况、风潮规律、民俗民情,他都了如指掌。这段经历帮助他成了一名航海和南洋事务的专家。

康熙二十二年(1683),施琅准备东征台湾,张榜闽南一带征招熟识海道者,陈昂成为施琅幕僚。当时多数人认为海战须乘北风,唯独陈昂以其多年海上的经验提出异议,认为"北风飘劲,人力难以驾驭,船行不便。不如等风向转变,南风一到,可按队而进"。

施琅赞同他的观点,并了解到他有丰富的海洋经验,从此将他作为最重要的参谋幕僚,参与商讨军机大事。

收复台湾后,因为其对南洋事务非常熟悉,陈昂被施琅派到东洋和南洋五年,主要目的是搜寻郑氏余部,但这也使他对海外有更深入的了解。这一任务完成后,他就转任水师的官员,不断升迁,一直到总兵,后来又成为广东右翼副都统。

到了康熙晚年,有人上奏朝廷说,"近几年五谷丰登,但米价依旧长贵不跌,都是海外商人到此抢购的缘故"。这才有了康熙五十六年(1717)的海禁,闭关南洋的贸易。

陈昂深知家乡依靠土产销售和南洋贸易为生的父老乡亲的生计将无以为继,而真实情况不为朝廷所知,不禁深感失望。这时他已得了重病,病中给朝廷写下了一份奏折。他说:我年轻时曾去过南洋各国,他们的人民也熟悉耕种,也以此谋生,并不依赖从中国进口的谷物。如果国内某年不幸遭遇灾荒,我们反而得依靠海商从南洋购买粮食以解本国之急。如今我朝闭关,南洋贸易一概断绝,各地土产堆积难销,沿海一些以此为生的百姓将无法维持生计。

奏折还没有呈上,陈昂病逝,享年68岁。这本奏折在他去世后交给了康熙皇帝。皇帝为陈昂的真诚所感动,最终放宽了部分海禁。

陈昂的儿子陈伦炯(1685—1748),字次安,号资斋,从小听父亲讲海上的经历,跟着父亲走南闯北,对海洋、海防、海商、海盗和航海了如指掌。父亲在浙江供职时,他去了趟日本,这一次的旅行更新了他对晚明海盗问题的认识。在康熙朝的最后几年,他担任皇上的贴身侍卫。有一次,康熙皇帝突然问起一些南洋的情况,他对答如流,和地图所标示的完全吻合。皇帝对他的军事和海洋专业知识印象深刻。康熙六十年(1721),他在台南首次就任参将,两年后升为副将,而后升为总兵,转任于澎湖、台湾和广东。

在广东期间,陈伦炯每天都能遇到从外国来的商人,他研究他们的海关、书籍和地图。有了这些信息再加上原来的海洋知识,他在雍正八年(1730)完成了《海国闻见录》的编撰。这本书记录了台湾及附近岛屿和东海、南海的自然人文地理状况,收录

《大西洋记》《小西洋记》《东洋记》《东南洋记》《南洋记》《南澳气记》《昆仑记》及《天下沿海形势录》，提供了丰富的海洋事务、物产和贸易的知识，是一部有较高史料价值的著作。此著作广传于世，被后人不断引用，成为当时和后来海商、海防官员了解海洋重要的参考书，对我们今天了解那一段时间的海洋文化也具有很大的参考价值。

乾隆七年（1742），陈伦炯升任浙江提督，五年后解职还乡，第二年过世，享年63岁。

陈昂和陈伦炯父子都非常关注厦门港的开放，关心海商的利益。他们在任职期间致力于改善海洋贸易的环境，为闽南海洋历史文化的发展作出了出色的贡献。

从跟着施琅收复台湾，在澎湖拖肠大战的蓝理开始，漳浦的蓝氏出现了一个又一个的杰出人物。蓝鼎元（1680—1733）就是其中堪称历史贡献最大、最杰出的一位。他幼年父亲就过世了，家境贫穷，但他学习刻苦，年轻时就已成为饱学之士。他专注于改善国计民生的实学。那时蓝氏家族杰出的军事人才辈出，蓝鼎元无疑也是具有军事的专长，但他无意从军，也没有做官的兴趣。他在17岁的时候，开始专注于海洋的研究，他当时到厦门观察周围的海洋环境，然后跟着船出海航行，从书本，更从实践中学习，而且二三十年专心致志，持之以恒。到了康熙六十年（1721），他四十刚出头，就已经成为公认的台湾和南洋事务的专家。这一年，台湾朱一贵起义，席卷了整个台湾。他的族人——总兵蓝廷珍指挥入台镇压朱一贵的起义。蓝鼎元于是被聘为秘书和顾问。

蓝廷珍的部队仅用七天就打败了朱一贵，但平息整个台湾却花了整整两年。

这时朝廷开始又有人提出要将台湾所有的民众迁回到大陆，将岛上主要的军事机构迁移到澎湖岛，在澎湖建立新的前线。这一措施，显然就是放弃台湾。四十年前施琅和朝廷争论弃留台湾的问题又重新被提起了。

在这种情况下，蓝鼎元以他对台湾和海上事务的丰富知识和深刻了解，重申了施琅之前提出的警告，认为台湾如果被抛弃，必将对国家的海防造成重大危险。他以翔实的资料，描述了清朝统治不到40年的时间里，台湾农业和商业快速增长的蓬勃景象。他认为，台湾的蔗糖和大米生产对国家经济会产生重要的补益作用，通过和所有沿海省份的紧密商业联系，台湾必将成为国家经济网络的一个不可或缺的部分。因此他建议朝廷不但不能放弃台湾，而且应该立刻加强岛上的治理。他支持《诸罗县志》编纂者陈梦林（也是漳浦人）提出的建议，认为在诸罗（今嘉义）的北部，应建立一个新的行政区，以鼓励更多的开拓和定居。雍正皇帝执政以后，接受了这个建议，设立了彰化县和淡水厅。

他更大胆地提出，官府不应对来往于厦门和鹿耳门之间的商船额外征税，并建议允许商船携带一定的武器。他认为，只要通过武装商船，沿海久拖未决的海盗问题就可以迎刃而解。他强调说，所有商船都是民众的私有财产，他们绝不愿意以身家性命冒险卷入非法活动。特别是他们在出发前已经签押担保，官府应该相信那些信用良好的保人。

蓝鼎元的《平台纪略》后来被列入《治台必告录》，成为后世治理台湾的重要参考。

雍正二年（1724），蓝鼎元被推荐为翰林院编修，第二年参加编撰《大清一统志》。雍正六年（1728），雍正皇帝召见了他。蓝鼎元向雍正皇帝递交了长达五千字的关于治理台湾的六条建议，得到了皇帝的欣赏和认可。同年，雍正皇帝颁布了关于洋船可以携带武器的法令。

蓝鼎元对海洋的认识并没有局限于台湾，他在18世纪20年代初刊印的《论南洋事宜书》，比后来"睁眼看世界"的洋务派先驱早了100多年。

蓝鼎元对海洋的洞悉和深刻认识，使他的文章没有局限在海外贸易本身，而是全面地检视和评估了影响国内外活动的贸易环境。他的论述大致为三个方面。

第一，中国海洋海防安全未来的威胁，在于日本和西方海洋力量[①]。这里的西方包括荷兰、英国、西班牙和法国。他们的侵略在南洋的活动中昭然若揭，必须高度警惕，严加防范。相反的，南洋国家国力衰弱，无力制造麻烦。既然西方人被允许在广州和澳门传教和贸易，与日本的贸易也未被禁止，为什么中国与无害的南洋人民的贸易要被禁止呢？

第二，海禁的一个理由是担心中国的木材和大米会走私到南洋，并担心去南洋的洋船会诱发更多的海盗。蓝鼎元嘲讽这些理由是建立在对实际情况完全不了解的主观臆想上，实则根本不成立。南洋国家有更优质的木材，制造的船舶质量更好，尤其是大米大量过剩，从来就没有从中国走私过木材和大米去南洋，只有南洋的优质木材和大米进口中国。至于洋船增加了海盗出现的概率，同样也是对实际情况完全不了解。中国的海盗只在近海活动，他们的目标是沿海的商船，而不是去南洋的船。

第三，从消极方面讲，海禁剥夺了沿海百姓的生计。因为失业，他们中很多人跑到台湾成为盗匪。台湾的起义就是海禁和对海上贸易的苛捐杂税所致。从积极方面来看，如果允许人民自由贸易，"以海外之有余补内地之不足"，再以中国的土产，其中很多在中国是廉价或生产过剩的，如粗瓷，却可以作为珍稀品卖到海外。所有本地的手工业品可由商人收购后销往海外市场。这不但解决了沿海民众的生计，也可以给国家带来税收和财富。

这不就是我们今天提倡的大进大出，改革开放吗？

蓝鼎元当然也看到了这一点。他在文章中尖锐地批评那么多支持海禁的官员们，是"以井观天之见"。他指责他们不了解实际情况，也缺乏实际的经验，不学无术，不思进取。他指出福建本地有许多没有官衔的学者们，真正了解海洋，了解海洋事务，但他们却没有被咨询意见。

后世评价蓝鼎元这篇文章，称其为19世纪前该论题上最佳文章。

中国不是没有了解海洋文化的人，他们大多集中在东南沿海地区，处于国家统治的边缘，人微言轻，他们对海洋的认识总是难以被统治者倾听和认真对待，这是中国历史的遗憾。这句话我们在前章说过，因为明朝这样，清朝又是这样。

从康熙五十六年（1717）到雍正五年（1727），虽然有许多人给朝廷提建议，请求解除海禁，但康熙晚年已经被诸子争储搞得头昏脑涨，根本无暇顾及。雍正皇帝上台后

[①] 这是鸦片战争发生120年前就发出的警告，惊人的远见！

虽有意解禁，但因为是父皇的旨意也不敢轻易就改动它，一直到雍正五年（1727）才接受了闽浙总督高其倬呈请重开南洋贸易的奏折。厦门港也得以在这一年重新正式开始对南洋的贸易。

对比蓝鼎元的文章和高其倬呈请重开南洋贸易的奏折，可以清楚地发现，总督的论述和信息几乎都是基于蓝鼎元的建议。蓝鼎元对于解除海禁的贡献，后世应该记住，厦门更应该记住。

虽然厦门港对南洋的贸易被禁了十年，但是康熙五十六年（1717）的海禁令仅仅是部分限制，对于厦门港国内贸易是没有限制的，甚至对外贸易也没有被完全禁止。与日本、琉球群岛和安南的贸易仍然得以继续，外国的船只，包括英国、荷兰等国的船舶仍然被允许停靠在厦门港，只有闽南的商船与南洋贸易是非法的。但闽南从官方到民间走向海洋的力量是如此之大，事实上商家总是以到澳门或安南为借口，出洋后转道航行到暹罗或巴达维亚，当时也不可能有卫星定位或雷达监控，而官员也只是趁机敲诈更多的钱财和积攒更多的人情。

当然开禁对厦门还是非常有利的，第二年厦门就成为福建官方指定的中心港口（总口），所有从福建出发驶往海外港口的帆船，都必须以厦门作为出发港和返回港。这样厦门港就名副其实地进一步巩固了福建海外贸易中心和东南第一大港的地位。

对厦门港海外贸易和中国的走向海洋作出杰出贡献的，还有一位漳浦人值得一提，他就是蔡世远的儿子蔡新（1707—1799）。他于1736年得中进士，第二年被任命为翰林院编修。他的学问让饱读诗书的乾隆皇帝印象深刻。

1740年，印度尼西亚发生红溪惨案，荷兰殖民者在巴达维亚对华侨进行惨无人道的大屠杀，这引起了清廷关于是否要重新海禁的激烈争论。内阁学士方苞知道蔡新不仅是饱读诗书的学者，而且经常倡导实事求是解决问题的办法，特别是他来自闽南的海滨，对海洋、海商十分了解，于是专门咨询了他。

蔡新提出了翔实的数据反对海禁。他说，如果海禁，将使闽南海商所拥有的不少于110艘价值500万到600万两白银的专营南洋的洋船完全报废，还有他们收购堆积在厦门和广州的价值几百万两白银的货物也将蒙受损失，大约有1000户以上以海为生的人家将无法维持生计。所有这些都会在实施海禁后立刻发生。更严重的是，几年之内海禁将彻底摧毁福建、广东、浙江沿海，甚至危及内陆更多省份的国民经济和人民生活。因此，绝对不宜海禁。乾隆七年（1742），朝廷终于宣布海外贸易照常进行。

上述几位，施琅是晋江人，其他几位是漳州人，除了陈伦炯父子是同安人，但他们都为厦门港走向海洋作出了不朽的贡献。还有主撰《厦门志》的兴泉永道周凯是浙江富阳人，许多水师提督也是外地人，他们对厦门港的开放和发展都有不可磨灭的贡献。他们不是生于厦门，却是名副其实的厦门人。厦门港不仅仅属于厦门，甚至也不仅仅属于闽南。

其五，对妈祖信俗的推崇。

明代朱元璋定下的水神是玄天上帝。郑成功一直把玄天上帝作为自己的保护神，并认为自己就是玄天上帝转世。最早的台南县志记载，台南在郑成功时期，有七座玄天上帝庙和七座关帝庙，还有观音庙，但没有提到妈祖庙。

施琅平台时，就抬出妈祖，和玄天上帝对抗，把妈祖作为清军的保护神。平台后，他向康熙皇帝申请，将妈祖从天妃升格为天后。从此天后妈祖成为海峡两岸官祀的神明，也成为海峡两岸无法阻隔的精神纽带。

思明东路北侧有座朝天宫，又称"上宫"，供奉妈祖，历史悠久。原本只是民间供奉的小庙，施琅平台后重修并扩建，成为大天后宫。雍正四年（1726），福建水师提督蓝廷珍上京陛见，奏称出师平定台湾朱一贵之乱，大军得到妈祖之神庇佑，恭请皇上给予褒奖。雍正帝应允，便御笔题写了"神昭海表"四字。蓝廷珍将题字雕制了三方匾额，一方挂在厦门朝天宫，一方送到湄洲祖庙，还有一方挂在台湾府西定坊的天后宫（现台南大天后宫）。"神昭海表"御书匾遍布海内外，而以厦门朝天宫为嚆矢。

朝天宫边是林氏大宗祠，妈祖林默娘在列祖列宗之前属小字辈，不宜高坐，所以这里供奉的是妈祖立身雕像。庙中的千里眼、顺风耳神像也很有艺术价值，可惜和庙宇一起被毁了，现为思北小学。

妈祖信俗在海峡两岸的盛行，从施琅平台以后。在他和历任福建水师提督的大力推动下，风行两岸并远播海外。也因此给厦门和台湾奠定了一个香火传承、民心相通的文化交流平台。

此外，施琅对厦门还有个大贡献，就是把相当多台湾迁回的郑成功部将及眷属安置在厦门。

郑氏集团驻扎厦门岛的时候，许多官兵就把家安在了厦门，不少人原来就在厦门有自己的田园。施琅平台后，大批郑氏集团归顺的军队及其眷属都被迁回大陆，其中有相当一部分被安置在了厦门。因此在平台之后，厦门的人口剧增，郑氏集团的官将士卒占了一定的比例。

这一举措，使得厦门人对郑成功的怀念和崇敬世代相传，厦门继承郑成功的遗志，有了最根本的人脉基础。清朝统治200多年，厦门势力最大的郊商郊行就信奉水仙王，而只把清军的保护神妈祖作为陪祀。清朝一垮台，厦门人马上把厦门重新命名为思明。

据说，郑成功在酝酿中左所改思明的时候，有一老者听说，大呼不可！反清复明，徒"思"何益？思尽即止。但是因为郑成功已经决定命名思明，居然就没有人敢把老者的意见上报郑成功。多年以后，《先王实录》的作者杨英谈到此事，感叹当年如果郑成功听了老者的意见，厦门或许就不会命名思明，而历史或许可能改写。

看来，当年那位老者所说的，思明，思尽即止，也不全对。思，成为民心所向，成为人民的梦想，就会化为力量，总有一天，可以实现。

闽南人民对海洋的向往更是民心所向。施琅和许多水师提督们反映了人民的心声，推动了厦门在清治初期的开放，推动了闽南人民过台湾、下南洋，推动了厦门港、厦门市在鸦片战争之前的兴起和发展，也进一步夯实了厦门文化的海洋性格、海洋气魄。这个功绩厦门人民也是不能忘记的。

第二节 清代前期厦门港构建的海洋经济链条

一、海洋文化引领的农耕文化

闽南先人们构建海洋文化，总是准确把握海上交通贸易关键的四个环节：船舶、航海技术、港口、商品（包括海商）。

当厦门港在郑成功、施琅等先贤的努力下，以其先天的自然环境和区位优势，成为海峡两岸、祖国东南最大的港口之后，拿什么来作为出口贸易的商品，就成为构建厦门海洋经济链条的关键环节。

当1683年台湾海峡终于风浪平息，经历了明末清初近半个世纪的战争和清王朝的迁界政策的闽南，却是百业荒芜，百废待兴。拿什么来推动海上的贸易，成了最大的问题。

顺治十八年（1661）三月二十三日，郑成功率船队从金门料罗湾出发，收复荷兰殖民者盘踞的台湾。八月，清朝在东南沿海全面实行"迁界"，强令距海30里以内，以及所有岛屿的居民迁往内地，企图切断郑氏政权与内地的经济联系。

清兵在执行这一"迁界"规定时，刀斧相加，限时限刻逼迫百姓背井离乡，离开自己的家园。稍有不从或迟疑，立刻处死。然后洗劫百姓无法带走的财物，再一把火烧光所有的民居房屋。沿海三十里地是闽南最富裕的地方，顷刻间家破人亡，断壁残墙。"至是上自辽东，下至广东，皆迁徙，筑短墙，立界碑，拨兵戍守，出界者死，百姓失业流离死亡者以亿万计。"[①]

康熙二年（1663）十月，清军攻占厦门嘉禾屿和金门岛。他们知道郑军的官兵长期在海上集体漂泊，除了少数随身携带的金银之外，大部分财物都收藏在岛上。于是，清兵将两岛，尤其是厦门搜了个遍，洗劫了难以计数的财富，而后将中左所城墙建筑夷为平地，岛上所有看得见的民居房屋拆毁一空。

康熙二十二年（1683），施琅收复台湾，第二年内迁的百姓才得以返回家园。但其中已有许多人因生活无着，饥寒交迫，客死他乡。闽南沿海一带人烟稀少，生产力还有待恢复。施琅所面临的是相当严峻的经济形势。

所幸台湾收复，海峡安定。在艰难的条件下，闽南百姓依靠厦门港和历史久远的海上交通贸易，很快就构建起自己新的海上交通贸易经济链条。

作为中国瓷器的最大需求方的欧洲，在此时通过偷窃和"山寨"中国瓷器制造技艺，已经烧制成功欧洲第一代瓷器，并开始规模化、商品化。此时，他们看得上的只有景德镇官窑精美的瓷器，从而断绝了闽南人通过输出瓷器赚取西方外汇的传统渠道。但极富商业嗅觉的闽南人，充分利用厦门港的优势和厦门港的腹地经济，成功开发出茶

[①] 阮旻锡：《海上见闻录》定本。

叶、糖、龙眼干等新商品，既解决了外销商品匮乏的窘境，又通过劳动密集型经济的开发养活了更多的百姓。同时在航运上，通过改良同安梭船，使得大宗商品在南海的航行更加安全可靠。

闽南在宋代就开始引进甘蔗开展榨糖活动，并在明代创造发明了白糖的制作方法。前面我们已经说到，郑芝龙时期蔗糖已经成为闽南重要的"海丝"商品。这时重返故地的闽南人就开始重新在狭窄的土地上大做茶、糖、果的文章。

我国内陆传统农耕文化的最大特点就是自给自足。其生产的产品，主要用于自己的消费，而不是用于市场的商品。而闽南的农耕文化在海洋、海商的引领下，具有强烈的商品化性质和倾向。比如清代的同安农民，农田主要不是用来种植自己吃的稻米，而大多是用来种植甘蔗。因为一亩地种甘蔗所得，是种水稻的数倍。

历史上同安的每一个村庄至少都会有一个榨蔗制糖的糖廊，收购农民的甘蔗制成蔗糖，然后用同安人创造的同安梭船载往东南亚，换取那里的暹罗米、仰光米、安南米。据说最成功的商人一斤糖可以在那里换到十斤大米。清朝有不少文献记载了皇帝特许南洋的大米可以免税或减税进口到厦门。

福建八山一水一分田，人多地窄，十分缺乏粮食。为了安定民心，清政府不但鼓励从台湾进口大米到福建，而且对东南亚的进口大米减免税收。而厦门正是福建唯一，也是最大的大米进口口岸。

乾隆七年（1742）九月，暹罗船商萨士率船队载米1.05万石及零星压舱铝铅到厦门出售，经闽海关监督沈之仁奏准免征船货税银。其后，署福建巡抚周学健奏请"带来一万石以上者，免其船税银十分之五，带米五千石以上者，免其船税银十分之三"，得到乾隆皇帝的批准。这一减免大米进口税收的政策使暹罗大米商频繁来到厦门港贸易。他们带来的是大米，运走的是闽南的红糖、白糖。

仔细查下那些申请免税的进口商，实际上很多是同安早年出洋的海商。

不仅是糖，闽南的茶叶更在这一时期逐渐成为中国出口的主要商品。闽南的山地此时遍山种植茶树，以安溪最为著名。许多安溪茶农甚至到武夷山包下山头，精心栽培、制作出口的茶叶。

由英国人威廉斯（S.W.Williams）编写的《中国商务指南》一书中记载："17世纪初，厦门商人在明朝廷禁令森严之下，仍然把茶叶运往西洋各地和印度。1610年，荷兰商人在爪哇、万丹首次购到由厦门商人运去的茶叶。"曾先后担任北京、牛庄（现辽宁省营口市）、厦门海关通译的英国人包罗（C.A.V.Bowra），在他所著的《厦门》一书中写道："厦门乃是昔日中国第一输出茶的港口……毫无疑问，是荷兰人从厦门得到茶叶以后，首先将茶介绍到欧洲去。"

郑成功控制海上贸易后，茶叶贸易的地位就进一步上升。由于此时西洋对中国瓷器，尤其是闽南瓷器的需求逐渐下降。于是，除了丝绸之外，茶叶逐渐代替瓷器，成为海上丝绸之路的主要商品。曾担任郑成功储贤馆谋士的厦门诗人阮旻锡在《安溪茶歌》中就写道："西洋番舶岁来买，王钱不论凭官牙"，这表明当时每年都有外国茶商到厦门采购茶叶，而茶叶价格则由郑成功设立的牙行来决定。

清统一台湾后茶叶外贸再次兴起。厦门毗邻安溪，凭着得天独厚的地理环境，逐渐成为福建乌龙茶出口的主要集散地。因为海关总口在厦门，台湾的茶叶也必须先运到厦门港，才能出口。

乾隆二十二年（1757），清政府关闭江浙闽三海关以后，广州成为全国海路唯一对西洋的外贸口岸，中西贸易只许在广州十三行进行。于是闽南的茶商纷纷跑到广州，甚至成为广州十三行的首席行商，领导十三行的对外贸易。

根据16世纪葡萄牙人的记载，嘉靖三十四年（1555），广州商业的利益被原籍属于广州、泉州、徽州三处的十三家商行垄断，所以十三行起源于明代，与葡萄牙人入据澳门有关。现今广州十三行博物馆展示，清代十三行的四大行首有三位祖籍闽南：泉州安海的伍家怡和行、同安白礁的潘家同文行、漳州诏安的叶家义成行。其中最著名的是伍家和潘家。

潘振承（1714—1788），字逊贤，号文岩，又名启，外国人称之为潘启官。原籍福建漳州龙溪乡，后迁泉州同安明盛乡栖栅社（今漳州龙海白礁村），自潘振承起寄籍广州番禺。潘振承早年家贫，后习商贾，壮年自闽入粤，从事海外贸易。曾往吕宋三次，贩卖丝茶发财。后来在广东为十三行陈姓行商司事，深受信任，被委以全权。陈姓行商获利归乡，潘振承就在乾隆九年（1744）开设同文行，承充行商。据说，潘振承开设的同文行"同"字取原籍同安之义，"文"字取家乡白礁文圃山之义，以示不忘本。他居住的地段定名为龙溪乡。今广州河南同福西路与南华西路之间，仍有龙溪首约、龙溪新街、栖栅街等地名。

乾隆二十五年（1760），潘振承联合九家行商在城外建立洋行成为专营中西贸易的垄断贸易机构。这是十三行历史的一大转折，潘振承正是在这一转折中成为十三行的早期首领。

当时行商最主要的交易对手是英国东印度公司。英国公司主要根据承销毛织品的比例来确定茶叶贸易额，多销英国呢绒、羽纱者，英国公司就多买他的茶。由于毛织品盈利很少，甚至亏本，一般行商都不敢多承销。潘振承则长期承销四分之一到一半以上的英国毛织品，以便在茶叶贸易方面大量成交，获取大利。为了维护很好的信用，潘振承对英公司每年从伦敦退回的废茶都如数赔偿。乾隆四十八年（1783），同文行退赔的废茶达到1402箱，价值超过一万元。

另一位著名的十三行行首是怡和行的伍家。伍家原籍泉州晋江安海，康熙初入籍广东南海县。伍国莹曾受雇潘振承的同文行，后自己开办元顺商行，但起起落落，相当坎坷。乾隆五十三年（1788），他侥幸渡过破产的难关，把行务交二儿子伍秉均。秉均于第二年开创著名的怡和行，并在短短的11年里将位居行商第六位的怡和行，跃升至嘉庆五年（1800）的第三位。可惜天不假人愿，1801年伍秉钧病逝，行务转由最著名的十三行行首其弟伍秉鉴承接。伍秉鉴只用了九年就使怡和行跃居首位。嘉庆十八年（1813），他成为十三行行首，一直到鸦片战争。美国人称他是当时的世界首富。

据史家考，在潘振承之前，雍正乾隆间的广州十三行行商首领还有一位原籍福建晋江的颜亮洲。他的先世在明代"避乱迁粤"，大约也是所谓的海上武装贸易集团首领。

由于当时明朝政府抓得紧，他就跑到了广东，入籍在南海。清初，他在广州开设泰和行商，后来成为公行首领。

所以虽然从乾隆二十二年（1757）到鸦片战争期间，厦门港的对外贸易十分艰难，但是福建武夷、闽南的茶叶出口始终没有停止，而且越做越大。福建的茶叶种植和生产技艺技术水平自然也不断在提升。

龙眼干也是厦门港重要的出口商品，主要销北路的上海、青岛、营口，有的还转出口韩国。当时同安的山坡地、房前屋后种满了龙眼树，家家户户都有"撸龙眼"的专用簸箕。许多人家都专门砌建烘焙龙眼干的"龙眼干灶"。还有些人，如同安顶溪头浯榕陈氏二房干脆跑到厦门开设"德丰"商号，专营龙眼干生意。他们在同安各地收购各家各户撸好的龙眼，从刘五店等港口用船运到厦门，用店中的龙眼干灶烘焙成龙眼干，然后全体伙计、全家老少，有时也雇请临时工，将龙眼干去壳去核，再涂上花生油，变成一瓣瓣心形的油光发亮的龙眼肉干；再摞成一摞摞，精心包装好，交北郊由厦门港上船运北路各港销售。

在厦门港海商的引领下，同安平洋地种甘蔗，制糖出口；山坡地种龙眼树，制成龙眼干出口；山地种茶树，制成茶叶出口。这是闽南海洋文化引领闽南农耕文化，引领农产品的商品化、市场化的典型案例。

事实上，厦门港同时也对漳泉以及福建内陆的农耕产品具有商品化引领的作用，并非仅仅是同安。漳州的烟叶和水果、泉州的蓝靛和茶叶，都是在厦门港海商的引领下极大地提高了商品化的水平。

其中，漳州的烟草最为典型。烟草原本是南美洲的神秘物种，美洲土著用之于祭祀或当作药物。西班牙人占有美洲时，对于烟草颇有好感，许多人甚至也染上了烟瘾，于是他们将烟草种子带回欧洲及其海外的殖民地。

大约在明隆庆年间，西班牙人占据了菲律宾马尼拉，开始以之为基地和漳州月港商人做起了海上贸易。许多月港商人也跨海来到吕宋岛的马尼拉，并很快就跟西班牙人一样迷上了吸烟。这时西班牙人从南美带来的烟草已在菲律宾落地生根。西班牙人称之为Tabacco，漳州商人则称之为"淡巴菰"，闽南民间则称"薰"。直到今天，闽南人仍称烟为"薰"，大约是形容抽烟时烟气缭绕熏人，入迷者熏熏然忘乎所以。

这样美妙的东西当然要带回家，于是月港商人将烟草种子带回了漳州。从此，烟草以漳州为原点，迅速风靡全国。

漳州引入烟草后广泛种植，并精心加工，从开始的晾烟、晒烟到后来的烤烟，制作出名闻海内外的金丝烟。然后由月港或厦门的商人再出口到菲律宾卖给西班牙人和华侨，晚清以后盛行南洋各地。

所以，闽南海洋历史文化中的农耕文化与中原传统的农耕文化是不一样的。它以海商所开拓的海洋贸易市场为引领，以农耕人辛勤智慧的创造性劳动所制造的规模化的商品（不是自给的产品）参与海洋的商业活动，它是整个闽南海洋经济链条中一个不可或缺的环节，已经完全融入了闽南海洋历史文化之中。这是闽南人、闽南文化在明清时期，特别是清前期一个伟大的创造，也传承和巩固了闽南海洋历史文化最主要的特色。

因此，在今日重新审视中国海洋文化时，闽南海洋历史文化的发展轨迹和独具的特色便是辨识中国海洋文明的最好依据。

二、同安梭船

同安梭船是清代施琅收复台湾后，同安人为了载糖等商品出口，载回暹罗、仰光大米，在原有福船基础上改进创造的一种远洋木帆船。所以当时也有称为"米艇"。

（一）福船的主要特征

1. 船形特点

尖底，两头高翘的船体造型，吃水深，稳定性高，易于破浪，减少水的阻力，抗风性强，可以增加航速，容易保持船体的平衡。实际航行测试与现代流体力学，都证明福船的船体有利于减少阻力，稳定性强，最能发挥航行的效率。

2. 船体结构

福船船体结构除了上一章已介绍的龙骨和水密隔舱，还有不少独特的制作工艺。

其一，船板。福船的船板选用当地出产的杉、松优质木料，设计工艺非常巧妙，加工制造极为精密，使船壳形成一体，致密无缝。船板平面的拼接有多种方式：平口拼接、斜接、搭接和齿口榫接，并采用铁或竹、木、锔丁等固紧，还用竹茹桐油灰捻缝，船壳板有单层或多层。泉州出土的宋船，船底从主龙骨起向上到第10行有二层板，弦侧板第11到第14行则为三层叠合，以保护船上最易受到碰撞的部位舷侧板。以上种种措施，足以保证船壳在长期浸泡海水中承受重压，并在风袭浪击的复杂受力时，仍能保持坚固持久，滴水不漏。

其二，"稳"。俗称水蛇，又称舭龙骨。这种安于船体两侧的半圆形护舷木，既加强了船体纵向结构的强度，也可以防止海浪，以保持平衡。宁波出土的宋船就有这种"稳"。我国在汉代就已经发明了这种"稳"，而国外在19世纪20年代才出现这种护舷木。

其三，多层甲板。如泉州湾宋船的复原研究，所出土的海船首部有两层甲板，尾部有三层甲板。文献记载宋代大型福船有四层甲板。这些甲板大大增加了船体纵向的受力。

3. 风帆特色

福船主桅风帆，早期为梯形竹篾硬帆，后来改用刀形斜桁纵向布质硬帆，又有一系列操纵索具的灵活驾驭，与尖底船体相结合，迎风航行海上，能使船体悬浮倾斜，并根据风力大小、帆的受力面积、船体的载重量、海流和风向等各因素，综合调节作用力中心，如尖刀劈浪，乘风前进，配合操舵，还可巧驶八面风。

福船常用三桅以增强推动力，最多有九桅风帆。除了主帆之外还有辅助帆，如三角帆、四角帆、头幞等。这些帆可以配合主帆最佳采集风力，有效推动船舶前进。特别在无风区航行时更有必要。这些辅助帆大都是软帆，也是外国常用的一种帆，说明我国船帆以硬帆为主，软帆为辅。而外国船基本上只有软帆一种。

主帆操作，有一系列索具操纵控制，包括主帆升降、主帆转动、帆面偏移、帆顶偏斜、落帆支架等，并都配有滑轮组以及绞车传动系统，操作灵活轻便，能快速应付瞬息万变的气象和复杂的海况。福船所体现的中国帆的特色，是人类利用自然力的一项重大发明，从结构力学和自动调节原理上分析，中国帆具有科学性。

4. 船体防护和外观彩绘

船体各构件受到风吹浪打和海水浸泡，因此都必须涂油上漆防护，以提高使用的寿命。在这方面同安闽南的船家，也有许多出色的创造。

当时的海船都是木船，最怕的就是海蛆吃船板。海蛆能直穿咬透船板，一虫钻孔，直径达三毫米，钻通就会导致全船沉没。闽南的船家就创造发明了许多富有想象力的防治海蛆的办法。

最常见的就是壳灰防治。闽南盛产海蛎。海蛎是美味，剩下的海蛎壳也是宝贝，可以烧成壳灰。壳灰是闽南重要的建筑材料，不但用于粉刷墙壁，更用于制作三合土，坚不可摧，常用于外墙、炮台、墓地等。尤其是在壳灰中加入红糖、草纸、糯米饭后，堪称刀枪不入。而船民、渔民则将其用于木帆船的养护。

闽南的海船传统上每隔一段时间，就要将船搁浅沙滩，然后在水线以下涂刷海蛎壳烧制的白灰，就能防止和杀死海蛆。所以要勤烧勤刷，船底经常保持白色。这种船又叫白底船。

为了减轻工作量，还有的在涂刷白灰后再铺一层薄船板。这样即使有海蛆，也只是侵蚀外层船板而不会破坏到内船板，刷一次壳灰就可以维持较长的时间。

还有的定期将船开到淡水中浸泡船壳杀死海蛆。也有在船板上密密地钉上铁钉子，入水后铁钉周围锈蚀，海蛆不敢入侵。

世界上天然漆树仅生长于亚洲，其中的90%生长于中国。中国的漆艺历史十分久远，7000年前的河姆渡遗址就有漆碗出土。福建盛产漆和桐油，这是最好的防护材料。福船很早就运用漆和桐油在船体上绘制美丽的图案，形成福船外观的风格。同安梭船继承了这些美好的传统，船首照水板画日月拱照；两侧画龙目、水蛇（船神），还有形态各异的鸟、鱼，彩旗神灯，十二生肖；船尾画龙凤牡丹，还有对联，如"顺风相送"，"顺风顺水顺人意，得财得利得天时"等。

福船上的帆、索具及各种用具都用桐油和大漆防护。在闽南同安梭船的帆布和渔民的衣服的改进过程中，闽南人还发明了"红柴汁"染料。早期他们的服装都是麻袋布衫上涂上桐油，后来他们用荔枝树根、薯莨根皮、红树林等富含丹宁的植物制成"红柴汁"染料，帆布和衣服先染汁再盖上桐油，轻便又经得起海风海水的浸泡。

福船的这些优秀特点使福船成为中国海上丝绸之路最重要的船舶。

但是，自宋代以来福船并非一成不变，而是随着时代的演进不断改进的。例如历代福船的尺寸和船型，特别是船的长宽比，是不断在变化的。

泉州发掘的宋代海船，长12丈，宽4丈，长宽比3。

《宋会要辑稿》里，一千料的宋船，长7丈，宽2.5丈，长宽比2.8。

《明史》记载的郑和宝船，长44丈，宽18丈，长宽比2.5。

《洗海近事》记载的明代大福船，长13丈，宽4.5丈，长宽比2.9；小福船，长8丈，宽2.8丈，长宽比2.9。

《闽省水师各标镇协营战哨船只图说》记载着明清时代的福船，大赶缯，长9丈，宽2.3丈，长宽比3.9；小赶缯，长4.5丈，宽1.4丈，长宽比3.3；大水艍，长7.5丈，宽2丈，长宽比3.8；小水艍，长4丈，宽1.1丈，长宽比3.7。

可以看出从宋代到清代初期，福船的长宽比在不断地增加。这里当然与明清两代统治者禁止闽南人民出海，限制大型船只的制造有关。但更主要的是福船的制造者善于总结航海的经验和教训，在船梁、船桅受限的情况下，从木材利用、建造条件、货物的载重与安全，以及航海的操作使用要求等实际条件出发，不断地改善船舶设计，合理提高长宽比，增加船舶的载重量和安全性，体现出闽南制造船舶的能工巧匠的智慧。

清代，同安的能工巧匠进一步把福船的长宽比提高到5，长10丈，宽2丈。整个船体呈现出梭子形，即具有现代流线型的结构外形，这是提高航行速度的最有效方法。

国际知名科技史学家李约瑟评价中国和西方船舶设计制造的异同，称欧洲人的船像鱼，中国人的船像鸭子、水鸟。

他说，欧洲人总是把他们的船造得像"鳕鱼的头，鲭鱼的尾"，常常把船较宽的部分朝向船头，形成船头大，往后逐渐缩小的形体，就像学习鱼儿在水里游泳那样。

把船造得像鱼那样，这种构造固然不错，但鱼儿只能在水里游，船却是要浮在水面上的，除非它是潜水艇。在水里游和在水上漂，显然是两种不相同的受力。

中国的船体正好和古代欧洲船体相反，其宽度是朝向船尾的。中国人造船模仿的对象，不是完全潜在水中只会在水中游的鱼，而是像水鸟、鸭子，它们比鱼厉害的地方，就是能够一部分浸在水里，另一部分又能浮在空气中，灵活浮游于水面。

水鸟和鱼不同，浮在水面上身体最宽处是落在后半部，所以鸟要利用它的蹼足在后面拨水，产生前进的推力。古代中国建造海船模仿水鸟的体型，其奥妙之处就在前进的力量得之于船体后方所产生的推力，而不是来自船头的拖力。这是中国古代海船一项极大的特色。中国海船无论是桨、橹、船尾舵，还是帆，其效果均是利用船体后方产生的推力前进，所以中国海船"腰粗"，造得就像肥肥胖胖的水鸟或鸭子。船行快速又稳定，适航又安全，就像水鸟一样是浮游水面上而不是下沉水中。这种智慧的设计观念欧洲人要到19世纪中叶以后才领悟到，而中国竟在1000多年前的宋代，就早已定型了。

同安梭船传承了闽南早期工匠的智慧，又善于创造性改进，创新性发展，进一步增加长宽比，既增加了船舶的适航性、安全性，又增加了船舶的载货量。这是同安人民对福船，也是对中国木帆船制造的伟大贡献。贡献还不仅如此，同安梭船还有四项了不起的创新创造。

（二）同安梭船的四项创新

1. 船体内部"蜂房"结构

同安梭船的船体结构，除了有福船坚固的纵向龙骨、船板、稳、横向的隔舱板、梁以及深向的肋骨、多层夹板等主要受力结构外，据《金门志》记载，船体内部还有"蜂房"结构，即相当于现代新科技中所用的"蜂窝"结构。这是一种以最少的材料消耗获得最大的强度和刚度的结构，现代的飞机和坦克的设计中常采用此结构，是一种非常先进的设计理念和结构方法。

2. 主桅杆的预弯曲设计

木帆船的主帆承受着风压的最大推动力，然后作用在接近船长度的高耸桅杆上。桅杆底部插入到船底，就将推力传递给船体。从力学上看，桅杆有如一头固定一头自由的固定端梁，在迎风受力时会产生弯曲变形，影响到帆的受力和操纵。同安梭船将主桅杆改造，使其在迎风受力时形成反方向的微弯曲变形，其挠度正好使受力后与桅杆变形叠加结果呈垂直状态。这种设计就是现代科技的一种新技术——预应力设计。现代桥梁、屋架等构件，常有采用这种预应力或预变形结构。

同安梭船还在多桅帆船采用桅杆的前后错位配置、主桅杆向船尾方向倾斜等多种先进技术。到19世纪欧洲才了解到这种设计的优越性。

3. 同安梭船的系列化和修造规范化的标准制定

"标准化"这个概念，其实在清初的同安梭船已经有了。这是普及推广进行科学管理的重要措施。道光十二年（1832），时任福建兴泉永海防兵备道周凯在《厦门志》记载，水师战船制定了新建、改造、大修、小修的费用，以及用料的规格标准。"议准福建大号赶缯船身长九丈六尺，板厚三寸二分；身长八丈，板厚二寸九分。二号赶缯船身长七丈四尺及七丈二尺，板厚两寸七分。"①

正是这种从能工巧匠的经验总结中得到并实施的规定，才使得同安梭船从同安地区走向全国。这也就是我们今天常说的标准化制定。

4. 尖刀形状的风帆

闽南帆船的领头一般都非常机敏，有丰富的观测气象变化的经验，加上福船的风帆及操纵系统的设计有快速升降的绞车、滑轮组和绳索系统的密杆硬帆，能较好地应对气象、风力的突然变化。但是如果碰上经验不足的舵手，就容易发生危险。同安梭船的能工巧匠就对福船原有的风帆做了巧妙的改进。

同安梭船将风帆刀锋做得又尖又高，并有专门的索具调整刀锋翘度，就是为了在风力小时能最有效地利用风力，产生较大的推力。风帆的后沿，即扇弧的一边，将原来福船的直边改为呈机翼状的弧形。根据实践和试验，其空气动力性能较好。这不但适应了

---

① 道光《厦门志》卷五《船政略》。

台湾海峡的地理环境，也适应了这一海域的气象要求。

这些了不起的创造性改造，使同安梭船成为福船一千多年历史发展的巅峰之作，性能达到了最完善的程度，也成为我国先进海船的代表。

性能优越的同安梭船，终于被清朝的官员发现："闽之汛地，俱近外洋，非同安梭式赶缯船，不可以攻大敌""赶缯船笨重，驾驶不胜得力，改为同安梭船式"。①

因此在乾隆六十年（1795），同安梭船被选定为水师装备的主要战船，并"奏请择其已届拆造大修，及将届拆修者，仿造同安梭船式，分别大小一、二、三等号通省改造八十只"。到嘉庆四年（1799），"复将未改各船改造同安梭船"。至此全省都用同安梭船。此后不断增造，江苏、浙江、福建、台湾、广东各省的官办造船厂，都承造这一名船。不仅在东南沿海的水师配备这样的战船，还武装了北方海港的水师，如奉天金门营、天津水师绿营等。到嘉庆中期，全国水师都用同安梭船式战船。

同安梭船本是同安民间所创造，用于海上货物运输和捕鱼，为商船和渔船。但其性能如此优越，使得清代海军不能不将其作为全国水师装备的主要战舰。

当时，厦门商船都为同安梭船，分为横洋船和贩艚船。横洋船即对渡台南和厦门之间的商船，因为要横穿澎湖和台湾之间的黑水洋，故称为横洋船。贩艚船又分为南艚船、北艚船，南艚船贩货到漳州、南澳、广东，北艚船贩货温州、宁波、上海、天津、锦州等地。

这些都属于国内沿海贸易。横洋船最大的为糖船，梁头24英尺（约7.32米），载重量有400—500吨。当然在最开始的18世纪初，因为朝廷规定的梁头不得超过21英尺，那时候最大的糖船也不过载重150吨。而70吨以上的官方就定为大商船。航行沿海的艚船往往都在100吨以下。陈伦炯的《海国闻见录》还提到有许多由渔船改造的"舢板头"载重30—35吨。而20年后即1752年成书的《重修台湾府志》中提及：舢板头已经造得更大，载重量达到50吨。

走南洋贸易的船只都比较大，多称为洋船。开始载重也只有100多吨，等开放南洋海禁以后，往往都可以载6000—7000石，即400—500吨。有的学者还认为，厦门港后来海外贸易的船已是体积较大的三桅帆船，大者可载万余石，小者亦数千石。

一艘大船的造价高达数万金。船主称为"财东"，领船运货出洋者称为"出海"，司舵者称"舵工"，司桅者称"斗手"或"亚班"，司缭者称"大缭"，相互之间称兄弟。在厦门以此为生的舵工、水手数以万计。

通贩外国之船，船主一名；财副一名，司货物、钱财；总杆一名，分理事件；火长一正、一副，掌船中更漏及驶船针路；亚班、舵工各一正一副；大缭、二缭各一，管船中缭索；一碇、二碇各一，司碇；一迁、二迁、三迁各一，司桅索；杉板船一正一副，司杉板及头缭；押工一名，修理船中器物；择库一名，清理船舱；香工一名，朝夕焚香楮祀神；总铺一名，司火食；水手数十名。②

雍正九年（1731），清廷为了防止出洋的船只违规犯法，下令各省船只必须涂示

---

①② 道光《厦门志》卷五《船政略》。

不同颜色的油漆，以利辨认。凡出洋的船舶，从船头起到鹿耳梁头止，并大桅上截的一半，按照规定的颜色油漆，船头两边刻上某省某州县某字某号的字样。福建船用绿色油漆，红色钩字；浙江船用白色油漆，绿色钩字；广东船用红色油漆，青色钩字；江南船用青色油漆，白色钩字。船帆上要大书州县及船户姓名，每字直径一尺。蓝布帆用石灰细面调以桐油书写，蔑帆和白布帆用浓墨书写，黑油分抹。字迹不许模糊缩小。

因此当时福建船被称为绿头船，广东船被称为红头船。到东南亚贸易以厦门船为多，通常被称为绿头船。潮汕一带到泰国多，被称为红头船。

同安梭船是清代厦门人民造船技术了不起的创新。

三、郊商郊行

闽南商贸，尤其海上对外商贸，在五代时就十分发达。历宋元而明清，形成非常独特的商贸文化，其中最具特色的就是"郊商郊行"。这名词现在许多年轻人恐怕连听都没听过，而在往昔却是深刻影响闽台海峡两岸人民经济与生活的重要海上贸易商家。

港口和城市总是连在一起，但是早年大多数港口距离有城墙围绕的城市总是还有一些距离。城市最主要的功能是安全，而港口必须适应潮汐的起落。经营海上交通贸易的海商，其大宗的货物依潮汐而入港，经常无法在夜间搬运入城，因而改在郊外设立货栈，并联合起来组织民间武装以保护财物和船舶。这样，闽南人就把城外的商户称为"郊"商，城内的商户称为"铺"商。由于经营相同的货物，往往会装卸在同一个码头，并且会有共同的利害关系，久而久之，郊商们就依据行业联合起来，组成了"郊行"。

闽南"郊商"名称虽然到清代才出现在史籍中，但在"郊"经商的历史久远，上一章就有介绍五代泉州城外码头的"云栈"。

闽南旧时郊商，即做海外贸易大宗货物的批发商人，皆为大金主。清统一台湾后，闽台两地郊商郊行大盛。

闽台两地在生活物品和其他需求方面不尽相同，需要两岸资源的互补。诸如台湾的大米等农产品，闽南的瓷器、生活用品等。因此，为两岸贸易往来提供运输方便的中介商行纷纷涌现。实力雄厚的郊商郊行往往也有自己的海舶。据史料载，厦门来往于台湾的商船曾达到1000艘，每日穿梭往来于厦台海域之间，这种繁荣的景象可谓盛极一时。同时两岸又有一些共同的产品，如茶、糖、干果等要运送北方、南方，还有国外。

随着海商越来越多，规模越来越大，从事不同商业贸易的郊商郊行联合起来，形成一些同业公会。闽南话行业称为"途"。路途的途，指走同一条路，或经营同一商品的。著名历史学家傅衣凌在其《清代前期厦门洋行》一文中提到，厦门早在嘉庆年间已有"洋郊""北郊""匹头郊""茶郊""纸郊""药郊""碗郊""福郊""笨郊""广郊"，号称"十途郊"。

这里的"洋郊"指的是专做外国洋商生意的商行。这种洋郊、洋行与近代史上由外国人经营的洋行不同，它是由中国商人经营的对外贸易的中介团体。那时外国商人进口的商品要由洋郊、洋行评定价格，进行购销；外国商人需要购买的出口商品，也要由洋郊、洋行来承办。这种洋郊还负责管理外国商人，外国商人要住在洋郊开办的"番馆"里，进出口的商船都要到洋郊办理保结手续，以防止商人私自出洋或经营违禁品的买卖。洋郊、洋行还负责经办海关税务，保证商人缴纳关税。

"北郊"指的是专营福建以北方向的郊商。"福郊"指专营福州方向各种生意的郊商郊行，其中最主要的是杉行，即造船所用的大杉木，有一种专门拖载大木头的船，称大舡。"笨郊"是指经营台湾笨港的郊商，但其实不仅做笨港的生意，还包括台湾其他港口的生意，也有称为台郊。这主要是因为乾隆以后台湾的郊商郊行也发达起来，而且都针对厦门港做生意，把厦门台郊的生意抢了不少。"广郊"，则专门经营广东方向，不仅包括广州，也包括汕头。

以上这"五途郊"是以经营地域来划分的。

另外"五途郊"则是以行业来划分的。"匹头郊"，也称"布郊"，做大宗布匹生意的郊商郊行。"茶郊"即大茶商。"纸郊"经营各种纸张生意。"药郊"专营中药材。"碗郊"当然不只经营瓷碗，各种瓷的盘、碟、勺、瓶，甚至枕头，应有尽有，所以也有称"瓷郊"。

台湾鹿港在嘉庆年间则有八郊，即泉郊金长顺、厦郊金振顺、布郊金振万、糖郊金永兴、簐郊金长兴、油郊金洪福、染郊金合兴、南郊金进益。闽南习俗，商号之前的"金"字，表示是合股经营。

经营糖的"糖郊"，经营大米的"米郊"，在厦门很早就有，而且是经营和影响都比较大的。但不知为何，嘉庆年间反而没有。

旧时，中国人多穿蓝布衣服，而蓝色染料就是用靛菁制成的。闽南蓝靛的种植闻名全国，《天工开物》记载"闽人种山皆茶蓝"。《八闽通志》卷四十一《公署》称：泉州"织染所在府治东南南俊坊内，宣德三年，内使阮礼督造至郡，令有司买民地创建，以为织染之所，内有清玉泉井，其水染深青，为天下最，旧有二碑记其事"。

清代福建的染料在全国占有相当的地位，而且种植比明代更为普遍，闽海关抽税最多的便是靛青。直到鸦片战争以后，洋靛大量输入，才使得闽南的靛业逐渐衰弱。但嘉庆年间台湾有染郊，厦门反而没有，关税又收得那么多，且存疑。

现代人最搞不清的是台湾将经营百货的称为"簐郊"。所谓"簐"，就是南方农村水稻收割时晒谷的"谷笪"。这种竹篾编成的大席子不但可以晒谷，还可以用来遮盖东西，甚至铺在地上让孩子玩耍睡觉。早年，闽南人还把它立起来围成一圈，作为小卖铺遮风挡雨的间隔。闽南人把这些生活习俗带到了台湾，台湾人称这样的小卖铺叫簐仔店，又讹为"柑仔店"。这种店经营的是百货、杂货，如果这一行业简称为"百郊"，闽南话容易混同"北郊"；百货闽南当时皆称为杂货，简称"杂郊"，大为不雅，就称为"簐郊"。

道光二十八年（1848），丁绍仪《东瀛识略》卷三《习尚》提道：城市之零鬻货物者曰店，聚货而分售各店者曰郊。来往福州、江浙者曰北郊，泉州者曰泉郊，厦门者曰厦郊，统称三郊。这里的"三郊"指的其实只是鹿港的三郊。

台南有台南的三郊。咸丰五年（1855），刘家谋《海音诗》诗后注释提道：商户曰郊，南郊、北郊、糖郊，曰三郊。

同治十年（1871），陈培桂《淡水厅志》之《风俗考》则提道：有郊户焉，或瞨船，或自置船，赴福州、江浙者曰"北郊"；赴泉州者曰"泉郊"，亦称"顶郊"；赴厦门者曰"厦郊"，亦称"下郊"，统称为"三郊"，共设炉主，有总有分，按年轮流以办郊事。这里讲的是台北的"三郊"。当年，泉郊与厦郊械斗，民间称为"顶下郊拼"。

郊商郊行有其特殊的组织架构，在其之下设有割店，即二级批发，割店之下再设文市，即零售店，零售店之下还有流动的货郎担。文市和货郎担不仅销售郊行从对岸运来的货，往往还负有收购本地特产的业务，然后交割店，再集中到郊商手上，运往对岸。郊商郊行流行于闽南和台湾地区，它维持了海峡两岸经济贸易的正常秩序，促进和发展了两个地区的经济交流和商业贸易，使闽台形成一个畅通互补的台湾海峡经济区。

随着郊商郊行在闽台地区的迅猛扩展，仅台湾鹿港便有"泉郊"200余家，"厦郊"约100家。

当然闽台的郊商郊行不仅仅做两岸的生意，郊行也把行进的足迹延伸到了大陆内部及海外的东南亚等地区。北郊交易地以天津、宁波、上海、烟台等地区及朝鲜、日本等国家为主，有二十余号经营商；南郊主要与香港、汕头等地区及越南、泰国、新加坡、印度尼西亚、菲律宾等国家交易。

厦门郊商郊行除了对台贸易和大陆南北沿海港口贸易，做南洋生意的最多，主要是大米贸易。福建山多田少，地少人多，每年所产粮食不够百姓半年之食。台湾收复后，厦门开始主要依靠台湾的大米来接济。当时清政府规定每年从台湾拨运金门、厦门、漳州、泉州大米16万石。到了康熙末年，闽南、台湾人口渐多，康熙皇帝从暹罗朝贡使者了解到"其地米甚饶裕，价值亦贱，二三钱银即可买稻米一石"，随即下令从暹罗进口大米30万石，分运福建、广东、宁波等处贩卖。

当时东南亚各地的大米生产，暹罗为第一。1679年，一位英国东印度公司的雇员乔治·怀特就曾评论："暹罗是临近几个地区的主要产粮区，世界上任何地区的大米都不如它丰裕，它每年供应临近的马来西亚沿岸，远至马六甲，有时甚至到爪哇。荷兰和其他国家也从这里载运大米出口。"[①]

到雍正六年（1728），暹罗的商人开始载运大米到厦门，清政府不但允准他们在厦门贩卖，并给予减免税的优待。

特别到了乾隆年间，由于年年安定，导致人口激增，台湾余粮年年减少，规定调运福建的大米年年不能完成。一遇灾年，粮价飞涨，民不聊生。从乾隆八年（1743）开始，凡有外洋货船到厦门贸易，载运大米万石以上者，减免其船货税银一半；载米五千石以上者，免其十分之三。而且如果民间卖不出去，政府全部收购。

据史家估计，当年每年至少有40艘大帆船，从厦门前往暹罗的首都曼谷，这些船只

---

① 李金铭：《厦门海外交通》，厦门：鹭江出版社，1996年。

多数也从暹罗载运大米回国。

台湾历史上闻名遐迩的"三郊总长"叫林佑藻，是厦门同安县（今集美区）锦园林氏人。咸丰三年（1853），艋舺的三邑人（晋江、南安、惠安）和八甲庄的同安人发生械斗，即"顶下郊拚"。结果同安人战败，当年的首领林佑藻带着霞海城隍庙神像向北逃走。他们本来要逃到同安人聚居的大龙峒定居，可是连下了几十天的雨，房子盖不起来，他们只好迁到大稻埕重建家园，林佑藻也成为开发大稻埕的关键人物。他到大稻埕以后，便开始在迪化街中街一带开设复振、复源和复兴三家商号经营贸易。他还积极到厦门、香港、闽南一带招来商贾，在大稻埕起卸货物。这时艋舺因为淡水河道开始淤积，港口日趋衰落，而下游的大稻埕逐渐发展成重要货物集散地，商业大为繁荣。当时，林佑藻招集各商户，组成厦郊，称为"金同顺"。郊商公推林佑藻为郊长，总理郊行各项事务。在他的领导下，厦郊和大稻埕蒸蒸日上，气势猛不可当，甚至连以前死对头的艋舺泉郊金晋顺、北郊金万利也都示好加入。

三郊合并，成立"金泉顺"，公推林佑藻担任"三郊总长"。大家给他一个外号，叫"连环头"，林佑藻的声望达到顶点。光绪二十一年（1895），台湾割让日本。林佑藻不愿意接受日本统治，就把台湾大稻埕三郊总长的事务交给儿子继承，自己从商场隐退，回到厦门同安锦园老家，五年之后去世。

日本占领台湾时期，殖民统治者把建设的中心转到城中区，淡水河淤积的情形也日渐严重，大稻埕和艋舺遭到同样的命运，渐渐没落。但是林佑藻在此已奠下深厚的基础，到今天大稻埕仍是台北重要的货物批发集散中心。

郊商郊行这一商贸体制的文化核心就是"诚信"。闽台的"糖郊"糖业公会现存的档案，有对所有从事糖贸易商号的公订协定文书，规定一包糖多少斤，其中每条麻袋的重量不得超过两斤重。

现在，在闽南地区还有许多郊行的文物古迹，有闽台缘博物馆的镇馆之宝——鹿港郊行铁钟，厦门的郊行古石碑、古厝，还有厦门水仙宫的遗址，等等。

第三节　农耕社会闽南海洋文化最后的挽歌

一、管理的混乱和官场的腐败

乾隆二十二年（1757）宣布江、浙、闽三个海关下辖口岸不再对西洋船只开放，只留下粤海关允许西方人贸易，规定欧美商人只许在广州一口通商。但对于南洋贸易，并不受此局限。清政府同时对丝绸、茶叶等传统商品的出口量严加限制，对中国商船的出洋贸易也规定了许多禁令。

然而，闽、浙、江三处海关管理对外贸易的职能并未全部取消。乾隆二十三年（1758），清政府规定："如系向来到厦番船，自可照例准其贸易。"

乾隆四十七年（1782）奏准："嗣后外夷商船到闽海关，其装载货物，照粤海关则例征收"，"此条明准外夷商船贸易也"。此后间有吕宋等国商人到厦贸易。①

厦门海关准许内地船只到南洋各地贸易，贸易地有三宝垅、实力、马辰、垛仔、暹罗、柔佛、六坤、宋居朥、丁家卢、宿雾、苏禄、东浦、安南、吕宋诸国。②

清代海关征收的税费，主要有船税、货税和规礼（附加税），其中规定"米粟书籍免税，余皆照则例征收"③。

清代海关规定货税的标准是按货的重量或单位进行的，称为"从量税"。如果遇到现行条例未载明的货物，就按照货物的价值比例征税，称之为"从价税"，但实际上这种计税方式非常少使用。

清初的货物税率不高，前来贸易的欧洲人也认为这一税率"与当时欧洲各通行的关税率比较，是很低的，尤其是茶叶税率特别低，每一百三十三担重只纳十六便士，而当时英伦入口税每担征收达五先令"④，比中国出口税高几十倍。

海关的税收自雍正初年以后逐渐上升，"雍正三年定额，闽海关盈余亦十一万三千两，连正额共十八万六千五百四十九两有奇"。"嘉庆四年，钦定盈余数目，闽海关一十一万三千两"，其中"闽海关钱粮，厦口居其过半，年征税银十万五千两"。⑤可见厦门口岸的税收，在闽海关中占有绝对重要的地位。

但海关在实际管理过程当中，税收费率方面发生了很多问题。根据《东印度公司对华贸易编年史》当中记载，所有到达厦门的船只，首先是必须缴付进口货物的关税。这当中包含了未销售再载回的，而所有购买的货物，也都必须缴纳出口税，这样的纳税方式，显然是比较苛刻的。

其次是船舶税问题。清早期的船税是按尺征税，又称梁头税或丈量税。设立了海关之后，全国确立了统一标准为：西洋一等船征银3500两，二等船征银3000两，三等船征银2500两。至康熙三十七年(1698)，又把对西洋船的征收标准，改成东洋船的征收标准，即一等船仅征1400两，二等船仅征1100两，三等船仅征600两。⑥可是，在实际执行的过程中，闽海关官员并没有这样做，而是照原先的标准征收。

关于船舶长度衡量的问题也出现了歧义。广州对于船舶衡量尺的长度与厦门的不一样。闽海关的计算是一尺合11.75英寸，而粤海关的计算是一尺却合14.10英寸，这种各地不同的计算方式，在征收标准上就出现了混乱，显然闽海关的税负比粤海关多。

关税征收计量方式的混乱，在衡量计税的方式不一和征收标准上的随意性，导致洋船商户不满而移往粤海关贸易。⑦

---

① 《皇朝政典类纂》卷八十六《政权四·关税》。
② 《厦门志》卷五《船政略》。
③ 《厦门志》卷七《关赋略》。
④ 马士：《东印度公司对华贸易编年史（第三卷）》，广州：中山大学出版社，1991年。
⑤ 《厦门志》卷七《关赋略》。
⑥⑦ 《东印度公司对华贸易编年史》。

清代船舶衡量计算方式一览表

等级	长度（丈）	宽度（丈）	长宽相乘（丈）	船的丈量长度是从前桅的中心到后桅的中心，宽是从靠近船尾主桅的左侧到右侧，没有丈量深度，长和宽相乘再除以10，就是丈量的单位数（马士）
一等	7.5	2.4	18	
二等	7.0	2.2	15.4	
三等	6.0	2.0	12	
四等	5.0	1.6	8	

除却法定的税赋之外，海关人员还向前来贸易的中外商人加征各项杂费，即规礼银，又称陋规银。其名目之繁多，令人眼花缭乱。厦门海关就有火耗、添平、担钱、平罚和平头诸项，其数目各不相同。陋规银原为清朝所不允许，但屡禁不止，禁令形同虚设。

雍正四年(1726)，福建巡抚毛文铨上奏指出："闽省数年以来，(外国洋船)竟无一至，访查其故，始知文武大小衙门，需索陋规日甚日深所致"[1]。

海关官员腐败成风，闽海关官员经常对外国船只进行敲诈勒索。"自康熙五十一二年以后，文武大员勒索陋规日甚一日，如西欧船一艘载货达百万两左右者，督、抚、提、镇衙门必各索取至五六千两不等，而以下各文武官员又层层勒索，以致外国船只闻风畏缩，数年来竟绝无一艘到达闽省。"[2]

到乾隆朝亦复如斯，乾隆间厦门洋船陋规内，"总督每年得受银一万两，巡抚每年得受银八千两"。[3]

乾隆二十九年(1764)，福建水师提督黄仕简揭露："厦门商船云集，相沿索取陋规，每船花边银一千五百圆至数千圆不等，督、抚、将军、提督及道、府、县、中军等官，各有收受。"[4]

清代屡次对陋规银进行整治，却屡禁不止。陋规银的征收，使得中外商人深受其害，苦不堪言。

我们可以清晰地看到，清代早中期所形成的海关管理体系，处于农耕时期的管理形态。由于清代的官僚制度，管理海关的行政长官大都由地方官吏派员或直接管理。在缺乏有效监督的前提下，各处海关养成各自为政，骄纵蛮横。后虽然"嗣后凡有监督各关，着该督、抚兼管所属口岸，饬令该地方文武各官不时巡查，如有纵容滋扰情弊，听该督抚参处"[5]，但这些已无法根除这些因利益输送导致的腐败。而这些陋习无法得到遏制的原因，应归咎于清朝的官僚体系所产生的管理弊端。

由此可见一切封建衙门的恶习，同样存在于海关。而对于海外贸易商人层层盘剥的

---

[1][2]　《硃批谕旨》第六册，点石斋光绪十年刻本。
[3]　《清高宗实录》卷七百一十四，北京：中华书局，1986年。
[4]　谢道承：《福建通志》卷八十八。
[5]　钦定《四库全书·世宗宪皇帝上谕内阁》卷一百四十"雍正十二年二月"。

211

陋习，成了后来导致本地外贸商户倒闭的重要原因之一。闽、粤、江、浙海关的设立，是近代意义的中国海关雏形，但确切来说是为了维护自身的统治利益而设置的管理对外贸易、监督外国商人的机构，并非应对资本主义商品贸易。从本质上来讲它具有封建性、落后性，因而导致行政管理涣散，税收标准混乱，海关官员横行霸道，贿赂成风，呈现出中国封建社会最后一个朝代的精英官僚无可挽回的腐朽，极大地妨碍海上贸易。

二、妄自尊大和坐井观天

英帝国主义很早就看上了厦门的地理位置和港口贸易的优势。1676年"三藩之乱"，郑经退守厦门。侵略万丹的英国殖民者派了一艘船到厦门，在厦门建立了一个商馆。这是英国东印度公司在中国大陆最早的立脚点。

1679年，万丹开了两艘船，载了2万元的货物和3万元的英镑金币，到厦门购买了9000匹丝绸和10万箱生丝载回英国。1680年8月，又有一艘英国船从伦敦航行到厦门，载了22950磅的货物，包括银圆、布匹、弹药、火枪、包钴、葡萄酒等。这些货物在厦门卖掉后，买了一些日本铜、闽南糖和其他粗货运往印度的苏拉特，还买了8000匹丝绸、10万箱生丝和价值2000元的日本屏风，以及日本和中国的珠宝直接运往英国。

这些买卖使英国人获利颇丰，所以1681年英国东印度公司董事会又派了四艘载运了大批的货物和现款的商船从伦敦到达厦门。但这时清军已经占领了厦门，并下令驱逐与郑氏集团通商的英国商船。英国东印度公司只好下令商船返回，并撤销了在厦门的商馆。

1683年台海战事平息后，英国东印度公司的董事会先派了"快乐鸟"号商船到厦门，企图重新打开对中国的贸易。船上的人员还送了一大笔钱做贿赂，但是只租下房子设立了商馆，没有做成真正的贸易。英国人不死心，第二年又派了一艘"华商"号来到厦门，但是他们到达厦门的时候发现，公司的商馆已经变成了闽海关的衙门。所有的贸易都在"户部"（海关）官员的控制之下，英国的船只在获批准许贸易之前只能耐心地等待。不仅如此，户部还坚持要征收进出口税，而中国的翻译则坚持要分享贸易利润的1%。

不过英国人最终还是做成了一些交易，重新打开了厦门的贸易。其后的十几年里，每年到厦门的英国商船都有所增加。在1695年之前，英国人的贸易并没有到广州港，他们与中国的主要贸易是在厦门，贸易额还相当大。例如，英国海关在1697年声称从东方进口瓷器的税收不少于5254磅，相当于总价值的12.5%。也就是说，光是瓷器的进口就将近5万英镑。

1697年7月和10月，有两艘从伦敦到厦门的商船载回大量的货物，其中包括茶叶1100桶、生丝30吨、纺绸149000匹及750匹华丽的天鹅绒。

但是厦门出口的丝绸质量较差，货源不足，特别是贸易限制太多和上上下下的"盘剥"，让英国人实在受不了。1705年，到厦门的两艘英国船停泊了5个月无法交易，只好沮丧地驶离厦门。1715年的一艘"安妮"号英商船更是停泊了16个月无法交易，也只好空空地驶离了厦门。

清王朝完全不知道以英国人为首的欧洲此时在干什么。

就在这些英国船驶离厦门的18世纪初,英国依靠掠夺和殖民,积累了资本的第一桶金,开始依托资本和工业文明大力地向世界掠夺与扩展。

此时英国已经开始使用了蒸汽机。1760年前后,英国著名的发明家、工业革命的重要推动者詹姆斯·瓦特(James Watt,1736—1819)对当时蒸汽机原始雏形作了一系列的重大改进,发明了单缸单动式和单缸双动式蒸汽机,提高了蒸汽机的热效率和运行可靠性,推动了蒸汽机的广泛应用,揭开了第一次工业革命的序幕。从此,在英国的资本主义生产中,大机器生产开始取代工场手工业,生产力得到突飞猛进的发展。到19世纪的1840年前后,英国的大机器生产已基本取代了工场手工业生产,第一次工业革命基本完成,英国成为世界第一个工业国家。

其后,随着资本主义经济的发展,自然科学研究取得重大进展。1870年以后,各种新技术、新发明层出不穷,并被应用于各种工业生产领域,促进经济的进一步发展,第二次工业革命蓬勃兴起。第二次工业革命以电器的发明和广泛应用为标志。1866年,德国人西门子制成了发电机;到19世纪70年代,实际可用的发电机问世。电力开始成为补充和取代以蒸汽机为动力的新能源。随后,电灯、电车、电影放映机相继问世,人类进入了"电气时代"。19世纪七八十年代,以煤气和汽油为燃料的内燃机相继诞生,90年代柴油机创制成功。内燃机的发明解决了交通工具的发动机问题。19世纪80年代德国人卡尔·弗里德里希·本茨等人成功地制造出由内燃机驱动的汽车,内燃汽车、远洋轮船、飞机等也得到了迅速发展。内燃机的发明,推动了石油开采业的发展和石油化工工业的生产。19世纪70年代,美国人贝尔发明了电话,为迅速传递信息提供了方便,使世界各国的经济、政治和文化联系进一步加强。

世界在飞,而腐朽的清廷仍处于帝国的梦幻中。

与此同时,西方凭借先进的工业文明对仍处于农业文明,甚至是原始文明的第三世界国家进一步侵略和掠夺。

英国人在17世纪最后的几年已经把广州港作为新的贸易港口。广州港或许为了打开自己的市场,多少让英商感觉更加便利,因此从1757年起,清廷规定对西洋的贸易统归广州港开始,英国人就很少来厦门了,而厦门的洋行也开始慢慢地走了下坡路。"到嘉庆元年(1796),厦门还有洋行8家,大小商行30多家,洋船商船1000多只",但是随着其他港口陆续的开放,分流了进出口的资源,而厦门各级官员"吃拿卡要"却愈演愈烈。到了"道光元年(1821)厦门洋行全部倒闭,只剩下14家商行,前来贸易的外国商船也逐渐减少。只是鸦片走私却大肆盛行,不少商人勾结洋人走私鸦片,每年从厦门出口的纹银不下几百万两"。[①]

坐井观天的愚昧不仅仅是官僚统治阶层,更是封建社会所秉持的"日出而作,日落而息"和"民不可使知之"的理念,必然造成普遍的文盲、愚昧和信息闭塞。

---

① 《厦门史话》。

清康熙五十二年（1713）的《大同志·民俗志》称：俗弊最甚者，一曰闯。同滨海之区，四达交冲，游手攘臂之徒纠伙结盟，各立门户，寻事生风。一曰赌。赌风盛行匪……一曰讼。民之好讼，未有甚于今日者。微疵小隙指为不共之仇，鼠牙雀角驾作弥天之罪，都由积恶讼师恣弄刀笔，布成陷阱，甚者通同胥吏，高下其手，使两造经年累月，骨尽皮穿，而渠之生涯已无穷矣。一曰侈。服竞华丽，食必丰美，奴隶之辈与缙绅等，上下无章。至于迎神赛会，动费数十金，殊为不经。一曰霸租。有负隅霸耕，始而欠租，继且占田，业者向较，反遭凌辱。一曰信师巫。邪教充塞，倡为作福度厄之说，蛊惑人心。①

同安这些陋俗，除了霸耕一条，其他皆盛行于厦门。《厦门志》称："闯棍者，无赖恶少也，纠结伙党，鹰视狼行，周游衢巷，寻事生风。……道光十年，有闯棍在万石岩纠盟。署同知任沈锴访得之，获二十九猛。累系经年，痛加惩治，余众遁窜远方，此风稍息。"②但很快就卷土重来，几乎每一个街市都有拉帮结派的角头好汉。后人只知各占码头的三大姓，实际上直到解放初期的厦门，依然还有"八市党""菜行党""开元路党"等。

至于赌风之盛，害人之深，《厦门志》也有记载："赌博盛行，奸民开设宝场，诱人猜压，胜负以千百计。初由洋舶舵师、长年（船工）等沾染外夷恶习，返棹后，群居无事，或泊船候风，日酣于赌。富贵子弟相率效尤，遂成弊俗。……赌不一色，厦门三尺孩提即解赌。惟花会贻毒更深，人利其偿数十倍，虽深闺妇女，亦有圆梦、抉鸾，托人寄压者。"连三尺孩提、深闺妇女都参与赌博，可想当年之盛！

事实上除了这些陋俗，当年更有械斗危害闽南至深。

毕腓力在《厦门纵横》中专门用一整章谈论"宗族精神与宗族斗争"。他说："不是单个个人，也不是单个家庭，而是宗族（一大批家庭），他才是构成中国这个地方（福建和广东两省）民生的独特要素。……不论在国内或在国外，这种宗族意识会为了一点点小事，而不时引起凶猛的械斗。

"厦门地区的北面、南面和西面，与惠安、泉州、同安和小溪比邻的地方，都是宗族械斗屡屡发生的中心。械斗的种子有时是多年以前就播下去的。"这些宗族械斗经常是因荒唐的小事引起的。"③

《厦门志》还讲到当时鸦片在厦门的盛行。"初食时受人引诱，殆以为戏，渐至不能暂离。瘾至而不得，有甚于死。……厦门富家，恐其子孙之媟（嫖）赌破财也，许在家食鸦片，谓可收束其身心。……食鸦片烟者，后至贫苦不能自存，往往食生鸦片自尽。"④

《厦门志》还提到当时厦门的妓院青楼"随在有之"，以及溺女、蓄婢、讼师等

---

① 厦门市同安区地方志编撰委员会办公室整理：《大同志》，福州：海峡书局，2018年。
② 《厦门志》。
③ 毕腓力，何丙仲译：《厦门纵横》，厦门：厦门大学出版社，2009年。
④ 《厦门志》卷十五《风俗记》。

陋习。

社会的落后蒙昧还表现在城市规划建设及清洁卫生面貌。史料记载鸦片战争前后半个多世纪的厦门城十分杂乱、肮脏、蒙昧、可悲。

正如陈孔立老师说的，"厦门港口曾经相当繁荣，也曾经走向衰落。不过总的说来，在清朝前期已经成为中国对外贸易的重要港口之一"。[①]但其内里已经腐朽不堪，呈现出如闽南农耕时代海洋文明的回光返照。

第四节　厦门文化的形成

在大致了解清初厦门这150多年的政治经济社会情况之后，我们就可以探讨厦门文化是如何在其独特的自然和文化环境中生长起来的，以及在初步形成时期的大致结构与形态，也就是厦门文化及其生态系统。

厦门文化的基因传承了源起于泉州、漳州的闽南文化。如果说以刺桐港为主要代表的宋元泉州是闽南海洋文化的第一代，以月港为主要代表的明代漳州是闽南海洋文化的第二代，那么明末清初以后的厦门，则是传承了前两代所有基因诞生的闽南第三代海洋文化的新生命。

我们之前用了大量的篇幅来讲述闽南文化从古百越到刺桐港、到月港的生命历程，就是要使读者们了解厦门文化的前世，了解厦门文化基因的来龙去脉。因此厦门文化的种子乃是凝聚了起源于宋元泉州，成熟于明代漳州的闽南海洋历史文化。

为何加"历史"二字？因为那是指中国农耕时代的海洋文化。在清朝前期这一个半世纪中，厦门传承下来的就是农耕时代的闽南海洋文化。虽然也有创新，也有发展，但无法逃脱历史的命运。

漳泉的精华荟萃，在时代的熔炉中熔炼升华，播撒在厦门这块土地上。这是厦门作为优良港口的历史必然，也是厦门这块土地的时代幸运。当然不同于漳泉的地理环境，不同于宋元明的政治、经济和人文环境，必然会使闽南第三代的新生儿呈现出不同于先人的文化性格。让我们来看一看这些从漳泉传承下来的基因，在这个小岛，在这一个半世纪中是如何传播传承、落地生根的，而后来又发生了什么变化。

一、"不漳不泉"的厦门话

经过一个半世纪，大约六七代人的时间，主要从漳泉两地汇聚而来的厦门人，开始演化出一种"亦漳亦泉，不漳不泉"的闽南方言新语音——厦门话。如果说台湾话的亦漳亦泉，还有鹿港的偏泉、宜兰的偏漳，厦门话的亦漳亦泉比台湾话的还要纯粹，大致和台北老城区的话音是一样的。因此，从民国初开始编印的闽南方言词典，大部分是写

---

① 《厦门史话》。

的厦门话。厦门话不仅与漳州、泉州的语音有所不同，就是与当时管辖自己的同安，甚至厦门岛上厦门城郊的禾山话都有不同的音调。闽南话"鱼、猪、肉、去"这四个字的发音，过去常常被厦门人用来调侃郊外禾山"山场人"和漳泉"内地人"的"土"和自己发音的"雅正"。

这也正是厦门作为港口城市文化彰显自己区别于乡村，区别于内陆山乡市镇的典型事例。这在今天文化平等、文化自觉的时代当然是很可笑的。但在鸦片战争之前那个封建等级森严的时代，正是城市市民和乡村农民文化心理的真实写照，也是港口城市与乡村市镇政治经济社会生活的自然反映。

厦门作为东南海防政治军事经济中心，其人口从清初的八九万人增加到道光年间的14万人，大多是官员、军队及其眷属，商人及与海洋交通贸易相关的伙计、水手、工匠、搬运工人等。随着城市的扩大与完善，随着对外对台贸易和各项商业手工业的兴起，他们的生活水平相比较于农村和泉漳自然得到了相当的提高，文化艺术的生活比乡镇更是丰富多彩。而作为对台对外的港口枢纽，这里的人更是见多识广。

由于施琅的水师多为闽南人，其中相当部分的水手、伙计、工匠与驻厦军队往往都沾亲带故，至少也是厦门话所称拐好多弯的"面线亲"。这样水师提督、台厦道、兴泉永道、海防同知等官方所关注的事，就自然成为厦门大多数家庭、里巷，乃至全厦门人都关注的事情。而当时水师提督等官方最关注的就是台湾的"三年一小反，五年一大反"、台海的海匪、闽台两地的人员往来、交通贸易、台湾的开发、洋船的贸易等相关台湾、台海安定和海洋贸易的事件。凡台海有事、台湾有事首先是厦门水师的兵将、船只、后勤骚动忙碌起来，厦门的每一个家庭也就跟着骚动忙碌起来。于是，关注台湾、台海和厦台一体、台海安全的理念就深入厦门人心，成为厦门文化典型的印记。

厦门城随处可见与台湾相关的遗址、碑刻，如太平岩郑成功读书处、中岩施琅所立的"澎湖阵亡将士之墓"、南普陀门口所立镇压台湾林爽文起义的碑刻、台海郊商聚会议事的水仙宫、施琅复台得胜班师上岸的提督路头；各种关于"台湾钱淹脚目"、"不在地地主"[①]、"鸭子王"朱一贵、"海匪蔡牵铸铳打自己"的传说故事更是流行厦门民间。而在这些文象后面所蕴藏的正是厦门人对祖国统一、海疆安全的无比关注，是他们对郑成功爱国情怀的传承，呈现了厦门文化不同于漳泉的眼界和格局，同时也透出了厦门人当时对漳泉内地乡村市镇的自负和睥睨。文化和人一样，优点和缺点往往在同一点上，见多识广的背后却潜藏着自负和傲慢。

语言及其内里所反映的文化心理，是厦门港口城市文化形成的重要标志。漳州话和泉州话在厦门美美与共的融合生下了厦门话，标志着新一代的闽南文化形成。

当然，作为港口城市文化，厦门文化不仅仅是语言语音的创新和文化心理的变化，在生活习惯、民间习俗、文化艺术等方面也有许多新的创造和发展。

---

① 人在厦门住却在台湾拥有大片的土地。

二、追求精致的城市生活习惯

海岛和港口城市的环境塑造了厦门人许多不同于漳泉的生活习惯。首先是饮食，许多内地人闻所未闻的海鲜成为厦门人日常三餐的美味。比如筼筜港鲜美的小江鱼、豆腐鱼，澳头的文昌鱼，到处都有的海蛎，无时不有的海瓜子，发海时的狗虾，等等。遇上节令给老人家进补，那就要红膏蟹、斑节虾、海鳗；产妇坐月子则吃大黄花鱼，可催奶，一人吃俩人补；稍微好点的人家请贵客吃饭，则讲究参、鲍、翅，没有海参、鲍鱼、鱼翅，那就有些欠缺礼节了。厦门民间甚至还给上市的鱼鲜排了名次：一伍、二夯鲨、三鲳、四马加、五红瓜、六加鱲。

墨鱼和"小管"，还有蛏、蛤、海瓜子都是普通人家常见的海味。海瓜子生于海边滩涂中，长仅一厘米左右，壳薄肉鲜，原是极便宜极普通的海鲜，只用来熬汤，肉都不大吃。只有婢女丫头才会吃，所以叫"婢女蚬"。

但所有海味中与厦门人最是亲切的，当应数蚝，即海蛎。厦门海域产量最大的一种海蛎叫"褶牡蛎"，与广东产的不一样，个儿较小，味道更鲜，厦门人叫"珠蚝"。珠蚝煎、蚝仔炸、蚝仔仁汤、蚝仔面线都是令人难忘的美食。过去的日常三餐则多是加上酱油青蒜煮成"蚝仔咸"，成为餐桌上的主角。

副食品的丰富多样，使厦门家庭主妇个个都显得精明能干，家常菜肴清淡、鲜美，日常三餐虽俭朴，却总能花样翻新。

平日十分节俭的闽南人，到了年节或婚丧喜庆或亲朋迎来送往，就一反常态，大操大办，摆出十分丰盛的宴席，一般都要12道菜，甚至18道菜。而且要"头尾甜"，即首尾各要有一道甜点，预示有始有终，永远甜美。有的人家经济不宽裕，到了这时，咬咬牙也是要摆出12道，叫"输人不输阵"，却也有一句俗话嘲讽："十二碗摆，没一碗成材（像样）。"

除了精致的食文化，还有精致的饮文化，即茶文化和酒文化。它们都传自漳泉，但是到了厦门，升华成了"工夫茶"。

道光《厦门志》载："俗好啜茶。器具精小，壶必曰孟公壶，杯必曰若深杯。茶叶重一两，价有贵至四五番钱者。文火煎之，如啜酒然。以饷客，客必辩其色香味而细啜之，否则相为讥笑，名曰工夫茶。"[①]

这是最早记载工夫茶的典籍，证明闽南工夫茶是在厦门成为东南政治、经济、军事中心的背景下，是由那些有钱、有闲、追求精致生活的厦门士绅、富商们首先创造出来的。

厦门工夫茶的程序非常讲究，所费的工夫，胜于喝茶。

首先是对茶叶的选择。"茶叶重一两，价有贵至四五番钱者"，可见其讲究、奢侈。厦门人喜欢喝乌龙茶，他们认为花茶的香，只是闻着香，非茶叶内里之香，是外部掺和，根本不入流。山茶，则嫌其"冷"，易伤脾胃，且由于在制作上未过二遍火，茶

[①] 《厦门志》卷十五《风俗记》。

色较淡，清汤寡水，招待客人时不好看，因此也不流行。最负盛名的是安溪的乌龙茶，但都必须是过两遍火的。厦门茶行过去无不标榜自己为正宗安溪茶行。

在厦门人眼中，乌龙茶中多以铁观音为上品。铁观音如青橄榄，初入口略有苦涩，入喉后渐渐回甘，韵味无穷。厦门人崇尚为人处世讲究永远久长，"好头不如好尾"，选铁观音为上品。铁观音中还有许多等级，极品为红心铁观音。至于一枝春、留香等相对来说算是一般了。

泡茶的水也很讲究，过去厦门城里的商行和一些有钱人家，要专门请人去市郊挑泉水来泡茶。

茶具更讲究，"器具精小，壶必曰孟公壶，杯必曰若深杯"，红色的宜兴陶壶，只掌心大小，厦门话俗称"小掌罐"。配套的茶杯自然就更小了。用这样的茶具泡出来的茶叫"小掌茶"。

除了茶具之外，真正的茶仙必备有小烘炉和小水壶，也都是特制的，大约只装得一碗水，以便很快烧开。

水开之后，第一道程序就是烫壶、烫杯，然后放上茶叶，俟水一开，立刻就冲入茶壶中。这时会浮起一些泡沫，水继续冲下，让壶中的水溢出壶外，把那些泡沫也带出。

这时立即将壶提起，将这第一遍的茶全部倒入茶洗中。闽南有句俗语："头遍脚湿、二遍茶叶"，头遍水洗茶，仍然是茶仙的标准程序。

第一遍茶倒出后，第二道水立刻冲进去，待冲到壶盖盖下去后有少许的水溢出，仍然要在盖上盖后，再淋上一些开水。然后马上斟茶，不能延候，最忌讳浸茶，一浸就出茶碱，茶就苦了，味道就被破坏了。

斟茶是很讲究功夫的，必须一个手指头按住壶盖，将壶翻转九十度，壶嘴直冲下，迅速地绕着已经排一圈的茶杯斟去。开始为"关公巡城"，每一个杯子都要均匀分配；最后叫"韩信点兵"，那后边的几滴最甘美，也是每一杯都必须点到。这样斟出的茶，每一杯色泽浓淡均匀，味道不相上下。

于是，主人开始请茶。饮茶也是有讲究的。一杯的量虽然很少，却是不能一饮而尽的，必须先浅浅地抿一口，在口中稍留，再缓缓咽下。咽下后，不要急于饮第二口，不妨先"啧"几下，似在品味方才留下的余香，若真是好茶，这时就会有回味从喉中涌起。真正懂行的茶仙，第一口下去，就开始评点。一般的则在三四口饮完第一杯后，也要开始评茶。这样，即使陌生的人也立刻就有了共同的话题。你若懂茶，尽可据实而谈，从茶的品种、茶叶的收藏到水质的好坏、茶具的趣闻等，话题相当广泛。高手甚至一杯茶就可以品出是春茶，还是秋香（秋茶）、雪片（冬茶）。若不懂，也不妨赞美几声"喉咙很舒服"，只是千万别嫌杯子太小，喝起来不解渴。厦门有句俗话"吃酒吐涎，饮茶流汗"，就是在嘲笑那些不懂品茶，却又要附庸风雅的老兄。

茶喝多了，有时会引起"茶醉"，"茶醉"比"酒醉"还厉害。因此闽南人饮茶，往往还要有"茶配"，一般是蜜饯、贡糖、生仁糕之类，据说甜食可防茶醉。

过去厦门街巷随处可见茶肆，俗称"茶桌仔"。"茶桌仔"往往又是"讲古"场，一壶茶慢斟浅酌，听"讲古仙"讲三国、讲水浒，不啻是消闲的好去处。

从上述的茶俗，可以看出厦门人对茶的认识具有非常浓烈的文化含蕴。

首先，他们把茶作为一种礼，"寒夜客来茶当酒"，成为一种待客的基本礼节，并形成了一些待客的茶俗，如"七分茶，八分酒"。在厦门最隆重的祀日，例如年初九的天公生，要敬香茶；祭祀祖宗或初一、十五烧香拜佛，也要敬茶。人死了，从头七到末七，49天里天天早晚要敬茶。每年农历的二月十九、六月十九、九月十九，即观音菩萨的三个生日，不但要去庙里进香，也要在家里敬茶。可见茶已不但被作为待客的礼节，而且成为祭祀中重要的礼仪。

其次，厦门人还把茶作为一种艺术来展示，来品评，来追索茶艺活动中的韵味。像工夫茶那一道道程式化了的泡茶工序，便深刻地体现了这种生活艺术的追求。饮茶已经不仅仅是解渴，不仅仅是礼节，而且是对茶叶的种植制作、水质、茶具及泡茶艺术的点评和鉴赏。茶叶、水、茶具等在他们眼中只是一系列素材，泡茶者选择、综合、创造，最后创作出的茶，才是他们要鉴赏的艺术品。

最后，厦门人还把茶作为一种精神的寄托、思想的追求。元、清时期，闽南相当多的知识分子对外族统治者采取不合作态度。而有明一代，因明王朝的海禁使闽南经济从宋元的鼎盛走向没落，也引起很多知识分子的不满。加上自五代后，闽南佛教盛行，因此，走向空门和超尘隐世的思想在闽南一直非常盛行。闽南民间流传千年的古乐南曲中流溢的那种"幽雅清和"的韵味，可以说正是闽南知识分子十分向往的一种境界。

而此时闽南的知识分子汇聚厦门，相互激发，超尘脱世的精神向往成为主流。但是出家和完全的隐世，又是多数人所难以做到的，他们不能不在世俗中追逐盘亘。这样，偷闲半日，取山间之清泉，到梵音古刹，或幽深的静室，邀三两知己烹水泡茶，品茗唱曲，便成为厦门人超尘隐世的精神追求的一种寄托。厦门人将酷嗜泡茶，又有一定品位的人称为"茶仙"，不是没有道理的。

总之，厦门工夫茶的内涵，是非常丰厚，非常深邃的，富有独具的风格色彩。

酒在厦门生活中必不可少，厦门俗语："拜拜无酒掷无杯"，即拜神祭祖如果不献上酒，则神仙祖宗都会不高兴。无酒不欢，但他们更多是把酒当作药物来看待。厦门俗话"小酒小人参"，适量的酒对人的健康，尤其是老人和产妇，是有益的。因此，药酒在厦门很是畅销。早年厦门万全堂的虎骨木瓜酒、春生堂的十全大补酒、松筠堂的固本药酒不但在厦门畅销，而且是厦门人馈赠漳泉、台湾，甚至南洋亲友的礼品。

还有许多人家，自己买来中药，用酒浸泡，每晚一小杯，长年饮用，健补身体。至于逢上霜降、立冬、冬至、清明等节令，那更是非要喝上两杯药酒不可。即使不敢喝，也要将酒掺到吃的汤食中，如排骨汤、鸡汤中，一并喝掉。

产妇喝"老酒"。"老酒"指糯米酒，一般是自己家酿的。一个月子，喝它一二十瓶是极普通的事。

甚至小孩也有被要求喝酒的时候。孩子长到十三四岁，青春发育期，闽南人称其将"转大"，父母必要买中药三七炖鸡给孩子吃，而且必要掺些"老酒"，或药酒，或高粱酒。

酒除了当药喝，还常被作为药来使用。手指头烫伤，立刻倒一杯高粱酒，将指头浸泡其中，不但止痛，而且消毒，不起泡，不发脓。不能浸的部位，则可用草纸浸酒敷在上边。若是脚拐了，扭伤拉伤，也是倒出高粱酒，涂擦按摩伤处，对活筋舒血，还真有一些功效。

厦门这种以酒为药的观念很大程度源自从宋代保生大帝开始的闽南医疗传统和健康养生理念。

据《厦门志》载，当时厦门宫庙有63座，供奉祭祀保生大帝的有21座，可见此信俗在厦门的广泛流行，也可见其时厦门追求的健康养生理念。这种理念既传承于千百年来中医中药健康养生的传统，也和厦门的地理环境密切相关。

厦门地处亚热带地区，背山面海，为水气所环绕，常年湿热，有着特殊的天气和地气。一方水土养一方人，一方水土滋生一方疾病，人生活在这样的环境中，感天地之气，容易患湿热诸病，如口渴咽干、体倦乏力、中暑发烧等。①春夏季节，阳气生发，水蒸气从地下升腾而上，化为雾气。海上也是大雾弥漫，厦门常为这些瘴气所笼罩，若平素体质不佳，便易引发瘴疠诸症，如上吐下泻、忽冷忽热、咳嗽胸闷等，严重危害人们的健康，甚至有性命之忧。

岛上虫蛇频频出没，经常会遇到蜈蚣、马蜂、毒蛇等虫蛇，稍有不慎，被蜇被咬，轻则红肿热痛，重则一命呜呼。若下海捕鱼，或者挖牡蛎、藤壶等海产，则经常会遭遇鱼蜇蟹咬伤人等事件，危害人们的身体健康。

当时厦门兵士众多，战斗、训练频繁，各种刀枪棍伤、跌打肿痛更是无日不有。

特别是如前所述，在鸦片战争之前的这一个半世纪，厦门公共卫生缺失，百姓的个人卫生观念淡薄，城市中出现各种常见病，老幼妇孺皆不能幸免，稍有不慎，便染上顽疾，苦不堪言。疾病多发，也导致人均寿命低，新生孩童夭折率极高。

在这种环境中，各路名医汇聚厦门，相互切磋，使厦门成为东南医疗水准最高的所在，且在厦门民间也出现了许多无名高手和健康养生的民间习俗。

为了能够更好地繁衍生息，祛疾除患，厦门人在传承医祖保生大帝健康养生文化的基础上，根据厦门的地理、气候、人文特点，逐渐总结出各种养生法则，形成厦门人特有的健康理念与健康智慧。

防患于未然，治病于微小，是传统中医的最高智慧，也是厦门人根深蒂固的健康观念。厦门养生防病理念往往融入日常的衣、食、住、行当中，很多都编成俚语或歌诀，用厦门话传颂，合辙押韵、朗朗上口，且通俗易懂、俏皮好记，它们润物细无声，与百姓生活息息相关。

厦门俗话"清明谷雨，寒死虎母"。这句话的意思是春天气温多变，乍暖还寒，虽然到了清明、谷雨，春天已经过半，但是一阵寒风来袭，连母老虎都会被冻死。这是夸张风趣的说法，却很好地提醒人们注意"春捂秋冻"，春天不能骤减衣物，要防止倒春寒侵袭而导致感冒发烧诸症。

"一年补透透，不值补霜降"，根据二十四节气的变化，选择合适的食物，适时

---

① 王彦晖：《湿病真传》第二章《湿邪的来源概述》。

进补。"寒天菜头热天姜，先生药店免开张"，"菜头"即萝卜，冬天吃萝卜可帮助阳气收敛闭藏，夏天吃生姜可帮助阳气生发。正所谓，春夏养阳，秋冬养阴，顺应大自然二十四节气变化之理，符合养生之道，最合时宜。

厦门谚语"吃饭皇帝大"，吃饭时不可打骂孩子，让他专心吃饭；又说"三顿吃得纯，较好洋参高丽乱注滚"，三餐能够按规律食用，便是最好的养生，胜过动不动吃各种滋补参类。《黄帝内经》教导世人饮食的原则是"五谷为养、五果为助、五畜为益、五菜为充"[①]，三餐能"吃得纯"正符合此理，最有益于身体健康。

"朝西，赚钱无人知，朝东，家财剥空空"。厦门人住家、店铺讲究的朝向是西、南，忌讳的是朝东、朝北。早年从大陆登陆厦门都是从东北方的五通渡口上岸。但是后来的厦门城没有选在靠近大陆的五通一带，而选在岛的西南角建成早期的厦门城市。这是厦门人的风水选择。因为厦门的天候是每年四五月西南季风起，八九月东北季风起。朝南朝西，夏天享受得到西南风的凉爽，冬天避开了东北季风的干燥寒冷；朝东朝北，正好相反。

"吃空气"，空气也可以吃吗？晨起、傍晚，厦门人喜欢到海边、山上"吃空气"。一来此时空气清新，可以润肺，滋养五脏，令人神清气爽；二来此过程又是在散步或爬山，活络筋骨、健脾养胃，自然身康体健。"吃空气"三个字虽然简单，却蕴藏着高明的养生智慧，说明人们敬畏自然，明白最好的养生产品就是新鲜的空气。

"万银难买一字畅"，厦门人重视保持精神的愉悦，身心互为因果，若能保持心情舒畅，自然身体康泰。很多疾病的病根都在于"心"，人若被怨、恨、恼、怒、烦五毒所笼罩，必然气滞血瘀，导致五脏生克失衡，而病变多端。"畅"即心情舒畅、平和、包容之意，能达此状态，有利于身体健康，非金银能比。

"烧糜损菜，水查某仔损子婿"[②]。肾气为人先天之本，固肾护精乃延年益寿的基本保障。厦门这句俗语，活泼俏皮，给人以警示，告知房事当有所节制。若房事不节，必然油尽灯枯，寿命缩短。因此，想健康长寿，就需固护肾气，使"精、气、神"三宝充盈。

这些都是厦门人在传承先人智慧基础上总结的养生宝典。实践出真知，从饮食、起居、情志等方面着手，编写成短小精悍的闽南"医谚"，生动活泼、广为流传，寥寥数语浓缩了丰富的养生信息，也表现出厦门独特的生活方式，成为厦门文化重要的内涵。

三、厦门民间习俗

来自漳泉的市民，自然把原乡的民间信俗都带到了厦门这座新兴的城市。传自漳泉的人生礼俗和岁时节俗，大多被厦门人统统收留传承。如厦门既有主要传自泉州府同安县的清明节，却又做传自漳州的"三月节"。

---

① 《黄帝内经·素问》第二十二篇《藏气法时论》。
② 热粥费菜，漂亮的老婆会使丈夫房事过度。

当然他们也会对传自漳泉的节俗进行改造创新，最典型的就是中秋博饼。漳泉中秋节的团圆赏月、吃月饼、听香等习俗，厦门人照收不误，除此之外，厦门人还创造了中秋举家"博状元"的新习俗。后来这习俗竟成为国家级的非物质文化遗产代表性项目，并且传播到金门、台湾、漳州、泉州和海外。

对于漳泉的民间信俗，厦门则有所选择。按《厦门志》所记载，道光年间厦门城的民间信俗宫庙有63座，供奉的有妈祖，吴真人（保生大帝），观音，关公，玄天上帝（元武之神），水仙五王（大禹、伍员、屈原、西楚霸王、鲁公输子），文昌，清水祖师，城隍爷，龙王，武烈王（开闽王），双忠王，东岳大帝和阎王，土地公，五行神，雷海青，三官大帝，药王，汉北地王，义娘合计21位神仙。

汉北地王刘谌为刘备之孙，蜀汉后主刘禅第五子。景耀二年（259），刘禅封其为北地王。景耀六年（263），其父刘禅决定降魏，刘谌劝阻无效，自杀于昭烈庙。

最后一位义娘全称贞烈义娘，《厦门志》称其为厦门人，"后人塑子孙娘娘于祠中，遂忘其祠所自始"。①但这一说法当然还有商榷之处。

供奉最多的是与海洋相关的妈祖、观音、玄天上帝（元武之神）、水仙五王、龙王、关帝。因为关帝信义双全，生意人最讲究的就是信义，因此被海商尊为行业神、武财神，成为郊商船上不可或缺的保护神。

其次是保护健康的保生大帝、药王。这和当时厦门民间缺医少药有很大关系。百姓生病多到宫庙求神拜佛，尤其保生大帝的药签多有灵验。现在看，其中有相当临床心理学的道理，不应全盘抹杀。

《厦门志》称"满地丛祠，迎神赛会，一年之交，且居其半"②。这么多宫庙要建造，要维修，引来闽南各路建筑高手云集，各种石雕、砖雕、木雕、彩绘、泥塑、剪粘（剪瓷雕）争奇斗艳，花样翻新。

各个宫庙每年至少要有两次以上的大拜拜，不但庙里香烟缭绕，供品如山，还有抬神明绕境巡安，踩街游行，请戏谢神明，锣鼓喧天，热闹非凡。小小城中六十几座庙，一年居半有热闹，想想都会头痛。

这些神明还不只是住在宫庙，厦门人按照漳泉的习俗，同样把他们请到家里，同祖宗一起供奉。这样如前所述，闽南文化尊天敬祖、天人合一、追远报本、和而不同的理念就成了厦门人的"教示"，深入民心，世代传承。

《厦门志》又称"有所谓王醮者，穷其奢华，震鎗（锣鼓声）炫耀，游山游海，举国若狂"。③

王醮，就是民间所称的送王船。但是，当年的文人官绅对民间文化总是大加挞伐。

从今天的观点看，这是底层百姓了不起的文化创造。当然有粗俗、不足，甚至错误的地方，但也有他们绵延千百年而不衰的智慧和理念，呈现出中华文化落地生根、万紫千红的景象。以科学的态度看待世界上任何东西，都是可以和必须一分为二的。一粒

---

① 《厦门志》卷二《分域略》。
②③ 《厦门志》卷十五《风俗记》。

米、一块肉，我们不可能拿刀把它切成两半，这一半是精华，另一半是糟粕。我们只能把它煮熟了吃下去，然后用我们的身体来消化它。对于传统文化当然也是如此。

2020年联合国教科文组织在批准通过中国与马来西亚联合申报的"送王船——有关人与海洋可持续联系的仪式及相关实践"列入人类非物质文化遗产代表性项目的决议指出：

1.送王船仪式和相关的实践植根于崇拜王爷的民间习俗，一个被认为保护人民和他们的土地免受灾难的神。该元素于十五至十七世纪在中国闽南地区开发，现在集中在厦门湾和泉州湾的沿海地区，以及马来西亚马六甲的中国社区。那些在海上死去的人被认为是"好兄弟"，他们变得孤独、漂泊。仪式开始时，人们聚集在海边欢迎王爷来到寺庙或部落大厅，而灯篙则是为了召唤"好兄弟"并将他们从痛苦中解救出来。这样，这个元素就被称为"做好事"。表演在送王船游行队伍前面，为王船（木制或纸制模型)扫清了一条道路。这些表演包括高甲戏和歌仔戏，不同的阵头舞蹈，包括龙和狮子舞，木偶表演等。这个元素唤起了祖先远洋的历史记忆，在遇到诸如海难等紧急情况时重塑了社会联系，并尊重人与海洋之间的和谐。它也见证了社区之间的文化间对话。

2.认为根据档案所载资料，提名符合列入人类非物质文化遗产代表名单的下列标准：

（1）这一要素有助于社区抵御与海洋有关的灾害，并促进文化间对话。它包括与人们日常生活相关的关于自然和宇宙的知识。与这一要素有关的知识和技能已通过在寺庙和社区的理事会成员之间举行的仪式和做法，并通过长者向青年口头传播。该要素有助于生态保护和环境可持续性。它还支持多样性和志愿精神的价值观，并加强社会凝聚力、建设和平和国际合作。

（2）这个元素一直在不断地实践和再现，构成了中马文化互动和谐共存的生动反映。这种做法见证了过去和现在不同地区不同文明、宗教和文化之间的相互影响和令人满意的共存。该要素的列入将成为来自不同国家的人们共有的非物质文化遗产的一个案例，以及他们在跨界保护努力领域的共同关切和责任。

......

3.还认为，根据档案所载资料和提交国通过对话进程提供的资料，符合列入人类非物质文化遗产代表名单的标准。

4.决定将送王船、王船、王舡仪式和维护人与海洋可持续联系的相关做法列入人类非物质文化遗产代表名单。

"送王船——有关人与海洋可持续联系的仪式及相关实践"是厦门第一个申报成功的世界非遗，也是中国第一个与海上丝绸之路沿线国家联合申报成功的世界级非遗。

联合国教科文组织的决议充分肯定了该项目的历史价值与当代意义，也是对中马两国对传统文化的深刻认识、传承和当代保护、当代解读的充分肯定。送王船从明代创造产生，在厦门民间落地生根，数百年来在官府文人百般辱骂禁止声中，世代相传，绵延不息，闪耀着闽台百姓、闽台文化世界的眼光、海洋的情怀和文化的自信。没有两岸百姓的坚持，哪有今天的人类非物质文化遗产代表作？

四、文学艺术

道光年间的厦门居民已经有14万人。而作为一个港口城市，临时的过客、海员商人、渔民，也不在少数。至少像厦门港的疍家，《厦门志》还专门记载了他们的习俗，说明他们是常驻在厦门，只是不上岸，而是住在自己的船上。他们是不在统计和纳税之内的。总之这么多人聚集在这个小小的城市，他们肯定要有自己的娱乐和精神生活。于是厦门在这150年里，在传承漳泉传来的闽南民间艺术基础上，慢慢地拥有了自己的文学艺术创造。

《厦门志》记载，厦门的文学著作，在唐代有薛令之的《明月先生集》，陈黯的《颍川先生集》和黄滔、罗隐为这集子所写的《颍川陈先生集序》及《陈先生集后序》。宋也只有林棐的《诗文集》，薛舜俞的《易抄诗书指》和《文集》。可见唐宋厦门文风之稀疏。

到了明以后文人倍增，仅列入《厦门志》艺文卷的文人就有林应、王高立、傅钥、池浴德、池显方、阮旻锡等14人，著作文集50本近百卷。这还没把郑成功、陈永华、沈佺期等郑氏文人算入，也未记录戚继光、俞大猷等名家名将在厦门留下的作品。

清初至道光这一个半世纪，厦门文风渐盛，文人辈出。其中不乏影响深远的陈伦炯、蔡献臣、廖飞鹏、黄日纪、张锡麟、薛起凤等名家。他们的作品，诸如《海国闻见录》《鹭江志》等传世久远。

影响更加广泛深远的是这个城市百姓的音乐、戏曲、曲艺等民间艺术。

乾隆三十一年（1766）的《鹭江志》载："上元，是日，各街巷皆张灯结彩，弹丝吹竹，以庆太平。前后三五夜，演放花炮，或扮人物故事，竹马龙灯，遍处喧闹，或作灯猜，或唱词曲，无所不有。

"二月二日，各街市演戏，前后数十日，名为土地寿日。古未尝有，十余年来始有此风也。

"端午，……是日，海上斗龙舟，观者如蚁，共有三四日。至初十以后，各渡头搭戏台演戏，或至一月或至半月，皆舡仔船为主，硬索行家及各船户之钱为之。此亦十多年来之敝俗，古所未有也。

"中秋，……是月，街市及乡村皆演戏，祀土地之神，周一月而后已。此古例也，与二月不同。

"冬至，……乡村则是日于祠前演戏作乐，备酒筵以祭其祖，名曰冬祭。

"丧礼，……每逢做七，礼佛拜忏，甚至……搭台唱戏，取笑男女。其尤甚者，用数十人妆鬼作神，同和尚猪猴搬演彻夜，名曰杂出。"[①]

---

① 《鹭江志（整理本）》卷之三《风俗》。

从《鹭江志》以上记载，我们可以看出，在那个时候厦门演戏的日子非常多，正月的上元前后演三五夜，二月的头牙演数十日，五月端午各渡头（十几个渡头）演戏一月或半月。中秋节更厉害，各街市乡村皆演戏，整整一个月。幸好冬至只演一天，而丧礼则每逢做七都要搭台唱戏。

演出的剧种则有竹马戏、打城戏。竹马戏是闽南宋代就有的剧种。打城戏是近代才起的名字，即这里所记载的丧礼演出的"杂出"。

打城戏又称法事戏、和尚戏、道士戏，流行于闽南地区，是在宗教做法事"打城超度众生"的基础上发展起来的。"打城"的形式有两种：一曰"打天堂城"，主要是道士表演芭蕉大王巡视枉死城，释放屈死冤魂的故事；二曰"打地下城"，是和尚表演的藏王打开鬼门关，放出无辜冤鬼的故事。

这种"打城"仪式，通常是在和尚、道士打醮拜忏圆满的最后一天三更时分举行，地点一般在广场上，伴随着表演各种杂耍，如弄钹、高跷、过刀山、跳桌子、丢包子等小节目。表演时不穿戏装，而是穿僧道的衣服。后来，因法事的需要，从《目连救母》中摘取《白猿抢经》《打地下城》《双挑》等小段进行表演。其音乐曲调是以道情和佛曲为主。道士使用的乐器比较丰富，有铜钟、草锣、钹、双铃、小锣鼓等。和尚使用的乐器比较简单，只有木鱼、钟、木板、拍等几种。

清道光年间，这种"打城"表演跳出了宗教仪式的圈子，开始在闽南广大城乡搭台演出，作为演戏最频繁、戏金最高的厦门，自然是这些和尚、道士戏班的最爱。

梨园戏起于宋末元初，至明代发展为大梨园和小梨园，大梨园又分上路和下南。小梨园最初是明代豪门富室的家班，历代班主都是以契约形式，收买七八岁到十二三岁的儿童组班，年限5—10年，期满后散棚重新组班，永远保留童龄演出阵容，以适合于内院深闺垂帘观赏。小梨园的角色行当为生、旦、净、丑、贴、外、末七种，故称七子班，又因是童龄，故俗称"戏子"。大梨园增加了老旦和二旦两种角色行当，演员都是成年人，故俗称为"老戏"。

康熙三十七年（1698），郁永河所作《台湾竹枝词》："肩披发须耳垂珰，粉面朱唇似女郎，马祖宫前锣鼓闹，侏离唱出下南腔。"马祖宫即妈祖庙，下南，大梨园下南派。当时戏班只能从厦门乘船到台南，怎么可能只在台南演，而厦门没有梨园戏演出呢。

建在厦门港的"海防同知府"又称"厦防厅"，有文称"厦防厅为吾闽第一优缺，海舶麇集，市廛殷赡。官廨尤极豪奢。署中蓄梨园两班，除国忌外，无日不演唱。"

还有嘉礼戏、布袋戏等偶戏，在闽南流传的时间更早、更为成熟，也不可能没有进入厦门演出。厦门此时演戏如此频繁，漳泉两地的戏班不可能不想方设法到此来演戏赚钱。厦门俗语"前棚嘉礼，后棚老戏"，指节庆演戏前面演提线傀儡"嘉礼戏"，后面演梨园老戏。这是因为提线傀儡嘉礼戏是闽南流传最早的戏曲，所有的闽南戏剧艺人都遵嘉礼戏为师。如果在同一个场地演出，必须嘉礼戏先开台，其他剧种的戏班才可以开始。

早期闽南民间戏曲，还有官音戏，即北管戏。所谓官音戏，即用官员老家的方言演唱的戏。这是由于当时规定官员不得在原籍任职，因而闽南的地方官便都是外省人。一些"马屁精"为讨好父母官，便不惜花重金从官员家乡请来当地的戏班，到闽南演出。官老爷是江西人，便请江西戏，是安徽人便请安徽戏，是江浙人便请江浙戏班。其时百姓怎搞得清江浙、安徽，便一概称之为"官音戏"。

这些官音戏班一般都是当地比较出色的戏班。来到闽南，官老爷喜欢，一些士绅人家也跟着喜欢。今天你请，明天他请，戏况很不错。许多戏班一演就是一两年，有的甚至就留在闽南。这就成为后来闽南、台湾一带的北管戏，即唱北方声腔的戏。有的差一些，没人看了，连回去的路费也没了，其中的艺人就转到闽南的戏班中。

大致在乾嘉之际，花部戏曲最盛行的时期，乱弹戏传入台湾。花部戏曲包含了京腔、秦腔、弋阳腔、梆子腔、罗罗腔、二黄调，统称为乱弹。可见早期乱弹并非一个剧种，大多也是闽台两地任职的北方官员从家乡引来。闽南人的"官音"就是北方方音，乱弹戏、北管戏、官音戏就是一回事。

道光十二年（1832）编成的《厦门志》记载："初二日，街市乡村敛钱演戏，为各土地神祝寿。

"中秋，街市乡村演戏，祀土地之神，与二月同。

"初丧置酒召客，演剧喧哗，以为送死之礼。……居丧作浮屠，已属非礼，厦俗竟至演戏，俗呼杂出。以目连救母为题，杂以猪、猴、神鬼诸出，甚至削发之僧，亦有逐队扮演，丑态秽语，百端呈露，男女聚观，毫无顾忌。

"赛社演剧，在所不禁。取古人忠孝节义之事，俾观者之所兴感，亦有裨于风教。闽中土戏谓之'七子班'，声调迥别。……厦门前有《荔镜传》，演泉人陈三诱潮妇王五娘私奔事。淫词丑态，穷形尽相，妇女观者如堵，遂多越礼私逃之案。

"又有说平话者，绿阴树下，古佛寺前，称说汉、唐以来遗事。众人环听，敛钱为馈，可使愚顽不识字者为兴感之用。间有说艳书及水浒衍义者，宜禁之。"[①]

可见道光年间厦门戏曲演出依然盛行，并提到七子班，还抨击了《荔镜传》，即闽南家喻户晓的《陈三五娘》。对打城戏的攻击更猛烈，但其他戏种绝口不提。除了士大夫对民间艺术的傲慢，周凯作为浙江富阳人，要说清楚闽南这些剧种，说实话也是为难人家。

不过他在这里提到了早年对于厦门人的成长影响深远的"平话"，厦门人叫讲古，现在列入国家级的非物质文化遗产代表性项目。闽南讲古历史悠久，村镇、街道都有讲古的爱好者，人称"讲古仙"。他们见多识广，口头表达能力也强，邻里、乡亲闲来无事皆喜欢凑在其身边，听他们聊天、讲古。道光时厦门的讲古已经市场化，"众人环听，敛钱为馈"，不是白听的。

讲古仙大多为没落世家子弟或失业知识分子，知识面很广，天文地理，三皇五帝，无所不晓。表情丰富，特别是语音口气的变化，尤其惟妙惟肖。有的讲古仙丝毫不亚于单口相声演员。在娱乐种类匮乏的年代里，无论大人还是孩子，很容易被讲古所吸引。许多下层民众通过听讲古，学习了历史常识；通过听讲古学习做人的道理，体会闽南方

[①]《厦门志》卷十五《风俗记》。

言的独特魅力和讲古仙过人的口头表达能力，得到了欢娱，精神世界变得富足，这成为他们美好的精神生活。

《鹭江志》还提到"弹丝吹竹"，"或唱词曲"，这当是闽南的高雅音乐南音。南音的历史相当久远，被称为"活化石"。一般认为是唐、五代时传入闽南的中原古曲。

但是，南音的清唱曲以闽南方言来演唱，而闽南方言的最后形成一般认为是在五代到宋，所以南音形成的上限，不可能早于宋。

现今南音有珍藏于国外图书馆的明刊闽南戏曲弦管三种：明万历年间刊印的《新刻增补戏队锦曲大全满天春》《精选时尚新锦曲摘队》《新刊弦管时尚摘要集》，这就有力地证明了在明万历之前，南音已经相当成熟了。因此，南音形成的下限，不可能晚于明中叶。

不过，南音留存了唐、五代甚至更早时期的中原古乐的因素。比如它的曲项四弦琵琶，在北朝、隋唐时代就有出现。敦煌莫高窟中北魏壁画、隋代壁画、唐代壁画都有出现。四川五代遗址王建墓也有曲项琵琶乐队的石刻，五代南唐《韩熙载夜宴图》中更有乐师弹奏曲项四弦琵琶。

另外，南音的谱，特别是《走马》《百鸟归巢》《阳关曲》都留存了唐大曲诸多音乐因素。

总之，南音的成熟、定型虽然是在宋元明之间，但它留存了许多隋唐、五代甚至更早的中原古乐元素，因而被人们称之为"中国音乐的活化石"。《大英百科全书》誉之为"东方明珠"。

由于流传的历史久远，南音产生了许多不同的名称，如南曲、南管、弦管、锦曲、郎君乐等。从上面所引的明刊本看，明代是把南音叫作锦曲和弦管的，现今依然有许多地方，比如台湾仍称之为弦管。郎君乐则是因为南音所奉神明为五代时期的孟昶。因孟昶后来被封为"郎君大仙"，故称"郎君乐"。

南音的内容，有"指""谱""曲"三种。指，是一种组曲的形式，以乐器演奏，但它们的音乐中包括歌词，而这唱词只为平时学习、记忆音乐而设，演奏时只奏曲调而不唱。传统的南音曲本，有"指"三十六套。

谱，是纯粹的器乐演奏曲，由多乐章组成，传统有十二大谱。每套谱都有一个标题，属于一种"标题音乐"。

曲，是供演唱的散曲，由歌者手持拍板，在南音"四管"伴奏下演唱，具有南北朝时期"相和歌"（丝竹更相奏，执节者歌）的演唱风格。其曲牌有230多种，曲目则有2000多首。

其乐队编制，一般有"上四管"，即琵琶、洞箫、二弦、三弦和"下四管"，即响盏、双音、四块、小叫。有时还加上玉暖（小唢呐），（品箫）笛子，成为"十音"。

南音的琵琶是上面所介绍的曲项四弦琵琶，演奏时保留了横抱手拨的古代演奏方式。它的洞箫也称南箫，又叫"尺八"，但与日本的尺八又略有不同，较北方的箫短一些、粗一些。二弦源自奚琴。奚琴在宋代才被广泛使用。但是，现在南音的二弦和清代的奚琴并不一样，倒是和宋代陈旸《乐书》中所绘的奚琴图形制相同。中国民间的三弦有大小之分，小三弦又称"曲弦""南弦"，大三弦长一些，称"大鼓三弦""书弦"。南音所用的三弦是小三弦。

拍板又称檀板，据说起于魏晋时代。拍板也有多种形制，《旧唐诗》里记载的拍板"长阔如手，厚寸余"，《通典》记载的拍板也是"长阔如手，重十余枚"。而四川前蜀王建在成都老西门外的墓侧石刻中，有拍板六块，是唐代通行的小拍板。宋代陈旸的《乐书》中称拍板"大者九板，小者六板"。《明会典》记载的拍板则仅四片。而南音所用的拍板五块，厚仅二分，中间三块长约26厘米，外面的两块长约29厘米，宽度则在3—5厘米间。这说明南音的拍板是在从宋到明之间从六块演化为四块时产生的。

南音的曲本，以南音的工尺谱记，系以琵琶指法记录，由音符、指法与撩拍三部分组成。音符记于左一行，以"工六士一伬"表之；琵琶指法记号于中央行；以"。"表示拍，以"、"表示撩，记于右一行。南音的"乂工六思一"相当于"宫商角徵羽"。

明末清初，厦门港逐渐成为闽南最重要的出海口，成为闽南人过台湾、下南洋的出发地和归来的口岸，许多南音的大师也就纷纷齐聚厦门。厦门最早的南音社团为金华阁南乐社，早年叫鹭江金华阁，成立于道光十年（1830），比周凯编成《厦门志》的时间还早两年。而能够成立社团，当然是已经有不少南音爱好者，甚至有南音高手汇聚厦门，才可能成立起志同道合的南乐社。

二十七年后的咸丰七年（1857），厦门人章小崖编成了《文焕堂初刻指谱》，由厦门文德堂刊刷问世。至今尚未发现有比这更早的南曲刻本。文焕堂主人章焕，字小崖，在自序中写道："予得古谱一部，历诸名公校对无差，予不敏，不敢秘，刊刷于世，庶先创之功不灭，俾后习之机不紊矣。"也就是说在他之前是有南音古谱的，只是我们现在看不到了。我们看到的是他根据古谱与诸名公（南音高手）校对无误，再刊刷的咸丰本。南音艺术的中心从此落在厦门。此后，南音几位影响海内外的大师林祥玉、林霁秋、纪经亩都世居厦门。

仅从乾隆的《鹭江志》和道光的《厦门志》所记载，我们就可以看出，到清代道光年间厦门已经成为闽南民间艺术演出的中心，并且汇聚了闽南民间艺术的杰出人才，融漳泉两地的民间艺术为一炉，渐渐形成独特的厦门风格，并引领了闽南民间艺术的市场化。

从上述厦门文象我们可以看到，在这一个半世纪中，厦门这座东南海疆的港口城市已经渐渐地形成了独具特色的厦门文化。我们更可依本章所述的厦门文象——城市面貌、社会生活、经济活动、管理水平、语言文化、风俗信仰等，来探究厦门的文脉——特殊的技艺、智慧和价值取向。

无论是同安梭船的建造，还是百姓人家的家常菜肴，或者工夫茶的程序，无不呈现出厦门非物质文化遗产精益求精的精妙技艺。

郊商郊行的商贸体制设计，以海洋贸易引领糖茶果等农业产品的市场化、商品化的经济机制设计，以厦门母港引领环厦门湾腹地港的交通运输设计，等等，无不体现出厦门城市生存发展的智慧。

不同于漳泉依托于九龙江、晋江三角洲的广阔地域，厦门只是一个孤悬海中的小岛。然而它扼东南海疆之要冲，控闽台往来之枢纽，又以海洋港口的优良，引领半个福建和台湾的农耕产品市场化和国际化；更有奠基者郑成功的人格指引，加上精英荟萃，追求精致的城市生活，在厦门如此独特的地理、经济、军事、政治、人文环境中，厦门文化呈现出自己独特的价值取向。

其一，岛民的同舟共济和四海之内皆兄弟的胸襟。

厦门是座孤岛，四面环海，犹如万顷波涛中一叶小舟，面对大海的惊涛骇浪，只有同舟共济、休戚与共。《厦门志》载："造大船费数万金，造船置货者曰'财东'。领船运货出洋者曰'出海'。司舵者曰'舵工'，司桅者曰'斗手'，亦曰'亚班'，司缭者曰'大撩'，相呼曰'兄弟'。"①

清初这150年，船舶穿越大海，把四面八方人送到厦门岛。海岛也是一条船，来到厦门，我们就是同一条船，所以"相互曰兄弟"。"四海之内皆兄弟"的理念根植厦门人心中。

既然是兄弟，就应同舟共济、生死与共。在台风、红毛番进犯的时刻，不但要同心协力战斗，就是船上任何小洞、任何不周，任何人都必须及时发现，奋力补救。船上任何人的伤病，都会减损全船的战斗力，都会关系船的生存，关系每一个人的安危。所以，救船就是救自己，帮人就是帮自己。

厦门俗话"坐船爱船走"，这个城市好，这条船就乘风破浪；这条船进水了，人人都要奋力舀水、堵漏。谁退却了，千夫所指，被众人抛弃；谁奋不顾身，就是人人景仰的英雄榜样。这种风气、理念养成厦门人急公好义、守望相助的民风正气。这在道光《厦门志》就有记载："岛中风俗，好义者多，凡遇义举、公事，众力易擎。"②

其二，闽台一体、海内外一家的观念。

这种地理环境形成的同舟共济、守望相助、四海之内皆兄弟的意识并没有使厦门人成为鼠目寸光的岛民。这是由厦门海港城市的政治、军事、经济环境所决定的。

郊商郊行的经济链条，把厦门和台湾千家万户的利益紧紧地捆绑在一起，一荣俱荣，一损俱损；水师提督、台厦道、海防同知在厦门，凡台海有事、台湾有事，厦门的每一个家庭就跟着骚动忙碌起来。关注台湾、台海和厦台一体、台海平安的理念深入厦门人心。

"服贾者以贩海为利薮，视汪洋巨浸如衽席，北至宁波、上海、天津、锦州，南至粤东，对渡台湾。一岁往来数次。外至吕宋、苏禄、息力、噶喇巴，冬去夏回，一年一次。初则获利数倍至数十倍不等，故有倾产造船者。然骤富骤贫，容易起落。舵水人累藉此为活者，以万计。"③

行船人以万计，加上船东、货主和他们的家属，还有所有利益相关的人，如收取他们税收和贿赂的政府官员、哨卡官兵，装卸货物的码头工人，搬运和种植甘蔗、龙眼、茶的船夫和农夫，等等。这是厦门一个相当可观的利益共同体，他们的利益所在和海上贸易紧紧相连，和海峡两岸各路港口紧紧相连，和南洋的吕宋（菲律宾）、实力（新加

---

①②③　《厦门志》卷十五《风俗记》。

坡）紧紧相连。海洋开拓了厦门的视野，使其具有放眼世界的眼光和包容海峡两岸的气度，养成了厦门人超越孤岛，放眼海疆、海洋的眼界和格局。厦台一家、海内外一家的理念深入厦门人心。改革开放以后厦门呈现出来的一些小岛意识，并非厦门文化本身具有的，而是由于之前30年的港口地位缺失，以及闽南海洋历史文化传承的缺失所造成的。

其三，文化的忠诚与政治的离心。

郑成功驱逐荷夷收复台湾的千秋伟业，忠贞不渝的爱国情怀，成为厦门人民品德的第一追求。鸦片战争中杰出的民族英雄陈化成就是忠贞爱国的厦门人杰出代表。

但是，在整个清治时期，反清复明的追求又始终涌动在厦门人的心中。

清治台湾"三年一小反，五年一大反"，都是打着反清复明的旗帜。闽南同样也有反清复明的天地会、小刀会等，也有此起彼伏的造反。小刀会更是把造反的主舞台放在厦门，上演了一场轰动全国的反清复明大戏。

孙中山先生说："华侨是革命之母。"华侨相当多来自闽南。闽南人对明清两代的统治者都充满了叛逆和反抗，其根本的原因是基于他们对海洋的向往，对社会进步的向往。他们是中国从农业社会走向工业社会天然的拥护者、革命者。今天我们回望历史，应当站在社会进步的历史潮流中来审视闽南人对明清两代统治者的反叛和造反，应当充分肯定他们基于海洋文化基因对社会进步的理想和追求。他们是中华民族走向海洋的先驱者。他们这是对中华民族、中华文化最根本的忠诚。

其四，照纪纲，重教示，追求忠孝双全、文武双全、崖岸天生、特立独行的人格。

《厦门志》称："同安人物，厦、金尤为称盛。……厦门、漳、泉杂处，士子多秀异者。

"士人好结文社，……文气日上，虽市楼、估客，濡染耳目，亦有能拈诗斗韵者。"[①]

闽台两岸，甚至省外诸多文人墨客被诸多官衙和富商征招来厦门，精英荟萃，文风日盛。教化所及，就是普通百姓也对文化充满敬畏，"岛中立敬字亭，以惜字纸"[②]。

但厦门又由于军队、军属众多，身边不断有因为军功升迁的左邻右舍、亲朋好友。而水师又须知天文、识海象，非匹夫之勇可胜任，故许多文人投身水师。水师将领又多有漳泉两地闽南人，相互提携，容易晋升。

有清一代，厦门武举人、武进士迭出，甚至还有武状元，尚武之风颇盛。文人中也讲究能文能武，文武双全。例如同安高浦陈伦炯，著作《海国闻见录》入《四库全书》，又以军功至碣石总兵、广东副都统。驻厦的水师提督中康熙时期的施世骠，雍正时期的蓝廷珍、许良彬，乾隆时期的胡贵、蓝元枚、蔡攀龙都是文武双全的名将。文武双全，成为孩子追求的榜样，成为厦门人对孩子的"教示"。

厦门骂孩子最重的一句话就是"没人教示"。这不是骂孩子，是骂孩子的父母，"子不教，父之过"。教，言教也，示，身教也。为人父母不可推卸之天职。

---

①② 《厦门志》卷十五《风俗记》。

厦门孩子被父母耳提面命最多的一句话就是"做人要有教示,做事要照纪纲"。纪,制度、法度,纲,三纲五常。照纪纲,就是遵纲守纪,厦门俗话"划痕走路"。

当然厦门的父母深切地知道身教重于言教,言传不如示范。他们传承了祖宗设计的一年到头不计其数的节庆祭祀,在这个时候有好吃的、有好玩的,更有隆重庄严地对天地、先贤、祖宗虔诚感恩的拜拜。他们从孩子出生开始,就捏着孩子的小手合掌,对着家里中厅的祖宗龛和佛龛虔诚地拜拜。这是先祖一代代传承下来的教示:尊天敬祖,天人合一,慎终追远,和而不同。

总之,在鸦片战争之前,以港口城市为特征的闽南文化第三代——厦门文化已经完整地形成。它传承了泉州、漳州的种种文化,并将它们糅在一起,精致化、城市化,但仍然是农耕时代的闽南文化。历史交给它的任务,是如何将农耕时代的闽南文化带入工业时代。

第九章　历史的转折——屈辱与奋斗

就在清王朝还沉浸在康乾盛世的自给自足和自大傲慢的道光二十年（1840），帝国主义的炮舰轰开了清朝闭锁的大门。从此中国的历史掀开了新的一页。

作为英帝国主义垂涎已久的优良港口厦门，首当其冲迎来了洋枪洋炮血与火的洗礼。当然这也是工业文明对农业文明的降维打击，是中国封建农业社会被动地走向工业化、现代化难以避免的当头棒喝和脱胎换骨的第一刀。从此，开始了厦门人民观念的转变和厦门文化艰难的转型。

文化环境决定了文化的变迁，时代的潮流规定了前进的方向。一个国家、一个民族要振兴，就必须在历史前进的逻辑中前进，在时代发展的潮流中发展。如若违背了，必将被潮流淹没。可惜，明清两代的统治者及其精英难以突破自给自足的农耕文明及其思想体制的桎梏，给人民带来深重的苦难，也激起人民推翻清王朝，走向共和的革命，并且在此基础上开始了新民主主义革命，推翻了三座大山，奠定了走向现代化国家的政治基础。

在这100多年里，鸦片战争、甲午战争、辛亥革命、抗日战争和解放战争，一连串世界和国家历史的巨大转折中，厦门这个东南海疆港口城市如何在血与火之中，肩负着千年闽南文化的包袱，又依托着千年闽南文化赋予的力量，从被帝国主义凌辱欺压开始，走出去、俯下身，忍辱负重向西方学习；又坚持自己，同时吸收外来，更新自身，艰难地完成了这个封建农耕时代小岛港口城市走向国际化、城市化、工业化、市场化的现代化之路，并引领了闽南文化现代化转型。这其中有何历史的经验和智慧值得今天记取？这是厦门学研究急需努力的地方。

第一节　不能忘记的苦难和英雄

自乾隆年间清廷规定对西洋的贸易统归广州港，英国人就很少来厦门了。但是，英国人依然惦记着厦门。

道光十二年（1832），英国东印度公司以发展业务，了解中国沿海重要港口的情况，以便在将来建立中英之间的贸易关系为理由，派遣"阿美士德"号到我国沿海进行侦察活动。这艘船于1832年2月从澳门出发，首先到南澳岛侦察该岛海军的实力和岛上的军事设施。4月2日，"阿美士德"号到达厦门，要求自由贸易。这时距鸦片战争爆发只有八年，英国人侵略的意图已经是司马昭之心路人皆知。时任福建水师提督的陈化成派员登船，对该船主胡夏米宣布：此处规定不准抛驳，要求他们马上开行，不得逗留，也不准他们施行登岸。但他们无视清朝官员的禁令，在厦门停留六天，每天分为若干小队到城内及附近乡镇进行侦察。胡夏米派专人密切监视和计算从台湾来到厦门的船只，发现每天有一二十艘载重300—500吨的帆船进港，装载着大米和糖。七天之内进出厦门载重100—300吨不等的帆船，不少于400艘。其中大部分是从沿海各地来的船商，装载着各种谷物；也有不少是从马六甲海峡来的，装着很值钱的货物。胡夏米后来给英国外交部提交的侦察报告，认为厦门由于特殊地理位置，以及当地人民善于航海经商，它是中国最繁盛的城市之一。尤其是厦门港港深不淤，不仅商船能直接靠岸起卸货物，就是最大的军舰也能进口停泊[1]。

另一位船上的翻译兼医生——德国籍传教士郭士立，也认为："由于港口的优良，厦门早就成为中华帝国最大的商业中心之一，又是亚洲最大的市场之一。船只可直接靠岸，起卸货物极为方便，既可躲避台风，进出港口又无搁浅之虞"，"不论就它的位置、财富或者是出口的原料来说，厦门无疑是欧洲人前来贸易的最好港口之一"[2]。

"阿美士德"号的侦察是英国侵略者在鸦片战争之前对中国有预谋的战略侦察，其提交英国外交部的报告对鸦片战争时英军进攻和登陆地点的部署，以及战后《南京条约》中规定的增辟通商口岸，都有重大的决定性作用。

道光十三年（1833），鉴于英国鸦片对厦门的走私越来越猖獗，陈化成率领水师搜查金门、厦门、晋江一带的鸦片走私窝点，四面包围，人船俱获，并对附近的乡村按户清查，所有走私的窝点全部被剿毁。

道光十五年（1835），英国军舰到福建沿海挑衅，被陈化成驱逐。道光十七年（1837），英国军队又到福建五虎洋海面，闽安副将周廷祥出面制止，英国领事借口接回居住漳浦的英国"难民"。陈化成经核查确认情况不实，即率水师将其驱逐出港，维护了国家的尊严。

但英国殖民者并没有停止骚扰。道光十九年（1839），英国军舰又开到厦门沿海一带活动，陈化成率领水师同英军交火，赶走了英侵略者。

陈化成是同安丙洲人，他在道光六年（1826）、八年（1828）、十年（1830）、十一年（1831）四次任职福建水师提督，到十九年（1839）才转任江南提督，在上海吴淞口炮台壮烈牺牲，并被上海人民奉为上海城隍爷。他的故居就在厦门中山路草埔巷9号，他的家庙陈圣王宫在厦门洪本部，他的墓和厦门人民纪念他不朽精神的雕像就在金榜山下。陈化成成为厦门人民抗击帝国主义侵略的英雄榜样。榜样的力量是无穷的，他对厦门文化的影响是极为深远的。

---

[1] 南木：《鸦片战争以前英船阿美士德号在中国沿海的侦查活动》，摘自列岛编：《鸦片战争史论文专集》，北京：生活·读书·新知三联书店，1958年。

[2] 郭士立：《1831、1832和1833年三次中国沿海航行日记》第2部，1834年。

道光二十年（1840）六月，英国首先在广东发动了对中国的侵略战争。闽浙总督邓廷桢采取措施，在厦门购买洋炮改建和加固炮台，特别是在玉沙坡构建了厦门港水操台炮台，又称长列炮台。同时在鼓浪屿和青屿、屿仔尾也构建了炮台，安下大炮286门，调集士兵1600多名，乡勇1100名，以及福建水师半数兵力来保卫厦门。

7月22日下午，英军舰队派出"布朗迪"号毫无顾忌地从青屿窜入内港，强行驶向炮台附近，遂放一只舢板，企图靠岸。厦门守军在厦门殿前人、护参将陈胜元带领下，迎击入侵英军，放箭射中一个英军，又用长矛刺死一个胆敢上岸的敌人。恼羞成怒的英军以32磅重弹向岸上炮击，打死守军9人，民妇1人，伤14人，毁坏民房近20间。总督邓廷桢下令发炮还击，激战3个多小时，英舰被逼退。

8月21日晚上，英军军舰乘着夜色，又悄悄驶入青屿海面。他们向水操台开炮，直冲内港。福建水师10多艘兵船开炮迎击，岸上守军也频频发炮，迫使英舰再次退去。23日，英舰又驶向水操台开炮轰击，水操台连连开炮还击，击退英舰。

英军进犯厦门的消息传开后，泉州军民加强备战防守，沿海1300多个乡村举办团练，乡丁多达10万人，使游弋觊觎于晋江、惠安海面的英舰得不到偷袭的机会。

9月，颜伯焘代替邓廷桢担任闽浙总督。颜伯焘好大喜功，被英国军舰首次入侵厦门没有得手的表象所迷惑，低估了英国的实力。同时，对道光皇帝战和举棋不定的思想缺乏准备。道光二十一年（1841），主战林则徐、邓廷桢被革职充军，又下令沿海各省撤兵。就在此时，英国军队突然又侵略厦门。战斗一打响，英国军舰炮火猛烈，在沙坡头督战的颜伯焘见势不妙，仓皇逃走。诸多清军跟着逃跑，许多坚守炮台的将士血洒疆场。

英国兵舰的洋炮摧毁了厦门港的长列炮台，英国兵占领了兴泉永道的衙门作为兵营。英国军队从海上用炮舰打开了清王朝禁锢的门户，逼着坐井观天、傲慢自大的清朝签下了屈辱的条约。

道光二十二年（1842），清政府被迫同英国签订了第一个丧权辱国的不平等条约，开放了广州、上海、厦门、福州、宁波为通商口岸。1843年11月2日厦门正式开埠，同时也沦为中国第一批半殖民地城市。

这是厦门，也是中国第一次痛苦地领略帝国主义的工业文明对农业文明的凌辱。

厦门成为五口通商口岸之一，西风终于强烈地刮进厦门岛。从洋枪洋炮开始，洋教、洋关、洋行、洋货，而后是领事馆、租借地，西方列强食髓知味，由肉入骨，步步进逼。

西方列强各国商人纷纷在厦门设立洋行，逐渐操纵了厦门的商业、航运和金融。许多商人又成为领事，在帝国主义的庇护下大肆掠卖华工、走私鸦片，为非作歹。

德记洋行的老板英商德滴，以贩卖华工而臭名昭著。他在自己银行的隔壁设立一所监牢专门圈禁绑架来和诱骗来的苦力，等候适当的船只把他们当"猪仔"运送到南美去。当厦门人民对其恶行进行反抗时，他就对厦门人民进行大规模的屠杀，造成28人的伤亡。他在厦门十年，掠卖数以万计的华工，却身兼西班牙、荷兰、葡萄牙三国领事或副领事。

咸丰十年（1860），屈辱的不平等条约《中英北京条约》签订后，中国的海关大权就落到外国人手中。1862年，英国人华德成为厦门海关首任税务司。洋关设立以后，原来的闽海关改称"常关"或"旧关"，仅负责管理本国的民船贸易，征收国内贸易税，所有对外贸易所收税款全部归洋关。

他们规定"白石头与南太武对径的海域，即为厦门口。进入厦门口的船舶，可在厦门港至新船地（即海后滩）沿海岸线靠泊，起卸货物。商船自进入厦门口界限时刻起，两天内将船牌（即轮船的注册牌照）和进货单呈交该国驻厦领事，如果该国无领事，就直接向海关申报。外国领事直接检查其国籍的商船入口和负责报关手续。外籍商船入口时，船长应将放在船长邮箱内的船牌及起卸客货的人数、载单，送交其所属领事馆。领事馆派员下船检查，书面通知海关后，商船便在海关办理缴纳税费等项手续。将出港时，方向领事索回船牌。"[①]中国人根本无任何权利。

直到厦门解放，整整88年，厦门海关长期控制在外国人手中。厦门人称之为"番关"。外国商人任意走私漏税，海关却加以包庇；而对中国商人则极其苛刻，动辄处罚巨额罚款。

鼓浪屿更成了万国租界，由外国人来管理一切。为了加强对鼓浪屿的统治，帝国主义先后在这里设立了领事团、领事工堂、工部局、洋人纳税者会等机构。

领事团设主席一名，初期由各国领事驻厦时间最长的担任，后来这一席位被德国和法国的领事长期占据。英国为取得这一职位，采用将领事升级为总领事的办法，攫取主席一职。日本人为获得这一职位，与英国进行了长期的角逐。

领事工堂，则是帝国主义获取领事裁判权的具体表现，所有鼓浪屿的事务由领事工堂做最后的裁决。

鼓浪屿工部局作为万国租界的管理机构，设立于1903年1月，5月正式行使权力。为了加强统治，工部局的组织不断扩大，人数也不断增加，巡捕由11人增加到将近30人。内部组织分为内勤和外勤，并分设财政、建设和卫生三部。直到民国以后，工部局才增加了一位华人董事的名额。

洋人纳税者会的前身是侵略者于1878年擅自组织的鼓浪屿道路墓地基金委员会，协会成员拥有选举权。日本领事馆更在其地下室设立监狱，关押反帝和革命的志士。鼓浪屿成了公共租界，严重损害了中国主权。

我们必须把帝国主义侵略者和西方国家的人民区分开来，把西方先进的工业文明和西方侵略者掠夺、强权、傲慢区分开来。由西方来到厦门的许多普通百姓，对中国人民、厦门人民深怀情感，彼此结下了深厚的友谊，也使我们学到了许多西方先进的文化。我们永远都不能忘记。

但是帝国主义对我们的侵略，施加于我们的屈辱，我们也永远不能忘记。

那些在反抗帝国主义的侵略、压迫、剥削的斗争中冲锋陷阵、英勇牺牲，作出卓越贡献的英雄，更是我们永远的榜样。

屈辱与苦难的历史，厦门人民永远不能忘记。

---

① 《厦门港史》。

第二节　破产与造反

帝国主义列强的侵略，唤醒了沉睡的东方雄狮。这使我们明白，必须奋起，必须开放，必须学习西方先进的工业文明，必须走向海洋。厦门，是最早被侵略的地方之一，也是最早觉醒的地方之一。

中国人民在面对西方侵略面前的觉醒是曲折且痛苦的。一开始总以为是技不如人，所以有许多教育救国，实业救国；后来知道是制度不如人，于是学西方的共和、君主立宪、民主建国，最后学了苏俄的社会主义，又结合中国的实际，才创造了具有中国特色的社会主义制度和道路。

一百多年来的历史证明，第三世界国家的独立，首先必须是政治独立，而后要有经济独立，最后还要有文化独立，才可能使自己真正独立于世界国家之林。而站起来，且不被挨打，这是最根本的第一步。

厦门人民最早参与了这个历史的探索进程。闽南人是中国这个庞大的农业社会特异的一群。他们始终心向海洋，始终试图把农耕社会的产品商品化、市场化，并走向世界。他们在宋元时期实现了这个理想，使泉州刺桐港成为当时世界海洋贸易的中心。但是明清两代，他们被封建王朝和自给自足的农耕文明死死地压制。清末时期，英帝国主义的炮舰席卷而来。于是以厦门为代表的闽南人民忍辱负重，开始向西方先进工业文明的学习、实践，开始对封建王朝的统治加以反抗、革命。无数次的失败、流血、牺牲，都没有阻止厦门人民走向现代化的脚步。

在鸦片战争之后，首先出现了许多实业救国的实业家。他们主要来自闽南那些早期走向海洋、经营海上交通贸易的商人们。

但是帝国主义的经济侵略，特别是英国的鸦片和经济的入侵，完全摧毁了他们的希望。

鸦片战争之前，英国侵略者就屡次对厦门进行骚扰，造成人心惶惶，许多商号不断倒闭，失业的水手、店员流离失所。英军攻占厦门以后，当地居民惨遭蹂躏，逃奔异地。后来英军虽然从厦门撤退，但仍然有四五百名英军占据着鼓浪屿，一直到1845年才离开。出逃的商人不敢全部回到厦门，陆续回来的却发现家室一空，资财罄尽。买卖的商店倒闭，因居民购买力下降，也无法再开张；载货船舶已损毁，但也不敢投资修复，因为看不到商机，完全没有保本盈利的把握。厦门的行商以前多达数十家，鸦片战争以后十仅存一二。向来航海到厦门贸易的外省商人，因为英船游弋在厦港附近，都不敢贸然进入。

而外国人的商船，特别是到厦门港的英商船，则每年不断增加。英商进口的货物，多半是呢羽棉布之类的洋货，他们不仅占领了厦门本地市场，而且冲垮了沿海航运业。

历来厦门的商人是把本省的货物由海道载运宁波、上海、天津、锦州以及台北、鹿港一带销售，再把在宁波等处贩卖的江浙棉布及各种货物载回厦门售卖。其他各省来到厦门的商船也同样是如此辗转贩运。至于外国进口的呢羽、哔叽及一些贵重的物品，则是由广郊商船载运到广东销售。可是英国人到厦门开埠后，所有进口的货物皆由他们自己来转运，厦门港口再也没有广东的商船和北部来的商船。特别是英国进口的洋布、洋棉冲击厦门口岸市场，因其价廉物美，民间多购买洋布，市场都被洋货所占领。内地商贩原来转运到厦门的各种棉布、土布全部成为滞销品。

1845年，洋人火船作为货船在中国出现，它逆风而行，破浪快速，很快就夺走了原来闽南民间船头行的业务。闽南的糖、茶等土特产，也主要靠外国的商船来运载。同安的梭船再好，但100多年过去了，洋人的蒸汽轮船来了，难免被替代。

由此，从商品到船舶，厦门原来赖以开展海上丝绸之路的支柱就垮了，闽南的海上丝绸之路也垮了，闽南的海洋历史文化在这里掉下了谷底。这是一个痛苦的转折！

这一段闽南海洋文化的历史对于今天的我们仍然有深刻启示：商品不如人，船舶不如人，必将失去海上丝绸之路的主导权。回顾我们改革开放以后的崛起，关键的一条不正是我们的工业制成品，行当齐全、日新月异、价廉物美吗？

当然，当年帝国主义不只是靠先进的技术、先进的产品来对付中国人民。而是首先用毒品来掠夺我们。鸦片战争之后，英国对厦门走私鸦片的走私船更加猖獗。《中国关税沿革史》甚至认为，其时，厦门以及厦门附近的泉州、浯屿和金门，可能是全国鸦片储存最多的地方。英国驻厦门领事雷顿（Leyton）曾说，厦门商人每年用于购买鸦片的钱有25万英镑之多。

咸丰八年（1858），清政府为了应对太平军起义，对鸦片进行征税。这样，鸦片在厦门就成为合法贸易。

咸丰十一年（1861），总税务司赫德的清单中写道：厦门进口的鸦片，每年2200箱，应缴纳鸦片税银10万两。以后又逐年递增，到光绪十四年（1888）进口厦门的鸦片竟达到6873箱。中国人民的血汗也不知有多少就从厦门这个口岸流入到英国鸦片毒品商的手里。这是厦门历史可悲可痛的一页！

鸦片战争改变了中国历史发展的进程，中国开始进入半殖民地半封建社会，人民受到了更加残酷的剥削和压迫，这些激起了人民反抗和推翻封建王朝的信念。

这时候的厦门，城里，外轮自由出入，鸦片毒品横行，洋货大量涌入，严重摧残了闽南的商业、手工业和航运业，大批商铺倒闭，大批手工业者和船员失业；城外，清朝统治者为了满足他们的穷奢极欲，以及支付赔款的需要，加紧盘剥，各级官吏贪污腐败，勾结地主，把负担转嫁农民。"当时闽南一带农民完纳钱粮，要花3000多文钱，才能完地丁一两，各级官吏还要趁机勒索，强迫农民缴纳番银，'每番一元，只作钱八百文，非重番四元，不能作完粮一两'农民的负担增加了两三倍。许多贫苦农民被迫变卖田产，大量土地集中到地主手中。"[①]加上连年的水灾，粮食歉收，人民无以为生。

1851年，太平天国运动爆发。在这前一年的六七月间，闽南小刀会在厦门五祖庙成立。这是一个反对清王朝的秘密组织，其创始人陈庆真，又名陈正成，同安县店前村(今厦门禾山殿前)人，出生于新加坡。少年时他曾参加以"反清复明"为宗旨的新加坡天地

---

① 《厦门史话》。

会。他与同乡的灌口人王泉合资从事暹罗(今泰国)与广东的贸易，经营亏本后歇业回国，在厦门英商洋行当职员。他们征集了第一批12人立誓"反清复明"，成立厦门小刀会。据清政府官员陈庆镛在《籀经堂类稿》中的《请办闽省会匪疏》记载："窃惟福建漳州府属之龙溪、海澄等县民人，多往苏禄(今菲律宾南部)、息力(今新加坡)、吕宋(菲律宾北部)贸易，每就彼国娶妻生子，长或挈回，其人俗谓之土生子，向在外洋敛钱聚会成风，乃挟其故习，沿及漳州各府属，以至厦门，结为小刀会，亦曰天地会……"可见小刀会的领导和骨干以闽南归侨为主。其会规、歌诀、口号、隐语和仪式与天地会相同，是天地会的支派。

小刀会的成立引起清朝地方官员的恐慌，他们立即派兵搜捕。遭清政府镇压之后，小刀会于是转移到厦门附近的农村。陈庆真等到海沧文圃山石鼓堂，重建小刀会。参加者有数万人，其势力几乎遍及漳泉各县与台湾。清政府大为震惊，咸丰元年（1851），咸丰皇帝严令闽浙总督裕泰迅速查办，十一月陈庆真不幸被捕。陈庆真被"严刑拷打，立毙杖下"，年仅22岁。王泉等数十位会众也被捕杀。

但小刀会的火种并未熄灭，咸丰三年（1853）三月，太平天国起义军占领南京，全国震动，南方各省纷纷响应，也鼓舞了闽南人民的斗志。归侨江源及其弟江发趁势而起，"购有洋小刀数百柄，遍赠同类"，重建小刀会。仅仅几天，入会者近万人。其主体为农民，也有厦门船工、码头工和游民。同安灌口的印度尼西亚归侨黄宝斋之子黄德美及该乡牛皮贩子黄位，也先后加入。和绝大多数小刀会成员皆为贫苦大众不同，黄德美家道殷实，龙溪、同安两邑边界都有他的田园。因连年水旱歉收佃户抗租，黄德美向官府告状，希望其利益不受损害。不料，掌管收租的里司却对他进行勒索，使他多交了六七十两银子。黄德美故而迁怒官府，出人意料地对佃户实行减租，甚至施赈放粮，笼络农户，发动反清。黄位是个小商人，曾在厦门靖山头和同伙制造皮革，贩卖牛皮，绰号"牛皮位"。此人好打不平，敢于扶弱抑强，深得众望，"手下党羽千有余众，亡命居其半，故上至山兜(今东辉)，下至海滨(今杏林)，东至塘溪桥(即苎溪桥)，西至角尾市，皆位之势力范围。"[①]

小刀会武装起义前夕，由于走漏风声，海澄知县汪世清派兵缉捕，江源、江发等惨遭杀害。满含悲愤的江源嫂与黄位、黄德美召集小刀会的主要成员，秘密聚会于厦门，一致赞成如期发难。

此时，太平天国运动方兴未艾，清廷抽调各地兵力增援湖南、江西。"闽兵外援内虚"，小刀会于是在1853年5月13日集合8000人左右，编为12个大队，公推黄位为大元帅，黄德美为大统领，江源嫂为监军。每个起义者皆以三尺红布裹头，不论职位大小，均以"大哥"相称。一杆杆旗帜上写着"反清复明"和"官逼民反"的大字，高喊"杀赃官""救民除暴"的口号，攻打当地民愤最大的灌口粮馆、巡检署和都司城寨。继而一鼓作气，连续攻占海澄、石码，17日攻占漳州城和长泰县城，杀了汀漳龙道道台文秀和总兵曹三祝。

---

① 《小刀会始末记》，摘自谢道承等：《福建通志》，黄家鼎：《马巷集》。

整个闽南震动，各县人民纷纷响应，清军驻扎的县城相继失守。被厦门人称为"醉施""醉军门"的贪杯好饮的水师提督施得高，惧怕起义军，托言巡洋，溜之大吉。知县李湖洲也准备逃遁，大营里的兵丁人心浮动，暗中加入小刀会者拟秘密策应。外围殖民者则伪装中立，深居租界、洋行，窥测风云之变幻。起义军已扩充到一万多人，并拥有战船40余艘、龙艚10余艘。

5月18日，黄位、黄德美率领三四千人，指挥30艘大帆船，从筼筜港登陆，进攻厦门。西门守将陈沪发现兵丁只装火药不填弹丸，放空枪让起义军登城，知道大势已去，慌忙换上民装逃匿。右营游击郑振缨率领200兵勇在镇南关抵抗，被打得落花流水。郑振缨在白鹿洞下被击毙，厦门水师的战船退泊刘五店。同安、安溪、漳浦、云霄、平和的琯溪、诏安的铜山(今东山县)等11个县及府城，在9天里连连被克，起义军发展到3万多人。闽浙总督王懿德在奏折中说："厦门附近百余里间，群众响应，道路阻塞"，起义军到处"焚毁衙署，夺犯戕官"，地方官吏或"避城外民舍"，或"闻风逃遁，空城以待"。①

小刀会取年号"天德"，设署于原提督衙门，建立自己的政权，并召开审判大会，镇压罪大恶极的贪官污吏、土豪劣绅，没收他们的财产充当军费，废除苛捐杂税，禁止走私和贩卖鸦片，"米谷定价，不许贵卖"，并制定纪律："不许抢掠商民，不许奸淫妇女，不许徇私舞弊"；"不准恃强欺弱，不准持众欺寡，不准曲理袒亲，不准假公济私"。因而，"阖厦铺户货物俱未搬移"，"百姓秋毫未犯"，起义军与劳苦大众"亲如兄弟"。②

占领厦门后，小刀会的领导人却在战略和策略上犯了严重错误。他们轻易地放弃漳州等县城和乡镇，只把力量放在保卫厦门。军师吴宏建议：乘胜出兵金门，赶造战船，建立水师，进攻晋江、福州和台湾，派人与太平军联络等一系列良好意见未被采纳，又见统领黄德美终日迷于酒色，不理军务，吴宏愤而出走。

5月下旬，清政府开始调兵遣将向闽南会合，小刀会坐守孤岛，处于十分被动的境地。两广总督叶名琛奉命带领经过挑选的精兵二三千人，分乘战船，封锁厦门海面。福建分巡台湾兵备道台徐宗干带兵内渡漳泉，切断起义军的粮食来路。兴泉永道台来锡蔼、参将韩嘉谟率领大军驻同安刘五店，完成对起义军的包围。清政府起用熟悉闽南水陆地形的原浙江水师提督李廷钰指挥作战。兵勇一万余名，饷银18万余两。外国殖民者此时也跳了出来，派船帮助运粮输饷。

9月清军在高崎、五通登陆。由于军无纪律无士气无战心，清军拖了数月，才展开总攻。李廷钰、施得高亲率的中路兵马，采取步步为营的战法。11月1日，城内的地主豪绅充当内应，起义军腹背受敌，弹尽粮绝，仍然拼死血战到底。清军由东门架云梯，经过激烈肉搏才登上城堞。起义军最后顽强突围。黄德美等人突围到海澄的乌屿桥，被当地劣绅告密而被捕，16日被移至厦门凌迟处死，英勇就义。黄位等人至台湾海峡，在海上

---

① 《王懿德奏折》，十一月初三，摘自《厦门史话》。
② 太平天国历史博物馆编：《太平天国史料丛编简辑》第五册，北京：中华书局，1962年。

坚持了5年斗争，最后逃难到新加坡等地。清军入城后，残暴地对来不及突围的起义军和群众大开杀戒，被"擒斩及坠海者数以万计"，厦门成了一片血海。

第三节　过番

当然，无论什么样的挫折，无论什么样的艰难，厦门人走向海洋的决心、信心、勇气永远都没有低谷。货不如人，船不如人，技不如人，那就向其他地方学习。于是闽南人、厦门人呼朋唤友，携家带口过番——下南洋，到外面的世界去学习，根据权威机构20世纪30年代的统计，东南亚华侨在世界华侨总人口中占79.2%，40年代高达96.1%。而东南亚华侨中菲律宾华侨85%以上是闽南人，印度尼西亚华侨中46.6%是闽南人，马来西亚华侨中31.6%是闽南人，新加坡中的闽南人多至59.6%，缅甸华侨中25.9%是闽南人。

闽南人过番并不是自鸦片战争开始。早在宋代就有许多闽南海商"留番""住番"在东南亚一带。沈括《梦溪笔谈》记载，宋真宗景德元年（1004），安南（今越南）大乱，久无酋长，1009年国人共立闽人李公蕴为主。这位李公蕴即闽南泉州安海人，年轻时随哥哥李山平到安南经商，后来就定居安南，成了安南王，传了八世200余年。

还有一位晋江人陈日照，后改姓谢，被安南国相招为女婿，在南宋端平三年（1236）也当了安南王。

总之，宋代由于中国文化的先进，中国人和中国货都受到南洋各国的欢迎和信任。但当时闽南的社会经济比南洋各国要先进，迁居南洋的主要是少数商人，而且大多都又回到故乡。

宋末元初，反抗元朝统治失败的宋朝官兵臣民大批逃亡南洋，其中有相当数量是闽南人。元初曾派兵攻打爪哇、占城。从泉州出发的两万多士兵和一万多的水手中，相当部分是闽南人。途中突遇狂风停泊在勾栏山（今加里曼丹南部的岛屿），处于政治地位最低下的闽南士兵和水手纷纷逃走，与当地土人"丛杂而居之"，和当地妇女结婚，甚至还出现了中国村。印度尼西亚锦石有华人聚居的新村村民超过2000人，东爪哇（杜板）的也超过1000人，三佛齐（苏门答腊南部巨港）也有"千余家"的华人聚居区。

永乐、宣德年间（1405—1433），郑和七下西洋，当时船队的主力相当部分来自闽南。虽然随行留在南洋的只有少数人，但是郑和和平地宣威，使南洋诸国对中国，以及对来自中国的百姓和平友好。这对后来中国人的下南洋奠定了良好的民心基础。

当时闽南私商在三佛齐已有相当的势力。郑和挑选忠实于明朝的闽南商人施进卿为旧港宣慰使。

明厉行海禁后，大致从成化年间（1465—1487）开始，生计无着的闽南人大批地下南洋。安南的主要港口会安，在明代出现了中国商人聚居的唐人街。街长三四里，两边中国商家，大都是闽南人。月港的大船每年往来暹罗（泰国），运回大米和大宗苏木、铅和其他货物。

闽南人的足迹遍及南洋各国，但比较集中的主要是菲律宾、印度尼西亚、马来亚、安南、缅甸、文莱等。其时，在南洋一带的闽南华侨数量已相当可观。闽南人又受儒学影响深重，有所谓"以农为本，用末守本"的观念。许多发大财的华侨，总要回故乡盖大厝，置田产，到了晚年，便思落叶归根。他们认为"用贫求富，农不如贾，积德累行，贾不如农"，因而晚年就应当"息贾归农，筑庐田间，锄云耕月，笠雨蓑风，酿禾而醉，饭稻而饱，春秋不知，荣枯不问"，过上陶渊明式的自在生活。这既反映出封建儒学对闽南人深刻的思想影响，也表现出早期闽南侨商既早熟又不成熟的现象。

然而这些衣锦归乡的华侨对故乡后代及邻里的影响是十分巨大的，人人心向往之。于是只要有机会，尤其是闽南一带有天灾人祸时，便三五成群，呼朋唤友，或投父兄、寻姑姨、或投邻里、寻故友，纷纷出洋。

根据厦门杏林新垵邱姓族谱记载，元末明初，有个名叫邱毛德的人到南洋居住。这大概是厦门迄今可考的最早出洋侨居记录。

从明朝嘉靖到隆庆间，新垵邱姓还有人到达马来半岛、吕宋和越南。《嘉靖实录》和同安黄姓族谱，也分别记述明朝嘉靖年间海沧、汀溪、嵩屿有人以"航海通番"到海外谋生了。明代张燮的《东西洋考》和道光年间的《福建通志》上，也可以看到万历和天启年间，关于同安人陈甲、林福经商定居日本的记载。

1596年，荷兰殖民者侵占了印度尼西亚。他们从长远的殖民利益出发，既需要华侨留在印度尼西亚，出卖血汗，开发当地的自然资源，又顾虑华侨人多不易控制，于是采取"以华制华"政策。他们决定在雅加达近400个华侨中，物色一位有号召力的华侨充当首领，给他一些权力，以协助荷兰殖民者管理华侨和"解决其他一切困难"。经过细心的选择，这个华侨首领的职位，由厦门(当时属同安县)华侨苏鸣岗担任。被任命为华侨首领的人，称为"甲必丹"。

明朝万历四十七年（1619），苏鸣岗正式就任雅加达第一个华人"甲必丹"的职务，他当时大约只有40岁。苏鸣岗从小生活在雅加达，能说流利的马来语和葡萄牙语。他替殖民统治者收税，从中分到一些税款。荷兰殖民者为了解决市面上辅币的流通问题，还给苏鸣岗铸造钱币的特权和专利。此外，荷兰殖民者选他充当行政委员会的执行委员，并让他参与殖民统治的政权活动。

苏鸣岗整整做了16年的"甲必丹"，凭借特权，发了大财。因为当时的明朝政府没有设立管理华侨事务的机构，不能保护华侨正当权益，而他在调解华侨之间的纠纷和维护华侨的商业利益等方面是做了一些工作的，因此，得到华侨的支持。

1635年，苏鸣岗决定离开爪哇"衣锦还乡"，并于1636年7月获准离开雅加达。当时，荷兰殖民者霸占我国领土台湾，雅加达和台湾之间经常有帆船航行，他就打算取道台湾返回厦门。可是，明末国内政治的混乱，使这位"老经世故"的苏鸣岗裹足不前。他在台湾逗留了将近3年，又在1639年重返雅加达，仍旧担任"甲必丹"职务，直到1644年5月逝世为止。苏鸣岗的丧礼，完全按照厦门地区的风俗习惯办理。在他坟墓前竖立的墓碑，刻着："明·同(安)邑，甲必丹苏鸣岗墓"，至今仍然屹立在千岛之国的印度尼西亚的土地上。

马来西亚马六甲最古老的宫庙青云亭，是17世纪初由以漳州人郑芳扬和厦门人李为经为首的人们修建起来的。他们两人作为青云亭第一和第二任的首领被荷兰人任命为"甲必丹",负责马六甲华人事务的治理。二人的坟墓都完好地保留在马六甲。

从以上两个例子可见,厦门人在明代末期,已经在南洋侨居有时,并成为印度尼西亚和马来西亚的华人领袖。

1644年清兵入关,南中国开始近半个世纪的战乱。大批难民、被清兵打散的官兵、不愿臣服的明朝遗臣纷纷移民东南亚,掀起了移民东南亚的高潮。之后,清廷又实行"海禁""迁界""毁镇",造成沿海民众流离失所,沿海大量民众或随郑成功的官军东渡台湾,或辗转流寓南洋谋生。闽南的地方志和族谱有不少关于明末清初同安沿海各乡的农民、渔民下南洋的记载。

施琅收台次年(1684),厦门设立闽海关,作为"通洋正口",厦门港成为往海上贸易的官方发舶中心,闽南海外移民高潮又持续了100多年。到鸦片战争前夕,东南亚的闽南华侨总数已达52万人。《同安县志》记载:贩洋船只,由雍正五年(1727)开始,至乾隆元年(1736)为全盛时期。[①]

厦门逐渐成为闽南华侨出入祖国的门户。乾隆年间的《漳州府志》上,就具体地记述了龙溪人林光天和泉州人小蓬从吕宋一起回乡,船抵厦门的情景。荷兰殖民者侵占印度尼西亚的档案《吧城布告集》,也记录了从厦门出发到印度尼西亚的船数、时间和人数。例如:1786年7月27日从厦门到达雅加达的旅客250人,1792年6月22日到达350人,1803年7月5日到达450人,1804年4月23日到达500人,1808年有两艘厦门的双层船载去979人。[②]

道光年间,从厦门出洋到国外的华侨日益增加。泰国历史学家写的文章说,1822年前后,每年约有7万名华侨从厦门和广东省海陆丰附近的樟林到达泰国。1830年3月25日的《新加坡报》刊载,单单是4艘进入新加坡港的厦门商船,就载去华侨1570人。厦门是闽南华侨告别故土唐山最后的港口、最后的一眼,许许多多的华侨和外籍华人,都把厦门看成他们的故乡。曾经担任美国密歇根大学教授的里默,在他的著作中写道:"居留在菲律宾的中国人,尽管从来没有到过中国,还是把自己算作厦门人。像这样的例子是算不完的。"[③]

就在明代闽南人开始大批下南洋不久,西方的葡萄牙、西班牙、荷兰等殖民者也来到了南洋各国,并通过在这些地方建立的殖民地开展与中国的贸易。

他们很快发现中国的百姓勤劳能干,生产效率远远高于当地人。于是就大力招徕中国的劳工。印度尼西亚的荷兰东印度公司第一任总督彼得逊·昆提出"华侨是东印度的基石"。他认为:"在印度尼西亚除了华侨以外,别无其他民族能贡献出更多的力量。"于是他下令采取利诱、胁迫,甚至到中国沿海抢掠等多种手段招徕中国人。

菲律宾的西班牙人由于消费品完全依赖中国,又需要中国的工匠为他们建筑道路、桥梁、教堂和制造生活必需品,也极力鼓励华侨前往马尼拉贸易经商和移民劳动。西班

[①②] 洪卜仁:《厦门华侨史话》,摘自《厦门史地丛谈》,厦门:厦门大学出版社,2007年。
[③] 《厦门华侨史话》,摘自《厦门史地丛谈》。

牙人又害怕控制不了华人，遂指定一个地区为中国人集中居住区，叫八连。

但是，当华侨越来越多，并抵制殖民者的敲诈勒索越来越强烈时，殖民者就开始大肆屠杀华侨，并限制华侨的入境。17世纪初，菲律宾的闽南华侨就有3万人之多，残酷的西班牙殖民者一次又一次地大规模屠杀菲律宾的华侨。据西班牙人的统计，明万历三十一年（1603），马尼拉3万华人被杀2.4万；明崇祯十二年（1639），又被屠2万多人；1662年的大屠杀，死难华侨约4000人；1686年，也有几千人遇害；1762年12月圣诞节期间，六天之内，华侨被杀6000多人。

印度尼西亚的荷兰当局到18世纪也改变对华政策，驱赶华侨，甚至大肆屠杀。1740年的"红溪惨案"，巴达维亚城中一万多名华侨，侥幸逃生的仅150人。

鸦片战争以后，中国开始逐步沦为半殖民地半封建社会，禾山各乡和灌口、海沧等地的农民和手工业者，在封建统治阶级的残酷压迫下生活不下去，不得不抛妻离子，漂洋过海，寻找活路。响应太平天国起义的厦门小刀会遭受清政府的镇压，部分起义队伍被迫撤退到东南亚。这一时期是有准确数字记载的，1875年到1881年这六年之间从厦门前往爪哇的达2898人，1895年到达苏门答腊的达1227人。

同时，西方侵略者在厦门大量掠卖华工，数以万计的闽南劳动人民被运到美洲、非洲和澳洲充当苦力。当时欧洲禁止贩运黑奴，殖民地劳动力缺乏，于是由洋行出面，在中国开展"猪仔买卖"。

华工出洋分为两种，一种是自己出钱支付船票，到国外寻找工作，称为"自由移民"；另一种是向投机商赊取船票，答应在若干年内在他们所去的地方听凭债主支配其劳力为交换条件。这种人一般定有契约称为"契约华工""苦力"或"猪仔"。当时英国洋行雇用一些无赖、流氓为代理人，到内地以雇人种田为名，或花言巧语诱人出洋赚大钱为名，甚至还有一些设赌博陷阱，待你赌输欠款，无力偿还时，以掠人为质，强行带到洋行囚禁苦力的猪仔馆。据一位当时目睹厦门猪仔馆的洋人说，"那些苦力被关在奴隶囤所一样的木栅里，里面肮脏不堪。总计120英尺（36.576米）×24英尺（7.32米），只有卧身之地，棚顶极低，地面铺竹。他们总共有500人左右，几乎都是一丝不挂。这许多人被诱迫来到该城以后，就被囚禁起来，门外都有'闲人免进'的英文招贴。这许多人似乎都不是自由人，得到机会便要逃跑。"[①]

当时，仅厦门的英国"德记"洋行一家，就拐骗闽南劳工上万名。

苦力被装运出洋的情景更加悲惨，几百个苦力个个剥光衣服，胸前各自按照准备把他们送去的地方分别打上C（加利福尼亚）、P（秘鲁）或者S（夏威夷群岛）。船主为了多赚钱，拼命把苦力往舱内塞，超载现象十分严重。每位苦力在船上只有一点点地方，无法躺着睡，只能屈膝坐着，而当时到目的地行程非常漫长，到古巴需要168天，到秘鲁要120天，而且大部分在炎热的赤道海域航行。因为舱内长期缺乏阳光，空气炎热窒息，食物恶劣，饮水稀少，大小便困难，无异地狱！苦力疾病丛生，近一半人死于途中。电

---

① 坎贝尔（Campbell），陈泽宪译：《中国的苦力移民》，见陈翰笙主编：《华工出国史料汇编》第四辑《关于华工出国的中外综合性著作》，北京：中华书局，1981年。

影《海囚》就是根据这一历史事实创作的。

"猪仔"运达后，须剥光衣服，实行拍卖，与牛马无异。有的卖入庄园当奴隶，有的卖到美国西部荒野修铁路，有的卖到澳洲挖矿。据专家估计，"猪仔"和契约华工总数为300万人，有100万人死于非命，30万人病伤残疾。

许多人以为下南洋当"番客"就是飞黄腾达，其实闽南人的下南洋充满了腥风血雨。华侨的历史是一部血泪史。闽南人在向南洋的播迁中，充满了苦难和灾祸。但是，敢于拼搏、敢于犯难冒险的闽南人数百年前赴后继，终于在南洋开垦出富饶的家园，开拓出闽南文化又一块新的天地。自明以后数百年间闽南人下南洋从未停息。现今闽南人口不过1500万，而东南亚一带祖籍闽南的华侨华裔则有2000万之多。

从厦门港过番的大多数是"自由移民"。厦门当时是福建最大的华侨出洋中心。前往南洋的福建"自由移民"基本上都从厦门港上船出洋。他们从住在外国的亲戚朋友那儿得到必要的帮助，先来到厦门港，再登船出国。当时在厦门有专做出洋客生意的移民客栈，分为去马尼拉和去新加坡的。前者负责接待往返中国和马尼拉及菲律宾其他城市的移民，后者接待往返中国和英国海峡殖民地和荷属东印度以及印度洋和大洋洲其他岛屿的移民。

1875年，从厦门港去东南亚各地的华侨有2万多人，1884年有约5.5万人，1894年、1895年各有10万多人。最多的是到海峡殖民地，即马来亚的马六甲、新加坡、槟城，其次是马尼拉。这些还只是海关的资料，还有许多搭乘木帆船偷渡而去的。如《同安县志》卷三十六《垦荒录 附华侨》记载：印度尼西亚峇眼亚比是荷兰属地，荒无人烟。清朝同治年间（1862—1874），翔风十三都（今翔安新店）洪思返、洪思银等11人在海上打鱼，远远看见火光照天，感到很惊异，就冒险来到这个地方。他们发现这里山川秀丽、鱼虾很多，就在此定居下来。此后这里人口稠密变成了贸易街区。

槟城于1786年被英国殖民占领，18世纪末至19世纪初闽南人大量移民槟榔屿，其中来自海澄三都（今厦门海沧区）陈氏、石塘谢氏、霞阳杨氏、新江邱氏、锦里林氏五大姓，建立颍川堂陈公司、石塘谢氏世德堂福侯公公司、霞阳植德堂杨公司、龙山堂邱公司、林氏九龙堂等早期的移民社会群落，主导槟榔屿经济社会的主流。另一些闽南人在沿海建十余座成片的木屋村，称为"姓氏桥"，其中最大"姓周桥"的居民来自同安县杏林社（今集美杏林社区）。

新加坡岛于1819年被英国占领，最初入境开发的大多来自马六甲和廖内群岛的闽南籍华工。1821年起，新加坡直接从中国输入华工，闽南籍约占70%。同安史料记载道光元年（1821）同安翔风里澳头村有大帆船直达新加坡港。1839年，陈笃生在直落亚逸街兴建天福宫和福建会馆，作为福建籍华侨自治的社团组织。当时开发新加坡的华侨领袖有陈金声、陈明水父子，陈笃生、陈金钟父子，章三潮、章芳琳父子等等。

出去的人主要是由中下阶层组成，大约有2/3是普通的劳力。在从厦门出去的总人数中，妇女据说占了5%，是和丈夫一起出去的。小孩的数量很少，因为当时规定孩子不能出国，除非是随同父母一起出去的。

即使是这些"自由移民"的华侨，他们的过番也是充满了坎坷和艰辛。闽南民间各地都流传着大同小异的《过番歌》，唱不尽华侨华人过番的心酸与悲怆。

勤劳聪明的闽南人给南洋原本荒芜的土地带来了新的面貌，并为自己积累了财富。他们开发锡矿、钨矿，开垦荒山从事橡胶、椰子、油棕、菠萝的种植和加工，制糖，开发渔港，经营航运、建材，从事稻米加工、木材加工，经营土特产品的出入口批发，等等。经过艰辛的创业，有的成为南洋著名的华侨巨商。如黄仲涵的父亲黄志信，祖福建同安人，曾任闽南小刀会军需官，1858年起义失败后南渡印度尼西亚三宝垄，1863年创办建源公司。1890年黄仲涵接替父亲经营"建源栈"，发展成华侨富商。

陈嘉庚的父亲陈杞柏，于19世纪70年代创立顺安米店，兼营地产、种植业与工业，辟黄梨园，设黄梨厂。1904年后，陈嘉庚再次创业，将黄梨种植改为橡胶种植，将黄梨罐头厂和碾米厂改为橡胶制造厂，并兼营白铁买卖，租轮船四艘，购进"东丰"号和"谦泰"号轮船经营航运业，确立其南洋华商的领袖地位。

此外，还有陈泰的合得春厂、陈楚楠的成都园、王友海的王友海公司、陈延谦的裕源号、陈文确与陈六使兄弟的益和树胶厂、汪声音的土产进出口公司、曾举荐的亚历山大火药局、薛敏佬的菲律宾华资控股公司、吕希宗的行裕行、刘少菁的棉益公司、邵子明的信兴行、颜才能颜才钦兄弟的大型锡矿等，这些华侨在南洋创造许多财富，奠定了华人在居住国的经济和社会地位。

早期闽南侨乡出洋有一种民俗：年轻人必须先结婚，等有孩子后才能出洋。这个长子长大了是要出洋去继承家业的。出洋的丈夫在南洋还可以娶妻生子，孩子到了六七岁就送回中国来读书，长大后或者留在家乡建功立业，或者去南洋接管财产。

还有一些华侨，因为种种原因，与当地马来女人结婚，他们的后代，男孩子称"峇峇"，女孩子称"娘惹"，也称土生华人或侨生。他们讲的语言称为峇峇话，并非单纯的闽南话，掺杂着马来语或泰语。他们仍保留着中华文化传统，重孝道，序长幼，男主外，女主内，在信仰和习俗上延承汉习，但在日常生活、饮食习惯和服饰等方面，融合了大量当地的马来文化。一般认为峇峇娘惹是明代以后才形成群体，在马来西亚吉兰丹、马六甲，印度尼西亚泗水和新加坡等地有许多峇峇娘惹，也有许多优秀峇峇娘惹成为社会精英，如青云亭的"甲必丹"和亭主都是峇峇娘惹，著名的大学者辜鸿铭、厦门大学原校长林文庆，也都是峇峇娘惹。峇峇娘惹实际上是跨国度、跨族群、跨文化的命运共同体。他们是中国人和马来人在早期面对不同文化，相互包容、相互融合、美美与共的一种实践。对于我们今天构建人类命运共同体可以有很多启示。

由于西方殖民者占据东南亚各国，对华侨采取歧视迫害的政策。这就造成华侨在侨居国相对集中居住，并成立各种各样的华侨社团，开办华文学校和华文报纸，俨然成了侨居国的大社会中一处处中国形态的小社会。

在这样的背景下，闽南人从家乡带到南洋的闽南文化，从方言到民俗，从民间戏曲到衣食住行等，无不得到完整的留存。如南乐，在菲律宾、印度尼西亚、新加坡、文莱至今都还有许多活跃的社团，彼此之间相互往来唱和。20世纪80年代以后，每隔二三年便联袂回中国来拜馆，参加泉州或厦门的南乐大会唱。

在南洋许多华人聚居的地区，如马六甲、槟城、新加坡、菲律宾马尼拉的王彬街区、印度尼西亚的泗水等，街道招牌是各种字体的汉字，满街通行的是闽南话，店铺老板员工多是闽南人，各种闽南的神仙庙宇随处可见，甚至还有闽南的高甲戏在庙宇前面演出，各种岁时节庆无不遵照闽南民俗。

在南洋华侨社会中，闽南人由于人多，拥有财力、智力方面的优势，能量较大，产生了许多华侨领袖。他们又组织成立了许多地缘组织，如福建商会、厦门会馆、金同厦会馆；还成立了许多血缘组织，如陈氏宗亲会、江夏堂（黄姓）、钱江联合会（施姓）、旅菲陇西堂（李姓）等。这些社团组织无形中成为华侨传承中华传统文化、闽南文化的阵地。在这些组织中，人们都要用家乡的方言交流；供奉家乡的神明和共同的祖先；每逢闽南的岁时节庆，就聚集一堂，或演奏南乐，或吟唱歌仔，或交流家乡的信息。这些社团还经常组织团队回家乡参观访问，邀请家乡的戏班或南乐社到南洋演出，成为南洋和闽南之间文化交流的桥梁，并将闽南文化不断地传播到南洋。

在数百年持续不断的传播中，闽南文化深刻地影响了南洋文化，同时也受到了南洋文化和西方文化深刻的影响。更多的华侨华人并没有"落叶归根"回到原乡故土，而是就在那儿落地生根、开花结果。不同族群，不同文化的共同生活教育了他们，使他们拥有一种朴素的文化自觉，坚持自己，又欣赏别人，吸收他者文化的营养，美美与共。

过番下南洋，让无数闽南人打开了睁眼看世界的目光和胸襟。无论是走出去的看和学，还是走回来的说和做；无论是海滨有钱的闽南人，还是穷困山村的闽南人，都知道了海的尽头，还有广阔的世界，天外有天。于是闽南人的眼界更高了，胸怀更宽了，智慧开窍了，理念也不断地更新，走向海洋的决心和信心更加坚定不移。

今天我们回望先人下南洋的历史，不能不敬佩先人的智慧。他们不但在南洋积累了财富，而且学到了走向工业化、城市化、国际化、现代化的本领，为后来厦门的现代化、闽南的现代化作出了杰出的贡献。

第四节　从甲午之变到辛亥革命

鸦片战争后，清朝国门被打开，但是清政府始终没有认识到这是工业文明对农业文明的降维打击，是人类走向工业文明势不可挡的历史潮流。他们始终沉迷在天朝的梦幻中，并加紧对人民的盘剥，激起了太平天国、捻军、小刀会等团体的反抗起义，白白浪费了20年的发展时间。

第二次鸦片战争后，以李鸿章为代表的温和改革派开始了洋务运动，耗费了当时清廷大量资金。1894年甲午战争战败，标志着洋务运动失败，以李鸿章为代表的温和改革派被边缘化，激进的改革派进入权力中心，开始戊戌变法。然而这场由非常不成熟的青年皇帝与一批同样缺乏经验、充满书生激情的少壮变法人士相结合而发动的激进变革同样惨遭失败。这就导致因最不了解世界潮流而必然极端保守的清廷权贵得以进入政治与权力中心，引发了义和团、"庚子事变"与《辛丑条约》事件。

经历了"庚子事变"与《辛丑条约》事件这样一场浩劫，无论是老百姓还是有学识的读书人，都深刻地意识到清王朝的无效无能、可恨可恶，不推翻它，就无法抵抗列强的侵略和凌辱。于是革命的浪潮此起彼伏，直到辛亥革命。

一、甲午之变

厦门人民的觉悟更早，他们反对闭关自守，是较早地认识到世界潮流的一群人。触发他们深刻认识清王朝无效无能、可恨可恶的还不是后来的"庚子事变"和《辛丑条约》的签订，而是甲午战败和乙未割台。

割让台湾深深触动利益和灵魂的不仅是台湾人民，还有厦门人民，因为台厦本一家。

其一，厦门和台湾堪称一衣带水。从厦门到高雄165海里（306千米），而从厦门到福州则有201海里（372千米）。厦门到澎湖就更近了，只有102海里（189千米）。古代是以"更"为单位来计算的，一日一夜定为十更。"台湾至澎湖四更，澎湖至厦门七更"，厦门去台湾乘木帆船只要一天多的时间，比到本省的省会还近。到了近代，轮船不需一昼夜可达。这种地理关系使厦门与台湾如清代《台湾府志》所称："台郡与厦门如鸟之两翼，土俗谓厦即台，台即厦。"

乾隆《鹭江志》说，"岛距同邑七十里，四面环海，为漳泉之咽喉，台澎之门户，诚海疆要地也。"

道光《厦门志》也说，"厦门东抗台澎，北通两浙，南连百粤"，"厦门重镇海口，控制台澎，声援联络，舟师商舶往返不停"。

其二，往来的历史悠久。如开台第一人，厦门海沧青礁颜思齐等。现今厦门、台湾还有不少遗址、石刻印证两地历史的关联。如厦门南普陀寺后有石刻："万历辛丑四月朔，三山陈第、宛陵沈有容同登兹山，骋望极天，徘徊终日"。这是明代晚期的1601年，陈、沈二人来到南普陀。两年后，他们一同前往澎湖、台湾，陈第写出了《东番记》。1604年，沈有容带兵到达澎湖，责令荷兰侵略者撤走，在澎湖马公岛上留下了"沈有容谕退红毛番韦麻郎等碑"。

厦门鸿山寺有石刻："天启二年十月二十六等日，钦差镇守福建地方等处都督徐一鸣，督游击将军赵颇，坐营陈天策，率三营浙兵把总朱梁、王宗兆、李知纲等到此攻剿红夷。"

虎溪岩有石刻："天启癸亥年十一月廿日，广陵朱一冯以督师剿夷至的。"

白鹿洞有石刻："天启癸亥冬晋阳赵纡督征到此。"

以上是1622年至1623年荷兰侵略者侵扰澎湖和福建沿海带的具体内容，之后明朝官兵前来厦门抗击入侵者，荷兰人于是退往台湾。

在郑氏时代，厦门和台湾的关系更加密切。近人周振甫的诗写道："赤嵌城头赤帜飘，延平晚岁建功高。日光岩上天风急，似听军声十万潮。"赤嵌城在台湾，日光岩在厦门，当年的厦门正是郑成功率师东征、收复湾的基地。金厦和台澎是郑氏的两翼，尤其是厦门和台湾作为郑氏坚持抗清斗争的根据地，互相呼应，在历史上发挥了显著的作用。

在厦门，水操台、演武池、读书处、嘉兴寨、延平故垒处处留下了这位民族英雄的遗迹。鼓浪屿日光岩水操台的石刻"闽海雄风"、鸿山上的延平郡王祠，都是后人对郑成功永远的缅怀和纪念。

在台湾，也可以看到延平郡王祠，人们又称它为"开台圣王庙"。全台湾祭祀郑成功的庙宇有50多座，还有很多郑氏时代的遗迹。台南还有永华宫，祭祀对台湾开发作出过很大贡献的同安人陈永华。

其三，血缘亲、神缘合、俗缘同。从族谱资料中可以看到，早在明朝后期，同安县就有陈、林、李、王、吴、蔡、许、庄、赵、卢、杜、颜、柯、方等姓人民先是移居澎湖，后来又移居台湾。郑成功时期，厦门随着郑军前往台湾的就更多了。

在清代，整整100年的时间里（1684—1784），厦门和台湾的台南是两岸仅有的一对对渡口岸。厦门近水楼台先得月，前往台湾的移民就更多了。在相当长的时间内，从大陆到台湾需要进行偷渡，而厦门则成为偷渡的主要通道。

《台海使槎录》指出，"偷渡来台，厦门是其总路。又有自小港偷渡上船者，如曾厝垵、白石头、大嶝、南山边、镇海、岐尾"，这些小港也都在厦门附近。很多台湾人的祖先，就是从厦门渡海进入台湾的。

早期台湾著名垦主王世杰就是同安人。他曾经回到家乡，招募乡民100多人前往台湾开垦，"为田数千甲，岁入谷数万石"，雄踞一方。同安籍移民对台湾开发也作出了贡献，至今在台北、台中、台南以及彰化、南投还留下了同安里、同安村、同安厝、同安寮等地名。还有带领同安人开辟台北大龙峒、大稻埕的著名的三郊总长林佑藻就是同安锦园人。厦门和台湾的血缘血亲难以胜数。

同宗同乡，所有的姓氏宗祠便都在台湾建起分支祠堂，供奉原乡始祖和去往台湾的开基祖。自然也少不了还乡祭祖扫墓，认祖归宗续谱。

家乡的境主公是必定随移民分香、分炉到台湾垦地，而后建宫立庙，世代供奉。然后也要回乡进香，祭拜祖宫。还有家乡的岁时节庆、人生礼俗，每一样都必须照规矩照时辰，不敢违时背俗。甚至原乡故土的习俗因为种种原因发生了改变，台湾这里却还留存不变。

其四，语缘通、文缘深、商缘广。厦门话和台湾话都是不漳不泉、亦漳亦泉，所以厦门和台湾的话语最相通。

由于语音相同，文化的渊源就更加深厚。台湾的第一座孔庙，是同安人陈永华建议并主持修建的。随后又建了台湾第一座书院，由陈永华主持。清代台湾设立的各级学校的教授、教谕、训导，绝大多数是闽南人，其中原籍同安的为数不少。例如同安人蔡登龙，举人出身，康熙年间到台湾府学任教授。同安人杨梅和李维清分别在乾隆、嘉庆年间，担任台湾府学训导。道光年间，也有两位同安人——杨忠、黄初泰担任台湾府学训导。

更有名的是台湾第一位进士——同安人郑用锡，他和兄弟郑用鉴曾主讲于台湾明志书院。同安金门人林豪主讲于文石书院。

台北大龙峒的同安人陈维英在大龙峒保安宫内设树人书院，并掌教噶玛兰的仰山书院和艋舺的学海书院。陈维英学问渊博，人称陈老师。从师之人很多，使大龙峒的文风冠于各地，有"五步一秀（才），十步一举（人）"之美誉。

民间的文化艺术厦门更是往来密切，相互促进。厦门的俗语、谚语、童谣、歌仔无不播传台湾。台湾南音最有名的老师是来自厦门的林祥玉大师。闽南歌仔传播台湾最有名的师傅据曾永义老师考，是来自厦门的"猫仔源"。最早将闽南戏曲传入台湾的是郑芝龙的部下、荷兰人的通事、献鹿耳门航道图给郑成功的何斌。《台湾外纪》记载他在荷据时期从厦门带去竹马戏。而台湾歌仔戏传入大陆，首先就到厦门，而后到同安、龙海、泉州、漳州[①]。

厦门和台湾的商贸交往更是既深且广。鸦片战争之前两岸的经贸前面已经介绍，不再赘述。从鸦片战争到甲午战争的50多年里，台湾的茶叶田地面积大幅增长，茶叶的出口量大量增长，成为台湾出口商品中最重要的产品，到1871年，茶叶成为台湾输往厦门的各种商品中最大宗商品。由于清政府规定台湾的出口必须经由厦门口岸，台湾乌龙茶在同治十一年（1872）至光绪十七年（1891）间，有98%是经由厦门转口运往美国，只有2%经由香港运往英国。

在出口贸易的导引下，厦门及泉州的安溪许多茶商、茶工、茶农带着成熟的技术到台湾，以茶为业，推动了台湾茶叶畅销世界，获利丰厚，使得晚清时期台湾茶业异常繁荣。许多厦门人到台湾设立茶行，光绪二年（1876），仅台北大稻埕就有14家厦门人开的茶行，占到当时大稻埕茶行总数的一半左右。台湾茶叶整个生产制作过程中的资金也大多源自厦门，即所谓的"妈振馆"（Merchant）。这是介于茶商和外商之间，在经营茶叶委托贩卖的同时，又以茶叶为抵押进行贷款的一种买办性机构，其总号在厦门，在台北设有分号。

台湾茶业的繁荣，是台湾和厦门及闽南诸多茶商、茶工、茶农共同创造的。

台湾的蔗糖和樟脑也在这一时期得到了快速地发展。当时台湾的蔗糖输出从祖国大陆的华中和华北扩展到澳大利亚、新西兰和美洲。樟脑主要销往德国、英国及印度。台湾樟脑的出口，在1891年后大量增长，总产量占了世界樟脑产量的70%至80%。而厦门则是台湾蔗糖和樟脑最重要的贸易中转口岸。

我们从厦门海关历任税务司的报告书上，可以看到这样的记载："台湾的所有商行都是厦门商行的分行"（1873年，休士）；"由于厦门所处的有利位置，台湾的通商口岸对厦门处于附属的地位"（1876年，康发达）；"就台湾茶的贸易而言，本口岸是它的总的贸易中心"（1878年，穆和德）；"厦门的出口贸易几乎完全是在本口岸与台湾之间进行。本口岸与台湾岛有着密切的商业联系"（1881年，吴得禄）；"台湾茶叶贸易一直是经由本口岸进行的"（1882年，劳思）。

在这些台湾最主要的出口商品的生产、贸易上，台湾和厦门利益攸关，唇齿相依。

而日本割据台湾以后，首先着力采取种种措施隔绝台湾与大陆的联系：日人深知台湾最大多数居民系来自闽粤，不论经济、文化等任何一方面均与中国大陆有密切之联

---

① 陈耕、曾学文、颜梓：《歌仔戏史》，北京：光明日报出版社，1997年。

系，因而当其入据台湾之初也，即故设壁垒，使台湾与之隔离，转与日本结合，如光绪二十五年即1899年颁布之关税法，禁阻仅大陆或台人设立股份有限公司，教育上之日语政策，台人渡航大陆之限制，大陆劳动者来台之取缔，此等措施均旨在使台湾远离大陆之影响。①

据史家的统计，从1896年至1939年的43年间，台湾对外输出总额增加41倍，输入增加20倍；其中对日输出占97.8%，从日本输入占96.3%；而传统的对大陆的贸易，输出从63%降至1.3%，输入从37.4%降至1.4%。日本对台湾与大陆联系的封杀可见一斑。②

日本侵占台湾初期"台湾之樟脑、砂糖、茶等之出口及鸦片之进口，仍为英美等外商包揽牟利。侵占台湾之后，乃不惜采取各种手段，以驱逐此等外人之经济势力"③。日人实施鸦片、樟脑专卖，委托日商承办，外商只好望洋兴叹。日本又支出巨额财政支助，奖励日商来台开办制糖厂，不仅外商洋行无法与之竞争，退出台湾，也把台湾利润丰厚的产业完全垄断。

台湾的经济完全落入日本垄断资本手中，如台湾最大的制糖业，产值占工业总产值的60%—80%。而据1928年的统计，糖业资本总额的94%都控制在日本三井、三菱、日产三大财阀手中。

这些对台湾和厦门的经济利益是毁灭性的沉重打击，怎么能不引起厦门、台湾民众对日本侵略者的同仇敌忾！

所以甲午战败消息传来，厦门和台湾都同时提高警惕，防备日寇攻台攻厦。查《近代厦门历史资料汇刊：申报纪闻》，可以看到从1894年8月3日起到第二年4月，申报就不断刊载《督办台防》《厦防志》《台防志》《闽防志》《闽防汇志》《厦门募勇》《台北防务》《劲旅回防》《台防详述》《台南防务》《倭谋叵测》《澎湖失守余闻》《风鹤惊心》等报道，讲述从厦门调兵、运饷加强台湾防务和台厦一体，共御日寇的民心士气。④

然而腐败的清政府最终与日本签订了《马关条约》，拱手将台湾全岛、澎湖列岛割让给日本。时值北京会试，在京参加会试的台湾举人汪春源、罗秀惠、黄宗鼎等愤然而起，立即会同朝中的台湾进士叶题雁、李清琦联名上书都察院，表示强烈抗议，力争不可。

不久，汪春源等人又参加了康有为、梁启超发起的著名的公车上书运动。这是一场声势浩大的知识界的爱国请愿运动，包括台湾举人在内的各省举人1300余人，联名上书，共赴国难。

1895年5月，当割台的消息传来，全台人"若午夜暴闻轰雷，惊骇无人色，奔走相告，聚哭于市中，夜以继日，哭声达于四野"。⑤悲愤交集的群众纷纷涌入巡抚衙门，

---

① ② ③ 摘编自林衡道主编，台湾省文献委员会编著：《台湾史》，台北：众文图书公司，1984年。

④ 中共厦门市委党史和地方志研究室编，李向群主编：《近代厦门历史资料汇刊：申报纪闻》第2册，厦门：厦门大学出版社，2020年。

⑤ 江山渊：《丘逢甲传》。

"愿人人战死而失台，决不愿拱手而让台"。丘逢甲等联名致电清政府："臣等桑梓之地，义与存亡，愿与抚臣誓死守御，若战而不胜，待臣等死后，再言割地，皇上亦可上对列祖，下对兆民也。"①

台湾人民切齿痛恨李鸿章等卖国贼，发出申讨檄文："……我台民非不能毁家纾难也，我台民非不能亲上死长也，我台民非如汝李鸿章、孙毓汶、徐用仪之手也。我台民穷无所之，愤无所泄……与李鸿章不共戴天，无论其本身、其子孙、其伯叔兄弟子侄，遇之车船街道中，客栈衙门之内，我台民族出一丁，各怀手枪一杆，快刀一柄，登时歼除，……以偿台民父母妻子、田炉坟墓、生理家产性命！"②

这些在极度痛苦中发出的无比激愤的话，深切地表达了台湾人民在无端丧失国籍时对祖国的依恋之情。

然而腐朽的清王朝在全国人民的反对声浪中，还是将台湾拱手让给了日本。这种直透心底的痛苦，不是身历其境，如何能真切感受！

当台湾人民奋起抗击日寇侵略之时，清王朝又完全袖手旁观。抗法战争中的名将刘永福当时率两万多人据守台南，但饷械两缺。刘屡电请清政府和南洋大臣张之洞助援，都遭到拒绝。清政府竟答："台事无以过问，所有饷械，自不宜再解。"

甚至当台湾抗日武装的领袖之一简大狮兵败逃亡厦门，清政府竟将他逮捕并引渡给日寇。

简大狮（1868—1900），原名忠浩，生于台湾淡水，祖籍南靖县梅林镇长教坎下村田边社，属迁台第四代。青年时随族亲回长教祭祖，正逢长教简氏大宗祠开办武馆，教族中青年习武以健身自卫，遂留住祖地习武。18岁那年，因举起武馆门前石狮绕行一周，被人称为"力大如狮"，此后遂以"大狮"为名。

简大狮出师后，先在漳州、石码、厦门一带练武献艺，随后东渡台湾，在淡水开设武馆，授徒传艺兼疗伤售药，在社会上深孚众望。

日本军队强占台湾后，烧杀抢夺，奸淫掳掠，无恶不作。简大狮的妻、妹被日军奸杀，母、嫂、子侄多人死于日军刀下。

为报国恨家仇，简大狮变卖家财，招募千余名壮士，组成抗日义勇军，在金包里（今台北金山）一带伺机袭击侵台日军。1896年元旦，简大狮率抗日义勇军攻进台北，与敌激烈巷战，在日军援军到达后，简大狮率义勇军退入山中。1897年5月8日是《马关条约》规定的台湾同胞选定中国国籍最后期限，简大狮率领义勇军，再次袭击台北，冲进市区，一度占领奎府街、大龙峒等。

简大狮在极其艰苦的条件下，率领抗日义勇军坚持武装斗争整整三年。光绪二十四年（1898），日本占领当局改变武力镇压的手段，声称愿意与简大狮讲和。简大狮为了保存有生力量，遂假意归顺。同年12月，简大狮召集旧部，再次举义，继续开展抗日斗争。日本占领当局派人前去劝降，被简大狮当场击毙。日军劝降不成，调集大批军队编为14路进山围剿。

---

①② 江山渊：《丘逢甲传》。

由于实力悬殊，抗日义勇军全军覆没。简大狮侥幸逃脱日军魔掌，偷渡潜回漳州。日本当局探知简大狮行踪后，以交换被捕的清将刘德杓为条件，隔海催逼清廷官吏逮捕简大狮，并派人来厦、漳收买、威胁提督杨歧珍、道台荣坤等。借助外交强势，催逼清廷官吏协助逮捕简大狮。

1900年，简大狮不幸在漳州被捕。清王朝将简大狮从漳州抓到厦门的海防同知府。简大狮写了一份气薄云天、肝胆欲裂的自白书，叙述自己妻子、母亲、嫂、妹被日寇辱死，"一家十数人减为四五人，以后也全被杀死。我为报仇乃率万余之众与日本战。我觉这并不为清国惹起麻烦。日本人虽视我为土匪，但清国人应视我为义民。……去年，大败走漳州，乃欲归化为清国臣民。漳州府官吏本应保护清国之人民，但反而招致如此结果。于今多言无用，但愿在此就戮。生为大清之民，死为大清之鬼，则恩莫大焉。请勿交给日本人，否则死也不能瞑目"。

但是，腐败的清王朝还是把简大狮送给了日本殖民者，残忍的日本殖民者在台北大稻埕将其杀害，年仅32岁。

上海《申报》发表言论说："全台无寸土为中国所有，上天公道，列祖列宗英灵，独留一台湾义民简大狮为中国争气，为全台争气，此中国最有志气之人。"进士钱振锽以"简大狮"为题赋诗："痛绝英雄洒血时，海潮山涌泣蛟螭。他年国史传忠义，莫忘台湾简大狮。"

这种报国无门、哭诉无天的悲愤从此郁结于台湾人心中，也被台湾人带到厦门。

日本在《马关条约》上规定："本约批准互换之后，限二年之内，日本准中国让与地方（指台湾）人民愿迁居让与地方之外者，任便变卖所有产业，退去界外。"

然而生于斯长于斯，数百年艰辛拓垦了宝岛台湾的台湾人民，已经无法同这块土地分离。清廷可以将土地拱手相送，人民绝不会弃故土一走了之。到1897年5月8日的最终期限前，登记要离开台湾的人，总共只有4500人，占当时280万台湾人的0.16%。

台湾人民这一选择，完全是摆出了一副奉陪到底的架势。从武力反抗到非武力反抗，台湾人民反抗日本侵略者的斗争始终就没有停止过。

离开台湾迁回祖国的这4000多人，主要都是台湾不愿做亡国奴的富豪和知识分子。他们大多参加了反割台斗争，支助和参与了最早对日本侵略者占领台湾的抗争。他们既担心日寇的报复，更不甘心做日本侵略者铁蹄下的亡国奴，也担心会被日本人利用成为汉奸。同时他们也有相应的经济条件，使他们可以回到祖国大陆来定居。最著名的就是当时台湾的首富板桥林家和雾峰林家，以及台湾的几位名士林鹤年、施士洁、许南英、汪春源、卢文启、李应辰等。

雾峰林家原籍漳州平和县五寨乡埔坪村，清乾隆初年迁居台湾彰化县。林祖密的祖父林文察，官居福建陆路提督，战死后赠封太子少保。太子少保俗称宫保，故林家之后在台湾、厦门鼓浪屿的住宅以及漳州的祠堂均称为宫保第。

林祖密父亲林朝栋是中法战争期间守卫台湾的抗法名将，素有"只知有国，不知有家"之誉。光绪九年（1883），中法战争开始，刘铭传与林朝栋在狮球岭督师迎战法军，坚守两个多月，使法军受到沉重打击，死伤惨重。后狮球岭炮台陷落，刘铭传退守台北，林朝栋则返回雾峰召集乡勇。

法军向台北逼近，清军节节败退，台北府城岌岌可危。这时，林朝栋率领2000乡勇赶到，予法军沉重打击。其后法军又进攻台北金包里和淡水，均被击退，法军逃回海上，转攻澎湖。法军统帅最终死于澎湖。

母亲杨萍因在抗法战争中率雾峰乡勇击败法军而受封一品夫人。

日本侵占台湾后，雾峰林家已经在台湾苦心经营了100多年。当时，林家拥有山林60万亩、水田6万多亩，500多个樟脑厂、制糖作坊和糖铺，成为台湾中部的首富。林朝栋拒绝日本人的高官厚禄，举家内渡，定居厦门鼓浪屿。林家在鼓浪屿三丘田与四枞松之间兴建乌楼与红楼两幢英式楼房，人称宫保第。

林祖密奉父命在台湾管理家业。1904年，林朝栋去世。林祖密欲将在台湾的家产变卖后返回大陆，遭到日本当局的阻挠，故意将价钱压得很低。林祖密不为所动，以1/10左右的价格变卖名下的财产，毅然回到鼓浪屿。

"中华民国"成立后，林祖密向国民政府内务部申请"中华民国"国籍。1913年11月18日，国民政府内务总长核发了"许字第一号"的复籍执照，林祖密成为恢复中华民国国籍的第一位台湾同胞。

林祖密始终暗中支持台湾同胞的抗日斗争。台湾罗福星发动的苗栗起义、张火炉发动的大湖起义以及余清芳领导的噍吧年起义，都得到过林祖密的秘密资助。

1915年，林祖密加入孙中山领导的中华革命党，先后资助革命经费50万元。1917年7月，孙中山在广州发动护法运动，林祖密在厦门、漳州组织闽南军响应，孙中山正式委任林祖密为闽南军司令，被授予少将军衔，后来改任粤军第二预备队司令、粤军第七支队司令、汕头警备司令、广三铁路监督等职。1921年，被调任为孙中山大本营参议兼侍从武官，参赞戎机。

1922年6月16日，陈炯明背叛孙中山，炮轰总统府，孙先生避难永丰舰。林祖密率兵前往援救孙中山，被陈炯明部逮捕，后经部属营救方得以脱险。1922年10月，统治福建的北洋军阀被逐，闽籍国民党人林森被推举为福建省省长，林祖密被任命为水利局局长。不久，北洋军阀复据福建，林祖密回到闽南，创办实业、建设家乡。他成立疏河公司，疏浚九龙江河道；购买荒山和田地，发展近代林业、开办近代农场；开办漳平梅花坑煤矿，又投资铺设程溪至漳州的轻便铁路。

1925年8月，林祖密被北洋军阀师长张毅杀害，牺牲时年仅47岁。

台湾著名爱国志士丘念台在其纪念林祖密的遗作中写道："革命不难，舍富贵而革命为难；舍富贵而革命不难，能审国族、辨忠节而舍富贵以革命为尤难；台湾林祖密者，盖能此尤难者也。"

雾峰林家真是一门忠烈！

板桥林家祖籍福建漳州龙溪，清乾隆林应寅迁台，设籍新庄。子林平侯（1766年生）16岁来台寻父先在米商家当学徒，后自设商号，办盐务，从事近海贸易，成一方富绅。

1803年，林平侯转而从政，当过广西的知府。后来，他称病辞官回台，开垦购地，在桃园、宜兰、台北等地有庞大地产,成为台湾最大的地主。

林平侯还修筑永丰圳与大安圳两座水坝,灌溉遍及板桥地区,其面积1800多公顷,林家随之迁到板桥,从此人称"板桥林家"。

林平侯三子国华才气出众,国华大公子林维让在父亲去世后掌管家业,后又传其弟林维源。林维源娶厦门抗英名将陈胜元三女儿,厦门溪岸陈家与台北板桥林家就此结成姻亲。1880年林维源的长子夭折,陈胜元五子宗美将六岁长子石子抱给姐姐、姐夫做儿子,即后来闻名海峡两岸的林尔嘉(字菽庄)。

光绪二年(1876),林维源捐银50万两,支持台湾海防建设。中法战争时,林维源捐银20万两助饷,后又捐银50万两,作为善后经费。1886年,林维源出任台湾垦务帮办,开垦新旧荒地17万余亩,还捐银50万两、兴修大甲溪水利工程,等等。林家先后对公益捐助总计达200多万两白银。林维源也官至"太仆寺正卿""台湾垦务大臣",赐二品顶戴花翎。板桥林家在维源、维让这一代达到巅峰时期,年收租稻谷40万石以上。

日本侵占台湾时期,林维源及林尔嘉不愿受侵略者统治,毅然放弃台湾庞大产业率全家内渡,寓居厦门鼓浪屿。台湾总督府三番五次派遣要员"游说",威胁利诱,他们父子始终不为所动,坚决拒绝加入日本国籍。

1905年,林维源谢世,林尔嘉继承祖业。1911年春,福建南靖发生特大水灾,林尔嘉一边募赈灾民,一边出资十万银圆,修筑西溪大堤。

辛亥革命后,林尔嘉受任厦门保商局总办兼商务总会总理、市政会会长,开办厦门第一所电话公司、电灯公司、自来水公司,参与漳厦铁路建设;捐资兴办厦门大同学校、鼓浪屿普育学校、香港大学和厦门同文学院等,为厦门的城市建设作出很大的贡献。

台湾光复后,林尔嘉回到板桥林家,1951年冬去世,享年77岁。

还有一位少有人知的"抗日举人"李应辰(1860—1922),名应时,字宗聘,以官名应辰通行于世,祖籍为同安县马巷仁安里十一都李厝乡人。祖上渡台,定居台北县淡水镇中寮里,到李应辰已是第六代。

李应辰于光绪十七年(1891)科试中举。乙未年(1895)日军侵台,李应辰率淡水沪尾十八庄壮丁500人抗敌两个月,不幸受伤惨败,举家迁往厦门,住石路街。但他抗日的意志始终不移,回厦门后每到一处都宣传抗日思想,甚至组织训练抗日义勇队,念念不忘收复台湾。他的思想深刻影响了他的子孙和李氏宗亲,不少人后来都参加了抗日义勇队和厦门抗日救亡运动。至今翔安李厝"枇杷屋"还有当年乡村青年抗日义勇队进行打靶训练时在墙上留下的累累弹痕。

日本侵占台湾时期,数千内迁台湾同胞大多定居厦门。他们多和雾峰林家、板桥林家一样,以自己的财富和才学倾情原乡故土,为厦门,甚至是福建的建设发展作出了许多贡献。这些人更是和李应辰一样对日寇满怀着国恨家仇,他们的思想和情怀深刻地影响了厦门的民风民气。加上甲午之后,日寇对厦门虎视眈眈,让厦门人民大有唇亡齿寒的切身感受。从此厦门人民和台湾人民一样,对日本帝国主义充满了仇恨和警惕,并一次次地掀起了反对帝国主义侵略的民众运动。

所以,甲午之变对厦门的影响极其深刻,不但对日寇,也对清王朝完全失去信任,革命的浪潮在人民心中涌动。

光绪二十三年（1897）二月，日本借甲午战争余威，正式照会清政府，要求依照有关条约在虎头山一带设立总面积727254公顷的日本专管租界。厦门人民群情激奋，厦门道台恽祖祁一上任就收到无数厦门民众的禀状，称"若作日本租界……本社居民不下数千人，势必相率阻挠"。

在民众的支持下，恽祖祁表示："国土可保则身留，不保则身去。吾志已决，不忍见寸土让人也。"他坚持不把虎头山划为租界。

日本领事上野专一不为所动，甚至指使日本浪人在虎头山上悬挂日本国旗，这就更加激起了厦门人民的反抗情绪。1899年8月，日本警察前来虎头山下会同厦防同知划界时，当地居民聚集几百人高声责骂，群起驱逐，以石块、砖头教训了入侵者，并警告地方官员"保全国土，无媚外人"。

这一场虎头山划界抗日事件，让日本侵略者领教了厦门人民的抗日意志。

第二年日本人又制造了"东本愿寺"事件，他们自己放火烧了日本人租用本地房屋建立的日本寺庙，然后日本领事以保护侨民为借口，让士兵抬着大炮登陆，在虎头山安放，直指城区。厦门人民义愤填膺，准备与日寇血战。这引起西方各国的震惊，他们为了保护自己的利益，不让日本人独占厦门，多国派出军舰先后抵达厦门，逼迫日本撤兵。

光绪三十年（1904）十二月，为期十年的《限禁来美华工保护寓美华人条约》期满，在海内外中国人强大的舆论压力下，清政府提出废约要求，却遭美国政府无理拒绝。这激起海外侨胞及所有中国人民极大愤慨，在中国国内掀起了一场大规模抵制美货的爱国运动。1905年7月20日，厦门商会响应上海总商会要求：通过并实行上海、福建帮商人抵制美货办法五条，掀起了又一波抵制美货的高潮。此运动后来还扩展到南洋许多国家的华侨。虽然因清政府的腐败无能最终未能取得胜利，但是这次运动显示出厦门人民炽热的爱国心和海外华侨民族意识的觉醒。

1905年9月10日，厦门市各界人民成立"拒美约会"，推选菲律宾归侨陈钢为会长。"拒美约会"在武庙口（今大同路关隘内）演讲了三天，广泛发动各界抵制美货，许多人响应号召自觉将美国缎布放火烧毁，或将美国面粉倒入大海。美国驻厦门领事费思洛照会兴泉永道王贵，要求制止抵制美货运动并惩罚首要分子。兴泉永道遂下令禁止"拒美约会"活动，不准抵制美货，后因众怒难犯，被迫取消禁令。

另一方面厦门人民也从割台始，对清王朝彻底失望，掀起了一波又一波出国下南洋的高潮。据厦门海关进出口旅客统计表：1894年从厦门出口的旅客85961人，1895年猛增到114030人，进出口相抵差3万人；1900年后，每年出口都在10万人左右，1906年猛增到427857人，进出口相抵差13万人。其后，出去的人就一直持续在30万—40万人。直到1911年辛亥革命以后，进出口的人数差距才逐渐缩小。[①]这些数据可以从一个侧面看出厦门人民在甲午战争、"庚子事变"以后对清王朝彻底失望，纷纷出走。而在辛亥革命以

---

① 中华人民共和国厦门海关编著：《厦门海关志（1684—1989）》，北京：科学出版社，1994年。

后，厦门人民则纷纷归国投身到祖国、厦门的建设之中。他们的爱国情怀可见一斑。

更可贵的是，无论是留在厦门，还是出国侨居，许多厦门人都积极地，甚至是奋不顾身地投入到推翻清王朝的民主革命中。

二、辛亥革命

闽南第一位民主革命英雄是厦门海沧霞阳村人杨衢云（1861—1901）。

1892年3月，杨衢云和拜盟兄弟谢缵泰，联络在港府、书院和洋行中求学、任职的爱国青年共17人，在香港成立了辅仁文社。这是中国近代史上第一个由新型的知识分子组成的具有反清革命思想的政治团体，比孙中山创立资产阶级革命团体兴中会早两年又八个月。

辅仁文社以"提倡西学，开通民智，爱国维新"为宗旨。严格意义上说，杨衢云是近代中国组织革命活动的第一人，比孙中山更早拥抱共和。

1893年，孙中山与尤列、郑士良，陈少白等八人在广州广雅书局集会，根据事先杨衢云的主张成立团体，以"驱除鞑虏，恢复华夏"为宗旨。但未定会名，也未形成组织。其时，杨衢云因居港而未到会。次日尤云赴港向杨衢云通报情况，杨衢云深表赞同。尽管孙、杨二人在反清革命宗旨上取得一致，但对于共和制，两人的主张尚有差别。孙中山以为，汉人作皇帝亦可拥戴，以倒外族主体，杨衢云则"非造成民国不可"。后来，通过争论，分歧缩小，孙中山进一步坚定共和的理念。

1894年11月，孙中山在檀香山联络华侨志士20多人，成立兴中会。

1895年1月，孙中山从美国来香港，与杨衢云等筹商两派联合共组革命团体之大事，杨衢云"欣然从之"。同年2月，孙、杨两派联合，香港兴中会正式成立。杨衢云率谢缵泰等加入，将辅仁文社与兴中会合并，以示诚意。

"驱除鞑虏，恢复中华，创立合众政府。倘有二心，神明鉴察。"香港兴中会，因成员多为思想激进分子，反清意志甚坚，因而其宣言比檀香山兴中会之宣言更为激烈，"对清廷的抨击，不再躲闪，而是一针见血"。

不久，孙、杨两人筹划广州起义。1895年10月10日，兴中会主要成员举行会议，选举兴中会会长兼起义后的临时政府总统。孙中山表示谦让，杨衢云被选为首任会长兼起义后的临时政府总统。可惜，起义失败。

1899年，杨衢云辞去兴中会会长，拥护孙中山继任兴中会总会长。杨衢云说："为了有利于革命事业，我一向愿意牺牲自己的生命，更不用说我的职务。"他还说服了已决意与孙中山分手的谢缵泰等本派同志，暂时中断了他们独自谋划的反清起义，全力支持孙中山。惠州起义，杨衢云奔走不倦，后因饷弹两尽，又以失败告终。

清政府对杨衢云恨之入骨，两广总督德寿悬赏三万金购杨衢云的首级。党人均力劝杨衢云出洋避祸，而他凛然道："人之死者，天命也。抑吾人行革命，亦久置生死于度外矣！"1901年1月10日，数名凶手冲上香港杨家住楼枪杀杨衢云。

孙中山等革命党人在日本惊闻噩耗，"晚膳皆不能下咽，即夕开追悼会"。孙中山主祭，并将讣告数百份寄发国内外。杨衢云的挚友谢缵泰等人，集资将其安葬在香港基督教坟场。其墓四筑长方石阶，方碑之上绾长形华表且削顶，以示革命党人的功勋与精神，又示革命尚未成功之意。碑上未刻姓名、铭文，仅在碑下方刻坟号：6348。此墓后来被香港政府定为革命史迹，不受迁移，永久保存。

早年与孙中山一起生死与共革命的还有杨衢云的老乡，即厦门海沧霞阳人陈粹芬。

1892年秋，侨居在香港屯门的19岁的陈粹芬，经孙中山的战友陈少白介绍认识了寄寓在屯门近海一幢红楼的孙中山先生。时年，孙先生26岁，他们志气相投，相见恨晚，结成伴侣。

1895年，由于广州起义流产，陈粹芬随同孙中山流离转徙，以妻子的身份掩护孙中山，协助日常事务。1905年8月，孙中山在日本创立中国同盟会，当时的革命志士胡汉民、汪精卫、居正、戴季陶、冯自由、廖仲恺、蒋介石导都得到她的接待、照顾。因她在家中排行第四，众人都尊敬又亲切地叫她"四姑"。日本当地社会名流宫崎寅藏、头山满、西园寺公望、犬养毅等与孙中山过从甚密，对陈粹芬的贤惠、细致、热情干练的品质十分赞赏，夸她为"女杰"，评价她"革命家的女性只有这样才能担当大事"。

惠州起义前夕，孙中山赴台湾建立起义指挥所，凡从美国、加拿大购买武器，运到日本横滨，都由她"独任来往船只起落之责，并传递信息"。革命党人莫不褒扬她的英勇、果断与勤奋。1907年，孙中山在广东等地策划了四次武装起义，陈粹芬随其出生入死，随侍左右。《洪门革命史》一书说："看见中山先生侍妾，一表人才，中山娶她十余年，昔日在镇南关起事，失败，出走安南河内，做伙头饭与众兄弟食，洗衣裳，捱尽艰苦。"

"中华民国"成立后，她在胜利的欢呼声中悄然隐退。1914年，她只身南渡，定居于马来亚庇能。孙氏家族对陈粹芬十分敬重，称其为"南洋婆"。1960年秋，陈粹芬病逝，享年87岁。

马来亚的厦门华侨陈楚楠是南洋同盟会的创始人之一。他是孙中山的得力助手，被派到南洋各地建立同盟分会。至1908年，南洋各地的同盟分会和外围组织上百个。厦门华侨中的知名人士，如林文庆、陈嘉庚、陈先进、庄希泉、林镜秋、陈延谦、邱继显、陈武烈、李思明、柯朝阳、国瓦、林推迁等人都是中国同盟会新加坡分会会员。

陈楚楠与张永福自筹资金，将邹容的《革命军》改名《图存篇》，翻印两万册，除在海外华侨中广泛散发外，还分寄到国内各省、府、州、县、直到北京翰林院总理衙门，引起巨大震动。

1907—1908年，孙中山在广东、广西、云南等省连续发动六次武装起义，每一次都由陈楚楠等人筹款接济。

槟城的厦门华侨陈新政是支援辛亥革命筹款活动中的得力干将，他曾为黄花岗起义在华侨中筹款18万元。

旅居缅甸的厦门华侨庄银安、徐赞周于1908年加入同盟会，庄任缅甸支部会长。他们发动华侨集资创办《光华日报》，大造革命舆论，到辛亥革命时他们已经拥有会员2343人，其中厦门籍的华侨就有472人。

辛亥革命后，各省相继独立。新加坡闽侨获悉福建省请求募款支援的急电，马来亚、缅甸华侨踊跃捐款，筹措了大笔资金支援家乡的革命。

福州光复的消息传来，同安归侨庄育才、陈仲赫、陈延香、陈飚臣、庄惠然、陈少荣等人带领同安和灌口两地同盟会会员配合革命军顺利攻占同安县城，宣告同安光复。

1911年9月23日，厦门同盟会会员开会决定发动起义。第二天，厦门同盟会组织照会各国驻厦门领事和厦门海关税务师、邮政师，通告即将发动起义，光复厦门。下午3时左右，厦门同盟会在寮仔后天仙茶馆集合，推举张海珊为司令、谢成为副司令，组织1700多人的起义队伍。每人在胳膊上系上写有"革命军"字样的白布条，兵分两路，从厦门城的西门和南门直取今天位于市公安局大楼的水师提督衙门。清朝的官员早已闻风而逃，躲的躲藏的藏。起义军兵不血刃地顺利占领了提督衙门、兴泉永道台及岛上的军事要地，正式宣告厦门光复。

印度尼西亚华侨王振邦是辛亥光复厦门的领导人之一，参与光复厦门的还有56位归侨。缅甸中国同盟会号召回乡援助祖国，有47位华侨热血青年自筹船资，分别从缅甸的仰光，印度尼西亚的日惹，马来亚的吉隆坡、槟城返回厦门，为新成立的政府效力。其中有26人还前往武汉参加敢死队。

厦门华侨和归侨在推翻封建王朝的民主革命中的贡献难以胜数，也已经有许多相关的专著。这里简要的介绍只是想让读者了解，在孙中山领导的旧民主主义革命中，"华侨是革命之母"，而厦门华侨是其中杰出的一群。他们代表了，也推动了当时厦门人民的觉醒，代表了当时厦门人民的思想潮流：洋枪洋炮顶着中国的脑袋，已经没有人、没有地方可以安心于建设，革命的潮流汹涌澎湃。

清代厦门虽然说是同安的一个里，但厦门的行政事务是由康熙二十五年（1686）移入厦门的泉州海防同知管理的。厦门光复的第二年，厦门从同安县的一个里正式成为思明县。县政府也就设在海防同知府衙。

那是一个城头变幻大王旗的混乱时代，不到五个月，思明县又变成了思明府。再过半年（1913年3月），思明府又被取消，恢复思明县。思明县管辖厦门20多年，直到1935年，厦门市正式成立。

思明在风起云涌的辛亥革命斗争中重生，它恢复的不仅仅是一个城市的名字，更是郑成功放眼世界、走向大海的胸怀和眼光。正是在中国人民推翻封建王朝的历史转折中，厦门才获得了引领闽南文化转型发展的历史机遇。

第十章　走向现代文明——厦门文化的转型

在辛亥革命胜利推翻清朝封建统治的大背景下，从辛亥革命到抗日战争这段时间里，厦门基本完成了现代化进程的第一步，推动了厦门文化的变迁转型，引领了闽南文化的现代化。这一进程是从实业救国、教育救国和城市改造更新展开的。

一个城市文化的进步最直观的就是它的容貌：城市格局、建筑风貌、市容市貌。这一切都必须建基于它的经济实力之上，而经济最重要的因素是人。归根结底，这个城市的转变依靠的是人，是城市居民的体质、修养、效率、观念等等。

所有这一切构成了城市文化的文象，而在文象的内里呈现出城市的建设者和拥有者的技艺、智慧和价值取向——城市的文脉。

第一节　实业救国——以经济建设为中心

辛亥革命以后，中国很快陷入了军阀割据的局面。福建的军政府、后来的皖系军阀，以及军阀内的陆军和海军钩心斗角，把厦门视为肥肉争夺。但由于忌惮华侨的影响力和鼓浪屿公共租界众多列强，厦门相对还是和平安定的，这就为以侨商为主的厦门民族资产阶级推动厦门经济建设和文化转型提供了良好的环境。

八国联军侵华战争以后，清廷迫于形势开始改革。光绪二十九年（1903）成立了商部，制定了《商会简明章程二十六条》，规定上海、汉口、广州、厦门等商务繁忙之区应设立商务总会。1904年7月，厦门商务总会成立，任命林尔嘉为厦门商务总会总理。商务总会由清廷商部倡立，章程由商部厘定，领导人由商部直接提名，实际上是个半官方的组织，因此也具有一定的权威性，使地方官员不敢对民族资产阶级予取予夺。民族资产阶级的实力得到了当权者的承认，为商界和官方提供了沟通的渠道，为商界维护自身权益、参与社会事务提供了平台。

厦门商务总会成立后，积极参与了抵制美货、反对美国要求续签苛待华工的条约的运动，得到了海外华侨侨商的支持；又制定了一系列规范商业运作的章程条例，并成功奏请朝廷免除了"进贡燕窝"的额外负担。特别是厦门商会和海外联系密切，拥有雄厚的财力，为辛亥革命后在厦门推动实业救国奠定了基础。

民国五年（1916），厦门商务总会更名为厦门总商会，开始全面介入厦门城市建设、民众教育、社会治安、民生救济等各项社会事业，尤其是在发展工商业、促进对外贸易方面作出了不少成就，成为辛亥革命以后带领厦门走向现代化的主导力量。

辛亥革命的成功激发了海外华侨回国创业的热忱，回国华侨人数开始逐年增多。由于当时闽南漳泉许多地方军阀割据、土匪猖獗，发生了许多华侨归乡被土匪、军阀绑票、勒索，甚至杀害的事情。同时，厦门毕竟交通便利、市场繁荣，出于安全和方便，这些归国华侨不少选择在鼓浪屿、厦门本岛居住和创业。这样从漳泉、台湾，以及南洋而来的闽南各路精英会聚在厦门，开辟了闽南文化现代转型的中心舞台。

他们针对厦门消费城市和大批华侨进出口岸的特点，首先推动走向海洋的航运、进出口贸易，以及为华侨进出服务的商业和金融业。

1900年前后，海外华侨不断推动清政府批准在厦门成立海外招商轮船局或华侨轮船局，在外洋航线上同洋人的洋船竞争。可惜，尽管有个别官员思想开放，积极协同推动，但腐朽的晚清朝廷总是有那么多保守的力量掣肘阻挠。

直到辛亥革命后，华资经营的航运业才开始得到了迅速的发展。特别是欧洲在1914年发生了第一次世界大战，许多在中国经营的外国轮船被征调到欧洲战场，减少了对中国轮船的竞争和压迫。这时华资经营的航运业得到迅猛发展。

厦门在南洋航线上最早开设航运业的华资企业是宗记公司。它是由仰光华侨林振宗于1912年设立的，总号设在仰光，厦门、汕头设有支店。购置"双安""双美""双春"三艘2000—3000吨级的轮船，共计8431吨，航行厦门与仰光之间。世界大战期间又添购了"双喜""双福"两艘轮船，总吨位已达万吨以上。

接着又有新加坡华侨林秉祥设立的和济公司，又名和丰公司，在新加坡称"和源号"，各有"丰城""丰美""丰义""丰远"四艘2000吨级的轮船，航行于厦门与槟城之间。

第一次世界大战发生之后，海外华侨在厦门经营的远洋航运增长很快。1915年爪哇华侨黄仲涵、周炳喜等设立建源号，拥有两三千吨级的轮船六艘，航行于厦门、汕头、香港和国外的新加坡、泗水、三宝垄等地区之间，成为华商在南洋群岛航线上拥有轮船最多的企业。1917年香港有谦德行，自备一艘1351吨的"裕英华"号轮船，航行于厦门至新加坡之间。还有香港刘维源的"亚洲"号，也航行于厦门和新加坡之间。

航行于国内沿海航线的轮船公司就更多了。拥有百吨以上轮船的轮船公司就有六七家，拥有百吨以下轮船的公司高达22家。他们近的到福州、福清、兴化、泉州、汕头，远的则航行到宁波、温州、上海。

资料显示，1911—1921年这十年间，在厦门经营航运业的较大的华资公司，从1家增加到9家，拥有轮船从4艘增加到27艘，总吨位从695吨增加到33716吨，总资本从10万元增加到382.4万元。可见这10年间华资怀着振兴祖国航运业的愿望，趁着世界大战爆发之机，推动了厦门航运业飞速的发展。

同时，辛亥革命进一步打开了中国的大门，闽南、厦门有更多的人在思明的码头登上了出洋的轮船，走向海洋，去看外面的世界；也有更多的华侨带着实业救国、教育救国的梦想，从海外归来，在思明的码头登上故乡的土地，定居厦门。

从《厦门海关志》旅客进出口旅客统计表可以看到，从1911年到1930年，除了1912年和1915年出口人数二十六七万，其余年份每年都在三四十万，1925—1930年甚至每年都在60万左右。进来的旅客也是基本上每年都在三四十万，最高峰在1926年达到624000人；1927年、1928年、1930年都是56万人以上。[①]

这么多人进出，当然也大大促进了航运业和相关的各行各业，如旅社、钱庄（兑换货币）、搬运等。特别是带出洋的闽南土特产礼品，带回漳泉老家的布匹、首饰、补品、食品等礼品，都是在厦门采购，其销路可想而知。根据《江声报》的调查，1929年厦门岛内有商店6000多家。1931年到1933年厦门十大最主要商业营业额，绸布业排名第一，杂货业和参茸业分别列第二、第三。

据中共厦门市委党史研究室的《中共厦门地方史（新民主主义革命时期）》所提供的资料，从1875年到1949年，华侨投资在厦门开办的工商企业共有2600多家，总资金额占全省华侨投资总额的62.88%。厦门是福建华侨投资用于振兴实业最多、最集中的地区。华侨在厦门主要是兴办侨批业、进出口业、服务业、交通运输业、公用事业、轻工业、机械工业等。

《厦门工商业大观》记述，20世纪30年代，厦门的工厂为70多家，其中纺织业12家，食品工业21家，公用事业3家，化学工业16家，铁器制造业16家，造船业6家，轻工业2家。比较著名的有大同陶化罐头食品有限公司、中华糖果饼干厂、吴记制造机器厂、华康烟厂，还有公共事业的厦门电灯公司、厦门电话公司、厦门自来水公司等，都是华侨投资。

茶叶行业作为厦门的一个重要行业，在清末民国时期因受到国内外各种因素的影响而进入衰退期。茶叶贸易从早期的出口欧美、亚洲各国，逐渐减少成为东南亚华人为主的贸易商品。1932年登记在册的茶叶商号有71家，本地茶商除了出口贸易之外，为了扩大茶叶内需在地销售，不仅在包装上创新，并转型成为批零兼营和茶楼消费等多样化经营方式。[②]

辛亥革命之后，厦门的金融业得到了飞速发展。厦门在清乾隆年间，已有制钱兑换店出现。当时市面白银和外国银圆一律须兑换制钱，方能使用。鸦片战争后，制钱兑换店逐渐发展为钱庄，也叫银号或汇兑庄。其主要业务是买卖外国汇票和处理来自南洋等地的汇款。

1920年，本地还有45家钱庄，1930年则有100余家，资本不一，其业务一般为办理存款、放款、同业拆放、汇兑、买卖生金银、代发钞票、兑换钱币或兼营其他业务。厦门钱庄多系侨商开设，经理由庄东自兼，业务经营较为灵活，只要有利可图，均可兼办。但随着现代银行的兴起，银行业利率的竞争变得激烈，到1935年仅剩下32家钱庄，到1937年则剩下19家。

1911年至1921年，厦门的银行业状况良好。尽管持续不断的地方动荡和世界大战

---

① 《厦门海关志（1684—1989）》。
② 《厦门工商业大观》，1932年。

期间的贸易限制，给本口岸贸易带来不利影响，但本地的外国和中国银行的数量仍有所增加。

1919年的时候，本地共有汇丰银行、台湾银行、新高银行、中国银行、福建银行、厦门商业银行和厦门农工银行，共计7家。

1931年，厦门口岸仅有3家外国银行，4家中国银行。

1932年底，中央银行在厦门开办。

1934年，有5家新的银行开办，其中之一是交通银行。

1936年则有16家银行。外资侨资银行包括汇丰银行厦门分行等9家。这是因为每年从南洋汇来的大量汇款，导致各方资本大量开办银行。

民信局初期也称批馆、批局、批信局、汇兑庄、汇兑信局。抗战胜利后改称银信局，到1950年以后又改称侨批业，是经营华侨附有信件汇款的汇兑业。初期信局有64家，负责将来自海外的信和钱送交内地的收款者。这些信局后来在本地金融中发挥了重要的作用。

民信局初期一般兼营兑换各种银圆、纸币及各项票据、有价证券，侨批馆则兼营汇款、进出口贸易等。在厦门，民信局和侨批馆兼而有之，但以经营侨批为主。①

闽南华侨的侨汇多数由厦门转汇。19世纪中期，南洋和国内之间航运不便，南洋华侨汇款，主要依靠水客（也称客头）递送。后来，由于水客的经营方式落后、往返时间过长，银信回批递送迟缓，收费又高，个人信用亦未尽可靠，无法适应华侨经常汇款的要求。

清末，厦门港口外轮增多，外国邮政和外商银行相继在厦门设立。对批信给予总包邮寄的优惠，为银信业务在国外收汇、国内承转和解付上的分工提供了便利条件。侨汇头寸又可通过银行汇入，信件、回批可由邮政递送，厦门民信局遂应运而生。民国九年（1920），外国邮政裁撤，邮权收归国有，准许民信局所有信件总包邮寄，计重贴资，银信始有专业。

随着一系列限制民营机构经营邮政业务的法规出台，民信局逐渐衰微以至停歇，而侨批馆因华侨对民国的巨大贡献，得到特许，业务非但未被削弱，反而有所扩展。

民国四年（1915），厦门侨批馆增至34家。民国十年（1921）正式向厦门一等邮局挂号领有执照的达81家，民国十六年（1927）正式获准领有执照和未办理申报领取执照的批馆、民信局约200家，民国二十二年（1933）办理执照的尚有175家。②

民国二十三年（1934），厦门邮局根据上级规定，凡承办侨汇同时兼办往来批信的信局均予保留，定名为批信局。同年，经审核批准登记的批信局有87家；民国二十六年（1937）增至114家，占福建省批信局总数的80%。

---

①② 《民信局与侨批局》，摘自《厦门市志》卷七。

1900—1937年厦门侨批馆数量一览表（据《厦门市志》卷七第一章整理）

年份	1900—1906	1906—1911	1912—1915	1916—1921	1922—1930	1931	1932	1933	1934	1935	1936	1937
数量/个	23	20	34	81	60	196	177	175	87	140	116	114

1845—1949年的这100多年间，有数百万人从厦门出发前往海外。闽南华侨主要分布在东南亚地区，即南洋。闽南人下南洋就是要赚钱，赚了钱就要寄回家。侨汇业就迅速地发展起来。

1905—1920年，是厦门侨汇发展初期，这是因为海外各地经济状况极佳，华侨的收益增加，所以侨汇也有大量的增加。第一次世界大战以后，经济衰落，华侨失业回国的人数甚多，而留在海外的侨胞亦因商业不景气而收益减少，汇款回国的数目减少。

1921—1931年这一时期，厦门市政改革，对于房屋地产的投资非常有利，而且当时的南洋经济环境不景气，因此华侨把资金寄回国内，用于投资于房地产业，所以这一时期的汇款又有了明显的增加。

1932—1938年，是厦门侨汇发展放缓时期。侨汇数额大量减少的原因，首先是1929—1933年的世界性经济危机，再加上英国、荷兰、西班牙三个殖民当局对华侨的压制，使得华侨经济受到打击，华工失业，华商破产，出现萧条局面，影响侨汇发展。[①]

1936年以前，侨汇低于正常数额，这是受世界性的萧条和锡、橡胶价格下降的影响。1936年后，一方面海外经济局势有了改善，一方面日本加紧对中国的侵略，激起了华侨的爱国热潮。华侨纷纷捐款支援祖国抗战，侨汇不断上升，1940年，侨汇数额甚至高达国币1亿元。

侨汇对于厦门城市经济起到了极大作用。首先侨汇是华侨眷属的重要生活依靠。当时，厦门归侨和侨眷所占比例相当多，其家庭的生活费，以及教育、卫生等各种费用，虽然不全依赖侨汇，但是侨汇是维持侨眷生活的重要依靠，也是改善华侨眷属生活质量的重要来源。

据统计，食物的消费方面。在华侨家庭中，平均每家每年的花费为392.04元，在非华侨家庭，平均每家每年为138.48元；在衣服消费方面，华侨家庭每年为34.32元，非华侨家庭为15.24元；房租，华侨家庭每年123.72元，非华侨家庭每年只有18.84元；杂项费用，华侨家庭每年为165.60元，非华侨家庭每年为49.32元。因此仅就从生活费的方面来看，华侨家庭的消费实在是远高于非华侨家庭。[②]

其次是侨汇有利于厦门对外贸易平衡。由于当时中国经济落后，对外贸易是进口多、出口少。厦门的对外贸易长期处于入超的状态，而对外贸易的入超部分主要是靠侨汇来弥补。

---

① 吴承禧：《厦门的华侨汇款与金融组织》。
② 杨鹏熹：《近代厦门华侨汇款对厦门经济发展的作用》。

厦门华侨汇款与贸易入超比较　（单位：千元）

时期	入超数额 （每年平均）	侨汇数额 （每年平均）	侨汇超过入超数额 （每年平均）
1905—1928	193128（8047）	272636（11360）	79508（3313）
1929—1932	471632（117908）	546732（136683）	75100（18775）
1932—1938	315526（45075）	360532（51505）	45006（6430）

根据上表历年的入超数额与侨汇数额相对照，两者之间颇为相近，入超全部由侨汇一项弥补，而且有盈余。虽然每年二者增减不一定相同，不过长期以来侨汇对入超的弥补是很明显的。所以侨汇对于厦门本地的经济发展，起到了巨大的支撑作用。[①]

从辛亥革命到抗日战争这几十年，只是厦门现代化的起步阶段，资本的重点在城市化、市场化和交通运输，对工业的投资和技术、管理人才的准备都非常薄弱，技术含量高的大机器生产的工厂几乎没有。大多数工厂的雇工都很少，工人队伍最多的是搬运工人、店员和船员。厦门的经济建设在这一时期最突出的是商业、金融、交通和基础设施建设，尤其是城市的现代化改造更新建设。

第二节　走进现代化——城市更新建设

一座城市给人最直观的第一印象，当然是这个城市的街市、交通、市容、建筑、公共设施等与城市居民衣食住行相关的城市表象，或可称之为城市第一层面的文象，主要展现的是城市文化的技艺和当代生活的时尚。接下来，是这个城市的名胜古迹、艺术风格、传说掌故、民俗民风等展示城市历史、智慧、价值取向的城市第二层面的文象。文无象不生，文化的转型和进步，总是首先在文象体现出来。

厦门由农耕社会的港口小城向现代城市的转型，当以1919年厦门市政委员会的成立为标志，而市政委员会的成立则是受到了时代和文化环境的影响。

首先是1902年鼓浪屿成为公共租界，西方城市建设理念对厦门的影响。鼓浪屿公共租界的行政、司法等所有权力都掌握在外国殖民者手中，最高权力属于各国领事组成的领事团，工部局是执行机构。工部局不但有权征收捐税、掌管公共财产，还设立了巡捕局和会审公堂。前者是专门保护洋人镇压中国人民的警察机构，后者则夺取了司法大权，不但外国人不受中国法律的约束，鼓浪屿的中国人民也置于外国领事的管辖之下。巡捕房的巡捕侦探，肆无忌惮地凌辱欺压鼓浪屿百姓，甚至打死人都可以逍遥法外。工部局还设立了许多苛捐杂税，敲诈勒索鼓浪屿人民。

但与此同时，工部局也把西方市政建设管理的许多先进理念和方法带到了鼓浪屿。从1903年起，鼓浪屿铺设了24123英尺（约7.35千米）长的地下排水管道、修筑海堤保

---

① 《近代厦门华侨汇款对厦门经济发展的作用》。

护道路、维护公共码头、由专人经常清理公共水井、在岛上的不同地点建立了公共厕所和垃圾箱、建立了一支家庭访问护士队伍，为那些交付了固定费用的居民服务、疏通死水、消灭蚊子，雇用清洁工冲洗排水管道、打扫道路、清理垃圾，隔离传染病患者。1911年，厦门海关税务司巴尔在海关《十年报告》（1892—1911）中说，这些工作的进展，使得鼓浪屿的"道路一直处于良好的保养状态，与中国城市的道路相比更令人满意"。

其次，民国成立后，政府在南京、上海和天津等地，分别实施了《首都计划》《大上海计划》和《天津特别市物质建设方案》。1918年，民国政府颁布了《长途汽车路公司条例》，以准许营业专利权为号召，鼓励国人投资兴办道路。旅日华侨晋江人陈清机首先在安海创办泉安汽车路公司，开辟泉州到安海的汽车路。接着漳州市工务局长周醒南进行市政改良，拓展街道和扩充市外交通线。厦门与漳泉两地息息相关，不可能不受影响，更不会无动于衷。

厦门的道路交通状况一直非常差。从厦门市区到厦门港，要由竹子河翻越镇南关山，山路迂回曲折，高低不平，两边山坡皆是坟墓。从市区到禾山，只有一条古驿道，要从筼筜港南岸的溪岸头，出将军祠、文灶乡，徒步数十里才能到达岛东北角的五通。由此渡口乘船渡海，到对岸同安的刘五店，上岸后，再踏上通往泉州方向的道路。

所谓的路，只是崎岖不平的羊肠小道。毕腓力在1910年说："就中国南部地区来说，连一条公路也没有，通常是一条窄窄的羊肠小路，像是通往我们牧场的放牛小径，弯弯曲曲又像稻田里的长蛇，这就算是一条比较接近我们常说的路了。……除了鼓浪屿之外，整个闽南地区找不到一条我们所说的那一种路。……厦门及其周边地区的旅行有三种主要方式，坐轿子、乘船、步行。此地，还有一些小马，但不常使用，因为我们无须把它们考虑进去。……对于外行人来说，轿子是一种折磨人的器具。它简直把人束缚在箱子里，在令人讨厌的崎岖的路上颠来倒去，整个里程自始至终身子动弹不得，这样的旅行终生难忘。……这种旅行的费用也不便宜，甚至得不偿失。你会发现坐轿子旅行的费用要比在美国乘火车贵了将近三倍。"①

1919年间，厦门图书馆馆长周殿薰、省立十三中学校长黄孟圭、留学英国的土木工程师黄竹友，以及一些开明士绅倡议兴办公路。最初目标即开一条从市区至五通的厦禾公路，以便利与内陆的交通。

受厦门商学两界推崇的林尔嘉被邀请出主其事。从1909年到1922年，林尔嘉连续十余年在鼓浪屿工部局担任唯一之华董。工部局的英文为Municipal Council，"工部局"是清末时的译法。当时由于清廷官员对西方社会的组织机构并不是很了解，就仿照中国传统政治中的"六部"，将之翻译为"工部局"。若是按照当代的翻译方式，将之翻译成"市政委员会"更为合适。林尔嘉担任鼓浪屿工部局华董的时候，既是工部局完善之前的道路墓地基金委员会工作的关键时期，也是大批归侨在鼓浪屿上建房盖屋的热潮期。在工部局制定的《厦门鼓浪屿公共地界规例》和《律例》中，关于沟渠、街道、环卫、

---

① 《厦门纵横》。

水井、广告，乃至养狗、养羊、放风筝等，都有着极为详细的规定。

毫无疑问，工部局市政管理的做法及成效对林尔嘉产生了一定的触动，厦门与鼓浪屿仅仅隔着一条窄窄的鹭江，难道鼓浪屿的市政管理方式就不能移植到厦门吗？因此，林尔嘉认为只办一线公路不够，应追随鼓浪屿的脚步同时举办市政建设。于是，他进一步邀集全市绅商学各界知名人士，共同商讨。

1919年4月，著名侨领黄奕住从印度尼西亚三宝垄回国，选择了离其家乡南安很近的厦门定居。

黄奕住是印度尼西亚著名的"糖王"，因不满荷兰殖民者的盘剥和逼其入籍荷兰，愤而变卖财产数千万归国，在上海开设中南银行。出洋时，他虽然只是南安农民出身的剃头匠，但历经数十年商海浮沉，他已经由满脑子传统观念的山区农民变成具有国际经贸经验和现代经营理念的资本家。

特别是黄奕住在印度尼西亚三宝垄生活期间，对该市市政委员会的活动及作用有深刻的认识。曾经，三宝垄也像当时的厦门一样破败肮脏，在1901年和1902年有过两次大规模的瘟疫。1906年，荷兰殖民者主导成立三宝垄市政委员会，引进荷兰的市政建设和管理经验，后来三宝垄的城市建设大为改观。三宝垄建立人口死亡统计、修建自来水、新修住宅区，卫生状况迅速改善，城市商业也繁盛一时。这些经历深深触动了黄奕住，也使他对改造厦门的市政建设充满了信心。

这两位厦门市政建设领导者的眼光和格局为厦门城市谋划了现代化的蓝图，得到了大家的拥护。他们又是经验丰富的实干家，知道如何推动这个城市的建设。他们认为，"凡事预则立，不预则废"，城市建设没有总体谋划是不行的。而总体谋划就要有领头者，"人无头不走，鸟无头不飞"，必须首先有总体把握规划，协调各方的机构来推动厦门的城市更新改造建设。

于是，他们向厦门道尹陈培锟和思明县县长来玉林等人建议成立厦门市政委员会，领导和推动厦门的市政建设，并得到众人的支持。

1920年春，在厦门商会的基础上，厦门市政委员会成立，林尔嘉为会长，黄奕住为副会长，会董有洪晓春等数十人。市政会执掌各种章则、规划的制订，工程的设计，以及审议和筹款。以民间组织的团体，掌握一市之市政建设规划的全部权力，这在全国尚属首创，也绝无仅有。

另外成立厦门市政局，设市政督办一人，由道尹陈培锟兼任；市政会办一人，由警察厅厅长易兆雯兼任；委员长一人，由思明县县长来玉林兼任；聘请委员若干人，办理市政会决议事项，为执行机关。

考虑到在厦门居住的外国籍民相当多，特别是日本人有意推动台湾黑社会以日本籍民定居厦门，时常无事生非、骚扰民生；同时，鼓浪屿上还有十几国的领事馆和外国人把控的工部局，市政会深谋远虑，为克服驻厦列强及其籍民于今后市政建设中的滋事干扰，成立后所办的第一件事，就是把制定的章则送往各国驻厦领事团，征询意见。市政建设乃为中外居民共同谋取之福利，又是由民间团体主办，各国列强自无反对之理由，一致赞成。这一着为后来对付日本籍民的蛮横阻挠，提供了有力的根据。市内马路之修建，即于同年春着手规划。

厦门市政会之会所附设在厦门市总商会之内，1922年，林尔嘉出国，该会由新任会长洪晓春和副会长黄奕住主持。通过各界合作，发动海外华侨与国内富商投资，开辟马路，填海扩地，兴建楼房，建设公共设施，发展公共事业，厦门城市的现代化迈出令世人瞩目的第一步。

摆在市政委员会面前的是相当艰巨的任务。

有记载的厦门最早的商业建筑，是明初由定期的"圩坊"（集市）逐渐形成的商品街市。明清时代至民国初期，厦门的房屋大部分是单层平屋，即闽南红砖大厝、石头厝、土埆厝、板皮厝。和漳泉的不同，因为台风，这里房子的屋顶大多是平顶的。作坊和工场不是露天就是竹子搭建的"寮"，四面通风，采光和空气都好。

穷苦的人家也用竹子搭建小小的竹寮，四面用竹片编成墙，再抹上掺了稻草的泥巴，甚至还可以开窗设门。只是雨天和台风天，那就是无法入眠的夜了。

大部分的商店都是临街为店面，后部为住房的连体建筑，即前店后坊商住两用的"竹篙厝"。一条街连排门面，往往同行业集中一街，有碗街、木屐街、竹仔街、绷鼓街、鱼仔市等。

大部分街道是粗打块石或条石路面，遮盖下水道（沟涵），下水道通溪透海。称"街"的宽3—5米，叫"巷"的宽2—3米。

康熙二十三年（1684）九月，厦门逐渐成为福建的对外贸易口岸，街道不断增加，最大的一条叫"衙口街"，从提督衙门到城南门，宽十余米。

乾隆三十二年（1767）版《同安县志》记载，当时厦门的古街道已有25条。近城的叫内街，计有桥亭街、新街仔、塔仔街、局口街、菜妈街5条；近海的叫外街，计有石埕街、提督街、盐街、纸街、竹仔街、磁街、外关帝庙街、神前街、中街、亭仔下街、木屐街、港仔口街、岛美路头街、轿巷街、五崎顶街和走马路街等16条；内外街之间还有火烧街和关仔内街2条，在厦门港又有桥头仔街和市仔街2条。这些街道宽仅3米左右，再加上占道经营，占道搭建，其狭窄可想而知。

至光绪三十四年（1908），大小街发展到220多条。因宫庙得名的有42条，如内武庙街、太平妈庙街、福茂宫街、土地公祖巷、丹霞宫巷等；以行业命名的有33条，如夹版寮街、杉行街、帆寮街、打铁街、打钓街、布袋巷等；以官府得名的有8条，如户部巷、后厅衙巷、洪本部街、本部巷等。[①]

在20世纪20年代之前，厦门只是局促于岛上西南角的小城，东沿山，西南滨海，北临筼筜港，整个市区面积才3.455平方公里，人口十多万人。地狭人稠，居民想方设法占用街道扩大住房，整个市区房屋建设杂乱无章。市政无人管，建设无规划，街道异常狭窄，街市破败不堪。

1910年美国归正教会牧师毕腓力在《厦门纵横》一书描述厦门：

"住房大多数是一两层的，房子建在两平方英里（编者注：约5平方千米）多一点的

[①] 厦门城市建设志编纂委员会编：《厦门城市建设志》，北京：中国统计出版社，2000年。

小地方，其拥挤状况可想而知。厦门城内有一个由城墙围起来的城镇，有五万人拥挤在这个四面围墙的城镇里面。"

他又说："这一座城真不是你想象中的那种城，它没有宽阔的街道、好看的私宅，与豪华的政府和商业的大楼。这里的环境条件正好完全相反，街道又窄又弯，从不平的石缝里一眼就看得见阴沟，街道始终弯弯曲曲，上上下下走得没完没了，徒步的游客，虽然小心翼翼也会迷路。厦门根本没有一条直街，或者称得上'直'的街。除了弯弯曲曲之外，有些街道十分狭窄，也令人头痛，窄得让你无法举着一把张开的雨伞。……路上自然是拥挤的，行人摩肩接踵，不留神的步行者很容易遭到无礼的推搡和谩骂。……几乎一丝不挂的男人们科头跣足，急急忙忙地走过，他们扛着沉重的包袱辛苦地走着，嘴巴吆喝着要人们让路，还有一些人肩上抬着轿子。……乞丐们穿着最褴褛的衣裳，故意装出很丑陋的样子，他们以最可怕的行径为生，比如自己抠目、毁容、自残和割筋，以此破坏机体的功能。……一个专门乞讨的人站不起来，而用四肢爬行。……一个被弄成残疾的瞎眼女孩子，她衣不蔽体，正在为把她弄成现在这个样子的家人讨钱……

"走过弯弯曲曲而又极为狭窄的街道，我们登上几段石阶，又穿过许多泥淖和垃圾。你无法想象这些街道是多么令人作呕的地方。……好几种说得上的不同臭味，你每走一步都可以闻得到。……人们得时时提防冲撞到前面的人，或别人从后面撞到你。……众人横冲直撞，一切都处于混乱状态。

"这里是喧嚣的王国。四面八方都在响着锣声，走街串巷的乐师和戏班的乐队正在用刺耳的声音唱对台戏；小贩和苦力正在叫喊；许多狗（因为当地狗多）在叫吠着、撕咬着，经常看见人们在吵架（很像巷战）。……房屋尽在阴暗郁闷之处，阳光极少照射进来。没装玻璃的窗户比小洞眼大不了多少，还常常用木窗帘关着。

"这里有许多庙宇，里面供奉着面目狰狞的神像，不仅敬拜者来这儿聚会，连各色人等也挑着担子、带着货物到这里来。……四乡游荡的剃头师傅带着他的全副剃头工具在等候客人，许多乞丐在又脏又破的衣服上抓虱子……"①

由于市区靠山，石板或碎石铺成的街道，曲折迂回，高低不平。不成系统的沟渠，污水随处排泄，雨天到处泥泞。有的街道仅一米多宽，如磁街、史巷、寮仔后等；有的街道长年潮湿泥泞，如水仙宫、担水巷、鱼仔市等。

厦门传统的民居，家家设马桶，全市没有公共厕所，只有一些露天的大粪坑，厦门话叫"屎礐"，供人们倒屎尿。又因粪便是农家的好肥料可卖钱，私人在街头巷尾拐弯抹角之处摆放尿缸，供行人小便，到处臭气熏天。

闽南还流传着一种陋习：死猫挂树上，死狗丢水中，几条小溪流和海滩经常有狗尸腐烂，恶臭难当，行人避之不及。更有垃圾随地倒，甚至倾入河池洼地，堆积如山，河床居然齐岸，又见老鼠四处乱窜。因此，每年春夏期间，经常发生瘟疫，尤以鼠疫和霍乱症最为猖獗。在传染病严重流行的日子里，商店停市，居民闭户，死亡之恐怖笼罩着整个市区。

---

① 《厦门纵横》。

如此破败肮脏的城市，其改造更新的困难可想而知。当然也没有难倒见过大世面、胸有成竹的厦门市政委员会。

"要想富先修路"，有人以为这是今天的创造，其实我们的先人早就有此认识。厦门改革开放后城市的更新改造是从厦禾路开始。而厦禾路正是20世纪20年代市政委员会推动的从厦门城区到郊区禾山的第一条公路。始建于1921年，长仅6.03公里，宽窄不一，最窄处仅有8.5米，沙石路面。可这已经是当时闽南最好的公路之一了。

市政会从新马路的修筑开始，除了厦禾路，还谋划了开元路、大同路、中山路三条纵向的街道和思明路一条横向直达厦门大学的街道，组成市区道路骨干，开元路和思明路又与通往郊区的厦禾路衔接。这就基本规划了后来厦门城市的框架。

之后，市政委员会依托这些新马路开拓房地产，统一规划为引进南洋骑楼的街市建筑。其间又着手菜市场、公共厕所、公园、发电厂、自来水厂、电话公司等现代城市的公共建筑。如此宏伟的规划仅仅用了十多年就基本完成，从根本上改变了那个肮脏破败、不堪居住的旧厦门城。我们先辈的眼光、气魄、效率，和蕴含其中的智慧真是令人钦敬！

当然，困难是少不了的。其中资金困难是极难忽略的一部分。

第一条街道确定为开元路。从当时的提督路头为起点，沿提督街横过竹仔街，再抵达浮屿，和通往郊区禾山的厦禾公路连接。开元路全长约0.7公里，路面宽约9.1米，两旁设人行道各约2.4米，道路总宽度为14米左右，路基和路面设计，仿照英国麦加顿式。

20世纪90年代编撰的《厦门城市建设志》写道："修筑开元路时，由于资金不足，以改工期拖延。后来规定，修建马路的收买费和工程费由两旁屋的业主按照面积大小摊派承担，减少公家开支，同时发行建设公债和预售新区开发土地。1926年至1933年，土地预售收入近2000万银圆。集腋成裘，保证了市政建筑的顺利进行。"

现在说轻而易举，而在当年则是一波三折，困难重重。1920年，市政会曾非常精确地估计，整个旧城改造需要的费用超过一千三百万元，其中购买旧房的拆迁费用约为三百万元，而市政工程款所需则在一千万以上。他们手里只有市政府请准划拨全市两个月铺捐，仅仅两万元。但市政会信心十足，立即开始推动市区第一条街道开元路的建设。

开元路的拆迁和筑路才开始，启动经费就用光了。计划的建设公债从1921年发行，就困难重重，难以推动，认购的人很少，仅募得十多万元，只好终止。由此造成的资金缺乏拖累了开元路的修建速度。

这时林尔嘉找来了周醒南。周醒南是广东惠阳人，曾在广东从事公路建设，后又移居新加坡，1916年回到广州，1917年被陈炯明任命为漳州的工务局局长，负责城市建设。周醒南引入闽南华侨资本，修筑漳州至浮宫的公路，拆除漳州城墙，扩建、整顿街道，利用原漳州府署园林修建公共园林，使漳州市容焕然一新。周醒南仿照广州，在漳州的街市改造中引入骑楼，并在旧街的拓展改造中保留了街道原有的牌坊，如至今犹存的香港路的尚书探花坊和岳口路的勇壮简易坊。这些在当时影响很大，周醒南的才干也深受林尔嘉的赏识，故被聘为厦门市政会的坐办，相当于秘书长。

但周醒南一来就摔了一跤。他向林尔嘉建议，仿效武汉和汕头等地的市政建设筹款办法——发行彩票。闽南一带，赌风极盛，发行彩票销路没有问题。市政会接受此建议，呈请发行"厦门市政建设彩券"，获准按月开奖一次，每次发行万号计十万元，以其中的70%作奖金，预计每月有两万余元的收入，为市政建设积累资金。

1922年，春第一期彩券开始发行，陈嘉庚以筹措建设经费不宜用赌博之办法为由，对此表示反对，并对周有所批评。周醒南被迫提请市政会将已发出的彩票收回，并宣告停办。由于筹款乏术，只得贷款以完成未尽工程，故不时出现停工的局面，短短700多米的开元路折腾了两年多才完成路基，路面的费用还尚无着落。

幸好街道一通，投资者看到了希望，马路两边的店面改造更新很快。1924年，路旁骑楼大部竣工；1926年，混凝土路面铺设完成。这条马路在完工后即成为厦门市民最喜欢的地方，他们茶余饭后会来到这里散步，使这条街道很快成为各种活动的中心，这就带热了路旁的商铺加速升值。有了开元路这个各方受益、良性循环的样本后，在利润的驱动下，大批侨资开始加入厦门的旧城改造中来。

开元路建成带来的变化，促进厦门市政建设的热潮。

与此同时，周醒南经过深思熟虑，二度献策：开辟新区。周醒南的这个妙计突破了建设的瓶颈，不但令经费问题迎刃而解，连带拆迁和街道高低不平的问题也都得到轻松解决。

现在的中山路、思明南路、思明北路这一带当时是有名的蕹菜河，水流不通，积成个大池塘，各种垃圾、死狗死老鼠堆满塘边，令人作呕。而这大片又是无主公地，市政会就从蕹菜河开始，将边上老城墙拆掉，将通往镇南关的山路削低，都作为土方填河，辟地2.38万公顷，得价27万元，连同城墙基地所售地价共30万元，比历年筹款的总和还多。而且买主多是见过世面的侨商，街道铺到哪儿，他们房子马上就盖起来。不但盖酒楼、西餐馆、咖啡厅、茶室、理发厅、百货商店，还有戏院、舞厅、高级旅社。到1928年全区段店屋全部盖完，马上就成了全市商业最繁荣的地段。房价随之骤增，地价上涨3—4倍，更进一步引起人们对投资房地产的浓厚兴趣，引来了大量的海外侨资。

要特别提到菲律宾侨领、泉州人李清泉。1927年，李清泉及叔父在厦门成立了李岷兴公司。与多数地产公司不同，李清泉更注重参与市政建设，并特别专注于港口的建设。他于清末就读香港圣约瑟书院，亲见香港如何发展成一个国际性的大商港，并从中学习和认识到，码头的建设对城市走向海洋的重要性。

1927年，李清泉开始仿照香港中区的做法，在厦门海边买下从今天的鹭江道到沙坡尾一带的大片土地，开始了填海造堤、修筑码头工程。按照李清泉的设想，厦门的码头建设只是一个开始，码头完工后还要在鹭江道建设百货大楼，把鹭江道的开发和厦门对岸嵩屿的开发结合起来，在嵩屿也建设码头，和厦门的码头构成港口群。后期还要建设造船厂、水泥厂、机械厂以及制糖、造纸、锯木、卷烟、罐头、豆油、酿酒等加工厂，并以漳厦路矿计划中对闽南、闽西的农、矿开发作为支撑。

可惜，当时的中国没有条件来支撑他这一宏大的设想。"闽变"之后，华侨投资厦门的信心顿时丧失，厦门的地产热潮随之结束。此后，虽然李清泉勉力完成了填海筑堤工程，并于1936年在第一码头至英商太古码头沿线建成了包括通航鼓浪屿的轮渡码头在内的九个码头，但是，抗战随后爆发，李清泉尚未来得及看到这些建设展现成效，厦门就已落入日军手中。

没有站起来，就不可能建设，也就不可能富起来。这是历史一再告诫中国人民的经验与教训。

在漳泉台侨各路闽商的共同努力下，1926年至1933年，厦门市政会仅土地预售收入近2000万银圆。厦门现代城市街道的建设次第展开：1921年，厦禾路从浮屿开始修建；1922年后，先后展筑至文灶、梧村、双涵、吕厝、江头；1925年，中山路开始修建，先建桥亭至薤菜河一段，随后，由薤菜河横过局口街、镇邦路至海滨；1927年，思明南北路兴工，至1928年竣工。在此前后，思明东路、思明西路、大同路、镇邦路、中华路、升平路、横竹路、大中路、水仙路、同文路、海后路、晨光路、鹭江道等现代城市街道一条条完成。到1932年，厦门新建了主次干道62条，再加上街巷，城市街道总数超过了360条，新修街道两旁耸立起13500余栋新房。

在市政建设的同时，厦门的地产热潮也开始兴起。李清泉的李岷兴公司资本额为190万元，在鼓浪屿上建造"李家庄"别墅，在厦门的中山路、中华路、大同路等地，兴建了数十幢商住两用楼，在中山路海口建造了11幢楼房。李氏家族的影响力在菲律宾华侨中首屈一指，他们的大手笔投资开启了当时厦门的地产热潮，一时间，海内外侨资蜂拥而至，在高峰时，厦门的地产公司多达百家，其中规模较大者多为侨资开办。

在李岷兴公司成立的同一年，黄奕住也成立了地产公司黄聚德堂，资本额为245万元，为当时厦门规模最大的房地产公司。在厦门修建开元路的同时，黄奕住修建了鼓浪屿的日兴街。这条街道的路面用花岗岩条石铺成，两侧建起两排两层楼房。这是鼓浪屿岛上第一条用条石铺成的街，第一条在空地上按照设计图纸兴建的、由整齐的楼房组成的街道。日兴街和开元路堪称厦门街道现代化起步的标志。

根据1957年的厦门房地产管理处的调查，黄奕住在厦门建房160余座，建筑面积为41457.7平方米，在那场地产热潮中位居投资者首位。

在开发房产的同时，这些归国华侨也致力于厦门公共设施的建设。厦门和鼓浪屿都是海岛，四面皆海，居民饮用的淡水靠雨水、井水或水贩从海澄县九龙江等淡水区用船运来的"船仔水"，既不方便又不卫生。1921年，为解决厦门与鼓浪屿的用水问题，由黄奕住等人发起，募股筹资110万银圆，兴建厦门自来水公司。1926年，厦门自来水公司首次供水，不仅水质洁净，价格也低于"船仔水"。1927年，厦门自来水公司全面供水，不仅供应市区，也供应往来于厦门的各国商船。这些商船在试用厦门自来水的过程中，经过多国仪器的化验，确认厦门自来水在东亚堪称最佳。厦门自来水公司也因此获得"远东第一水厂"之美誉。1929年，鼓浪屿工部局商请厦门自来水公司在鼓浪屿建高低水池两座，备三艘运水船，每天从厦门岛将滤清的水运往鼓浪屿，用电机抽送入池，以供鼓浪屿居民饮用。

以黄奕柱和林尔嘉为首的厦门华侨还积极承办电话公司，改善厦门市内外通信联系。厦门电话公司原称厦门德律风公司，是1907年12月由林尔嘉创办的，服务范围限于厦门岛。后来又有日本人德广创办的川北电话公司，服务范围是鼓浪屿。随着20世纪20年代厦门市政建设的兴起和发展，旧的电话公司已经适应不了新形势的需要。1919年，黄奕住回国后，先后买下了这两家电话公司，并增资扩容，更着手铺设厦鼓海底电话电缆。1924年初，厦鼓间电话正式相通。1933年，厦门、鼓浪屿的电话用户已达2500户，电话普及率为2.1部/千人，位居当时全国前列。

鼓浪屿与厦门许多关系到民生方面的公共设施，如中山公园、公共厕所、遮风挡雨的菜市场、电影院、医院等，也多由黄、林所领导的厦门市政委员会规划推动。

到1934年人们已经这样赞叹厦门："市政发达，有一日千里之势，不仅在市区中心，有繁盛的商店银行，整洁平坦的道路，为上海南市所不及，并且有极宏伟的公园，极美丽的天然风景……公共娱乐场，则有思明、中华、开明等戏院及去年落成的新世界；教育则有幼稚园、小学及大学……从任何方面看来，现在厦门已披上了文明都市的外衣，以前被视为'世界上最污秽的都市'的称呼，如今已成历史上的名词了。"[①]

厦门终于跨上现代都市的第一级台阶。这样美丽繁华的城市吸引了四面八方的人，从1927年起，厦门人口从127441人，增加到1935年的181453人。在18万的厦门市民中，祖籍厦门者仅占1/3。新厦门人的籍贯以漳泉为主，却也有东北地区，以及河北、山东、山西、陕西、甘肃、四川、河南、湖北、江苏、广东、广西、云南、安徽、浙江、江西、湖南、贵州等多个省份和福建闽南以外的地区，尤其是客家、莆田和福州。而在漳泉之中，许多是来自台湾的同胞和来自海外的华侨。来到厦门的也不仅仅是投资的商人、定居的归侨，还有他们从各地招来的员工，从家乡请来的伙计、用人、保姆、花工等。

而今，当年的新厦门人已经都成了老厦门。他们在如今的厦门人之中，甚至连1/3都不到。但可以相信，百年以后，这些新厦门人又都会是老厦门人了。

这就是厦门，以它的美丽和包容，招引了四面来客、八方精英，各自施展身手，共同建设城市。这个他们亲手建造的城市从此属于他们。在共同的奋斗中，也养成了这个城市开放包容的性格和海纳百川的气度。

第三节　建筑——历史的记载与永远的乡愁

在厦门向现代化城市转型的背景下，厦门城市文化最显著的文象——厦门建筑，发生了明显又深刻的变化。

建筑是文化的重要组成，是不同文化历史的真实写照，也是人们发思古之幽情的无限乡愁。厦门建筑也是厦门文化的重要组成部分，记录了厦门人民的伟大创造。无论是传统建筑还是近代建筑，厦门的历史建筑都是吸收外来，演进本土，美美与共，创造出引领时尚又独具特色的建筑。由于地理和历史的因素，厦门建筑深受海洋文化的影响，

[①] 茅乐楠：《新兴的厦门》，1934年。

外来的建筑材料、建筑样式、建筑风格总是广泛深刻地影响着厦门的建筑；而厦门又总是在大胆地吸收包容之中始终坚持着自己的传统，创造出独具一格的建筑风格。20世纪二三十年代厦门的第一次城市现代化，见证了厦门从一个农业时代的海岛小城，迅速发展成为初步现代化国际性港口城市的历程，更见证了厦门人民坚守传统又拥抱世界，与时俱进不断创新的文化理念。

一、从城市建设的无规无序到规划周全、设施齐备

从无序到有序，从缺乏规划、各自为政、随心所欲，到统筹谋篇、周密详细，这是一个质的飞跃。它根植于人民对现状的不满，更有赖于领导者开阔的眼界和向世界先进文明经验学习的认真态度。

至1937年，厦门近代城市建设基本完成，呈现出海港商埠城市的规划构思，有周密的分区建设规划，表现在功能分区合理及市政配套设施基本齐全。

建造大小码头19个，码头区集中在鹭江道，分为远洋码头、轮渡码头和内河航运码头，做到"深水深用，浅水浅用"。

市区"四横一纵"的主干道与商业街道共62条，总长达52467米。街道两旁商业和住宅融为一体的骑楼建筑整齐划一，人车分流，遮阳避雨，商住两便，科学合理。

文化教育区的厦门大学、集美学村，其校园均避开闹市，面向碧海，营造风景幽美的学习环境。

公园选址紧靠市区，充分利用原有自然景观和地理条件建园。园内又设有体育运动场所、美术艺术学校和通俗教育馆（群众文化馆），集休闲、运动、艺术学习欣赏等为一体，成为市民和外来旅客喜爱的景区。

公共交通方便有序。招引民间设立汽车公司，开设市郊和市内的公交、轮渡，以及通达漳泉的水陆联运。

公共设施分布适宜，共建设菜市场9个470间，戏院5座，公厕20座。给水，电灯，电话，邮电，医院，大、中、小学，幼儿园等设施，一应俱全。

全市卫生大为改观。纵横交错的道路有排水系统相应建成，因势利导通达大海。设置垃圾场和环卫专业队伍，制定郊区农民运载粪便的规定码头和粪车入城的规定时间及相关机制。1912年，厦门始有清道队，规模很小，总算有清粪及除垃圾之人。1924年，厦门警察厅下设卫生科，增佚役87名。1925年，清道夫120余名，负责清除粪便、各处消毒、扑蝇灭鼠等。厦门的公共卫生环境有了相当的改善。

这样的规划及其所呈现的设计理念，尤其是这种理念所潜藏的，是对厦门地理、历史的深刻理解和因应的智慧，迄今并没有被认真地学习和体会。今人总是以为自己比前辈更聪明、更了不起。实际上在最近这几十年，在厦门从海岛型城市向海湾型城市发展的历史进程中，在当今厦漳泉同城化发展的推动中，我们对于厦门未来的构思，正缺少了当年先人海洋的眼界和格局，对传统文化的体认和礼敬，对外来文化的把握和斟酌，特别是对本土文化创新创造与时俱进的渴望与立场。

二、中外建筑相互融合，建筑风格多彩独特

（一）闽南红砖大厝和嘉庚建筑

闽南红砖大厝是厦门建筑的底色。当年，华侨不仅大量投资厦门街市的骑楼建筑和中西合璧的番仔楼，还在厦门修造了大量的极其精致典型的闽南红砖大厝。而骑楼和番仔楼都富含闽南红砖大厝的文化基因，特别是独具一格的嘉庚建筑，正是闽南红砖大厝与西方建筑美美与共融合创新的典型，也成为20世纪闽南建筑、闽南文化创新发展的典型代表。

开放包容的闽南人在宋代第一次美美与共，把"闽南大厝"变成了"闽南红砖大厝"。它是厦门最普遍广泛的传统建筑，既可做民居，稍加改变亦可为宫庙、祠堂。现今厦门看到的各种宫庙、各姓祠堂基本皆是闽南红砖大厝。

厦门祠堂的建造大多聚集全族的力量，全族人们出资、出力打造。因此，祠堂往往选址用心、设计巧妙、规模宏大、构局缜密、用工精细、含义深远，表现在祠堂的外观上院落相连，屋宇宽敞，装饰华丽。这也使得祠堂成为民间建筑家的杰作和地方上极为显赫的建筑。

在建筑形式上，厦门祠堂基本上与闽南大厝相同，只是正身三开间、五开间都连为大殿，两边的榉头都变为庑廊。祠堂外石埕往往立有牌坊、旗杆石。大厝有二进、三进，祠堂也有单殿式、双殿式等。

具有代表性的祠堂是江夏堂。那块地本是英国人盖的商馆，从1684年到1909年一直是闽海关的衙门所在。1909年厦门海关新址落成，第二年武状元黄培松就买下了那块地，兴建江夏黄氏宗祠。1918年竣工，占地面积达一万平方米，包括祖堂、宗贤堂、拜庭、紫云屏、宗亲会馆、望海亭、江夏小学和花园。新中国成立后，宗祠内改建文安小学，现只剩下一座祖堂。这座祖堂气势恢宏，为重檐歇山顶，在中国古建筑中伦理品位仅次于庑殿顶的大屋顶形制。堂顶中央设藻井，闽南民间称为蜘蛛结网，层层斗拱叠加，庄严肃穆、富丽堂皇。如此繁复富丽的藻井民间极其罕见，呈现出当年工匠的高超工艺。

南普陀寺位于五老山南麓。为唐代建筑，曾名普照寺。康熙二十三年（1684），靖海将军施琅重建时，因该寺与浙江普陀山观音道场相类似，故改称今名。

南普陀寺为四进建筑，随地势升高作中轴布置，依次为天王殿、大雄宝殿、大悲殿、藏经阁等。各殿依山势层层升高，错落有致。钟鼓楼厢房左右排列，主次分明，整齐对称。主建筑两侧为宽大的庑廊，回护着三殿，整座庙宇雄伟宏丽壮观。

南普陀寺这一格局在清康熙年间形成，但是现有的几个大殿都是在20世纪20年代重建的。天王殿重建于1925年。大悲殿在道光年间重修，1928年毁于大火。1928年至1933年，由惠安溪底派著名匠师王益顺主持重建，顶层屋顶做平面八角形的歇山顶。

厦门南普陀寺三大殿的建设时间虽然较晚，但都是闽南惠安溪底派匠师的作品。大悲殿更是确认为著名匠师王益顺的遗作，极为珍贵。

作为民居的闽南红砖大厝，如今已经所剩不多，绝大多数都是清末民初华侨所修

建。包括厦门港的卢厝、刘厝，鼓浪屿中华路的大夫第和四落大厝，海沧的莲塘别墅，新垵的600多幢红砖大群落，等等。

鼓浪屿中华路的大夫第为同安石浔人黄旭斋在嘉庆年间所盖。因他的儿子黄昆石官至户部监印、盐运使、中宪大夫，故称"大夫第"。因子孙多，又在大夫第右侧建四落大厝和一座燕尾双曲屋面住宅。其总占地面积为3100多平方米，建筑面积1600多平方米，是鼓浪屿现存规模最大，保存最完整的闽南红砖建筑，也是鼓浪屿现存年代最早的建筑之一。

大夫第和四落大错，一为燕尾脊，一为马鞍脊。立面处理极为丰富，用实心红砖和空斗砖砌成图案，朴实无华又变化万千，体现了闽南民居建筑的传统艺术。山墙尖的浮雕悬鱼饰或飞蝶迎香，或狮面吉祥，为祈福镇邪，引人注目。工艺精美的白石墙角、窗楞，与红砖墙面相互映衬。门窗上透雕装饰花样繁多，还间杂成组的花卉、人物、动物，寓意吉祥，工艺精湛。

大夫第主房为四合院，两侧有护厝，是典型的闽南大厝格局。其梁架、斗拱、座斗、雀替等等，雕梁画栋，精美古朴。

最精美的红砖大厝民居要数海沧的莲塘别墅。它是越南华侨陈炳猷于1906年在海沧旧镇的莲塘社所营建的。莲塘别墅实际上是围绕一个中西合璧的花园建设的三栋红砖大厝。一为民居，一为私塾学堂，一为祠堂。莲塘别墅最精彩的是墙壁上的砖雕，栩栩如生，寓意吉祥，堪称精品。在大厝的天井中，修建一座精致的戏台，与厅堂相连。左右两侧各有一座小凉亭，是女宾看戏的地方。外宾则只能坐在入门的下厅观看。现在，只残存左侧的凉亭。

厦门早年的红砖大厝不单是达官贵人和华侨所盖，普通百姓也盖。不过由于钱不够，往往从"一条龙"盖起，即先建大厝的"正身"。一条龙即一字形的"三间起"或"五间起"。所谓"三间起"即三开间，中间为正厅，左右两侧为卧房，前后各一，形成四房一厅的规格。这种规格对后来许多番仔楼影响很大，包括鼓浪屿在内的许多番仔楼都是四房一厅的规格。

在厅房的前面是一条通廊，屋檐向前伸出，为通廊遮风避雨，这通廊称"巷廊""子孙巷"。这种建筑一字排开，称为"一条龙"。

"一条龙"向前加盖左右厢房，闽南称"伸手"，也叫"榉头"，作小辈的房间或仓库、厨房之用，中间空地作庭院，前边砌院墙、门，就成为三合院式的闽南大厝最基本的形态，俗称"一进一落"，或称"单落厝"。漳州地区流行只建一边厢房，称"单伸手"，也称"丁排厝"。泉州和厦门则很少有"单伸手"。

在"单落厝"的基础上，把院墙门改为下厅，就成了"二进二落"；再有了钱，就左右扩展，在"正身"和厢房的外边盖两列护厝。因为大厝一般朝南，护厝就分东护和西护。护厝一列有一厅四房，也有一厅六房。厅的门朝正身的榉头。护厝的天井被正身通到护厝厅的通廊一分为二。东护靠正身的天井为龙井，靠榉头的为日井，西护则为虎井和月井。一般水井在东护，厕所在西护。

更大更富有的家族则在正身后再建一落或数落。在护厝之外再加护厝，又称双护。

有的大厝，数进数落，气派非凡。

顶落大厝的前房、后房各两间，合称"四房"。正厅又称后厅、顶厅。正厅靠后作板壁或置公妈龛（称寿堂），其后的过道称"寿堂后"或"后寿堂"。顶落的前檐下为走道，两端有侧门通户外，称"巷头门"。大房由巷廊进出，后房较小，由后寿堂进出。

中国人好面子，闽南大厝极讲究的也是门面。大门一般要比前墙面凹进几步，这一层小天地俗称"踏寿"，也叫"门厝路"。"门厝路"有的还凹进两段，俗称"双踏寿"。在这里三面（单踏寿）或五面（双踏寿）墙上，各种石雕、砖雕、泥塑、彩绘争奇斗艳，顶上的斗拱则是精致的木雕和彩绘。

闽南大厝屋脊，分鼎盖脊和花窗脊两种，屋脊的两端，因形如小燕子的双剪尾，民间多称为"燕尾"。燕尾又分为单曲和双曲燕尾。

护厝和一些正身的屋脊则做成马背"马鞍形"，马鞍分为金、木、水、火、土五种形状的马鞍。

厦门红砖大厝汇聚漳泉大厝的特色，又多为华侨富绅所建，堪称典型的闽南红砖大厝。

闽南红砖与红瓦统称为"红料"。闽南语启蒙读物《千金谱》说："石条油面砖，石珠石柱雁子砖，瓦壁瓦筒六角砖，六角砖下好花园。"油面砖是指材质坚实、颜色艳红、表面平整且光亮的红砖。雁子砖指表面有斜向的暗黑色条纹的红砖，质地最佳，最具特色，经泥水师傅巧妙排列，往往在红墙上显出黑色雁阵的图形。这种红砖统称为"烟灸砖"，也称"雁子砖""胭脂砖"。好的"雁子砖"如上过釉一般，愈是经风雨洗涤，愈显得红艳动人。

厦门红砖大厝的红砖分墙砖、地砖和贴墙的装饰砖。后者俗称"壁"，也称油面砖，如今之贴面墙砖，有方形、多边形等。红砖是厦门传统建筑美丽的外衣，色彩鲜艳、装饰丰富、风格华丽。

石材也大量用于厦门的红砖大厝中。厦门岛四面环海，岛上山岩裸露，花岗岩石资源极为丰富。花岗岩材质均匀，强度高，所以它理所当地被作为一种价廉物美的建筑材料而得到广泛的应用。

厦门民居的大门多由石条雕制而成。石门分为扁门和方门两种，扁门即门框由宽度较小的石条组成；方门的门框石条宽度则有二三十厘米，以便刻写对联。在石门梁的两端，还要凸雕一对伍员目。

门梁之上又加上一块石字匾，镌刻业者姓氏所属郡望，如李姓则书陇西衍派，陈姓为颍川衍派，黄姓书江夏衍派，等等。只要一看大门的字匾，就可以推知业者的姓氏。更为讲究的人家还在字匾之上，又加上一块精工雕刻花鸟图案的字匾盖，使整个大门显得气派华丽。

闽南大厝大厅前沿一定要安放一条长度比大厅的宽度更长的大石条，叫大砛石，由整块花岗岩琢成，是房屋气派的象征之一。

石头镇宅也是闽南极为普遍、常见的。在那些对冲路口的地方，我们常常可以看到

"石敢当"。

在厦门人的眼中,石头是有灵的,它象征安定坚韧、无灾无病、寿命绵长。我们甚至可以看到有的地方有专门祭祀石头公的。

闽南大厝由木构梁栋柱支撑,墙体承重不大。据说明末大地震,房屋倒塌,满地砖石瓦砾,有的人就用旧的红砖、红瓦和石头来垒砌山墙。没想到一不留神竟创造出"出砖入石"这一高超技艺。

于是有些工匠就有意把闽南花岗岩和红砖交错迭砌墙体,成为闽南大厝迷人的特色之一。

在建筑造型上,红砖厝华丽古典,随处可见的木雕、泥塑、砖雕及石雕,工艺精美,内容丰富多彩。如海沧莲塘别墅极具闽南特色的"水车堵",以大海为背景,远处是西洋楼房,海面上的"火烟轮",据说是百年前世界上最先进的蒸汽动力船。而大门两侧斗拱,则立着一男一女两尊洋人形象的石雕。这种所谓"憨番扛梁"有多种不同的形象和造型,形成闽南大厝独具的特色。

闽南红砖大厝在宋代汲取并融合了我国中原三合院、四合院的建筑形式和阿拉伯人东传的红砖红瓦,成为呈现闽南文化中西合璧多元一体的典型文像。20世纪20年代,闽南红砖大厝又在陈嘉庚先生的推动下,再一次中西合璧,创造了独具特色的嘉庚建筑。

嘉庚风格建筑是近代爱国华侨陈嘉庚先生主持集美学村、厦门大学建设期间形成的一种独特的、富有闽南特色、中西合璧、古今相融的建筑形式。这些建筑大多在西洋风格的主体上,加上传统的闽南红砖大厝的屋顶、墙面和柱面采用出砖入石的布局,形成了个性突出、色彩鲜艳、美观大方、典雅庄重的独特风格,人们称它为"嘉庚风格建筑",俗称"穿西装戴斗笠"建筑风格。

陈嘉庚自己的诠释是:"采取古今、中西结合,既能保持民族特色,造价也便宜,同时较实用。"他专心研究地方建材,如对花岗岩的应用,利用本土的黏土与砖瓦厂挂钩生产釉面红砖,特别是规格统一的橙红色带滑面的大片瓦,色彩特殊、大方稳重、抗风力强、覆盖在西式建筑上的屋面瓦,人称"嘉庚瓦"。

嘉庚先生的建筑理念是在实践中逐渐形成的。他于1913年开始在集美建立学校,第一批的学村建筑建于1918—1920年。这批建筑依据或参考由新加坡带回的西方及新加坡本地建筑师设计的图纸,是新加坡的南洋建筑式样,采用了西式的不出檐的直坡屋顶,正立面带有多层的券柱或梁柱式外廊,正面冠以巴洛克或折中主义样式的山花,使用以粉色调为主的色彩淡雅的灰泥饰面以及纤细的装饰纹样。

这一阶段属于学习引进的阶段,忠实于原来的设计,让本地的工匠熟悉掌握西洋楼房的建筑工艺。

1921年,嘉庚先生开始创办厦门大学。厦门大学最早是由美国建筑师亨利墨菲设计规划的,但嘉庚先生对墨菲的设计不满意,于是他聘请工匠组成建筑部,负责设计和组织施工。

"厦大建筑部没有工程师,是由嘉庚先生亲自指挥工人施工的。他亲自聘请两位工匠，一位是泥水匠名叫林伦司[①]，一位木匠名叫郑布司。这两位经验丰富的本地土师傅，虽然没有进过土木工程专门院校，也不懂设计绘图，却善于体会陈嘉庚的意图，有时在施工中发现有不妥之处，陈嘉庚也会接受他们的意见，随时修改。"[②]

厦门大学这一时期的建筑使用了绿色琉璃瓦和闽南式的重檐歇山顶，直接将闽南式的大屋顶盖在了西洋建筑的头上。这些闽南的建筑风格，当然是陈嘉庚与闽南工匠共同的构思结果。

到20世纪50年代初期建设的集美学村和厦门大学的建筑，中西合璧的风格就非常成熟了。不仅有闽南式的屋顶，还大量地使用本地的白色花岗岩和红砖，抹灰不再作为外墙的饰面材料，红砖白石的清水砌法，真实地显露出材料的本质特性：质感、肌理与色泽。

以烟炙砖砌成丰富复杂图案来装饰镜面墙是闽南工匠的绝活。嘉庚建筑充分利用闽南工匠精湛的施工工艺，大量使用烟炙砖作为墙面材料，并以出砖入石的手法，巧妙地利用错杂的白色花岗石和红色烟炙砖砌筑墙面、壁柱、转角、拱券，形成了极富闽南特色的风格。

嘉庚建筑追求的不只是一幢楼、一群楼的单体建筑之美，更是追求建筑与山、海、天的协调之美。厦门大学、集美学村都是依山傍海，山清水秀，充分体现了天人合一的中华精神。

陈嘉庚先生为厦门大学建造了73栋楼房，以群贤楼群、建南楼群、芙蓉楼群及博学楼为主体。中国式的屋顶有创造性的三曲燕尾脊，重檐歇山顶。彩色的出砖入石别具一格，富于闽南红砖大厝风格，蕴存着深厚的文化内涵，体现了陈嘉庚先生的建筑思想、审美情趣和对建筑材料、建筑结构、建筑技艺的独特运用能力。它是陈嘉庚先生的文化自信，即尊重善用民族传统又包容吸收外来文化的博大胸怀在建筑上的体现，是闽南建筑与西方、南洋建筑在实践中不断磨合融合而达成的中西合璧的成功范例。

1922年，陈嘉庚对厦大的教授们说明他的建筑理念："建筑要有个性，自己民族的建筑要有属于自己的个性，不必追求或模仿洋人的建筑。"

这一理念值得我们今天细细品味、深刻体会。这是厦门建筑、厦门文化极其宝贵的传统和精神财富。

（二）番仔楼

闽南话"洋人"称"番仔"。番仔楼是清末民初闽南侨乡受西洋住宅建筑影响而建的民居建筑，是一种中西合璧式建筑，别具一格。

番仔楼的平面布局有两种趋向，一种以西洋建筑为主，辅以中式的装饰。其建筑造型新颖，平面布局灵活多变，厅堂居室宽敞舒展、功能分区合理别致。门窗、外廊及装

[①] 闽南方言，尊称师傅为"司"。
[②] 陈延庭：《抗战前厦门大学建筑史》，摘自中国人民政治协商会议厦门市政协文史资料委员会编：《厦门文史资料》第十九辑，1992年。

饰洋味突出，大多由在海外长期生活过的华侨构思设计，既表现出西洋的建筑风格，如科林多式的圆形廊柱、绿釉面的瓶式栏杆以及百叶窗等，又保留有闽南传统民居大厝的特色，如踏寿门楼、龙脊屋顶、华丽外饰，以及砖石结构的门庭垣墙、楼房前后的花圃林木等。比较典型的有黄家花园中楼、黄荣远堂别墅等。

一般人家的番仔楼更多以传统闽南红砖大厝的形式为主，适当变化，有的保留天井，有的则取消，建成二三层，正面或三面附带外廊。正面外廊的形式有"五脚基""出龟""三塌寿"等。这种住房适应当时海外带回最新的建筑材料，有水泥（洋灰）、钢筋、水泥花砖、花玻璃等，具有时尚的外来风格。厦门市区和鼓浪屿大多采用多层的四房一厅加外通廊布局，在厅后设卫生间、厨房，如鼓浪屿漳州路60号等。

番仔楼由于"出钱的人主意"，样式繁多，无论是仿洋还是变古，都有诸多不同的样式和体量，因而鼓浪屿才被称为"万国建筑博物馆"。同时，大多数番仔楼都使用闽南红砖，所以闽南民间也称之为"红砖仔楼"。

无论是哪一种样式的番仔楼，都表现出房主追求西方建筑时尚、留存自己文化传统的希冀，同样值得我们今天研究与深思。

（三）骑楼

清代，闽南一些有钱人家的大厝已经开始出现在阁楼的基础上抬高屋顶建二层楼，供女眷居住的"女儿楼""千金阁"。而在乡下有些有钱人家就在大厝院落的四角修建二三层的铳楼。

在厦门，因为防台风把大厝屋顶都改为平顶。《厦门志》中提道："房屋低小而多门，上用平屋，惧风也。人可行走。……富贵家率用兽头、筒瓦。"[①]

厦门街市的商家引用到街市的店面，在上面加层作为住房，也可防备楼下小偷撬门盗窃。有些在二层房间外又挑梁搭建木廊道，可为楼下店面遮阳挡雨。现今已残破无人居住的海沧旧镇老街就保留了这样的建筑样式。

在这样的基础上，骑楼的引进就自然而然，水到渠成。骑楼是华侨从南洋引入"五脚基"的商住两用的建筑。最早是广州，据说厦门是国内第二个引入骑楼的城市。厦门在引入时又保留了许多闽南建筑的传统元素。例如横竹路、开元路有不少骑楼在店面之后保留了天井，保留了闽南竹篙厝的布局。

骑楼特别适应南方阳光灿烂、雨水频密的天气，使上街的人即使没带伞，也能避雨遮阳，是近代街道规划与地方传统街屋形式的早期结合。最早开元路很多还是砖木结构的三层楼。后来，逐渐吸收、融合了外来的建筑材料与技术工艺，到中山路就基本都是钢筋混凝土，即民间所谓"不见木"。骑楼不仅带来厦门建筑的革命，更是中西建筑文化交流与碰撞的摇篮。

厦门的新城区以骑楼作为街市的主要形式。这些临街的商家，营业店面连着骑楼，楼上住人，家用、商用、公用合而为一。骑楼能够防晒、遮风挡雨，走廊连着商店，是

---

① 《厦门志》。

全天候人行道，方便百姓。连廊连柱、中西合璧、多元共存的建筑风貌，冲破了单门独户的经营生活方式和封闭观念，成为主人、顾客、路人的共用空间。早年骑楼甚至在晚间还成为邻里品茗、聊天、会客纳凉、交换资讯乃至暑天晚间凉眠的所在，充满浓郁的生活气息，极具闽南地域特色。

（四）竹篙厝

竹篙厝，又叫"竹竿厝""手巾寮"，指面狭进深长如竹篙的建筑。实际上如果俯视多落多进而又没有护厝的闽南大厝，就是有如一条平展的毛巾。由于街市店面的珍贵，所以只能在比较窄的面宽修建尽可能往里延伸的又窄又长的房屋，民间形象地称之为"竹篙厝"。

竹篙厝是一种传统的沿街商住两用建筑。它以沿街巷密接联排的群体组合方式出现：一类是前店后宅式，临街的房屋作为店铺或手工作坊，隔天井的后院为住宅，晚期的竹篙厝多为下店上宅，后院作为作坊或仓库；另一类是纯居住性的，在马六甲的老街市有不少这样的建筑。

厦门主要是前一类，如横竹路靠近开元路的德丰糖油店，店面在横竹路，进去后还有仓库，后门则在绷鼓街，楼上几层则作为住家。对面的同仁堂酒店等商家更厉害，前有店面、仓库、天井、酿酒作坊，后有天井、仓库，楼上同样为住家。

竹篙厝店屋大都是单开间，面宽四米左右，进深一般在十多米，有的多至二三十米的，以厅房、天井为单元，纵向重复延伸。骑楼引进以后和竹篙厝相融合，形成了厦门街市建筑独特的风格。

（五）公共建筑

厦门当年建设的公共建筑有公园、市场、厕所、戏院、游乐场等，其中许多同样是中西合璧的典范，对我们今天的城市更新建设有值得汲取的经验和启示。

中山公园是闽南最早、最著名的公园，位于市区东北隅。1927年秋动工，1931年基本建成，面积20.8万平方米，房屋建筑面积约2100平方米。当时，厦门市国民政府为纪念孙中山先生倡导"天下为公"精神和开创"中华民国"的丰功伟绩，故取名"中山公园"。

公园的设计者是周醒南，他的设计理念是利用自然、保护生态。建园时园内有诸多山水景色、庙宇古刹和精美建筑。公园东侧联蓼花溪、妙释寺，西门有魁星河，北门有东岳庙，南临靖山麓接兴泉永道署（今市少儿图书馆），将道署后花园、假山划入中山公园的范围。

公园南大门高15米，宽20米，是一座三层牌坊楼式建筑，为当时闽南最高大的牌楼。南门左侧有座标志性雕塑——醒狮球，是一个直径5米的巨型地球仪，上面傲立着一头雄狮，周边则雕塑着几只展翅飞翔的白色和平鸽。

再进去是有400米跑道的绿茵大操场，足球门架、跳高跳远的沙坑等一应俱全。面对操场的是一座高大的两层楼的检阅台，厦门人称"司令台"。一直到"文革"前，厦门重大的足球比赛、运动会、大型群众文艺演出、大型集会基本都在这举办。

司令台的一边有高高的滑梯、秋千等，而另一边隔着绿荫大道和别具匠心的栏杆，是魁星河、蓼花溪水汇成的一片水波荡漾的湖。湖上有构思奇巧的琵琶洲，湖水围拥的椭圆形琵琶洲连着通往岸边的修长曲桥，宛如一把演奏南音的琵琶横卧湖面。洲中心有一座琵琶亭，亭中有石桌石凳，亭内八面来风，波光粼粼，心旷神怡。

琵琶洲再过去，在公园西门边上是厦门通俗教育社，是当年厦门市群众文化艺术活动的中心。

厦门通俗教育社是1921年热心社会教育事业的康伯钟、陈文忠、李维修等10人发起组织的社会团体。1927年该社会员已经有1000多人，筹款10万元，1933年则建成这座钢筋水泥结构的通俗教育社。其上下两层的建筑面积1000多平方米，包括具有700观众座位的剧场、图书阅览室、展览室、游艺室、棋艺室等6间活动室及会议厅，从建成到今天一直是厦门文艺活动的重要场所，后来成为厦门市歌舞剧团的团部。这里十几年前经过加固装修，现在作为厦门市南乐团的南音阁。

在公园的东门内，还有最早的厦门美术学校。

这样的公园，迂回曲折、移步换景，景观与人文交相映衬，艺术和体育竞相引人，老少咸宜，故事无尽。可惜时代变迁，园内建筑已经有了多次变化，许多都不见了。

还有菽庄花园，虽然是私家园林，但主人对知识界相当开放，后来更捐献给国家。其造园的理念充满着爱国情感、文化情怀，令人击节叹服、浮想联翩，更逼人审视当下，启示明天。

菽庄花园位于鼓浪屿日光岩东南麓海滨，原为林尔嘉（字叔臧）于1913年仿台北板桥别墅所建私家园林，以其字的谐音取名"菽庄"。全园占地15.322市亩（约1.02万平方米），房屋建筑面积378平方米。1956年7月1日，林尔嘉的亲属将该园献给厦门市人民政府。

全园巧妙利用天然地形，借山藏海，分为藏海园、补山园两部分，各造五景。

藏海园五景是眉寿堂（又名淡瀛轩）、壬秋阁、真率亭、四十四桥、招凉亭。其借桥下闸门，涨潮时纳入海水，退潮时留住海水，使园中桥下始终海波荡漾。

补山园五景是顽石山房、十二洞天、亦爱吾庐、听潮楼、小兰亭。补山园借山势再续假山，寄寓台湾被割、山河破碎、期盼统一，寄托主人对两岸统一的无限情思和爱国情怀。

主人后来又陆续修建了小板桥、渡月亭、千波亭、熙春亭、梅亭、茹亭、伞亭、浣花沟、荷塘等。其中的渡月亭有联曰：长桥支海三千丈，明月浮空十二栏。

这是内迁寓居厦门的主人在对海望月长叹：可有跨越海峡的长桥三千丈，让我回故乡？明月两岸共此时，何当渡我回台湾？

菽庄花园留下了日本侵占台湾时期台湾人民、厦门人民对祖国统一的无限期望，是当时两岸人民思想和愿望真实、准确又生动、艺术的写照。其设计和建设集中了中国园林艺术中最具个性的四个特点——藏、借、巧、美，体现出苏州园林、闽南建筑相互融合的特色，开创了独具一格的闽南典型观海园林。这也是一种美美与共，体现了闽南文化和中国其他区域文化的融合。

改革开放以后，据说厦门新建了大大小小1000多个公园，可惜菽庄花园、中山公园所呈现的那种依山借水、千回百转、曲径通幽、亭台楼阁的中国园林风格已经很难看到了。大多数都是按照西方园林建筑的理念来修建，一览无遗，缺乏中华园林文化基因，更不用谈闽南文化风格。对比这两个公园，实在是值得深思：如何坚守中华文化立场，传承中华文化基因？

（六）西洋建筑

被誉为"中华第一圣堂"的新街礼拜堂建于1848年，是近代"中国最早建筑起来的正式礼拜堂"，是近代西方建筑文化最早深入闽南的教会建筑。新街礼拜堂为美国归正教传教士雅俾里（David Abeel）等于清道光二十二年（1842）来厦传教后所建，建筑面积约1000平方米，有希腊式的山花及门廊。门廊由6根圆柱支撑，屋顶之上有鼓座及小穹隆顶，最上为十字架，在其时堪称宏伟壮观，也可算是厦门人在鸦片战争之后上的第一节西方建筑课。

其后，西方建筑就源源不断地进入厦门，有基督教堂、天主教堂，还有领事馆、工部局、海关、银行、洋行等。不算少，但也不多，算来不上百座，和鼓浪屿华侨的上千座番仔楼相比，只是零头。但这些洋房体量大、造型独特、风格独异，异国风情往往更吸引人的眼球。它们和厦门其他的建筑相当平和地共处，不断给厦门人和前来厦门的人开阔眼界，映衬着厦门建筑的丰富多彩，也让有心的人学习和欣赏到西方建筑文化的美。这其实对厦门人和厦门城市未来的发展都是一笔难得的财富。

总之，100多年前在厦门城市现代化第一级台阶，先人给我们留下了丰富多彩的各种建筑，中外文化在这里交融并蓄；城市建设者的理念更呈现出朴素的文化自觉，坚守自己，欣赏他人，美美与共，创造创新。我们难道不能在红砖大厝、嘉庚建筑、骑楼、番仔楼、教堂、领事馆、中山公园、菽庄花园等建筑的交相映衬中得到一些智慧的启示吗？

闽南的各路精英建设和创造了厦门城市。时代在前进，城市会更新，建筑的时尚也会过时，而灵魂永在。建筑是凝固的历史、文明的标志，各种建筑都是先人留给我们的宝贵遗产。知历史方能识未来，懂文化才能得发展。厦门应该在保护好闽南先贤留下的城市文脉的同时，推动厦门建筑的与时俱进，继承延续闪光的历史，开创更加灿烂的未来。

第四节　人的健康——走向文明的根本基础

文化即人，人是文化的根本，没有人的健康，就不可能有健康的文化，更不可能走向现代文明。一百多年前厦门城市的更新改造极大地改变了厦门城市的卫生环境，但是人的健康不仅仅是卫生的环境，还要有医疗的保障，更要有良好的卫生习惯和正确的健康理念，以及对生活环境的深刻了解、理解和因应。

在鸦片战争之前，厦门的卫生环境存在很大的问题，我们在前文已有介绍。同时在个人的卫生习惯上也有诸多问题。

厦门岛四面环海，水源缺乏，地下水量少、质量差，盐分重、硬度高，不仅难以入口，用于洗涤也不方便。山泉则更是稀缺，天旱稍久就枯竭。所以，很多饮用水都是"船仔水"，是用运水船从湖里的竹坑湖装载而来的，弥足珍贵，而水质也并不理想。

因此，很多厦门人便无法保持良好的个人卫生，家少卫浴，久久才洗澡洗头，身上常长跳蚤、虱子，头发打结，甚至身上、头上长疮，"生头发尾"极为常见。因不经常洗手，直接生吃地瓜、花生，导致病从口入，滋生病菌，蛔虫病多发。

城中娼妓普遍，寻花问柳却又不注意防护，导致梅毒等花柳病猖獗。一旦染上，束手无策，是对身心的极大伤害。

孕妇产子，都是由旧产婆接生，接生用具从不消毒，使用不干净的剪刀、破碗片、破瓦片做断脐；遇产妇滞产或难产时，也无科学处理方法，而是采取呼神唤鬼的封建迷信方式，往往无济于事。这导致怀孕生子成为高危之事，即便顺利生下孩子，也潜在各种风险。早年厦门俗语"不生不值钱，要生性命在水墘（水边）"，是对妇女命运的真实写照。没有生儿育女，在家里则没有地位；若要生儿育女，生命则随时可能了结。

鸦片战争以后，厦门作为对外口岸，与境外地区往来频繁，东南亚各地流行的鼠疫、霍乱、天花等烈性传染病随船只传入厦门，来势凶猛，病死率高，严重危害厦门百姓的生命健康。

厦门首次鼠疫流行始于1884年。此次流行鼠疫来自香港，始于梧村，很快蔓延到市区。1889年，疫情传入同安、晋江、龙溪等县。[①]1894鼠疫流行最为严重，波及全省。

厦门的霍乱是由海轮自菲律宾带入的。据《中国国境口岸检疫传染病疫史》载，1882年菲律宾岷里拉（即马尼拉）霍乱流行，此地有海轮开往厦门，在船上发现霍乱病人，死者多人。其中，两名死者停留厦门港，从而引起厦门港霍乱流行。

不仅如此，当时厦门普通百姓的生活相当艰苦，许多人看不起病。世代相传的迷信理念，又使人们有病求神不求医。道光《厦门志》称："疾病，富贵家延医诊视，余皆不重医而重神。不曰星命衰低，辄曰触犯鬼物。"[②]

所有这些，加上前文所介绍的城市公共卫生环境的恶劣，导致厦门人产生了各种常见病和多发病，人均寿命仅30多岁。

一、西风东渐，西医传入

在鸦片战争以后，西风东渐，首先涌入厦门。根据《厦门纵横》的介绍，厦门的西医始于甘明医生。1842年，美国归正教会的传教士雅俾里来厦筹办新街礼拜堂。同来的

[①] 彭海雄：《1894年香港鼠疫研究——基于19世纪香港社会变迁的考察》，硕士论文，华南师范大学，2005年5月。

[②] 《厦门志》卷十五《风俗记》。

还有传教士兼医生的甘明,他们租住在鼓浪屿的住宅(今中华路23号),甘明开始为人施诊。第二年在厦门寮仔后开设施诊医院,第二位合文医生同年来厦门,协助甘明行医到1845年。这是西方医学传入厦门的最早记载。

1850年至1862年,分别有大英长老会和伦敦公会传教士兼医生的马雅各(James Laidlaw Maxwell)、夏士柏(Hirschbirg)、卡内基(John Carnegie)等负责医院的工作。这个医院后期搬到大使巷,"可以断定,这座医院正是现今竹树脚医院的前身。竹树脚医院是大英长老会麦克利士先生于1883年开始的,到1895年转交给美国归正教会,由郁约翰医生管理。"[1]

1887年,日本人在厦门望高石设济世医馆。1888年,离美回国的金雅妹也在厦门开设西医诊所。[2]1898年,美国归正教会又在鼓浪屿河仔下办救世男女医院,医院附设医学专门学校,首任院长为著名西医郁约翰(John Abraham Otte)。

鼓浪屿公共租界建立之后,西医在厦门的发展突飞猛进,到20世纪30年代,厦门已有美教会办的救世医院、宏宁医院,日本人办的博爱医院、共济医院,中国政府办的省立厦门医院,华侨办的中山医院,私人办的鼓浪屿医院、晋惠医院,地方办的平民医院、同善医院,以及天主教会办的若瑟医院,等等。此外,还有100多个个体开业医馆。

西医在厦门不断发展,引进了新的医学理念和治疗方式,令人耳目一新。除了外国人陆续开设西医医院,规模日盛,同时也有许多厦门人经过西医教育,走上了医学的道路,为民众的健康作出贡献。随着其影响力日益扩大,厦门成为闽南医疗中心,就诊者络绎不绝,西医医学在厦门地区逐渐传播开来。

西医崇尚分科治学的方法,厦门的西医院设立了内科、小儿科、外科、眼科、耳鼻喉科、妇产科、检验科、放射科、口腔科等科室。各科室根据疾病种类和功能属性分门别类,病人到了医院,便根据具体病情被导引到相关科室求医问药。西医分科治病的理念逐渐深入人心,并被视为是唯一的科学的方法。

当年,厦门西医内科有好多老前辈,如救世医院的苏赞恩,鼓浪屿医院的林遵行,厦门中山医院的吴金声、叶全泰等,都是鼎鼎有名的内科高手。有名望的外科医师有林全盛、林谨生博士,以及受聘市中山医院外科主任的上海同仁医院外科主任高恩养博士。陈德堂、陈扬靖、许葆栋等堪称"眼科圣手",名气挺大。著名耳鼻喉科医师有救世医院的院长黄祯德医生。

厦门各个西医医院创办之后,基本都设有妇产科。妇产科用更科学的方法帮助妇女接生,可避免旧时因不当接生而引发的危险。妇产科医生都要接受专业的培训,经筛选、考核合格后,才能上岗,执行接生任务。

当时厦门著名的妇产科医师有厦门鼓浪屿医院庄谦逊、林碧凤(均是广州夏葛医科学院毕业),之后有陈品兰以及省立厦门医院的黄永和、魏光媛(均是福建医学院毕

---

[1] 《厦门纵横》。

[2] 《西医的传入》,摘自《厦门市卫生志》编纂委员会编:《厦门市卫生志》,厦门:厦门大学出版社,1997年。

业）。开业妇产科医生在20世纪的三四十年代共有23名，其中叶亮彩等人闻名遐迩。

口腔科也很发达，1931年，厦门就有牙科开业医师30家。

抗战胜利之前，厦门各医院儿科尚未设立独立科室，儿科病概由内科兼治，病儿住院后即由内科加设小儿病床。1947—1948年间，省立厦门医院、私立厦门中山医院才相继设立儿科专门科室。

许多医院还设置检验科，进行梅毒、血液、粪便和肝肾胰腺功能等检验，并引进X光机设备，开展相关检查。

西医传入厦门，不仅陆续开设了西医医院，也开始了初步的医学研究。英人孟逊氏（Patrick.Manson）早年来厦门海关任关医，后在厦门业医22年，他对热带病学、病原学颇有研究，曾对传染于厦门地区的疟疾、丝虫病进行调查。

厦门救世医院院长郁约翰医生曾在荷兰和英国宣传护理工作，他认为好的医务护理对病人有很大的价值。在他的呼吁下，闽南有了来自荷兰的第一个女护士，名叫米尔曼（Mirman），她负责护理妇女部的女患者。另一位西方女护士吉恩（Jean Nien-huis）于1920年来厦门，她在学习了汉语之后，便开始在救世医院工作。

救世医院和博爱医院当时护士多为外籍，间有少数中国实习护士参加医院的护理工作。

1926年，救世医院附设护士学校，培养护理人员，这是闽南第一所护士学校。有专业护理人员，对于病人的身体康复有很大意义，这也是厦门医疗事业的一个巨大进步。

救世医院、博爱医院均设有医专学校，总共培养毕业生100多名，毕业后分布在厦漳泉及南洋各地行医。

救世医院附设医学专门学校，校长由原任院长兼任。学制五年，由各科医生兼任教学，从1900年到1932年共培养毕业生六届共46人。厦门博爱医院于1919年附设医专学校，校长由历届院长兼任，各科教员由日本医生兼任，学员大都是来自厦门旭瀛书院的毕业生。课堂设在医院内，教学纯用日语，前后计有六届毕业生，共68人。[①]

这里要特别介绍于1850年来到厦门行医的马雅各医生父子。马雅各于1865年从厦门到台湾行医宣教，在台湾建立最早的西式医院，为不少台湾同胞解除了病痛，是台湾现代医疗的开创者，也谱写了两岸医疗文化的一段渊源。

马雅各的长子马士敦（John Preston Maxwell）是妇产医学博士，在1898年追随父亲的足迹，接受英国长老会任命，来到厦门行医宣教。他在鼓浪屿学会闽南话，并收获了爱情，娶了一位叫伊迪丝·莉莱·约纳斯（Edith Lilly Issacson Jonas）的艺术家为妻。

1899年，马士敦带着新婚妻子前往漳州漳浦的源梁医院（今漳浦县医院），担任医院的外科主任。马士敦医术高超，医德高尚，得到了广泛赞誉，也为现代医学在漳浦的传播作出了巨大贡献。

1919年，马士敦前往北京，成为北京协和医学院的妇科学和产科学教授，后来还成为英国皇家妇产科学院院士。

---

① 《建国前医学教育》，摘自《厦门市卫生志》。

1928年，马士敦在北京协和医学院成为厦门人林巧稚的指导老师。林巧稚的勤奋好学、一丝不苟，以及对病人充满爱心、精心服务，感动了马老师。他倾其所学，全力指导林巧稚，并使她成为协和医院第一位留院的中国女医生。

　　两年后，林巧稚在马士敦的推荐下，去英国伦敦妇产科医院和曼彻斯特医学院进修，这使她的医疗水平更上一层楼。林巧稚成为中国妇产科学的奠基人，为中国妇产科学作出了卓越贡献。

　　除了林巧稚外，马士敦还培养了中国妇产科病理学理论家林崧、闽南著名医生苏加明等。他在华工作40余年才回到英国，1961年以90岁高龄安息。

　　还有许多和他一样的洋人，都为厦门的健康、文明、进步作出了可贵的贡献，奉献了青春和壮年，厦门应该感恩并记住。

　　鸦片战争以后，西方文化的到来，不仅带来了西医，更带来了卫生观念的改变和生活环境的提升，为厦门人的健康和厦门城市的现代化奠定了基础。"为祖国健康工作40年"，这是厦门人马约翰教授于20世纪50年代在清华大学提出来的口号，表现出厦门人对健康的深刻认识。这厚积薄发的一句话，曾经深深地影响了新中国一代大学生。这绝不是偶然生发的一句话，而是从小切身体会的马约翰对厦门人民卫生健康经验的精彩总结，并由他献给新中国。

二、厦门传统医药

　　当然厦门不仅最早接受了西医，而且有着悠久的中国中医药传统。北宋时期，吴本著的《吴氏本草》、苏颂主持编纂的《本草图经》，都是中医药的皇皇巨著，影响深远。尤其是《本草图经》一书，是中国药物学承前启后的巨著，共有21卷，收集药物780种，新增全国民间药物103种，在635种药名下绘图933幅，不仅对历代本草的纠谬订讹作出了新贡献，又深刻影响了包括明代李时珍《本草纲目》等后世本草的编纂。

　　闽南医祖保生大帝吴本出生在同安白礁村，一根针、一把草，救治无数闽南人。其高明的医术和医者仁心的慈济医德在闽南、台湾地区，乃至东南亚地区都享有崇高的威望，深刻地影响了闽南后世的民间医药和医德。

　　闽南这个地方的特殊水土、气候、物种，就产生了一些特殊的病，如过去所说的瘴气、瘟疫等，同时这个地方也就生长出一些特殊的植物。而针对这些疾病，闽南人在长期的生活中，在利用闽南生长的动物、植物与许多病魔的斗争中，根据从中原带来的中医药原理，探索总结出许多新的药和新的治疗方法，创造了造福闽南人民1000多年的闽南民间医药。

　　闽南民间医药惠及闽南、台湾地区，以及东南亚地区，是我国中医药重要组成部分，是闽南人民的伟大创造，也是闽南文化的重要内涵。由于厦门在明末清初以后成为闽南军事、政治、经济中心，许多闽南的名医、民间的高手也纷纷汇聚到厦门，使厦门成为闽南中医药的中心。

　　闽南民间医药大致有四个方面的内容：药、术、智、人。

（一）药

闽南民间的药包含以下三个方面。

1. 膏丸丹散中成药

闽南经医药师加工提炼的膏、丸、丹、散等成药，最有名的就是漳州的片仔癀，不但在闽南流行，还受到全国乃至外国人的欢迎。片仔癀早年在厦门也有制作生产，称为"八宝丹"。后来因计划经济，厦门制药厂被指令停止生产。

此外如珠珀惊风散、紫雪丹、六神丸、急救回春丹、消痞丸，还有陈天恩医生的猪肚粉、喉风散等，都有很好的疗效，深受广大百姓的青睐。

可惜不少过去十分受欢迎的闽南成药已经濒临失传，如"一贴灵"的膏药，市面上已经见不到了。熬制膏药，是一种独门绝技，通过特定的青草药组方，经过炮制、炸药、炼油、下丹、去火毒、摊膏工序，才能制作完成，步骤烦琐，费时费力。但是这种膏药往往一贴就灵，对于跌打损伤、风湿骨痛、疔疮疖肿，效若桴鼓，很受欢迎。这是闽南青草药独特的加工技艺。

现在据说厦门仅有两位老医生能熬膏药，并已都超过60岁了。曾经救过多少闽南人性命的疗膏，现在已经看不到了，非常可惜。

2. 青草药

"见青就是药。"在老一辈的厦门人看来，身边各样青翠的"杂草"都是宝贝。闽南青草药过去在厦门是家喻户晓，遍地锦、鸡舌癀、风葱等，几乎是家家户户都要在庭院里、阳台上的花盆中种上一些。而每个家庭的父母也都知道这些青草药治什么病，怎么用法。

早年厦门开元路、大同路骑楼两边的窗台上、阳台上都摆满了花草，花盆里有花更有药用青草。一方水土一方药，厦门人家种的多是因应湿热地气的"降火、祛湿、退癀"的青草药。[1]

降火的青草药，厦门有红丝线草、五根草、淡竹叶、地耳草、败酱草等，大人小孩稍有热邪，引发上火症状，便从自家花盆中现摘现煮，两碗煮八分，早晚各一，第二天即好。

祛湿的青草药，有鸡矢藤、猫须草，都是祛湿良药。

退"癀"的青草药，有风葱、鸡舌癀、包骨癀、牛舌癀等。退"癀"是指消退身体红肿热痛诸症。小孩喉咙疼痛，可摘颗风葱，将其洗干净，加冰糖，连同鸡蛋开水一冲，喝两次，疼痛即消。

20世纪50年代，有一年厦门流感暴发，定安小学老师以白茅根熬汤，学生入校先喝一杯，连续数日，全校无一得流感。

不同的青草药，治疗疾病时，应用方法各有不同。很多青草药都是直接煎煮内服，

---

[1] 黄锄荒、卢志明、颜艺芬：《闽南青草药》，厦门：鹭江出版社，2013年。

如用紫苏治疗风寒感冒、鱼腥草治疗肺热咳嗽等；有的青草药是捣烂外敷，如烧烫伤，将芦荟捣烂外敷，效果不错；有的是煎汤泡脚或者外洗，如皮肤瘙痒，用艾草加千里光，煮水外洗，疗效满意；有的是制成香囊，佩戴在身上，驱邪除患，如辛夷花、丁香、罗勒等；而煲汤或者煮茶，通过药食同源之法养生祛疾，在闽南民间更是普遍。

这些活生生的青草药，别具一格，最接地气。家家父母皆知，口耳相传，代代相承，直到"文革"以后，渐渐不知所踪。厦门家庭种青草药的渐渐没了，会用青草药治病的父母也少了。

所幸，厦门青草药已列入非物质文化遗产名录，今日厦门菜市场还有专门卖青草药的摊点，还有海沧慈济北宫青草药园和保生青草药传习中心。千百年祖辈以生命累积的验方得以传承。

3. 药膳

厦门人根据四季轮转、节气变化，创造了许多药食同源的养生文化，可帮助人们防病祛疾。清明前后，厦门人会到田间地头采摘鼠曲草，制作成鼠曲粿食用，既为慎终追远、缅怀先人，同时鼠曲草有润肺止咳之功效，可预防春天容易引发的流感咳嗽诸症；端午佳节，人们会大扫除，用"午时水"冲洗街道、船舶、人行道，制作香囊给小孩随身佩戴，通过这些方法有防蚊驱虫、驱邪避秽之功；到了秋冬之交，气温下降，则有"一年补透透，不如补霜降""立冬补冬"等俗语，家家购买四物、八珍等，炖鸡鸭、猪脚，以滋养气血、强筋壮骨。

厦门民间还流传，手术后要吃瑞鱼，会使伤口较快痊愈；生黄瓜、香蕉治便秘。再如夏秋之交，可买些金线莲来炖排骨，会降肝火、保肝等。

这些民间的方子也不知流传了多少代，书上也不一定看得到，只是人人口耳相授，哺育了一代又一代的闽南人。

（二）术：民间高手

术，就是医术。闽南民间许多医术流传普遍，并非医家专有。厦门民间流传着各种治疗常见病的神奇手法，简单易学，颇有效验，如抓痧、放筋、剔疳、接骨、推拿等。

往往于烈日酷暑之时，有人被艳阳所伤，中暑神疲。此时，左邻右舍，必有个阿婆、阿婶擅长抓痧。备下半碗盐水，用手指蘸盐水，在其眉心、脖颈、胸口等处抓痧，很快痧斑满布，神清气爽，分文不取，助人最乐。

放筋一般是在人的四肢，通过特殊的手法，使其经络淤堵或气滞血瘀之处通开，疾病豁然而释。正所谓"通则不痛，痛则不通"。需要放筋之人，身体淤堵厉害，放筋自然是疼痛难忍，痛并快乐着。

剔疳则是专门治疗小儿疳积，旧时经常有孩子不思饮食，骨瘦如柴，甚至腹大如鼓。此时有经验的长辈，会拿一根银针，在其手指关节处轻轻一挑，挤出一点透明汁液，小儿顿时大哭，之后却胃口大开，个子也长得快。

接骨是由于高处跌落或外力所伤，导致骨折，严重者有粉碎性骨折的，这时找到民间骨科医生，他用手法帮骨头复位，再用特制草药膏外敷，以竹片或杉树皮裹住患处，好好静养，效果都很好。

推拿则用于跌打损伤，或者骨头错位诸症。当时的百姓做体力活者多，难免会出现腰酸腿疼、颈肩不适等症状，此时有经验的人用祖传手法，帮其推一推、揉一揉，不适之症很快便能缓解。

厦门地处湿热，虫蛇出没频繁，春夏季节，人们在户外劳作，难免被毒蛇、马蜂、蜈蚣等虫蛇咬伤，伤处顿时红肿热痛，尤其是被眼镜蛇、竹叶青、银环蛇等毒蛇咬伤，若不能及时有效处理，甚至有丧命之虞。在历代与虫蛇斗争的过程中，厦门人总结出治疗虫蛇咬伤的特殊经验：首先要做急救处理，拔出毒刺、挤出毒血，后清洗伤口，再用清热解毒的青草药如七叶一枝花、白花蛇舌草、半枝莲、半边莲、麦穗癀等捣汁内服，药渣则用作外敷。若能及时救治，往往能化险为夷。

此外，有一种叫"蛇疮"的皮肤病，即今时所说的"带状疱疹"，也是因湿热气候引起的多发病。发作时，皮肤长起水泡，密集发作，疼痛难忍，随即蔓延开来，严重的会沿着腰腹长一圈。厦门人认为这是"热毒"，治疗此病，需用清热解毒之法，用杠板归、马蓝等草药捣烂外敷，再用板蓝根、夏枯草、菊花等草药煮水内服，内外双清，则可邪去人安。

厦门鹭江道码头边，过去有"北仔张"的土医生，他的绝招正是治带状疱疹。"北仔张"的看病方法与众不同，"蛇"生在腰间，他却在你的手臂上灸出两个"蛇眼"，然后在"蛇眼"下药，立减疼痛，且一周左右，腰间的"蛇"自行枯死。

他还有一招治"灰甲炎"，闽南话叫"涨甲边"。只需将调治的药膏轻轻涂上，冰凉退红，疼痛顿减。不消数次换药，保证痊愈。

用这些手法治病时，民间草医都全神贯注、静心凝神，达物我两忘之境，故常有出神入化之功。

（三）智：健康养生俗语

防患于未然，治病于微小，是传统中医的最高智慧，也是厦门人根深蒂固的健康观念。历代医家和民间草药爱好者，都会因时因人因地制宜，通过各种不同的手段和理念养生祛病，有着高超的智慧。他们还将其编成俚语或歌诀，用闽南语传颂，合辙押韵、朗朗上口，且通俗易懂、俏皮好记。它们润物细无声，与百姓生活息息相关，有大道存焉，百姓日用而不知，如"清明谷雨，寒死虎母""一年补透透不值补霜降"等。这些我们在第八章已介绍，不再赘述。

（四）人：医者仁心

闽南民间医药中的人，指的就是那些德高望重的名中医。闽南自宋代出了保生大帝以后，历代都有许多著名的医生，不但在闽南有盛名，甚至许多东南亚华侨也不远万里专程来厦求医。从五口通商后百年间，厦门中医名家辈出，悬壶济世，名垂青史，如冯大楫、吴澧中、吴瑞甫、王克念、叶豆仔、翁纯玉、谢宝三等，皆是家喻户晓的名中医。

冯大楫，字作舟，清末中医，居厦门市美仁社。其先祖皆为名医，父得秘传，尤其擅长治疗喉科疾病。后冯大楫子承父业，学习践行中医，发扬大医精诚的精神，有疾厄来求救者，不论贵富贫贱，皆一视同仁，全力赴治。

据说曾有一邻女偶患咳嗽，屡治乏效，咳得昏天黑地，最后咽喉暴肿，某医断为难治，相顾唏嘘。束手无策之时，其家人想到请冯大楫帮助诊治，刚入门，冯闻其咳嗽之声，也认为是危症，但并非全无对策。望、闻、问、切之后，冯大楫纵步旷野，采了草药一大把，让患者洗净嚼服，才吃了三天，咳嗽与咽喉肿痛便痊愈了，可谓是药到病除、立竿见影。

吴澧中，字渭竹，其曾祖母怡棠、叔祖远岚皆是儒医。吴澧中自幼耳濡目染，喜读四书五经及各种医书经典，潜心研究医术多年，到不惑之年开始为人治病，效如桴鼓，声名远播。之后设立"性善堂"医局于厦门武当分镇，救死扶伤，活人无数。

王克念，字懋勋，曾祖必魁精通岐黄之术。16岁时，王克念放弃科举，开始习医，其悟性高超，医术精进。到厦门后，王克念以医术济人，不论严寒酷暑、风雨交加，他都有求必应。遇到贫困之人，更加体恤，赠医赠药，不取分文。厦门的男女老幼，皆啧啧称赞。

叶豆仔，民间尊称她"先生妈""斗姑"，40岁时得祖传治疗儿科病症及放筋的图文手稿，并得中医验方手抄遗稿。她博闻强记，过目不忘，配制各种药散装瓶备用。"斗姑"擅长治疗各种小儿常见病，如热症、惊风、白喉、麻疹、"猴损"（重度消化不良）等，皆随手奏效。

据说，有一幼儿曾经被鼓浪屿救世医院首任院长郁约翰诊为不治之症，无法治疗。患儿之母经人指点，请叶豆仔医生急救，经放筋结合药散治疗后，竟逐渐复苏，最后痊愈。[1] 郁约翰得知此事后，对叶豆仔佩服万分，登门拜访，请教治疗之法。"斗姑"起死回生的医案一时传为佳话。

当时厦门传统中医尚有翁纯玉、谢宝三、李家麟、周慕卿等人，皆医术精湛，且德行高尚，急病人之所急、想病人之所想，可谓是医者仁心。[2]

光绪二十年（1894），鼠疫流行，翁纯玉采用中医疗法防疫抗疫，活人不少。1898年，小吕宋总领事陈纲之父患血痢，症状濒危，请翁纯玉前去诊治，辨证处方，五天而愈。

总之，虽西风东渐，但是厦门中医依然蓬勃发展，人才辈出，包括吴瑞甫、李家麟、周慕卿、陈天恩、高春泽、陈焕章、林孝德等。这些中医高人不仅看病救人、悬壶济世，还善于学习、勤于耕耘，著述颇丰，为中医药的继承发展呕心沥血。

其中，吴瑞甫是厦门中医界的代表人物。他精通医理，医术超群，寻医问药者纷至沓来，门庭若市。除了看病救人以外，吴瑞甫还将自己的医学思考和临床经验结集成

---

[1] 卢志明、陈可菁：《闽南民间名医》。
[2] 《人物录》，摘自《厦门市卫生志》。

册，出版面世，包括《伤寒纲要》《中西派学讲义》《校正圣济总录》等十余部著作。[①]通过著书立说，更好地传播和发扬中医的智慧。

吴瑞甫虚心学习西医教学方法，仿照西医的教学法，于1928年创办厦门医学传习所（1931年改办厦门国医专门学校）。通过集中授课教学的方法，培训中医学员百余名，可谓一大善举。

厦门许多中医极为重视民间草药的应用，善于向传统和民间学习，其中以林孝德、陈焕章、盛国荣等中医为代表。他们深入民间收集经验，并用阴阳五行、四气五味的思维指导青草药的临床应用，使其更有的放矢。

林孝德精于中草药治病，在厦首创应用鬼针草治疗阑尾炎，总结30例，疗效显著。

陈焕章自幼勤学祖传医书，精通青草药和中医外科，尤擅治疗、疮、疽、"蛇"（即带状疱疹）及皮肤湿毒等痈疡症。他是厦门市使用一见喜和贼仔草的先驱，活人无数，为百姓所津津乐道。盛国荣则善于在应用传统经方、验方的基础上，加入地方青草药，如白花蛇舌草、大蓟等，事半功倍，增加疗效。[②]

谢宝三曾在关帝庙前（今大同路）开设回春堂药店。坐堂诊病之余，又自制祖传膏、丸、散给患者服用，效果奇佳。他曾用自制的急救回春丹救治溺水休克者，患者服药后不久便苏醒过来，千恩万谢；用牛黄散、至宝丹、紫雪丹清退高热，屡试屡效；用猴枣散治"猴损"（疳积末期）；惊风散、梅花点舌散治疗小儿受惊后引起的风热，均有特效，百姓奔走相告。

周慕卿于光绪年间创中外大药房，因医术高明驰名鹭岛，其自制的消痞丸用于治疗疟疾，小儿消化粉用于治疗积食，均功效神奇，曾销往闽南各地。

陈天恩于清末创寿世堂于大同路，其自制的小儿常用药"陈天恩猪肚粉"专门用于健脾开胃，治疗小儿疳积体瘦诸症，效果非常不错，曾畅销厦门及闽南一带。

闽南民间医药中的"人"，不但突显医术的高明，更强调医者的"仁心"，医德的高尚。无论正规坐堂的医生，或里弄抓痧、放筋的"散仙"，无不以保生大帝为榜样，崇尚"医乃仁术"的精神，为贫苦患者施诊赠药，是相当普遍的现象。

清末民初鼓浪屿"四大名中医"之一的李家麒先生（1872—1944）在其遗著上亲笔题词"祖传医学"，"为救人而学则可，为谋利而学则不可"。

鼓浪屿"四大名中医"中的另外一位——谢宝三先生（1858—1943）则开设济时医局，贴出通告，凡贫苦者就诊，可持药方到指定药店免费领药。

闽南民间医药的"药、术、智、人"，充满先人经验、智慧和济世情怀、高尚品德，是闽南文化、厦门文化极其宝贵的遗产财富，也是我们了解、理解厦门人、厦门文化的过去，展望其未来的重要领域。

五口通商，西风东渐。西医和西方的公共卫生制度随着洋人入厦，特别是鼓浪屿公共租界的建设及旅厦洋人的个人卫生习惯，深刻影响并促进厦门健康与卫生方面的进

---

① 傅维康：《近代中西医汇通之佼佼者吴瑞甫》，《中医杂志》，1991年第1期。
② 陈国源、柯联才、盛云鹤主编：《盛国荣临证经验集》，长沙：湖南科学技术出版社，2007年。

步。厦门人，尤其是年轻人的就医习惯也随着西医院的设立和西医教学的推广，以及对中医药的批判，更多地转向西医西药。但厦门其时是闽南中医名家的荟萃之地，许多妙手回春的医案和传统文化的力量依然吸引了无数厦门人心向往之。于是在厦门就形成了中西医并重，异彩纷呈的医药卫生景象。

但是鸦片战争以后列强猖獗，国家风雨飘摇，百姓穷困潦倒，很多人认为是中国传统文化的落后所致，向西方学习已经成为民意主流。1929年，国民党认为中医"不科学"，通过"废止中医"的决定。①中医界顿遭当头一棒，厦门中医界也受到很大冲击。中医药生死存亡之际，以吴瑞甫为代表的厦门中医界奋起反抗，先后撰文捍卫祖国传统中医药学。《国医旬刊》的主办人吴瑞甫、上海《医界春秋》厦门分社社长兼思明国医研究所副所长孙崧樵、盛国荣等都先后著文，为中医药奔走呼号，力挽狂澜。

1929年3月17日，上海《医界春秋》社将3月定为国医节，厦门医界同仁热烈响应。在全国强大舆论压力下，"国民党立法院"被迫撤销取缔中医的决定。到20世纪30年代，厦门开业的中医，记录在案者不在少数。1930年有叶丽川等中医146名，1931年有翁纯玉等中医（含草药、麻风、接骨、喉科、中药等）162名，1936年，有据可查的厦、禾、鼓中医88名。②有不少人始终心存救死扶伤之念，有识之士也不断为中医的生死存亡大声疾呼，使中医在这段时间能够薪火相传、延续血脉。

但是，回首百年，西医兴、中医衰的趋势没有改变，甚至愈演愈烈，似乎不可逆转。

一百多年来，中国的学术就是向西方学习，引进西方文化。这是中国人民伟大的学习运动，是中国人民走向现代化不可或缺的一课，给我们开了眼界，给了我们宝贵的知识、智慧，培育出一代代越来越出色的中国人。我们永远都要"美人之美"，永远都要向西医、向他者文化学习。

但是，我们逐渐发现，照搬照套别人都不行。我们还需要"各美其美"，向我们自己的传统学习，向老祖宗五千年积淀的中华文化学习，推动中华文化在当代的创造性转型和创新性发展。厦门中医药的前辈不正是这样吗！

现在越来越多的人认识到中医、中华传统文化的系统性也有好东西，若完全照搬西方的学科分类方法，怎么能学到中医的真谛，学到中华优秀传统文化呢？

方法基于理念。中医强调整体统一，将人看成一个整体，甚至视天地人为一体，相生相克，互相影响；西医强调不断分科，选择在单独的学科上一门深入。中医与西医对生命的理解不同，其整体理论与治疗理念也有诸多不同，从某种意义上来说，这是东西方文化的不同。

厦门西医是中国西医一个重要的起点，厦门中医也是中国中医一个重要的起点。

一百多年前，叶豆仔和郁约翰可以交流互鉴；当时的鼓浪屿，中医兴盛，西医也蓬勃发展，中西医可以和谐共处，今天难道不行？厦门这座城市胸怀宽广、百川归海，中

---

① 左玉河：《1929年的"废止中医案"事件》，《老年健康》，2005年第7期。
② 《中医》，摘自《厦门市卫生志》。

医与西医应该能在此相互包容，如当年的叶豆仔与郁约翰一样，美美与共，天下大同。

一百多年前，厦门的医学前辈以朴素的文化自觉向西方学习、向自己的民间传统学习，为厦门人民的医疗健康作出令人怀念的成就，为中国的中医药作出杰出的贡献，推动了厦门文化的现代化。如今，我们应如何传承他们的理念，如何学习他们的智慧，如何承接他们开创的厦门卫生健康事业，推动厦门文化走进新时代呢？关于这些疑问，我们必须给出答案。

第五节　教育救国——以人才培养为根本

人才是国家发展、民族振兴的根本，也是城市繁荣发达的根本。辛亥革命后，百废待兴，而厦门的前辈以最大的力气投入教育，其谋国深远的智慧、解救民众的慈心，需要我们梳理、研究、汲取、传播、弘扬。可以说这是厦门文化与时俱进、止于至善的根本。

宋元时代，厦门只是同安县的一个里，称嘉禾里，岛内的教育完全倚仗一海之隔的同安县。明清时期，漳泉皆有状元，厦门文进士不多，但武进士、武举人占多。到清末，厦门文人不少，但多为外来，教育落后，遍地文盲。

科举是国家取才之道，谈教育不可不谈科举。但科举并非中国教育的全部。在中华民族危亡之际，有无数目不识丁的中华儿女为国家的存亡，为民族的解放抛头颅洒热血。他们的忠诚勇敢高尚品德并非来自私塾、书院和学校，而是来自家庭和社会。

我们今天处在国家民族复兴的上升时期，也不应如百年之前民族存亡危机之际，矫枉过正地思考和谈论中国教育。我们现在可以，也应该从容地、冷静地从中国数千年文明发展史的长时段和人类数千年文明史的全局性来反思百年前中国的教育革命，民众的"教育救国"，从中汲取历史的智慧、先人的智慧，进而审视和推动我们今天的教育发展。

在中国，在闽南，自古以来教育的根本是教做人，是一个民族、一个国家要他的子孙后代如何做人、要做什么样的人。闽南话称为"教示"。不但要耳提面命地言教，更要以上示下地身教。

一、家庭教育

中国传统社会以家族、宗族为基本单位，在家族或宗族内部代代相传，形成对家族成员的规范，形成了家族、宗族内在精神内核和价值传承。长辈们言传身教、口耳相传，潜移默化的影响和教诲，虔诚的民间信俗活动、社会文化活动等对人的熏陶，无形中教化了一代又一代厦门人，孝悌忠信礼义廉耻等观念深入人心，成为厦门人生命意识的底色。

中国传统上就十分重视家庭教育，《大学》云："所谓治国必先齐其家者，其家不可教，而能教人者，无之。故君子不出家，而成教于国。"古往今来许多大成就者，就是得益于良好的家庭教育。一个地方的民风民貌，也与居住者所受的家庭教育息息相关，"家风正，民心顺，国家兴"。对于当时缺乏教育机构的厦门来说，家教、家风对个人素质的培养和社会风气的影响更显得重要。厦门很多家庭从小都要背《朱子治家格言》。而即使不识字的小孩，在祖辈口耳相传下来的闽南方言俗语谚语中，也传承了做人做事的规矩和准则，如"没好序大（长辈），就没有好序细（晚辈）""细汉（小时）偷针，大汉（长大）偷衫""靠吃家伙（祖业）是没好尾（晚景）"……在一些古厝中，我们还能在其中的石刻、楹柱上看到家训，并从家训中读懂这个家族的家风文化。比言传更重要的是身教，长辈的行为往往成为晚辈的典范。看到小孩做错事，厦门人习惯用方言责怪："没人教示的孩子。"这句话充分体现了"子之过，父之错"的"教示"在民间教育的重要和普及。好的家庭教示对孩子的正面影响是巨大的。例如爱国华侨领袖陈嘉庚小时候，母亲仗义疏财解决相邻矛盾的言传身教就给少年陈嘉庚树立了大爱胸怀的榜样。

二、民间信俗的教化作用

闽南是中国民间信俗最丰富、祭祀活动最繁盛的地方，厦门为闽南民间信俗之集合。随处可见的香火庙宇，形态纷繁的祭祀活动，从正月到腊月，从清明到冬至，从神明的诞辰祝生到祖先的忌日生日，一年到头几乎每一天都有神明祭祀、家族祭拜活动。每一个城镇、乡村，乃至大多数家庭，在祭拜共同信仰的神明同时，还要拜自己特殊的族群保护神和祖先神灵。祭拜的形式也丰富多彩，从家庭佛龛、祖宗龛，到宗祠祭祖、寺庙供奉，从迎神赛会到游境巡安、进香分灵，名目繁多、花样百出、热闹非凡。

大多家庭都供奉祖宗龛和佛龛，厦门人从童年开始，就在长辈的潜移默化下，跟着合十拈香。"人在做，天在看""举头三尺有神明"等俗语深入人心。和其他宗教的礼拜、忏悔、祈祷一样，厦门民间信俗的上香、拜拜、祈告、卜筊等，也是一种仪式化的教育方式，引导人向善、感恩、敬畏之心，倡导的是"诸恶莫做、众善奉行""尊天敬祖""追远报本"等观念。通过仪式化活动，世世代代薪火传承，在厦门人的意识深处植入这种独具闽南特色的中华普世价值观。即使到今日，对培育和弘扬社会主义核心价值观仍具有不可替代的深远意义。

三、社会教育

社会文化对人的熏陶，特别是"说书唱戏劝人方"的高台教育，教化了一代又一代的厦门人民。在教育不普及的年代，普通老百姓看戏台上英雄豪杰，欣赏管弦条琶之乐音，听说书先生讲人情冷暖，受到善的感化、美的熏陶，这些都是传承中华文明的重要"课堂"。

说书俗称讲古，它来自民间，用的是闽南方言，其道具简单，演出不受场所限制。说书人手拿书本，讲得抑扬顿挫，眉飞色舞，观众听得如痴如醉，成为大众喜闻乐见的"口传文学"。清末民国初年,在许多古庙前就有"讲古场"。20世纪二三十年代,厦门已有后路头、二舍庙、养元宫、福海宫、浮屿角、大王、二王、溪岸、厦港、美仁宫、鼓浪屿市场等说书场。听众坐在用木板架的长椅上,说书艺人坐在特制高椅上开讲,一般每天下午讲3—4小时,所讲多为《西游记》《封神榜》《三国演义》《水浒传》《七侠五义》《包公案》《说唐》《说岳》《杨家将》《列国志》等,故事皆宣扬忠孝节义、隐恶扬善。按惯例向有座位的听众收费,站听者不收费。每讲一回,收一次钱,听众自觉投钱,一分至五分不等。

说善书,也是说书的一种。这是由群众集资或由所谓慈善家出资,聘请说书艺人或有学问的人在宫庙设置香案开讲,讲《太上感应篇》《二十四孝》等书目,劝人戒恶行善,不收费,任听众自由听讲。前朝天宫等处,每逢二、八或三、六、九日设讲,自清代咸丰年间即已有之。

除了形式简单、通俗易懂的说书外,职业的戏曲演出也丰富多彩。明末清初以来,厦门成为闽南最重要的商业中心。因经济繁荣,加上宫庙繁多,相应的各种戏曲演出也活跃起来。梨园戏、高甲戏、南音、歌仔戏、布袋戏、皮影戏等在城乡间广为流传,周边地区的各种戏班都被吸引过来闯码头赚大钱。更有"官音戏",引来五湖四海、南腔北调的各种戏曲表演,与本地的戏曲文化交融。在竞争中,厦门戏曲表演艺术不断提高。

这些充满地方特色的民间艺术,或以语言,或以歌、以曲、以舞的形式表现,让观众在欣赏艺术的同时了解和传播闽南历史、风俗习惯、社会生活、人生价值观,起到寓教于乐的作用,也在无形中对民众灌输了德育和美育。

四、厦门启蒙教育——私塾

清中期,厦门本岛有20余所私塾。据《近代厦门教育档案资料》记载,清代,厦门的大街小巷都有私塾。这些私塾,有塾师自己创设的,亦有富家延请塾师在家教学的。自己设立的私塾,一般设在房间的厢房或祠堂宫庙的厅房。备一教师用的椅案,案上放置墨砚和朱砚各一,墨笔、朱笔数支,案旁备有竹板戒尺一把,长二尺许,阔约寸许。有不听教导的生徒,即略施竹板给以警戒。学生的桌椅则自备。受聘于富户的教师,一切设备都由东家供应,且备有食宿,其束金也较丰厚,视教师的资格面定,年有白余元或两百余元。若得东家同意,可酌收邻右学生数人,增加收入。逢重阳节,东家应备酒席宴请教师并送明年聘约。如重阳不送聘约,则表示明年不续聘。按教学目的与教学内容的差别,又分普通私塾和高级私塾。普通私塾的学生,若文字稍精通则转入商界;若要取科名的,须再入高级私塾,钻研诗词、八股之学。

自清代道光年间起,厦门较著名的一般私塾主要有以下几个。

李鼎臣书塾,塾址霞溪畔,设于道光三十年至宣统二年(1850—1910),自创注音字母,教学生注音,易读易晓。讲解课文,不专背诵。

杨式左书塾,塾址溪仔墘,设于1900—1941年,其教学循循善诱,重视学生品行,颇受家长欢迎。

余焕章书塾，塾址菜妈街，设于光绪六年至民国七年（1880—1918），其教学长于古典文学，附带攻读《秋水轩尺牍》《幼学琼林》等。

清末民初，厦门的几处办得还不错的高级私塾主要有以下几个。

王步蟾高级书塾，塾址田仔墘，设于咸丰十年至光绪三十年（1860—1904），以八股文见长，学生进秀才的不少，也有中举人、进士的。王步蟾后为紫阳书院山长兼禾山书院山长，晚年被侨商王蔼堂聘为家教。

吕澄高级书塾，塾址石皮仔，设于咸丰十年至光绪三十三年（1860—1907）。吕澄擅长诗、词、八股文，后为玉屏书院山长兼沧江书院山长，晚年被富绅林时甫延聘为家教。

但一个私塾容纳数个到数十个员生对教育的普及是远远不够的，而且私塾的办学有相当大的自主性，塾师的水平也参差不齐。据记载，光绪九年（1883），9岁的陈嘉庚入集美社的南轩私塾读书，塾师陈寅学识浅薄，只教背诵，不加解说，还三天打鱼两天晒网，时常旷席。在馆学童，多数十分顽皮，最喜老师不来，好耍闹一番，正是"先生不在馆，学生搬海反"。陈嘉庚回忆当时情况："政治腐败，国弱民贫，教育废颓，不可言状。乡村十余岁之儿童，因失学而结队成群，裸体游戏，那种情形，近则败坏风俗，远则贻误民族前途。"

自民国初年，新式学校增多，私塾逐渐减少。1931年，厦门全岛统计有私塾120余所。1933年，思明市颁发了《思明市取缔私塾办法》。1935年，厦门市教育局成立时，又对私塾进行统计，有40所之多。新中国成立后，随着小学教育的逐渐普及，厦门城乡的私塾先后停办。

五、厦门传统书院

书院是官学的一种补充，厦门的书院也经历了对岛外教育机构的仰仗、独立发展、影响超越岛外的历史进程。在清康熙之前，厦门岛的教育长期仰仗同安县或泉州府、漳州府的官学。

康熙五十一年（1712），施世骠在将军祠开办鹭津书院。该书院是厦门岛上最早的书院，但实际上是施家私塾，因而地方史志没有更具体的记载。

雍正二年（1724），厦门海防同知冯鉴在城西门外朝天宫后，创办了紫阳书院，这是岛上第一家真正的书院，使厦门岛的教育获得独立的地位。厦门岛的科举教育开始和岛外的同安县平起平坐，为厦门岛的学子免除了求学必须跨洋涉海的风险和不便。但当时厦门岛的交通极其不便，从厦门港到厦门城西门外的书院，或者跋涉山路十余里，或者搭乘舢板、帆船到水仙宫码头上岸，再步行二三里，也颇为辛苦。

乾隆三十二年（1767）前后，紫阳书院迁移到厦门港南溪仔墘桥仔头的紫阳祠。之后，办学状况视主管的厦防同知的重视及努力程度而定，时好时坏，时办时停。

乾隆十六年（1751），兴泉永道道台白瀛牵头会同地方乡绅黄日纪等，在城内文昌殿创办玉屏书院。兴泉永道主办的玉屏书院，比厦防同知主办的紫阳书院规格、师资都高出一级，可接纳兴泉永道所辖各府、县的生员，所出人才也多于紫阳书院。如道光十年（1830）莅任福建兴泉永道道台周凯所言："厦门虽分同安之一里，而士则四方咸集，不仅同安也。"这座岛屿教育方面的影响开始超越同安县。

玉屏书院的教学基本上也是围绕科举制度进行的，为"倡道兴学""吾儒横经之地"，入院生员须参加道台署举行的考试，称为"观风"，前十名的生员、童生可入院肄业，发膏火银，另取生员、童生各十名院外肄业，不发膏火银。乾隆五十三年（1788），办学规模增加到内、外肄业生员、童生各二十名。到嘉庆十九年（1814），办学规模又回到内、外肄业生员、童生各十名。光绪七年（1881）后，该书院一度停办。

厦门一个里的行政单位，同时存在道级和州级两家不同层次的书院，呈现了别具一格的地方特色。

光绪二十七年（1901），清朝廷颁布诏令，命将各地书院改设为学堂。厦门非省级又非府、州级，改办学堂的资金无从划拨，于是变通合并紫阳书院和玉屏书院，称玉屏紫阳讲院。光绪二十九年（1903）恢复紫阳书院、玉屏书院。光绪三十二年（1906），玉屏书院接受旅越南华侨王文德的捐款，得以改组为厦门中学堂，民国元年（1911）改称思明中学校，后改名为省立第十三中学、省立厦门中学。

宣统元年（1909），紫阳书院改办紫阳小学堂，民国元年（1911）改为公立紫阳小学，后相继改为市立厦港第一中心国民学校、厦门市第三中心小学等。

据民国《厦门市志》记载：明代，厦门岛共产生进士10人、举人28人（其中4人在外省参加会试）、贡生27人；清代，厦门岛共产生进士10人，举人89人，贡生70人。在同安县下属11个里之中堪称独占鳌头。这一成就同玉屏、紫阳两座书院是分不开的。

六、教会办学

厦门是西方教会最早登陆的城市之一。为了打开传教局面，西方教会纷纷办起教会学校，同时把西方教育文化带进了厦门。厦门就成为中国最早接触现代教育、现代科学的城市之一。

早期的教会学校为吸引生源，主要从慈善入手，从"义学"起步，使得当时的贫民和女子能够有机会受到启蒙教育。早期的教会学校规模很小，设在传教士住宅里或教堂内，或租用民宅，课程一般只有初小扫盲程度，简单的听、说、写，为听懂读懂《圣经》服务。《圣经》是必修课，教师还经常讲《圣经》里的故事，或《伊索寓言》，也教点简单的算术和科学常识。不过这已经给向往海洋的厦门学生打开了通往外面世界的全新窗口。厦门民众对西方文化从观望抵触到新奇渴望，教会学校、新式教育迅速发展，数量不断扩大，质量不断提升。

英国伦敦公会、英国长老会、美国归正教会、美国安息日会、西班牙天主教、日本等纷纷在鼓浪屿开办学校，这里有中国历史上第一所幼儿园——怀德幼稚园，有福建省第一家幼儿师范教育学校——鼓浪屿怀德幼稚师范学校，有教会在福建的第一所学校——英华男塾，有厦门第一所女子学堂——田尾女学堂[①]，有为培养中国人担任牧师、传道、专修基督教义的"圣道学校""福音学校"，有澄碧中学[②]、寻源堂[③]、美华中学等，有小学，如福民小学[④]、养元小学[⑤]、美华小学、维正小学、育粹小学等，有书院，如英华书院、东亚书院、旭瀛书院等，有怀仁女学[⑥]，有专为婚后妇女设的田尾妇学堂，有为寻源中学学生实习教学而设的教孺园，还有女童养育院怜儿堂、医学专科学校、厦门女子师范学校等。

鼓浪屿是西方传教士在华最早登陆的地点之一，西方教会在厦门办的中小学也都集中在鼓浪屿。教会学校的教育和行政大权都操在外国人和教会手中，教科书由教会自己编印，在努力传教布道的同时，教会学校也将西方的先进科学技术和知识带进学校。19世纪下半叶，鼓浪屿成为厦门教育最发达的地方，教育水平与当时西方国际接轨，小小弹丸之地，孕育出众多饮誉世界的艺术家、教育家、科学家，如我国院士卢嘉锡、张乾二、王应睐、顾懋祥、卓仁禧、洪伯潜，著名的体育教育家马约翰，被称为"南何北林"的中国杰出的妇产科名医林巧稚、何碧辉，著名学者林语堂，著名音乐家颜宝玲，等等，他们都在鼓浪屿受到了良好的基础教育。

许多牧师为鼓浪屿的教育作出不可磨灭的贡献。例如打马字牧师，他和两任夫人及两个女儿都将一生中的大部分时间奉献给鼓浪屿的教育事业，他们创造出简单易学的闽南"白话字"，编撰"白话字"教科书和《厦门音字典》等，使众多目不识丁的当地人因此获得了阅读和书写的能力。他们开办女学，这对男尊女卑的封建礼教无疑是一次革命性的冲击。厦门的三个公会于1874年联合发起了抵制妇女缠足陋习的运动，成立反缠足协会，后来得到全国各地的响应。从女学到妇学，影响深远。

鼓浪屿的教育在西方外来的力量促进下取得辉煌的成就，但鼓浪屿人没有放弃对中国传统优秀文化的继承，即使在教会学校里，也开设起国学课。有的学校还聘请旧塾师授课。这种兼收并蓄的精神，使中西文化在碰撞中成功融合，绽放出异样光彩。

七、华侨办学——教育救国

华侨在厦门兴学育才，始于清末的维新运动，继则在民国初期形成高潮。他们的办学形式多种多样，从普通中小学到各种职业学校，直至办大学。这不仅对厦门，而且对福建省教育事业的发展都具有特殊的地位和作用。其中最为突出、贡献最大的是陈嘉庚先生创办的集美学校和厦门大学。

---

① 后更名为毓德女子学校。
② 后并入寻源书院，改名为协和中学。
③ 后更名寻源书院。
④ 由民立小学与福音小学合并。
⑤ 原田尾小学。
⑥ 原乌埭女学。

（一）陈嘉庚先生和集美学校、厦门大学

辛亥革命胜利，国家百废待兴，陈嘉庚先生认为"教育为立国之本，兴学乃国民天职"，"然侵略者得以灭人国家，占人土地，终不能灭人之固有文化。我国固有的文化精神，万不能残缺"，故立意兴学，志在报国。

1912年，陈嘉庚怀抱"教育救国"理念，回故乡创办集美两等小学，拉开了在国内办学的序幕。偏僻的渔村集美社有了有史以来的第一所新式学校，由此也奠定了集美学校的第一块基石。紧接着，集美女子小学、集美师范、集美中学、集美幼稚园、集美水产科和商科、集美女子师范学校、集美农林部和航海科、集美国学专门部、集美幼稚师范[1]等一系列学校相继开办，汇集成集美学校。1924年，政府批准其为永久性和平学村。集美学村不论从办学规模、学校类别，或是先进设备、社会影响等方面，在国内都是首屈一指的。

对这些学校，陈嘉庚先生和其胞弟陈敬贤先生除了投入巨资，从选址、收购土地、建设校园、考察物色校长和老师、定校训、寄开学训词等，无不亲力亲为，呕心沥血，注入殷殷期盼。如集美师范和中学开办时，他们亲定"诚毅"二字为校训，又亲审定了集美学校的校歌，曲子优美且富有教育意义，传诵至今。为免除学生的后顾之忧，他们在经济上大力补助学生，吸引了很多省内外的贫寒子弟远道来集美读书，也吸引广大侨生回国求学。

为培养出思想独立、人格健全的学生，陈嘉庚重视"德、智、体、美、劳"五育并进的教育方针，完善图书馆、科学馆、体育馆、美术馆、音乐馆等硬件设施，还聘请不少全国有名望的教师来任教，为学生打开了一扇扇从不同角度看世界的窗户。在教学方面，他们重视理论联系实际，有创造性地广泛开展各种实习、见习活动。

开明办学，使科学、民主和爱国主义思想在集美学校得到传播，不同思潮碰撞，引导学生正确的人生观。如集美学校最早接受马克思主义的学生罗明、李觉民、罗扬才等人，于1924年8月发起组织福建青年协进社，出版《星火周报》；1925年6月在校内成立了闽西南第一个共青团支部，次年转共产党支部，进步的革命思想在这里得到传播。集美学校为全省输送了许多革命志士，堪称闽南"革命的摇篮"。

1949年，集美学校业绩辉煌，小学毕业生有1348人，中等以上各类毕业生有6746人，学子遍五洲，声名播四海，造就许多卓越人才，被誉为"水产航海家的摇篮""企业家的摇篮"等。

五四运动时，中国的高等教育还很落后，全国的大学仅有十来所，陈嘉庚高瞻远瞩，决定创办厦门大学，并以他一贯雷厉风行的作风开始选址、购地、盖教舍、选校长、聘老师、设置专业等筹备工作。

1921年4月6日，中国第一所由华侨独资创办的厦门大学诞生了。最初设师范、商学两部，接着不断投资扩建。厦大创校开始，首先发展的教育学科，培养了一大批教育专

---

[1] 后改名集美女子中学。

才,对普及福建教育、推进华侨教育,特别是对改变福建人民的愚昧状态起到了积极作用。厦大重金聘良师来校,一时厦大著名教授、知名学者云集,教学和科研风气十分浓厚,不少科研成果达到世界先进水平,被誉为"南方之强"。

20世纪30年代初,资本主义世界爆发了空前惨烈的经济危机,陈嘉庚在南洋的企业受到惨重打击,万不得已,陈嘉庚"出卖大厦,维持厦大",但仍维持不了太久。1937年,陈嘉庚公司已经收盘,陈嘉庚具函请求政府接办,自愿无条件地将厦门大学改为公立。

陈嘉庚为了办学几乎倾尽了全部家产,他缔造了一个家族型、系列式、规模化全面办学的先河,震撼了中国教育界。几年内,他一气呵成创办了自幼稚园至大学,从普通教育到职业学校"一条龙"的学校教育体系,在中国教育史上可谓创举,引领了华侨办学也引领了当时的民间办学,留下了一座永为后人纪念的丰碑。

陈嘉庚不仅在厦门办学,在马来亚也捐建过多家学校。他通过兴学让更多的人来共享他的财富。他的义举不仅惠及家人和乡里,更通过兴学从教育培基上,提高国民素质造福后人。他不仅办学,更在抗日战争中率领南洋华侨捐献巨款、组织南侨机工团、慰问延安等,为抗日战争的胜利和中国人民的解放作出不朽的贡献。毛泽东主席称赞他"华侨旗帜,民族光辉"。

(二)厦门其他华侨及民间的办学

不止嘉庚先生一人,回乡兴学办校的闽南华侨不可胜数。

19世纪末,厦门就开始出现华侨办学,如光绪年间缅甸华侨曾广庇在曾营创设龙山女子两等小学,这是厦门最早的一所侨办小学。之后,厦门兴起了爱国华侨办学和民间办学的热潮。

1906年4月,民国教育部承认的全国首批女子师范学校——厦门女子师范学校选址鼓浪屿升旗山下的白色洋楼开办。入学者皆鼓浪屿的名媛闺秀,现代妇产科泰斗林巧稚、女声乐家周淑安等杰出人物皆出诸此校。1927年,厦门女子师范学校经费困难,黄奕住接手承办,承担该校每年一万五千多元经费,该校改名为慈勤女子中学,还聘请林尔嘉的四子林崇智先生为学校校长。

据厦门海关年度报告记载,1907—1911年间,华侨在整个厦门新开设了小学堂八所,商业学堂一所。黄奕住等华侨还集资创办了鼓浪屿中山图书馆等文化场所。可以说,在近现代厦门教育的发展过程中,华侨是教育事业发展的主要动力。

据1934年的统计,厦门市内共有39所小学,其中有17所由华侨捐款创办或资助,占小学总数的45%。市内正式立案的11所中等学校,有5所直接得到华侨的资助。

华侨创办或捐助的学校主要有叶添寿、叶永黎等创办的厦门奎壁小学,新加坡华侨周谦祥等创办的杏苑小学,东南亚募捐兴建的鼓浪屿普育小学,菲律宾华侨创设的同文书院,受越南华侨王霭堂捐赠创建基金的厦门中学堂,以及菲律宾华侨林珠光、马来西亚华侨刘育才联合本市绅士马侨儒等人创办的私立双十商业小学[①]，并得到著名华侨胡文虎、李清泉等支持，成为厦门名校；新加坡华侨庄希泉、余佩皋夫妇创办的厦南女中，地方人士杨景文和华侨曹允泽等人发起创办私立的大同中学（卢嘉锡、童大林均为校友），后得到华侨许文升、胡文虎的支持，成绩斐然，华侨黄瑞坤创办的禾山甲种商业学校[②]，叶谷虚向华侨募捐创办的闽南职业中学，菲律宾华侨林珠光创设的中等职业学校云梯学校，菲律宾华侨吴记藿、吴福奇、薛煜忝、林珠光和李清泉等人发起创办的厦门五通民用航空学校，1930年并入广州航空学校。此外，教会办的毓德女中、英华中学也得到海外华侨捐资助办。

如果说西方教会办学使鼓浪屿成为厦门一颗耀眼的新星，那么华侨办学则是使厦门教育呈现出群星璀璨的局面。

八、收回教育主权

1927年12月中国政府颁布《私立中等学校及小学立案条例》，规定限制外国人在我国开办学校和掌握校政大权。鼓浪屿的教会学校迫不得已先后向中国政府申请注册，立案成立校董事会，聘请华人任校长，并废除在必修课内教授的《圣经》。相应地，教会投入经费减少，仅保留外国教师工资一项由教会支付，学校生存依赖学生学费和校董会筹捐，经费拮据，经常处于捉襟见肘状态。好在厦门已形成了重视教育的好风气，社会贤达和海外乡亲总是竭尽所能地回报母校和故乡，帮助学校渡过一个个难关。

教会学校的控制权逐渐转入中国人手中，一些受过高等教育、具备教育专业素养的中国校长们走上领导岗位。这批华人校长原来都有较厚实的中华文化功底，所受高等教育又基本出自西方教会大学，他们本身就是中西融合的产物。他们在教学实践中逐渐成熟起来，才华得到发挥。每个校长都有自己的办学个性，学校教育的风格也因此变得多元多彩，传统的人文情怀与西方的自由个性兼容并蓄，教育硕果开始凸显。

不仅学校教育，社会教育此时在厦门也引进了许多西方的因素，如公共图书馆、群众教育组织等。

图书馆被誉为没有围墙的大学，厦门首个图书馆于1918年由陈嘉庚在集美学校设立。后来许多学校都建立自己的图书馆。

1919年厦门道尹陈培锟和地方绅士周殿薰等倡议设立图书馆，在玉屏、紫阳两书院的经费和藏书的基础上，以玉屏别墅为馆址进行筹办，1920年9月对大众开放。而后馆长周殿薰从上海募捐巨款，扩建图书馆，使书库、阅览室、目录室、办公室设备齐全。1930年该图书馆改为公立，更名思明县立厦门图书馆，后又改为厦门市图书馆。

1922年民间发起成立的厦门市通俗教育社，集资建设馆舍，也设立图书室和露天阅报栏。他们还创办了五所义务夜校，供贫寒子弟免费学习文化；办文艺副刊，发表新文

---

① 后更名为厦门私立双十商业中学，再更名为厦门私立双十中学。
② 后改为禾山中学。

学作品；创办一所贫民医院；组织新剧（文明戏、话剧）演出；联合各界开展爱国反帝运动。

由于厦门教育的兴盛，闽南、闽西各地，甚至台湾和海外的年轻人争相到厦门来读书。厦门大学更吸引了全国青年才俊和林语堂等优秀学者，极大地推动了厦门人民眼界的开阔、观念的更新、思想的进步，成为厦门文化走向现代化的根本基础。

九、体育教育与运动

厦门由于兵将多、习武之人多，所以具有民族特色的体育项目，如武术、舞龙、舞狮、划龙船、游泳、捉鸭等传统体育自古以来就广泛普及。1912年，少林五祖鹤阳拳创始人蔡玉鸣的传人沈扬德在海沧新垵开设武馆，培养出一批武艺高强的弟子，在海内外影响很大，新垵被誉为"武术之乡"。1924年厦门精武体育会成立，会员有数百人。上海精武国术会还专门派人称"花枪刘"的武术大师来厦门任精武国术会教练。厦门的武术名家如通背拳孙振环、太极拳于宝善闻名省内外。1935年，福建省第五届运动会在厦门举行，厦门武术队获得总锦标，包揽了男子冠军和女子冠军。

清末，美、英等国教会在厦门开设学校，相继引进了田径、篮球、足球、乒乓球、网球等西方近现代的体育项目，使厦门成为全国开展近代竞技体育最早、最发达的地区之一。

陈嘉庚举办集美学校和厦门大学，大力发展学校的体育运动。在他的倡导下，民间成立体育会和运动会，厦门体育运动从学校扩展到社会。

1917年首届闽南运动会和1920年福建省第一届运动会都在厦门举行。厦门英华书院的足球获第一名，同文书院获排球和篮球第一名。厦门代表队还获得田径17个单项第一名。

宣统二年（1910），全国学校运动会在南京举行，厦门运动员马约翰获得田径赛880码第一名。民国时期，厦门运动员参加第六届全国运动会共获得13个第一名，5个第二名，13个第三名，并有3人7次打破4项全国纪录。[①]

鼓浪屿的"番仔球埔"（即今鼓浪屿人民体育场）和同文顶的篮球场是厦门，恐怕也是福建省最早的足球场和篮球场，所以英华的足球和同文的篮球冠绝全省水到渠成。一直到新中国成立初福建省组建省足球队，11位主力队员有7位是厦门二中（即鼓浪屿英华中学）的校友。

辛亥革命以后，厦门的学校，无论是厦门大学、集美学校或其他的中小学都专门设有体育课，1932年并定为必修课。嘉庚先生还专门重金聘请南京、上海、北京等地的体育人士来校担任体育老师。各个学校，甚至有些连班级都有自己的篮球队、足球队，经常开展比赛。

1915年和1916年厦门基督教青年会连续主办了第一届和第二届运动会，因只有学校

---

① 《厦门市志》第5册。

代表队参加,故称为"学校联合运动会"。

但厦门的体育运动并不局限于学校。1915年,厦门基督教青年会体育部就举办了篮球、体操、游戏等训练班,培养运动骨干。1924年以后,厦门精武体育会、厦门体育会、进强体育会相继成立,在职工中开展篮球、排球、足球、乒乓球、网球、自行车、游泳、象棋、武术等体育运动比赛,并组织各项目的运动队。

1926年,厦门在新建设的中山公园体育场举行第三届运动会,参加的运动员有600多位,10所大学、中学1组,32所小学1组,华新、精武、鹭光3个体育会,警察局和个人代表队为业余组。

1937年,上海白马牌卷烟厂厦门代理处组织白马足球队,以4:1的成绩打败来访的上海足球劲旅。20世纪30年代,厦门的女子篮球队为全国三强之一,1948年在全国运动会上,厦门女子篮球队夺得第二名。

体育运动的广泛开展,不仅造就了马约翰等许多体育名人,为厦门夺得许多运动会的奖牌、荣誉,更重要的是培养了厦门人民的体育运动习惯,极大地增强了厦门人民的体质,促进了厦门人民的健康生活,也成为厦门文化走向现代化的重要特征之一。

十、艺术教育与文艺发展

习近平总书记说:"一个国家、一个民族不能没有灵魂。文化文艺工作、哲学社会科学工作就属于培根铸魂的工作,在党和国家全局工作中居于十分重要的地位,在新时代坚持和发展中国特色社会主义中具有十分重要的作用。" 这是我们今天对文艺工作重要性、全局性的新认识。所谓当代解读,就是要站在今天的立场,用今天的认识去重新审视和解读历史的一切,包括文学艺术。所以,我们应当以习近平总书记提出的认识高度,重新解读厦门传统艺术及其在鸦片战争以后,尤其是辛亥革命以后的转型、变迁和发展。

厦门文学艺术历史悠远、传统丰厚、门类众多、丰富多彩,是一代代厦门人重要的生活方式和精神慰藉。厦门文艺深耕民间,又具有开放包容的海洋文化格局,能博取百家之所长,不断创造创新,代有名家佳作,繁华传世,成为厦门文化骄傲的代表。

鼓浪屿是钢琴之岛,厦门是音乐之岛。厦门音乐最典范地代表了厦门文艺与时俱进、不断创新进取的特征。

厦门传统音乐有三种声腔:歌仔、南音、北管。歌仔是厦门,也是闽南最早的音乐。在闽南,无论是作为歌唱的民歌,或作为念诵的童谣,都称为"歌仔"。从文学范畴而言,歌仔是指口传文学中闽南方言的各种民谣;从音乐范畴而言,歌仔则泛指闽南音乐中比较通俗流行的歌曲,比如儿歌叫"婴仔歌仔",采茶山歌叫"采茶歌仔",渔歌叫"行船歌仔"。歌仔来源既有山畲水疍的山歌渔歌原始音乐,也有北方移民带来的古老歌谣。现今留存并被列入非遗名录的"褒歌",正是古老歌谣的余音。

清中叶,闽南各路歌仔高手汇聚厦门,以通俗易懂、风趣幽默的闽南语歌仔摆地摊卖药、卜算、乞讨或劝善,并流行民间。著名的民间歌手有洪道、白水仙、温红涂等。

闽南歌仔开始在厦门汇集、创作、传唱，并由厦门书坊刊印出版闽南歌仔唱本——歌仔册传播。厦门著名的刊刻歌仔册的出版书坊有会文堂、文德堂、瑞记、博文斋等。清道光年间，《陈三五娘》唱本在厦门广泛刊刻，其中会文堂的刻本《绣像荔枝记陈三歌》现藏在牛津图书馆。从这些歌仔册的印刷出版和流通流行，可以推测大约在清道光之前歌仔在厦门就已十分盛行。

随着闽南人的过台湾，歌仔传入台湾。在平埔族、高山族音乐的影响下，产生了许多新的闽南语歌曲，被称为台湾的"本地歌仔"，如宜兰的《丢丢铜》、恒春的《草蜢弄鸡公》、嘉义的《一只鸟仔》等。这是歌仔的第一次创新。

其时，厦门和台湾的往来是如此的密切，这些台湾"本地歌仔"很快就成为厦门民间家喻户晓的歌。

鸦片战争后，基督教音乐涌入厦门，1898年创办的英华书院和1906年创办的鼓浪屿女子师范学校开设音乐课，其后，厦门的学校纷纷开设音乐课；1916年教会办的毓德女中组织管弦乐队和合唱团，演出题为"明亮的星"大合唱；1921年圣诞节，由鼓浪屿毓德女中和寻源书院青年演出男女声合唱曲；1925年，鼓浪屿寻源书院组织一支20人的小乐队。在厦门的学校和民间都出现合唱团、铜管乐队。

在鼓浪屿，钢琴的流行成为一种文化时尚。除了教会和学校购置钢琴，富裕人家也以拥有钢琴、懂得钢琴艺术为傲。西方音乐得到越来越多人的青睐，深刻地改变了厦门这座城市的艺术结构。1932年从美国学成归来，在厦门大学担任音乐研究员兼合唱指挥的周淑安用闽南方言童谣《噢噢睏》谱写了第一首闽南语花腔歌曲。

厦门的歌仔开始吸收西方音乐和北方传来的北管音乐和小调，融合创新新歌仔。最著名并流行的就是《雪梅思君》的"国庆调"，台湾也称"厦门调"，实际上是从北方传来的"苏武牧羊"古调演进而来。20世纪20年代，由著名学者赵元任制谱，著名语言学家、厦门大学教授罗常培记录的厦门方言民谣《龙眼干歌》在厦门流行。《雪梅思君》等歌仔又在厦门被灌制唱片流行并传播台湾和海外。这些都为闽南歌仔的新突破奠定了基础。

1932年，上海联华影业制片印刷公司出品的影片《桃花泣血记》传入台湾时，为了招徕观众，专门设计制作广告歌曲进行宣传，聘厦门詹天马依剧情梗概写了闽南方言歌词，由王云峰谱曲。第一首闽南语创作歌曲《桃花泣血记》就这样诞生了。这首歌随着影片流传台湾，不但到处传唱，而且推动了台湾闽南语创作歌曲的创作与流行。第二年李临秋作词、邓雨贤作曲的《望春风》问世，成为台湾闽南语歌曲的经典之作，不仅在海峡两岸，而且在全世界闽南人中广为流传。这是闽南歌仔吸收融合西方传统音乐营养后的第二次创新创造。

20世纪六七十年代，当西方现代音乐、流行唱法、现代电声乐器传入台湾，闽南语歌仔又吸收这些外来的养分，创作出现代的闽南语流行歌曲，实现第三次创新创造。

总之，闽南歌仔充满了青春的活力，吸收能力强，拿来就用，紧紧地跟着时代不断前进发展。它充分表现出闽南艺术坚守自己又不断吸纳外来文化，包容万方、与时俱进的性格特征。

在西方音乐的影响下，厦门成为音乐名家的摇篮，孕育了如李焕之、周淑安、林俊卿、江文也、李嘉禄、殷承宗等享誉世界的音乐家。

李焕之于1935年就读厦门双十中学高一年级，为郭沫若的诗《牧羊哀歌》谱曲，此曲为他成名的处女作。李焕之于1937年在厦门创作《厦门自唱》《慰劳前方弟兄歌》。另外，他的交响乐《春节序曲》享誉中外。新中国成立后，他成为新中国音乐的领导者之一。

1914年，周淑安作为当时的第一批公派出洋学习音乐的女留学生到美国哈佛大学攻读，1919年毕业，1925—1927年在厦门大学任音乐研究员兼合唱指挥。她是中国第一位合唱女指挥家。1932年周淑安以五线谱印行了《儿童歌曲集》。她创作的摇篮曲《安眠歌》《噢噢睏》是我国第一首花腔歌曲，也是第一首现代创作的闽南语歌曲。新中国成立后，她长期担任沈阳音乐学院教授。

蔡继琨毕业于厦门集美高级师范学校，留学于日本东京帝国音乐学院。1936年，蔡继琨的第一首管弦乐曲《浔江渔火》获得"日本现代交响乐作品"比赛首奖。1936年，他推动成立厦门新华西乐队和厦门音乐研究社。他后来执教于福建省立音专，桃李满天下。以后又推动成立台湾交响乐团，成为首席指挥，并在改革开放后推动了海峡两岸的音乐交流。

林俊卿创造了咽音唱法，李双江等著名的歌唱家都是他的学生。

钢琴家李嘉禄的音乐之路和他的母亲有关。李嘉禄的母亲是鼓浪屿渔民的女儿，也是李嘉禄的音乐启蒙老师。1950年，李嘉禄毕业于美国内布拉斯加州州立大学的音乐研究院，获音乐硕士学位。由于成绩特别优秀，被授予全美荣誉金钥匙奖。许多大学都聘请他，但他毅然退还聘书，冲破重重阻挠回到祖国，担任南京金陵女子大学钢琴教授，兼任音乐系主任。他一生举行钢琴独奏会、音乐会不下150场。后来，他在上海音乐学院任教，培养的学生顾圣婴在第六届世界青年联欢节钢琴比赛中获金奖。1957年他回福建招生，在厦门发现了殷承宗、许斐平，立即招收入学。

厦门最早出现的文明戏，在1913年至1921年间，先后有益智新剧社、通俗教育社新剧团等文艺团体，成员都是知识界的戏剧爱好者，剧本多半自编，有不少取自爱国的素材，如《秋瑾就义》，有的取之本地发生的事件，如《陈总杀媳》。虽然艺术水准不高，但形式新、通俗明白又切合现实，影响相当大。1921年开始出现了真正的话剧团，当时有厦门大学的厦大剧社、厦门中学的厦中剧社、厦门青年会的声剧社。

话剧表演后来成为党领导组织厦门青年知识分子参与抗日救亡活动的重要活动。1925年，厦门进步青年组织时光新剧社；1933年，由白辛、吴村等组织成立南方剧社；1934年，彭冲同志依托海沧小学组织领导海啸剧社；1935年，由知识界进步青年叶苔痕等组成蓝天剧社，鼓浪屿青年抗敌服务团组织大众救亡剧团。影响最大的是在七七事变前夕，由中共厦门市工委洪学礼与中华中学林平风等组织的厦门儿童救亡剧团（以下简称"厦儿团"）。厦儿团后来在党的领导下走遍国内云南、广东、香港等地，以及越南、柬埔寨、老挝等国家，为募筹支持祖国抗日和救济难民举行义演，受到民众和华侨的大力支持，邓颖超、徐特立、李克农等先后接见了"厦儿团"。剧团后来许多人投身于中国革命。[①]

这一时期传统戏曲在厦门更是百花齐放。当时厦门已经是闽台两地最繁华的都市，有钱有闲的人多。1907年厦门出现第一个戏院——中华茶园，顾客可边喝茶边吃点心，边欣赏戏曲表演，这改变了之前露天观剧的传统。

1926年后陆续兴建十来个戏院和新世界娱乐园，其中1929年建成的思明戏院是当时厦门首家设备较完善，既放映电影又兼戏曲演出的戏院。在这种背景下，闽台最出色的戏班无不纷纷来厦门闯码头。票价高、赏金高、观众多、名声大，还可能遇见华侨邀请艺人来南洋演出，所以，闽南各地的梨园戏、高甲戏、打城戏、嘉礼戏、布袋戏，甚至汕头戏（潮剧）、福州戏（闽剧）等无不使出浑身解数跻身厦门舞台，有的还相互偷戏、拼棚，极大地推动了艺术的发展。

据《厦门指南》（1931年出版）记载，闽南布袋戏有两派，漳州派唱念用皮黄，说白用土腔（即漳州方言），泉州派唱白均用土腔（即泉州方言）。20世纪20年代末30年代初，厦门即有"是耶非""金琅环""金华轩""岂其然""莫非我""大鹏园"等布袋戏班。同安的布袋戏也有南北两派之分，北派是打京剧锣鼓、唱北管，歌仔戏流行后改唱歌仔戏，南派唱南管。南派的"伊乃信"（谐音）、北派的"旗鸡师"很有名气。"旗鸡师"的技术上佳，既继承前人的技艺经验，又敢于创新，如孙悟空飞天、妖怪吐火、抽烟等技巧，很吸引观众。

京剧于20世纪20年代初传入厦门，盛行一时。当时，来厦门的主要是上海京班，随后，厦门也有京班组织。20年代便有"金福连""全福连""金福升""大吉升""正吉升""全漳""群芳班"等，艺人多为福州人，也兼聘一些京沪普通演员。与此同时，厦门出现京剧爱好者的票房与票友俱乐部组织，先后有怡怡票房（思明北路海陆春）、艺余票房（小走马路）、通俗教育社京剧部（古城路）、益同人公会京剧部（旗杆巷）、落海公会京剧部（和凤宫）、歧山票房（歧西保）、励群票房（赖厝埕）等，30年代又有票友工会、通俗教育社平剧团、票友俱乐部等。抗日战争胜利后，通俗教育社平剧团恢复组织与活动，其他票友组织也相继活跃。

当然最精彩莫过于歌仔戏。20世纪初台湾宜兰以歌仔助为代表的诸多艺人在本地歌仔的基础上，创造了七字调。七字调是歌仔戏最早、最有代表性的主要唱腔曲牌。七字调的形成，可以看成是歌仔戏诞生的标志。

歌仔戏诞生后，经过"落地扫""半暝反""杂菜戏"等几个发展阶段，最终吸收大陆梨园戏、高甲戏和京剧、闽剧的营养成分，在20世纪20年代迅速成熟起来，成为新的剧种，由业余走向职业，由野台进入剧场。其间既有职业班社的打拼，更有业余子弟班的努力；既有台湾民间艺人的天才创造，也有大陆成熟剧种职业班社的卓越贡献。

与此同时，歌仔戏又跨过海峡，传播闽南，最早从厦门开始。闽南已知最早的歌仔戏艺人王银河，1918年就在厦门将军祠台湾人办的歌仔戏馆仁义社学大广弦。1920年洪本部陈圣王宫的戏台，就有台湾艺人演唱歌仔戏。

---

① 厦门文化艺术志编纂委员会编：《厦门文化艺术志》，厦门：厦门大学出版社，1999年。

1925年厦门小梨园戏班双珠凤请来台湾艺人"矮仔宝"教唱歌仔戏，掀开了闽南歌仔戏新的一页。第二年，另一个小梨园戏班"新女班"急起直追，也请来台湾艺人"鸡鼻师"当师傅，排演歌仔戏。

1926年，台湾歌仔戏班玉兰社来厦演出四个月。玉兰社是现今已知最早一个来闽南演出的台湾歌仔戏剧团。著名的歌仔戏前辈赛月金当年就随玉兰社来厦演出。就在这一年，厦门局口街的平和社、厦禾大王宫的谊乐、中山路的开乐社等歌仔馆纷纷成立。这些歌仔馆，吸收了一批本地青年参加，如陈瑞祥、吴泰山、邵江海等。后来，他们都成了闽南歌仔戏的中坚力量。

1929年，代表当时歌仔戏最高水平的台湾霓生社来厦在龙山戏院（今教工之家）演出，轰动厦门。该班以后又到闽南各地做商业性演出。这是台湾来的歌仔戏班第一次离开厦门到闽南内地演出。

1930年，霓生社回台湾，艺人貌师、勤有功等留在龙溪、石码一带传艺，带出了周德根、姚九婴等一批徒弟，为闽南歌仔戏的发展打下坚实的基础。

1932年红军入漳后，漳州的许多老板跑到厦门。红军走后，这些老板及其家人回漳时带了许多歌仔册，令漳州当地的许多人也学会唱歌仔戏，并集资邀请霓生社到漳州黄金戏院演出，演出轰动芗城。从此，漳州也开始盛行歌仔戏。歌仔戏于是传遍了整个闽南。

1928年，厦门双珠凤歌仔戏班到新加坡演出，场场爆满，还被邀请到陈嘉庚、胡文虎公馆演唱。歌仔戏从此在新加坡、马来西亚等地流行。

1937年，七七事变之后，国民党将产生于台湾的歌仔戏扣上"亡国调"的罪名，严禁歌仔戏的演出和演唱，甚至将歌仔戏艺人以汉奸之罪抓去游街。以邵江海为代表的闽南艺人共同努力，创造了杂碎调，为歌仔戏的生存和发展注入了新的血液，打破了当局的禁戏命令。从此杂碎调就同七字调一起，成为歌仔戏最主要的两个曲牌。

1948年，厦门都马班剧团东渡台湾，把杂碎调传播台湾。台湾因此把杂碎调称为"都马调"。

从歌仔助创造七字调，霓生社传播台湾歌仔戏，到邵江海等创造杂碎调，都马班传播改良歌仔戏，这个你中有我、我中有你的歌仔戏，成为海峡两岸人民共同创造、共同拥有、切割不断的精神纽带。

不仅是音乐和戏剧，厦门的文学、美术在学习西方文学艺术和继承传统的基础上，也有许多令人瞩目的创新、创造和发展。特别是厦门的新文学运动，在20世纪30年代抗日救亡的斗争中风起云涌，精彩纷呈，一度吸引了全国的目光，更推动了厦门人民的反帝革命斗争，影响极其深远。

从鸦片战争开始，厦门人民一直走在反帝反封建斗争的前列，厦门长列炮台为国捐躯的金门总兵江继芸等数百名将士，吴淞炮台壮烈牺牲的陈化成，反抗贩卖"猪仔"的惨烈斗争，小刀会起义，反"割台"斗争，支援武力反抗日本占领台湾的斗争，抵制美货，虎头山事件，等等。厦门的近代史就是一部可歌可泣的反帝爱国斗争史。许多诗人在他们的作品中表达了对清朝丧权辱国的愤恨和对民族英雄郑成功的追思。日本侵占台湾时期，寓居厦门的连横作诗一首："倚剑来寻小洞天，延平旧迹委荒烟。一拳顽石从空坠，五色蛮旗绝海悬。带水尚存唐版籍，伏波已失汉楼船。日光岩畔钟声急，时有鲸鱼跋浪前。"①

厦门诗人林树梅写道："但看鲸鮠来鼓浪，谁移熊虎守轮山。"

这些具有鲜明反帝爱国色彩的诗文，为五四运动以后厦门新文学的萌生做了必要的准备。

1919年的五四运动在厦门引起了强烈的反响。5月15日，英华书院、省立十三中等学校分别集会。5月16日，4000多名学生从同文书院出发，高呼"反帝"口号游行示威。5月20日，各界人士两万多人集会，致电北京要求维护主权，严惩卖国贼。6月，全市罢工罢市，抵制日货。

伴随五四运动而来的是中国新文学革命。厦门本地的报纸和刊物也开始提倡白话文，反对僵死的文言文，抨击封建制度、封建道德。1926年，中国新文学的主将鲁迅和不少新文学作家林语堂、孙伏园等人来到厦门，进一步推动了厦门新文学的发展。

鲁迅在厦大帮助学生组织文艺团体出版文学刊物，授课演讲，他那种"横眉冷对千夫指，俯首甘为孺子牛"的风骨，他对中国革命与中国文学的深刻认识，影响了厦门新文学的几代作家和无数厦门青年。

大革命失败后，许多经历了残酷现实洗礼的作家，开始自觉地把文学作为革命斗争的武器，兴起了无产阶级革命文学。《小城春秋》的作者高云览正是其中杰出的一员。他以党领导的厦门群众革命斗争和震惊中外的破狱事件为素材创作小说《前夜》，表现出作家可贵的革命激情和努力塑造革命者文学形象的尝试和开拓。后来享誉中外的《小城春秋》，正是在《前夜》的基础上重新构思创作。

1937年，厦门成立了在中国现代文学史上常被提起的厦门诗歌会，并掀起了轰轰烈烈的抗敌诗歌创作运动。厦门文坛一时成为中国东南地区一个引人注目的文学重心。七七事变以后，许多厦门的作家激发起爱国的激情，创作了很多歌颂抗日、鼓舞民心的诗文。这些作品形式趋于通俗，风格更为激昂。童晴岚的《南中国的歌》和《中华轰炸机》两部诗集可称为厦门文坛这时期的代表作。

这一时期厦门的作家流动性很大，参与铸造厦门新文学历史的作家不仅仅是本地土生土长的作者，还有大量流寓厦门的外地作家（如鲁迅、巴金、谢冰莹、蒲风），特别是台湾的作家（如赖和、张我军），即使是本地的作家（如林语堂、马寒冰、鲁藜、高云览），也多有过台湾、下南洋、走四方的经历。这些作家的部分作品呈现出一个港口城市的文学和海洋发展的相关性，呈现出厦门新文学的海洋性传统的传承。

许多享誉全国的名家大师来去厦门的现象吸引了更多厦门、闽南，甚至是台湾的青年关注和热爱文学的热情，而厦门新文学的革命性又推动了更多青年走上了反帝反封建和推翻旧中国的革命道路。

这种现象不仅表现在厦门的新文学，也表现在厦门的新剧、新音乐、新歌仔等文学

---

① 该诗题目为《游鼓浪屿》。

艺术。而且文风化为民气，推动厦门在那个时期掀起了一波又一波抗日救亡的高潮，鼓励着一代又一代的厦门儿女走上抗日前线和推翻旧中国的斗争。

当然，这和共产主义的宣传及中国共产党的领导是分不开的。

第六节 红色——厦门文化亮丽的底色

正当厦门意气风发走向现代化的时候，日本帝国主义发动了侵略中国的战争。帝国主义从来就不允许中国能够真正地站起来，他们更加害怕中国能够成为醒狮。这一点，一直到今天我们都可以切身地感受到。而国民党所代表的买办资产阶级，对帝国主义列强的软弱、妥协乃至寻求依附投降，以及他们"攘外必先安内"的镇压抗日民族解放力量的种种倒行逆施，激起了中国人民的愤怒，唤起了中国人民的觉醒，使中国人民深切地认识到，不站起来，我们永远也不可能富起来和强起来；不推翻帝国主义及其附庸和走狗，我们永远也不能摆脱帝国主义的侵略和剥削。

始终站在反对帝国主义侵略和反对腐败封建主义第一线的厦门人民，义无反顾地投入到中国共产党领导的抗日救亡和推翻旧社会的斗争中。红色成为厦门青年、厦门文化亮丽的底色。集美学校、厦门大学点燃了红色厦门的星星之火。

在中国共产党领导的抗日救亡和人民解放革命中，厦门的红色英雄如繁星闪烁。其中有南安人叶飞，漳州人彭冲，厦门人方毅、惠安人陈伯达、王汉斌，同安人彭德清。当然，更有长眠的无数先烈，如福建省第一位共产党员、第一个共产党支部的书记、厦门工人领袖罗扬才。1928年赴莫斯科参加中共六大的中共福建省委常许土淼，1931年福建省委书记王海萍、省委组织部部长杨适、宣传部部长李国珍，1932年工农红军闽南独立第三团团长冯翼飞、政委王占春，1934年中国河南省委书记许包野，在厦门解放前夜英勇牺牲的刘惜芬……而更多的是无名的英烈。

罗扬才，1905年出生于广东大埔，孩提时父亲去世，他被过继给在漳州做小贩的叔父。1921年，罗扬才从漳州第二师范学校转学到集美学校师范部，第二年毕业，考入厦门大学预科，1923年升入厦门大学教育系。此时的集美学校和厦门大学正是福建革命青年、革命思潮汇聚之地，进步的刊物如《新青年》《湘江评论》等公开陈列、公开传阅，《社会学》课程里有专章介绍马克思主义学说。厦门是福建省最早传播马列主义的地方，而集美和厦大正是福建革命的摇篮。

1925年6月，厦门成立了第一个共青团支部，罗扬才加入共青团。同年11月，他代表厦门学生联合会出席在广州召开的两广地区学联代表会，由杨善德、罗明介绍，被大会共产党临时支部吸收入党，罗扬才成为厦门第一位共产党员。

1926年2月，根据后来中央苏区时期担任福建省委书记的罗明同志的建议，三位厦门大学的学生罗扬才、李觉民、罗秋天在厦门大学囊萤楼成立了中共厦门大学支部，罗扬才任支部书记。这是中国共产党在厦门和福建建立的第一个党支部，是厦门第一颗红色的种子。

1927年1月，中共闽南特委在漳州成立，接着中共厦门市委成立，罗秋天任书记，罗扬才任组织部部长。1月24日在大同路土堆巷红砖大楼，厦门总工会正式挂牌，200多名代表选出他们的委员长罗扬才、副委员长杨世宁。

在总工会的领导下，厦门的工人日益团结，也因此成为反动派的眼中钉。比"四一二"反革命政变更早，4月8日福州宣布全省戒严，并急电命令厦门，将共产分子看管起来。9日掌握厦门大权的漳厦海军警备司令林国赓下令，包围土堆巷总工会，逮捕罗扬才和杨世宁。

随即对共产党人的残酷镇压开始了，市区街道布满军警搜捕共产党人和革命团体负责人。海员工会秘书洪平民在街上宣传演说，即被枪决。4月20日，国民党"右派"在同安召开拥蒋护党大会，杀害共产党人洪天锡，抓捕另一名党员朱为满，同安也笼罩在白色恐怖之中。

5月9日深夜，罗扬才、杨世宁等人被秘密押往福州的监狱。罗扬才乘着父亲来探监，捎信给中共闽南特委，他写道："不要为我悲伤，为革命而死，我觉得很快乐……踏着我们的足迹前进！"杨世宁托同学带信给父亲，他写道："儿为国为民而死，死亦甘心。"

6月2日凌晨，他们两人英勇就义。

1904年出生于厦门的许土淼，其父以卖五香豆等小食品维持一家的生活，一家人常常三餐难继，忍饥挨饿，但其父想尽办法将他送到傅厝巷的私塾。15岁时过度劳累的父亲过世，许土淼只得到《全闽日报》做童工，养活母亲和弟妹。后来他转到漳州的一家印刷馆，每天工作14个小时，年纪轻轻就染上了肺病。1926年，许土淼认识了前来印刷革命刊物的共产党人，开始参加革命，成为漳州第一批共青团员。1927年，中共漳州支部成立，许土淼加入共产党，领导工人进行了一次又一次的斗争，推动了全市大罢工，成为漳州出色的工人领袖。

1928年，许土淼被选为中共福建省委常委，并和罗明当选为正式代表，赴莫斯科参加中国共产党第六次全国代表大会。会议期间他的肺病发作，不幸逝世。这位24岁的厦门人，年轻的中国布尔什维克永远安眠在俄罗斯的土地上。

担任过福建省委第一书记、中国人民解放军海军司令、全国人大常委会副委员长的叶飞出生于菲律宾。1919年，5岁的叶飞随父亲回到家乡南安。小学毕业后，叶飞被送到厦门读中学。在这个传播新思潮的港口城市，叶飞读到了《新青年》《向导》等进步刊物，以及《共产党宣言》和鲁迅的作品。他就读的省立十三中有一位数学教师是中共福建省委的秘书长，他带叶飞参加一些秘密活动，经受了革命斗争的考验。

1928年，14岁的叶飞经厦门团市委书记的介绍，加入中国共产主义青年团。由于他出色的工作，于1929年在厦门召开的福建省第二次团代会中，他被选为共青团福建省委宣传部部长，从此他成了职业的革命家。

1930年，厦门发生大破狱，国民党恼羞成怒大肆搜捕。担任代理团省委书记的叶飞被抓住，作为共产党的犯罪嫌疑人关进监狱。叶飞伪装成一个不问政治的青年学生，经受了严刑拷打、饥饿疾病种种严峻的考验，最后以"年幼无知，误入歧途"之名，判刑一年。一年后出狱，他被调任福州团中心市委书记，1932年转为中共党员。以后又转往闽东，开辟了闽东革命根据地，领导闽东游击队坚持了三年艰苦卓绝的游击战争。抗日战争以后，他成为新四军著名的将领。解放战争中，他担任华东野战军第一纵队司令员、解放军第十兵团司令员，所向披靡，战功卓著。

比叶飞小两岁的方毅，出生于厦门梧桐埕。未及满月母亲去世，6岁时父亲过世，由外婆和舅舅抚养。他从龙山小学毕业也考进了省立十三中。省立十三中学生连年闹"学潮"，方毅是组织者和领导者之一。1930年，他在这里加入了共青团，并在第二年转为中国共产党党员。他按照党的要求也成为职业的革命家，先后担任厦门、漳州共青团支部书记，区委书记，共青团厦门中心区委书记，市委宣传部部长，市委书记。他领导厦门青年展开了许多有声有色的斗争。

方毅后来成为新四军的将领，为人民的解放事业作出了出色的贡献。新中国成立后，方毅曾先后担任中国科学院院长、国务院副总理、国务委员、中央政治局委员、中央书记处书记、全国政协副主席等职，是中国对外经济、科技领域的杰出领导人。

发生在厦门的破狱斗争，更是厦门革命历史耀眼的一笔。此事件的领导者是当时的福建省委书记罗明。

出生于1901年的罗明是广东大埔人，1921年他考入集美学校，1925年因为领导"学潮"，被迫离校。当年9月，他找到共青团广东区委，考入广东大学，加入共青团，不久后转为共产党员。1926年初，根据中共广东区委的指示，罗明以国民党中央农民部特派员身份来到厦门，为毛泽东同志主持的广州全国农民运动讲习所招收学员。正在集美学校读书的朱积垒、郭滴人等九位青年，正是由罗明招收进入的广州农讲所，成为毛主席的学生。朱积垒和郭滴人后来成为闽西、闽南农民革命的领袖，先后在艰苦的革命斗争中壮烈牺牲。

1926年，罗明组织成立了中共厦门第一个党支部。1927年1月，他主持成立中共厦门市委，接着又主持召开由闽西闽南党代表参加的中共闽南第一次代表大会，成立中共闽南特委，罗明任书记。

1927年，厦门"四九"反革命政变后，罗明带领特委转入闽西南农村，和邓子恢、张鼎丞、郭滴人等人一起领导了闽西南的几次农民暴动，成立农民协会，发展农民武装。1928年1月，罗明任中共福建省委书记，随后前往莫斯科参加中共六大。当年10月，他独自一人返回福建，在福州、厦门、闽西之间传达党的决议，领导地下党的工作。

1930年，思明县监狱关押着共青团福建省委书记陈柏生、中共厦门市委书记刘端生、国民党厦门市党部的中共地下党员谢仰堂以及平和、永定、上杭、龙岩等地在武装斗争中被俘来的红军和游击队员，共有40多人。罗明和共青团福建省委书记王德、中共福建省委执委兼军委书记王海萍、中共福建省委常委兼组织部部长谢景德、中共福建省委军委秘书陶铸五人组成破狱委员会（又称特别委员会），由革命互济会主任黄剑津任秘书长，并组织了特务队和接应队，开始了破狱的准备。

遵照省委指示，狱中成立了临时党支部，刘端生担任支部书记，领导狱中斗争。破狱委员会五个领导成员分别深入调查，掌握了第一手材料，还弄来了一张敌人兵力和看守所布防图。

由漳州工农游击队领导人王占春、两位来自闽西的红军战士等11人组成特务队，曾任北伐军连长的黄埔军校五期毕业的陶铸任队长。

1930年5月25日上午，按潮汛此时正退潮，接应的船可以较快地驶出厦门港。这一天又是星期天，军警和看守人员更为松懈。在罗明和陶铸的指挥下，前后仅10分钟，特务队就完成了营救任务，自身无一伤亡。从狱中冲出来的40多位难友顺利搭上接应的帆船。破狱的消息震惊了全国，轰动了南洋。

1931年3月25日，作为中共福建省委机关的鼓浪屿虎巷8号被国民党军警包围。事起突然，除了代理省委书记王海萍恰好因公外出躲过一劫，他的妻子梁惠贞、省委组织部部长兼秘书长杨适、省委宣传部部长李国珍、厦门市委领导郑裕德等多位领导被捕。

敌人的严刑拷打撬不开共产党人的嘴。5月1日凌晨，李国珍、梁惠贞和另外两位共产党员被押往刑场。国民党海军办事处主任林某是李国珍留日的同学，他对李国珍说："我此刻不能救你了。"李国珍坦然答道："流血是共产党人分内的事，用不着你救。"枪手连击李国珍两枪，未中要害。李国珍鄙视地说："别发抖，瞄准点。"

27岁的怀着快要出生的孩子的梁惠贞和战友们在刑场高唱国际歌。临刑时从容地脱下腕上的手表，笑着递给刽子手说："这表就送给你，腹中的胎儿，你别伤害，对准我的脑袋开枪吧。"

杨适则被秘密带到南京，1931年5月23日在雨花台英勇就义。

侥幸躲过这一劫的王海萍，在第二年7月由于叛徒的出卖，于厦门中山公园被特务围捕，随后秘密杀害，连尸体也无处找寻，时年28岁。

接替王海萍的是许包野，他出生于暹罗（泰国），7岁回到故乡广东澄海。1920年许包野赴法国勤工俭学，次年转学德国。1923年经朱德介绍加入中国共产党。他在厦门工作了近两年，1934年调往上海，任江苏省委记，10月又到开封任河南省委书记。第二年2月被叛徒出卖，牺牲于南京，时年35岁。

破狱斗争中救出的中共厦门市委书记刘端生，后来到了闽西革命根据地，任中共汀连（长汀、连城）县委书记，仅九个月被打成所谓的反革命"社会民主党"分子，死于极"左"的"肃社党"。

中国革命的成功是先烈用鲜血和生命铺就的。

当时厦门地下党和国民党斗争的焦点就在抗日救亡。九一八事变之后，国民党通令全国，压制民众的抗日活动。厦门街头发现的抗日传单和标语，都是爱国分子和中共地下组织秘密的活动，马上就会遭到当局的镇压和搜捕。

1931年11月，厦门辛亥革命的元老许春草出面组织民众抗日宣传会。临开会时，会场已挤满人，国民党市党部书记却上台宣布，奉海军司令部命令，这个会不能开，要大家散会。接着又传来日本领事会见海军司令林国赓的消息，顿时，群情激昂，愤怒至极。在民众的支持下，在地下党的推动下，许春草等爱国人士依托建筑总工会，在大同中学召开群众大会，成立厦门市抗日救国会。

厦门当局极为紧张，如临大敌，调来海军陆战队和警察，包围大同中学。建筑总工会1000多名工人组成纠察队和军警对峙,才使大会得以顺利进行,并在建筑总工会会址公开挂起厦门抗日救国会的牌子。厦门地下党依托这个牌子组织了许多有声有色的抗日救亡活动。

1937年七七事变,厦门人民在党的领导下成立了厦门市各界抗敌后援会,在厦门掀起了巨大的抗日救亡高潮。

1937年8月13日,日军大举进犯上海,同时10多艘日本军舰盘踞厦门港外示威,武装侵占厦门的野心暴露无遗。在海内外强烈要求的舆论压力下,国民党第157师被调驻厦门。厦门市各界抗敌后援会慰劳工作团团长、女共产党员谢怀丹率领一队妇女,携带一些物品,步行前往郊外157师的驻地。途中大雨骤降,她们没有退缩,整齐列队来到军营。士兵们也迅速在雨中集合,师长黄涛打着雨伞赶来。他大受感动,收起了雨伞和慰问团一起站在雨中并真诚致谢。第三天,157师大张旗鼓地打击日本在厦门的势力,一批日籍台湾浪人和汉奸被逮捕、枪杀;日本人操纵的《全闽新日报》被勒令停刊,全市各处都掀起抗日救亡的浪潮。日本领事馆只好下令日本人撤离厦门,日本军舰也悄悄地离开了厦门。

由中共地下党直接领导的厦门青年战时服务团、厦门儿童救亡剧团和厦门中国青年复土血魂团,都是在厦门影响甚大的抗日民众组织。

1937年9月3日凌晨,日本军舰和飞机猛烈轰炸厦门。厦门白石炮台、胡里山炮台两门巨炮一起怒吼。敌畏巨炮,偏航屿仔尾,正好被屿仔尾南炮台发炮击中日舰"若竹"号,使该舰受重创,丧失战斗力。另两艘军舰急忙夹持若竹号仓促撤退,"若竹"号最后还是沉没海中。这是抗战期间东南海域中国军队击沉的第一艘日舰。厦门保卫战胜利喜讯传开,国人无不振奋,东南亚华侨祝捷和慰问的电报、赠款纷至。

1938年5月10日厦门沦陷当晚,中共地下党组织抗敌后援会下的宣传工作团、慰劳工作团、厦门儿童救亡剧团、鼓浪屿青年抗敌服务团、厦门文化界救亡协会、厦门诗歌会等团体的骨干和部分成员,在鼓浪屿英华中学大礼堂开会成立厦门青年战时服务团,由中共党员施青龙、谢怀丹担任正副团长。全团108人,平均年龄20岁,最小的只有16岁,分成9个工作队,开赴漳州,在围绕厦门周边的城镇、乡村宣传发动群众抗日救亡,武装保卫闽南。

1938年5月9日夜晚,日本海军舰队趁夜色偷偷潜入禾山五通海岸2500米外的海面抛锚。10日凌晨3时许,日军以密集火力掩护部队强行登陆。日军在五通登陆后直扑白石炮台和胡里山炮台,守军腹背受敌,绝大多数壮烈牺牲。

日军占领厦门后,烧杀淫掠,形如野兽。五通的万人坑记载了日寇当年的疯狂罪孽。日军的兽行激起闽南人民更加强烈的反抗,厦门中国青年复土血魂团就是其中杰出的代表。

厦门中国青年复土血魂团(以下简称"血魂团")多为船工、建筑工人、印刷工人、小贩等。他们派人分发传单,鼓舞人民。一汉奸到难民所没收传单,血魂团知悉,即于当日电话警告,促其反省,警告他好好款待难民,否则"以严厉手段对付"。汉奸及媚敌亲日分子惴惴不安,不敢出门。

1938年10月8日是中秋节,日本侵略者和汉奸在厦门中山公园举行庆祝会,以文艺节目引诱市民参加。血魂团成员化装成小贩,混入公园,当汉奸在台上演说"中日亲善共荣"时,血魂团成员猛掷了两颗手榴弹,并当场散发抗日传单。

血魂团成员经常会出其不意地出现在公园里,并公然作激昂的抗日演说,围攻大悲阁警察教练处,刺杀日本指挥官。血魂团还放火焚烧占据双十中学校址的日军警察本部,放火焚烧日军要运走的厦门市图书馆的珍贵藏书,向日军后江埭兵营投掷手榴弹,埋伏于南田巷口枪击日军所乘汽车,多次在禾山及厦门沙坡尾袭击日军哨兵,夺走枪支弹药。

1939年5月11日,血魂团在鼓浪屿龙头电灯巷伏击击毙伪市商会会长洪立勋,日海军司令则被击伤,血魂团无一伤亡。

血魂团被厦门市民暗地称为孤岛游击队,日本侵略者则称其"吓魂团"。

被周恩来赞誉为"民族的骄傲,华侨的骄傲,妇女的骄傲"的抗日女英雄李林,更是厦门抗日英雄的杰出代表。李林幼年侨居印度尼西亚爪哇,回国后在集美学校学习期间,她报名参加抗日义勇队。1936年底,加入中国共产党的李林正在北平民国大学政治经济系就读,毅然投笔从戎,来到山西太原抗日斗争前线。李林在贺龙领导的八路军120师雁北抗日游击队第八支队担任支队长兼政治部主任,后来担任改编的120师雁北第六支队骑兵营教导员。这位巾帼豪杰,常常骑着高头烈马,手握双枪,率领骑兵战士,冲锋在前,断路在后,驰骋长城内外,屡建奇功,威震雁北。贺龙曾接见李林,向同志们介绍说:"这是我们的抗日女英雄,一个女同志,归国华侨大学生,来自大城市,能带着骑兵部队与日本鬼子打仗,打出了威风,很不简单!值得大家学习。"

1940年4月,日军开始春季大扫荡。为掩护部队和领导机关突围,李林带领骑兵连奋勇冲突,把敌人的火力引开,大部队顺利突围。李林多处负伤,只剩最后一颗子弹,她对准自己的咽喉扣响扳机,壮烈殉国,年仅24岁。

厦门的老年人亦不乏宁死不屈的爱国者。厦门沦陷,厦门商会会长洪晓春已74岁高龄。日本侵略者为稳定其统治,企图利用洪晓春在厦门的威信和社会地位,让他出任"厦门维持会"会长,被严正拒绝。为避敌纠缠,他迁居鼓浪屿租界,日本特务头子泽重信竟然潜往鼓浪屿租界劝说。洪晓春去了香港,次日,泽重信就追到香港洪晓春落脚的旅馆,欲请老人返厦门当伪市长。洪晓春哈哈大笑,说:"我乃中国人,岂有为虎作伥之理!"老人不把泽重信的无耻威胁放在眼里。

老人又赴越南,继而转赴马六甲。流亡期间,得知妻子在厦门逝世的噩耗,老人强忍悲痛,为不让日本侵略者利用,未返乡治丧。老人侨居新加坡,太平洋战争爆发,新加坡沦陷,日本侵略者仍不停止对老人的迫害。老人借故住进医院并连夜乘火车转移,还是被日军追捕,送进马六甲观音亭集中营。在集中营长达数年的囚禁中,日本侵略者又胁迫他出任厦门市伪市长,洪晓春死不屈服。不久,老人病危,新加坡各界名人联名担保,请求释放。日军以老人必须填写悔过书为条件相要挟,老人怒斥敌人:"八十老翁,无过可悔!"

抗战胜利后,洪晓春回到厦门,受到厦门市各界的热烈欢迎,政府授他"忠贞爱国"匾额一方,并将洪本部街改名为"晓春街",以表彰他的爱国情操。

抗战胜利以后的解放战争,闽西南革命根据地、闽中革命根据地以及福建省城工部同样有许多从厦门走出去的优秀儿女。当时闽南地下党的出色领导人许集美、施能鹤、王毅林、郑秀宝,在新中国成立后都成为闽南厦漳泉地区的领导。吴学诚、刘惜芬以及无数无名的烈士永远被闽南人民怀念。长眠在闽南这块土地上的还有解放厦漳泉及金门岛的解放军烈士,有"9·3""8·23"炮战中英勇牺牲的解放军、民兵,他们中杰出的代表安业民烈士就长眠在厦门。

万石岩下的人民英雄纪念碑,上面有陈毅元帅题写的:先烈雄风永镇海疆。革命先烈以他们的榜样"教示"后代。红色文化代表着为人民、有理想、守纪律、不畏强暴、英勇牺牲的精神,承继了闽南前辈的传统,更永远滋养着厦门的一代又一代。

第七节 人的理念、学习、文化,是城市进步的根本动力

厦门文化从第一次鸦片战争开始,经历了被侵略、被欺压和反抗,失败,再反抗,再失败,屡败屡战的不屈。在20世纪的二三十年代,随着港口经济、城市建筑、卫生健康、教育文艺的逐步现代化转型发展,厦门开始重拾自信,开始有了朴素的文化自觉,继承并形成了广泛包容、善于学习、海纳百川、敢于拼搏、勇于创新的文化特质,踏上了现代化的第一级台阶,实现了向工业文明的初步转型。

与此同时,他们又和全中国人民一起切身地体会到,中华民族的复兴,只有首先站起来,才可能富起来,因而真诚地接受了社会主义的宣传,接受了中国共产党的领导,积极地投身于中国人民推翻三座大山的伟大斗争中,为中华民族复兴的第一步——站起来,作出了应有的贡献。

站起来,才可能富起来,这条中国历史的经验曾经有一段时间被忘记了,幸亏霸权主义不断提醒了中国人民。这是发展中国家的立国之本。重温历史就要牢记历史的教训,忘记了这个教训,就可能削弱乃至失去对国家、民族的向心力、凝聚力。

因此重温厦门城市现代化第一个台阶的历史,重温厦门引领闽南文化从农耕时代走向工业时代的艰难历程,不是发思古的幽情和历史的感叹,而应该牢记历史,思考历史的经验与教训对我们今天的启示。

回顾这段历史,有多少先人的智慧、意志和精神在闪光!

首先,是善于学习。

厦门文化的转型是从学习开始的。这包括在鸦片战争以后敢于和善于向敌人学习,这在当时盲目排外气氛浓烈的中国并不容易。在鸦片战争之前很久,厦门就有不少人偷渡下南洋,在那儿向洋人学技习艺,以及在和洋人的海洋贸易中学到了许多新的技艺和理念。海洋竞争的激烈,弱肉强食的残酷,养成了厦门人关注新事物新观念的风气。城

市对外来的事物不以为怪，而以为奇，充满了好奇心和学习的欲望。无论是陈嘉庚、黄奕住，还是林尔嘉，这些厦门城市转型的重要人物，无一不是善于学习，又善于融会贯通的高手。黄奕住当了没多久印度尼西亚泗水的市政委员，就把荷兰人改造城市的一整套看在眼里、装在心里，带回了厦门。

他们都没有受过高等的教育，可是他们非常善于在实践中学习。最早期的集美学校建筑，基本上是照搬西方人在南洋盖的房子。而后，嘉庚建筑独特的风格逐渐地形成，到后来厦大的建南楼、集美的道南楼等，中西手法浑然一体，出砖入石独具一格。嘉庚先生是在实践中不断地学习，不断地修正，不断地探索。人的正确思想只能从实践中来。从书本上学来的知识，也必须在实践中不断地检验、修正和深化。

我们至少从中可以体会到他们留给我们在文化学习上的智慧：敢于向敌人学习，不但要学习送上门来的文化，还要走出去观察、了解、学习外面的优秀文化；学无止境，不但要读书，更要在实践中不断学习、不断总结、不断深化；既向外来的文化学习，也向自己的传统文化学习，还要探索如何将二者融为一体，创造出新的时尚，并在探索中不断地学习。

其次，走向现代化的步骤坚定有序，分路进击，经纬交织，循序渐进。

一个城市如同一个人，经济是他生活的基础，城市的街市和建筑是他的容貌，医疗卫生健康水平展现他的体质，优秀的教育赋予他良好的教养、素质、品德和胸怀。

文化的进步要从物质的层面开始，以经济建设为中心，从生产力的提高、市场的发育、城市街市和建筑面貌的改变开始。厦门的现代化正是这样入手和起步的。我们可以看到，改革开放以来的发展也是这样推进的。这是否是城市文明进步的规律呢？！

但文化的进步根本是人的素质、体质、思想观念的进步，因为这一切都是人创造的。人，才是一个城市最美的风景。这需要教育，还需要熏陶，更需要实践。人的正确思想最终是实践中获得和验证。

我们的先人有的抓实业救国，有的抓教育救国。他们仿佛早有默契，各自在厦门现代化不同的领域分头推进，似乎彼此并不相干，而回头看，各自部分的拼合，简直天衣无缝，这才有了厦门在那一二十年间漂亮的质变。

除了共同的目标、共同的心愿，在没有城市整体规划的情况下，实现厦门华丽的转身，这其间心灵的默契、灵感的契合、智慧的融合，值得我们深入地研究和探索。

最后，在人的培养上，尤其有许多值得我们记取的经验、教训和智慧。

第一，素质教育的推行和理念。或许是基于当时中国人体质的衰落和寿命的短暂，当然也耻于"东亚病夫"的羞辱，当时厦门学校和社会对体育和文艺的重视和提倡，可以说是在全国的前列。中国现代体育第一人马约翰诞生于厦门，不是偶然的。一直到"文革"前，厦门优秀的学生多是不但读书好，而且体育文艺皆佳。"文革"前，厦门一中百米短跑的记录是一位考进清华的学生所创造的；厦门四中足球队队长，同时是年段作文比赛第一名。几乎每一个班级都有足球队、篮球队，几乎每一天下午的操场上都是运动的学生。相比较今天不敢在太阳底下站的学生，不是很值得人深省吗。

第二，教育的灵魂是教做人。中国传统的教育，学做人是第一，然后才是学知识。

西方教育传入厦门，首先是教会学校，也是礼拜第一，知识其次。礼拜也是教做人，只是是按照他们的文化标准教学的。后来我们把传统给丢了，把教做人的部分丢了，只剩下教知识。现在的教育，很多人也是持"唯分数论"。

第三，关于文化自觉。理念决定人的一切行为。在厦门走向现代化中产生的那些出色的创造，无论是沙茶面、闽南语创作歌曲，还是嘉庚建筑，都是自觉或不自觉地在各美其美、美人之美、美美与共、和而不同的文化自觉理念指导下创造出来的。

鼓浪屿、厦门的外来文化，实际上更多是闽南华侨在南洋遭遇、碰撞、消化之后带回来的。鼓浪屿虽是万国租借地，但实际上外国人盖的房子屈指可数，鼓浪屿上大部分房子是华侨和台湾同胞建造的。其中杰出的代表人物，一位是黄奕住，他是泉州南安人，在印度尼西亚奋斗多年，成了印度尼西亚糖王。为了反抗荷兰人的敲诈勒索，他拒绝加入荷籍，并变卖所有财产回国投资，开办了中南银行。黄奕住定居鼓浪屿，投资开发房地产，从1918年至1935年间，仅他一人就在鼓浪屿兴建了160座现代样式的房屋，其投入的资金和建造的房屋，其金额和数量岛内无人可比。

在他的身上和陈嘉庚一样具有那个时代的中国人极其少有又极其宝贵的民族文化自信。因为在和英国人、荷兰人的竞争中，他们没有落败，反而占了上风。所以他们在强大的西方文化面前，保有自己民族的文化自信。另一方面，他们非常了解西方文化的宝贵东西，黄奕住手下四个会计师有两个是外国人，嘉庚先生甚至聘请了一个美国退役将军来当他的销售部主任。他们知道现代市场经济、财务会计、外贸销售经营等是西方人的专长。这实际上体现的就是文化自觉的各美其美和美人之美。

和嘉庚建筑一样，鼓浪屿华侨房子许多都是中西合璧，引进西方的建筑设计、材料、施工方法，又糅进闽南建筑的传统基因。这不正体现了建筑主人美美与共的思想理念吗！虽然这只是生活直觉赋予了他们朴素的文化自觉，但这正是闽南文化在那个时期与时俱进的创造、创新，展现了闽南文化生生不息的生命力。

鼓浪屿另一位代表人物——台湾板桥林家的林尔嘉。他是漳州龙溪人，他所修建的菽庄花园、林氏府保留了更多中国园林、闽南建筑的因素。这是另一种美美与共，即闽南文化和中国其他区域文化的融合，成为独具一格的观海园林，直至今日依然吸引众多游人。

厦门的中山路、大同路、开元路都是骑楼建筑，这是他们从南洋引进的街市形态，同时又保留了许多闽南建筑的传统元素。嘉庚建筑的中西合璧更是美美与共的典范。

闽南的海洋文化造就了许多海外创业有成的华侨。这些华侨，不管是否读书识字，他们无不深深地打着中华文化的烙印：爱国、爱乡、爱家。在他们事业有成之际，惠及家人、惠及乡里、惠及国家，这在华侨界中形成了传统。这种优良传统，正是中华文化，也是闽南文化的核心精神。

正是这些先贤所秉持的爱国爱乡精神和朴素的文化自觉理念，引领了闽南文化的现代转型，其中心舞台就在厦门城，就在鼓浪屿，在集美学村、厦门大学。

在厦门，那时候还没有书本上的文化自觉理论，但有先贤朴素的文化自觉，那是他们走向海洋、走向世界，用自己艰苦卓绝的实践传递给我们的理念。这种爱国爱乡、坚守民族文化自信，又善于美人之美，还能够融会贯通的美美与共的文化精神是先人留给我们最宝贵的财富。这是厦门，也是闽南最宝贵的非物质文化遗产，是闽南海洋历史文化的精髓。它必将成为21世纪实现中国梦的思想基石，成为全体厦门人民、闽南人民共同的享用不尽的文化理念。

结　语

当我们完成厦门文化的过程研究，正在为自己不是仅仅站在厦门的立场，而是站在闽南的立场，甚至站在中国和东亚的立场来审视厦门文化和闽南海洋文化而窃窃自得时，我们重新学习了世界海洋史，发现要完整准确地认识闽南海洋文化、中国海洋文化，仅仅站在闽南，站在中国，甚至站在东亚还是不够的。

人类已知的海洋历史告诉我们，六千多年来人类走向海洋至少有五次高潮：

第一，六千多年前中国东南沿海古百越先民用独木舟、木筏横渡台湾海峡，成为今天的高山族先人；其后在五千多年前又开始从台湾穿越南中国海到东南亚和南太平洋群岛成为南岛语族先民。他们发明创造单边驾艇独木舟和双连独木舟在辽阔的太平洋远航；他们通过对星星和航流的认识，发明了极其惊人的远洋导航系统。他们是人类最早掌握远洋航行技术、走向海洋的族群。

第二，三千多年前腓尼基人在古埃及国王的支持下，驾驶他们方形帆的帆船穿过地中海，出直布罗陀海峡到大西洋，沿着非洲大陆绕过好望角到印度洋，再从红海回到埃及，完成环绕非洲的航行，并开创了地中海的海洋贸易。在航海上埃及人和罗马人都是他们的学生。[1]

第三，一千六百多年前阿拉伯人用椰棕绳连接船板制造的平底缝合帆船穿越印度洋，又穿过马六甲海峡来到东南亚和中国，开辟了印度洋和太平洋的海洋贸易，也推动了中国海洋贸易的兴起。[2]

第四，一千多年前中国闽南人创造制作了有龙骨、水密隔舱、升降舵的福船，并借鉴学习了阿拉伯人的经验，开创了泉州刺桐港，成为宋元中国世界海洋贸易中心。

第五，五百多年前西方大航海开始了经济全球化。

迄今为止，人类五次走向海洋的高潮，其中有两次是源自中国这块土地。人类第四次走向海洋的高潮，即从唐末五代开始到宋元世界海洋贸易中心的刺桐港，正是中国闽南人的伟大创造，也同时创造了独具海洋气魄的闽南文化。

---

[1] 参见杨天林：《古代文明史》，北京：中央编译出版社，2014年。
[2] 邵政达：《新航路的开辟》，北京：北京师范大学出版社，2018年。

而今，世界的国民生产总值80%产生于沿海一百公里地带，世界的贸易90%是通过海运实现的。世界最发达的是纽约湾区、旧金山湾区、东京湾区，中国最发达的地区也是珠三角、长三角、环渤海湾。人类走向海洋的又一个新高潮正在来临。

中国正在顺应和推动21世纪世界海洋共同体、人类命运共同体的时代潮流。今天，世界前十个最大港口有七个在中国，中国的造船、工业制造名列世界前茅。

我们需要在人类走向海洋的六千多年的历史中和当今世界走向海洋的潮流中，认识中国的海洋文化，认识闽南文化、厦门文化。

其一，海洋占地球面积的71%。世界的海洋是宽广的，孕育和诞生了不同时期各种不同的海洋文化。中国的海洋文化是世界海洋文化的一种，有悠久的历史，有独具的特色。同样，其他的海洋文化也有自己悠久的历史，有独具的特色。海洋是宽广的，海洋文化也应该是百花齐放、万紫千红的。

闽南泉州刺桐港是宋元中国世界海洋贸易中心，但不能忘记是阿拉伯人推动了我们创造的海洋文明高潮。在刺桐港的高峰时期，主持管理经营刺桐港的是阿拉伯人的后裔蒲寿庚，另外还有许许多多的色目海商和我们一起缔造了刺桐港的辉煌。世界海洋文化也是交流互鉴，相互成就。至少中国的海洋文化是这样的。

其二，世界海洋文明的标准是什么？依然是城邦、文字吗？把陆地上的城邦作为海洋文明的标志，是否值得质疑呢？事实上六千年来的海洋文明历史证明，衡量海洋文化先进落后的标志是造船技艺、航海技艺、港口码头和海洋贸易商品。从独木舟到木帆船，到铁甲舰，海洋文明的进步标志，不正是由这样的船舶制造技术标示出来的吗？南岛语族在太平洋上来去自由的独木舟和导航技术就不算文明吗？海洋文明、农耕文明、游牧文明，不同的文明应该有不同的标志。西方没有中国以海为家的疍民，他们的海洋文化是以陆向海，而中国的海洋文化则是以海引陆。闽南海洋文化的历史充分印证了这一点。我们有理由对人类文明的标志及应该按照不同类型的文化确定不同的标准，提出我们的意见。

其三，文化和知识。"文化知识"是人们非常熟悉也惯于连用的一个词，有的甚至只提文化，认为知识自然而然就包含在文化里面。但"文化"和"知识"这两个概念是有区别的。知识是以物为本的求真，以物为本的知识具有客观性、科学性、专业性。而文化则是以人为本的求善求美，以人为本的文化具有主观性、经验性、历史性、社会性。知识以物为本，物以类聚，这决定了知识无国界，正如海洋的知识具有世界的通用性。文化以人为本，人以群分，这决定了文化有异同，具有民族性，正如不同的民族、国家有不同的海洋文化。

科学无国界，科学家却有祖国，知识需要以文化来统领。但这并不是要厚文化而轻知识。文化表现为历史经验的沉淀，知识表现为永不停息地更新，知识的创造对于文化的发展具有重要推动作用。

在人类历史上，在当今生活中，有知识没文化，有高学历头衔而毫无文化素养的现象，不乏其例。同时文化历史悠久，但因缺乏知识的更新而蒙昧腐朽，以致任人宰割或自相残杀的"文而不明"的情况，更是比比皆是。

文化需要随着知识的更新不断发展，与时俱进。我们看闽南文化、厦门文化的历史不正是这样吗。闽南人向海洋的心始终没变，四海之内皆兄弟的包容性格，勤劳智慧的工匠精神，善良悲悯的慈济品德，海纳百川的大海气度，贯穿千年，始终没变，但在近代却被人任意宰割凌辱。一旦幡然悟醒，敢于学习，善于学习，立刻焕然一新。有人说闽南文化是既保守又开放。保守的是文化性格，开放的是知识更新。

当今时代，科技进步日新月异，人类认识的疆域在不断拓展，知识在不断增加。这些新知识的增加不可避免将对人类的文化观念产生重大影响。推动人类文明发展是知识与文化的共同使命，也是厦门文化与时俱进的根本保证。

其四，文化认识与认识文化。文化的建设和创新源于对文化的认识。这种认识不是个人的，也不是一小部分文化研究群体的，应当而且必须是整个城市、整个地区、整个民系、整个民族、整个国家的认识。把我们对文化的认识和发现，变为整个民系、民族的智慧，这正是今后闽南文化、厦门文化研究群体应当努力的一个方向。

有多少认识才有多少创新和进步。闽南海洋文化的历史告诉我们，中国不是没有了解海洋文化的人，不是没有对海洋文化的深刻认识，可惜他们大多集中在东南沿海地区，处于国家统治的边缘。天高皇帝远，人微言轻，他们对海洋的认识总是难以被统治者倾听和认真对待，这是中国历史的遗憾，不应该再成为明天的遗憾。这也是历史的经验与教训。

作为导论，原本应该按完整的构思，有过程研究、结构研究、传播研究、环境研究，还应有当代研究和未来研究。后两项研究因为调研和思考尚未成熟，不敢动手；前面三项，则是因为篇幅的原因，只能忍痛割爱。包括读者们现在看到的过程研究，比较初稿也已经删掉了1/7。不过结构研究虽未展开，但厦门文化究竟有什么、是什么，在第八章和第十章也尽可能地作了一些描述。传播研究，也在相关台湾地区、华侨和闽南民间信俗的章节里作了简要的介绍。毕竟没有闽南文化的传播，没有过台湾、下南洋，闽南文化、厦门文化就不是今天这个样子。中华文化的传播对于今天的中国太重要了，但是对中华文化历史上的成功传播，似乎还缺乏充分的认识和深入的思考与研究，也缺乏对他者文化成功传播的经验探索和学习。从世界成功的文化传播来看，无论是西方文化，还是闽南文化，都是从信仰开始的，这里其实有非常重要的启示，只能留待以后的专题来研究了。

回望历史，闽南人、厦门人在其历史实践中所表现的：对传统追远报本，对自然天人合一，对他者和而不同、开放包容，对未来勇于拼搏，对自己止于至善，对社会为善最乐，既合于中华文化核心价值观，又闪耀着海洋文明独特的光芒，值得我们礼敬、传承、弘扬、传播。我们这一代应该有文化的使命感。

　　世界海洋贸易中心、东亚海洋贸易中心，这些是先人曾经的辉煌，而今，在中华文明复兴的历史潮流中，永远心向大海，创造更先进的海洋文明，创造闽南金三角城市群、海峡两岸大湾区，应该成为鼓舞厦门搏浪奋进、止于至善的梦想。

　　厦门学研究刚刚开始，我们所有观点、论述都是抛砖引玉，期待更多的朋友们参与、批评，提出新观点、新见解。我们衷心地期待。

《厦门学导论》课题组

2021年9月28日写于厦门